# 分配正义研究

李石 著

The Commercial Press

图书在版编目(CIP)数据

分配正义研究 / 李石著 . —北京：商务印书馆，2024
ISBN 978-7-100-23328-6

Ⅰ.①分… Ⅱ.①李… Ⅲ.①分配(经济)—研究—中国 Ⅳ.①F124.7

中国国家版本馆CIP数据核字（2024）第009700号

**权利保留，侵权必究。**

中国人民大学科学研究基金（中央高校基本科研业务费专项资金资助）
"分配公正：实现共同富裕的理论基础"22XNL007项目成果

**分配正义研究**

李石 著

商 务 印 书 馆 出 版
（北京王府井大街36号 邮政编码100710）
商 务 印 书 馆 发 行
三河市尚艺印装有限公司印刷
ISBN 978-7-100-23328-6

2024年5月第1版　　　开本640×960 1/16
2024年5月第1次印刷　　印张32
定价：168.00元

献 给
为生活所迫却仍心怀梦想的人们!

# 序 言
## 分配正义研究的意义

公正[①]是社会主义核心价值观之一,也是现代国家的政治秩序遵循的共同价值。建构公平正义的社会分配制度是社会主义的内在要求,更是实现共同富裕发展目标的制度保障。改革开放四十多年来,我国的经济建设取得了举世瞩目的伟大成就,综合国力大幅提升。与此同时,贫富差距加大、教育资源不均、社会保障体系有待完善等社会问题逐步凸现出来。这些问题关乎中国社会的财富分配,在理论和制度层面与分配正义研究息息相关。

2015年10月,习近平同志在十八届五中全会上提出"创新、协调、绿色、开放、共享"五大发展理念,并对"共享发展"进行了深入的阐释:"坚持共享发展,必须坚持发展为了人民、发展依靠人民、发展成果由人民共享,作出更有效的制度安排,使全体人民在共建共享发展中有更多获得感,增强发展动力,增进人民团结,朝着共同富裕

---

[①] 汉语中的"公正"与"正义"对应英语里同一个概念"justice",一些学者将这一概念翻译为"公正",另一些学者将其翻译为"正义"。本书将这两个概念视作同一政治价值,在具体语境中则依据语言习惯或中国学界常用的中译本采用"公正"或"正义"。如distributive justice,这一概念在古希腊亚里士多德的《尼各马可伦理学》中最先得到深入的讨论。《尼各马可伦理学》的中译本将这一概念翻译为"分配公正"。(〔古希腊〕亚里士多德:《尼各马可伦理学》,廖申白译注,商务印书馆,2003年)因此,本书在讨论亚里士多德的公正学说时依据这一翻译习惯,使用"分配公正"这一术语。而当代学者如罗尔斯、诺奇克等的著作中译本大多将distributive justice翻译为"分配正义",因此,本书后续讨论将多采用"分配正义"的表述。

方向稳步前进。"2017年10月18日，习近平同志在中国共产党第十九次全国代表大会上再次强调了促进社会公平正义的发展目标："坚持在发展中保障和改善民生。增进民生福祉是发展的根本目的。必须多谋民生之利、多解民生之忧，在发展中补齐民生短板、促进社会公平正义，在幼有所育、学有所教、劳有所得、病有所医、老有所养、住有所居、弱有所扶上不断取得新进展，深入开展脱贫攻坚，保证全体人民在共建共享发展中有更多获得感，不断促进人的全面发展、全体人民共同富裕。"2020年10月29日，中国共产党第十九届中央委员会第五次全体会议通过《中共中央关于制定国民经济和社会发展第十四个五年规划和二〇三五年远景目标的建议》，将全体人民共同富裕作为"十四五"规划的基本原则："坚持以人民为中心。坚持人民主体地位，坚持共同富裕方向，始终做到发展为了人民、发展依靠人民、发展成果由人民共享，维护人民根本利益，激发全体人民积极性、主动性、创造性，促进社会公平，增进民生福祉，不断实现人民对美好生活的向往。"2022年10月，党的二十大报告指出："中国式现代化是全体人民共同富裕的现代化。共同富裕是中国特色社会主义的本质要求。""着力维护和促进社会公平正义，着力促进全体人民共同富裕，坚决防止两极分化。""分配制度是促进共同富裕的基础性制度。"中国共产党的一系列相关政策和决定表明，建构正义的社会分配制度，维护中国社会的公平正义，实现不同阶层人民的共同富裕是中国社会发展的既定目标。

那么，什么是分配正义研究？分配正义研究与中国学术研究有什么关系？下面，我将从分配正义研究的界定、中国学术界为何应重视分配正义研究、分配正义研究有助于解决中国社会的重大问题等三个方面来阐述分配正义研究的重大意义，并简要概括本书的写作思路。

## 一、何谓分配正义研究

"社会分配"指的是以适当的原则对人们通过分工合作而生产出来

的社会益品（social goods）[①]和为了共同生活而必须承担的义务进行分配。人类社会是一个合作冒险体系，人们之间既有利益的一致，也有利益的冲突，需要找到适当的分配原则，并建构符合这一原则的制度和政策对不同的社会益品进行分配。这些社会益品既包括物质财富，也包括文化产品等精神财富，还包括升学、就业、晋升等各种优质的机会。当然，需要进行分配的还有共同的负担，例如税收、各种费用、服兵役、义务劳动，等等。分配正义研究就是对分配社会益品和共同负担的原则、制度以及具体的分配方案进行建构和分析的学说。资源分配是国家的核心政治功能之一，如何建构正义的社会分配制度是政治学研究的重要内容。分配正义不仅是政治学关注的主题，同时也是哲学、经济学以及其他相关学科的研究内容。不同学科对分配正义的研究存在差异，又相互联系。

第一，在哲学研究中，分配正义理论是当代政治哲学研究最重要的内容。哲学家关注的问题是：正义的社会分配应该是怎么样的？当然，对于这个问题每个普通人都可以有自己的答案。但是，有这么一些人，他们的理由经得住公共思辨的考验，他们的推理严密而专业，他们思考的答案在相关的公共刊物上发表，并接受来自社会各方的质疑和诘难。这一群人就是哲学家，而他们的研究成果往往成为一个社会构建正义的社会分配制度的理论基础。

第二，在政治学研究中，政治科学的研究者想知道的是，人们对于现行的社会分配状况是怎么看的，人们认为正义的社会分配应该是怎么样的，等等。政治科学家企图通过各式各样的调查问卷为人们展现一幅关于不同人群所持的分配正义观的真实画卷，并揭示不同背景人群所持有的分配正义观会受到哪些相关因素影响。这样的研究还可以告诉我们在某一阶段的某种社会制度中，持某种分配正义观的人口比例大概

---

[①] 对于good、goods和goodness，中国学界有多种翻译，包括：善、益品、产品、好处、利益，等等。对于"social goods"，本书中将统一使用"社会益品"这一翻译，指人们通过分工合作而创造出的所有社会财富。关于good、goods、goodness等词翻译的讨论可参见刘莘：《关于"good"的翻译的哲学解释》，〔加〕威尔·金里卡：《当代政治哲学》，刘莘译，上海译文出版社，2011年，附录。

是多少，社会中主流的分配正义观是什么等重要信息。与此同时，政治学研究者还致力于依据哲学家所建构的分配正义理论以及人们所持的分配正义观念来建构正义的分配制度，为分配正义的实现提供政策方案构想。

第三，经济学对分配问题的研究旨在搞清楚一个社会的分配到底是怎样的。经济学家通过分析国民收入、消费支出、税收、储蓄、不动产等各种数据，为人们展现社会实际收入和财富的分布状况以及各阶层人群在收入和财富上的差距。在具体的收入分配研究中，经济学家通常以基尼系数为指标，描述一个社会收入分配的不平等状况。更直观的描述方式是通过社会中最富的一部分人与最穷的一部分人（例如，全国人口中最富裕的10%与最贫困的10%）的收入和财富的对比，来显示一个社会的分配状况。

分配正义研究是覆盖多学科、多领域，综合性极强的研究。在社会分配问题上，哲学、政治学、经济学等各领域的研究并不是割裂的，而是相辅相成，共同协助人们建构一个正义的社会分配体系。简言之，分配正义原则的推导是政治哲学的研究内容，分配制度的建构是政治学的研究内容，而具体分配方案的制定和评价则与财政、税收、社会保障等经济领域的研究关系密切。由此，分配正义研究可以分三步进行：第一步就是找到一种"恰当"的分配原则——正义原则。这是一种在人类合作体系中划分基本的权利和义务、利益和负担的原则。第二步就是要探索在正义原则的基础上如何建构出正义的分配制度。第三步则是在基本的正义制度的基础上制定出具体的分配方案并予以实行。

值得注意的是，强调程序正义是当代分配正义研究的重要特征。罗尔斯在《正义论》中阐述了三种程序正义：完善的程序正义、不完善的程序正义，以及纯粹程序正义。其中，"完善的程序正义"指的是，对于结果是否正当有独立的判断标准，而且人们有可能设计出一个程序来达到这一标准。"不完善的程序正义"指的是，人们虽然有判断正确结果的独立标准，却没有可以保证达到它的程序。"纯粹程序正义"指的是，不存在判断结果是否正当的独立标准，只存在一种正确的或公平的程序——这种程序若被切实地执行，其结果也必然是正确的或公平的（不论其结果是什么）。[1]在分配正义研究的三个步骤中，程序正义在三个方面发挥着重要作用。一是，人们对正义原则的理论推导必须符合程序正义，从确定无疑的理论原点依据逻辑推理得出结论。二是，分配原则所确立的分配过程必须符合程序正义。例如，自由市场就是一个具有程序正义特征的分配过程，但自由市场并不是完善的程序正义。在自由市场中，各种资源能够得到有效的配置，但自由市场并非完全公平，有可能加大贫富差距。因此，我们需要对自由市场进行调节和限制。[2]三是，分配制度和分配政策的制定过程必须遵循程序正义，尤其是涉及税收、社保等制度调整，要符合既定的民主程序，在全体人民的监督和支持下进行。

## 二、中国学术界应重视分配正义研究

在中国学界，分配正义研究一直局限于哲学领域，很少受到其他学科学者的关注。这是因为分配正义的经典著作最先是从哲学界引入的，而哲学学者的研究大多关注分配正义的理念和原则部分，忽视了对分配制度的讨论。以中国的罗尔斯研究为例：美国哲学家约翰·罗尔斯（John Rawls）的《正义论》是当代分配正义研究的开山之作。早在1988年，中国学界就出现了《正义论》的中译本。[3]三十多年来，中国学界产生了大量讨论罗尔斯正义理论的文献，但以罗尔斯的正义学说来分析中国分配现实的研究则少之又少。另一方面，经济学领域学者对于社会分配的研究主要关注效率和财富增长，往往忽视公平正义等相关维度。不同学

---

[1] John Rawls, *A Theory of Justice*, Cambridge, MA: The Belknap Press of Harvard University Press, 1999, pp. 65-89.
[2] 本书第十二章将深入讨论自由市场属于何种程序正义，以及自由市场应该受到什么样的限制。
[3]〔美〕约翰·罗尔斯：《正义论》，何怀宏等译，中国社会科学出版社，1988年。

科各自为政①，缺乏统一的研究视野和问题意识，这使得分配正义研究在中国学界一直没有得到足够的重视和充分的发展，与制度和政策相关的分配正义问题也很难进入研究者们的视野。中国分配正义研究的这一局面亟须改变，基于下述五个方面的原因，应该将分配正义研究作为实现共同富裕发展目标的学理基础。

第一，分配正义研究包含丰富的理论资源。2021年是美国哲学家约翰·罗尔斯最重要的著作《正义论》出版五十周年。这部著作的重要意义在于开创了分配正义研究的话语体系。五十多年来，继罗尔斯之后，西方学术界在哲学、政治学、法学、经济学等领域涌现出一大批重要的思想家。这其中包括：罗伯特·诺奇克（Robert Nozick）、罗纳德·德沃金（Ronald Dworkin）、阿马蒂亚·森（Amartya Sen）、迈克尔·桑德尔（Michael J. Sandel）、迈克尔·沃尔泽（Michael Walzer）、玛莎·努斯鲍姆（Martha Nussbaum），等等。他们提出的分配原则有：平均原则、效率原则、效用最大化原则、差别原则、资格原则、资源平等、能力平等、福利平等、按需分配、应得原则，以及多元分配原则。在西方当代人文社会科学研究中，分配正义研究占据半壁江山，甚至形成了蔚为壮观的"罗尔斯产业"。这些文献极大地丰富了分配正义研究的理论资源。对于这一重要的理论资源，我们中国学者应该在批判的基础上予以应用，充分吸收其营养，推进中国分配正义研究的发展。

第二，分配正义研究的最终目的是建构正义的分配制度，是为实现共同富裕的发展目标提供优良的制度设计。如罗尔斯所言，正义是社会制度的首要美德。②分配正义研究对社会分配制度做出了规定，这些制度包括：所有权制度、市场经济制度、税收制度、社会保障体系、工资薪酬制度、人才选拔制度，等等。这些制度主导着社会生活各领域的资源

---

① 西方学术界也存在类似状况，为了解决这一问题，牛津、耶鲁、宾夕法尼亚等诸多世界知名大学创立了交叉学科PPE（Philosophy, Politics, Economy），而分配正义恰恰是PPE专业关注的首要主题。

② John Rawls, *A Theory of Justice*, p. 4.

分配。改革开放四十多年来，勤劳智慧的中国人民在中国共产党的领导下创造了大量的社会财富。如何公正地分配这些社会财富，使各阶层人民有获得感，正是现阶段以及今后一段时期内中国社会面对的主要问题。批判地吸收西方当代分配正义研究的思想资源，推进中国分配制度的改革，这是中国学者应尽的义务。从这个意义上来说，分配正义研究理应成为中国学术研究的重要组成部分。

第三，分配正义研究不仅对分配制度做出规定，还在分配原则和制度的基础上讨论具体的分配政策。对分配政策进行公平性分析，这也是中国人文社会科学学术研究的重要任务之一，例如，教育资源分配的相关政策（就近入学、中考、高考等政策）的公平性分析，保障性住房分配政策的公平性分析，工资政策的公平性分析，等等。这些政策关系到稀缺资源的分配，牵动着亿万人民的心。如果不能以经得起推敲的分配原则为基础，建构得到各方认同的分配规则，就很难从根本上解决这些棘手的社会问题。从正义、平等、公平等价值立场对相关政策做出评价，而不是仅仅关注其效率或带来的经济增长，能够更好地阐明相关政策的正当性，使其得到更为广泛的拥护和支持。

第四，引入公平正义的话语体系有助于使中国社会发展的成就得到国际社会的承认。分配正义研究虽然起源于英美国家，但公平正义是所有政治制度共同追求的价值。"公正"是社会主义核心价值观，以分配正义理论对中国经济发展的成果进行论证，建构公平正义的社会主义分配制度，对具体的分配政策进行公平性分析，在"公正"这一概念中融入中国内涵，将有助于中国融入国际社会的话语体系，并参与国际社会分配格局的建构。

第五，分配正义研究中的许多观念有助于推动健康的公共讨论。分配正义研究中提出了许多新的观念，例如程序正义、最小受惠者、正义感等。这些观念的深入人心有助于人们在资源分配的问题上达成共识，有助于维护公平正义的社会秩序，推动中国社会的发展。

上述五个方面的理由充分说明了分配正义研究的重要意义。中国学者理应重视分配正义研究，以分配正义的理论工具来探讨社会分配制度以及相关的分配政策。

## 三、分配正义研究有助于解决中国社会中的重大问题

将分配正义研究纳入到中国学术研究的视野中，将其作为一种重要的理论工具还有助于解决当下中国社会中的许多重大问题。

第一，城乡差异是中国社会的一个重要特征。城市和农村在教育资源、医疗资源、文化产品的分配方面存在着巨大的差异。这些差异造成了城市人和农村人之间的隔阂和不平等。分配正义研究中的资源平等、能力平等、福利平等理论都可以作为分析城乡资源分配问题的理论基础。另外，分配正义研究中有一个分支是"贫困研究"，讨论度量贫困的指标以及如何消除贫困。经过几十年来艰苦卓绝的努力，中国终于消除了绝对贫困，尤其是农村地区的绝对贫困。但是，这并不意味着农村地区的社会发展就可以停滞不前了。例如，印度经济学家阿马蒂亚·森的能力学说将人的能力提高作为度量发展的指标，这对中国农村的发展有着重要的借鉴意义。"乡村振兴"的核心应该是农村人口素质的提高，这就要求在交通、医疗、文化、教育等各方面加大对农村的投入，而这将大大缩小城乡差距，推进不同社会成员之间的平等。

第二，随着市场经济的发展以及私立教育的兴起，教育资源的公平分配成为中国社会一个日益凸显的问题。这个问题能否合理解决取决于人们是否能在达成共识的公平观的基础上建构一种分配公共教育资源的机制。对教育资源的分配应遵循机会平等原则，具体政策应向教育资源匮乏地区倾斜。何谓教育公平，这需要人们在公共讨论中不断交换意见并最终达成共识，而分配正义的研究为公共讨论以及政策制定奠定了基础。

第三，建立面向全民的医保制度是中国社会发展的一项重要任务。由于历史、地域性差异等诸多原因，我国目前的医保制度分为职工医保和居民医保两大部分。这两部分医保制度覆盖的人群不同，筹集资金的方式以及筹集到的资金总量也各有不同，使得不同阶层人们享受的医疗服务可能会存在巨大差异，这说明我们还没有实现对公共医疗资源的平等分配。因此，医保制度进一步改革的方向应该是：在现有医保体制的

基础上，逐步朝全社会一体化的医保制度迈进，有效应用全社会的力量向那些真正需要药品和治疗的社会成员提供帮助，逐步消除不同社会成员之间的待遇鸿沟、身份鸿沟。在这方面，分配正义的理论研究和制度研究将发挥重要作用。

第四，人口问题和环境问题也是中国社会发展的重大议题。这两个问题的理论分析都与分配正义研究中的"代际正义"相关。代际正义讨论的是不同世代人们之间的资源分配问题。未来世代与当代人是什么关系？他们是否有权利来到这个世界上？他们是否应当被给予更好的环境和足够的资源？当代人是否有义务为未来世代提供更好的生存环境并为他们留下足够的资源？代际正义中的理论问题与当代社会应采用何种人口政策和环境政策息息相关。此外，代际正义的相关研究还与采用何种养老政策紧密关联。是年轻人养老年人还是老年人自己养自己？采用何种养老政策？如何分配有限的养老资源？这些都需要通过代际正义的研究予以规定。

除了上述四个方面的重要议题之外，中国社会的其他一些重要问题也与分配正义研究息息相关，例如：知识产权的制度构建涉及创新领域的资源分配问题；最低工资与最长工作时间的设置涉及自由市场的公平性问题；残疾人保障涉及教育资源和医疗资源的分配问题；疫情期间稀缺医疗资源的分配问题；等等。

学术研究是否需要引入新的研究范式，其关键在于两点：一是，在这种研究范式中是否有足够的理论资源可用于对相关社会现象进行分析；二是，新的社会现实是否需要应用相关理论工具进行探讨。综上所述，分配正义研究已有的大量文献恰好为研究者提供了丰富的理论资源，而伴随着中国经济高速发展所产生的新的社会问题也正需要应用分配正义的相关理论进行探讨。因此，我们有充分的理由将分配正义研究的理论引入中国学术的话语体系，以更好地解决中国社会的现实问题。

## 四、本书的写作

理论和制度是分配正义研究的两项主要内容。本书将分上篇和下篇两部分分别探讨分配正义的理论研究和制度研究。本书结合中国社会的分配实例系统介绍和深入讨论当代分配正义研究中的诸种重要理论，并以这些理论工具分析和建构适合中国国情的社会分配制度，以期为处理中国社会的分配问题提供理论指导。为了实现分配正义，在社会分配领域应依照不同的分配逻辑、在不同的分配领域应用不同的分配原则，实现人们之间的复合平等。本书试图构建一种适应中国社会之分配现实的多元分配方案。该分配方案包括下述五条原则：（1）公民权利平等分配；（2）基本需要按需分配；（3）超出基本需要的资源由市场进行分配；（4）超出基本需要的机会根据应得原则进行分配，保证人们竞争稀缺资源的机会平等；（5）以差别原则控制贫富差距，通过再分配机制保证社会中的最小受惠者的生活前景持续变好。该分配方案主要借鉴和吸收了当代分配正义研究中提出的市场原则、差别原则、应得原则、按需分配等分配原则，致力于实现基本需要按需分配（对应于按需分配原则）、稀缺资源保证机会平等（对应于应得原则）、低收入人群的生活前景持续提升（兼顾市场原则和差别原则）的分配目标。在此理论建构的基础上，笔者尝试提出制度建设的三个重要方面：第一，建立覆盖全民的、均质的社会保障体系，其目的是在全社会范围内实现基本需要按需分配；第二，建立跨区域的、优质的公立教育，以保证不同地区人们获取稀缺资源的机会平等；第三，通过税收等再分配机制将贫富差距控制在一定范围内，并确保低收入人群的福利水平持续提升。这一从理论到制度、从制度到政策的研究为实现共同富裕发展目标提供了分配理论与分配方案。

在本书上篇中，笔者致力于构建分配正义的知识谱系，阐述分配正义学说的思想来源和构成要素，分析当代政治哲学研究中提出的十余种分配正义原则——平均原则、效率原则、效用最大化原则、差别原则、资格原则、资源平等、能力平等、福利平等、按需分配、应得原则，以及多元分配原则，并在此基础上应用按需分配、市场原则、应得原则和差别原则四种主要的分配原则构建出适合中国社会的分配方案。本书下篇聚焦于具体分配制度的构建和分配政策的制定,依据本书上篇中提出的多元分配方案,讨论相关制度,并对其中的一些具体分配政策进行深入分析。本书的上篇和下篇之间存在着原则与制度的对应关系,下篇中所讨论的制度和政策遵循上篇中相应的分配原则,例如:税收制度与资格原则、差别原则和效率原则相关;社会保障体系、慈善制度、残疾人保障制度、全民免费医疗计划、全民基本收入计划与按需分配、能力平等、资源平等等原则相关;最低收入制度、公平交换等问题与市场原则相关;教育资源的分配与应得原则和按需分配相关;车牌分配、排队和稀缺医疗资源分配等与程序正义的要求相关;未来人权利问题与代际正义相关;等等。

在具体章节安排上,本书上篇"分配正义理论研究"重点讨论分配正义的原则。其中,第一章介绍分配正义研究的思想来源、当代分配正义理论的构成要素以及争论焦点;第二章讨论平均分配理论的内涵、具体方案及其理论困境;第三章讨论以功利主义为代表的效用最大化原则,功利主义分配方案中包含的权利侵犯问题,以及功利主义的当代发展——福利平等理论;第四章讨论罗尔斯提出的差别原则及其受到的各种批评;第五章讨论从所有权出发的自由至上主义左派和右派两种分配正义学说,并深入分析相关的税收主张;第六章讨论罗纳德·德沃金"敏于志向,钝于禀赋"的分配正义学说,并指出其具体实施中的困境;第七章讨论经济学家阿马蒂亚·森提出的能力平等理论及其借鉴意义;第八章讨论按需分配的分配学说,并限定其应用范围;第九章讨论始自亚里士多德的应得原则,并探讨应得原则可能带入的不公平因素及改进对策;第十章讨论分配正义学说中"一元"理论与"多元"理论之间的辩证关系;第十一章在总结和分析当代研究者提出的十一种分配学说的基础上,结合中国社会的具体情况,提出适合中国社会现实的多元分配方案,并讨论正义的分配制度与公民美德相辅相成的关系。

本书下篇"分配正义制度研究"重点讨论分配制度和分配政策,以共同富裕的发展目标为指导,尝试在本书上篇所讨论的分配正义原则的基础上构建正义的分配制度,并对相关分配政策进行分析。其中,第十二章到第十七章对重要的分配制度进行理论分析,这些制度包括:市场经济制度、税收制度、社会保障体系、慈善制度以及与代际正义相关的制度建构。第十八章到第二十二章具体分析涉及公共资源分配的几项重要政策:免费医疗计划、教育公平的相关政策、知识产权制度的替代方案全民基本收入政策,以及车牌分配、排队、稀缺医疗资源分配、残疾人保障和最低工资等其他相关政策。下篇的结论部分呼应上篇中提出的多元分配方案,对共同富裕应达到的具体目标以及制度选择进行深入分析,并展望共同富裕的社会景象。

关于本书的阅读,读者可以按照章节顺序系统阅读分配正义的理论与制度,也可以针对分配正义制度的某些方面(例如税收制度、慈善制度等)专门阅读某些章节。由于本书下篇是应用上篇各种理论来分析具体的分配制度,所以下篇中某些内容与上篇中部分章节略有重复,此种瑕疵还请读者谅解。

本研究在学术思想、学术观点以及研究方法上都有较大的创新。第一,在学术思想上,本研究试图通过批判性地吸收西方分配正义研究的最新成果,提出适用于中国现实的社会分配理论。这样的研究是开创性的,它不再停留在被动接受西方学说的层面,而是在批判性吸收的基础上进行创新,有助于推动中国学界对社会分配问题的研究进入一个创造性的阶段。第二,本研究的学术观点是:社会中的分配不是由单一分配原则决定的;在社会分配的不同领域,存在着不同分配原则之间的相互配合和应用,以实现不同社会成员之间的公平。在系统论证的基础上,这一观点向当代分配正义研究的主流观点———元分配正义——提出了挑战。这是学术观点的创新。第三,本研究为共同富裕的发展前景做出了具体的构想,提出了制度建设的三个重要方面,为中国式现代化的建设提供了分配正义的知识谱系。第四,在研究方法上,本研究试图以问题为中心,打破学科壁垒,一方面将理论研究和实证结合起来,另一方面将哲学、政治学、经济学等不同领域的研究结合起来,对社会分配问题做出深入而细致的考察,以期解决与社会分配相关的各种现实问题。

这种跨学科、跨领域、理论与实践相结合的研究方法也具有极大的创新性。

人们对公平正义是有感知的，而且这种感知会越来越强，这是社会进步的标志。对于制度和政策的研究不能只关注经济效益，还应注重公平性分析。改革开放四十多年来，中国人民在中国共产党的领导下创造了大量的共同财富。如何通过分配制度的设计真正提高每一个社会成员的生活水平，更好地共享经济发展带来的成果，这正是目前中国面对的重大问题。党的二十大报告指出，中国式现代化是全体人民共同富裕的现代化，分配制度是促进共同富裕的基础性制度。对于制度建设，一方面要规范收入分配秩序，规范财富积累机制，保护合法收入，调节过高收入，取缔非法收入；另一方面要坚持多劳多得，鼓励勤劳致富，促进机会公平，增加低收入者收入，扩大中等收入群体。二十大报告中关于共同富裕的论述是我们实现共同富裕发展目标的指导思想。要实现共同富裕就必须建立正义的社会分配制度。分配正义研究的重要意义在于为各种分配制度和政策奠定理论基础。正义的社会制度应以平等的尊重和关切对待每一个人。这意味着在正义的社会分配中，人们能够获取维持自身基本生存所需的资源，也有平等的机会获取各种稀缺的公共资源。在中国学术研究中引入分配正义研究，将分配正义作为研究中国社会分配的重要理论基础，将有助于共同富裕发展目标的实现，也将进一步推进中国社会的发展。

# 目 录

序 言 分配正义研究的意义   i

## 上篇   分配正义理论研究

**第 一 章   分配正义的理论要素**   003
  第一节   亚里士多德的分配公正理论   004
  第二节   分配正义的相关概念   007
  第三节   分配正义的主客体与范围   011

**第 二 章   严格平均的社会分配**   016
  第一节   什么是严格平均分配   017
  第二节   对严格平均分配的批评   021
  第三节   平均分配与效率原则   024
  第四节   平等的价值   029

**第 三 章   效用最大化的社会分配**   035
  第一节   功利主义原理   035
  第二节   功利主义的正义观   043
  第三节   功利主义的问题   051
  第四节   功利主义的平等主义转向   061

## 第四章　偏向弱者的社会分配　067
### 第一节　作为公平的正义　069
### 第二节　平等的自由　074
### 第三节　公平机会的平等　080
### 第四节　差别原则　083
### 第五节　正义优先于效率　088

## 第五章　从所有权出发的社会分配　091
### 第一节　诺奇克的持有正义学说　092
### 第二节　自我所有权论及其问题　096
### 第三节　共同所有的自然资源　102
### 第四节　作为无主物的自然资源　105
### 第五节　自由至上主义者的政治主张及批评　111

## 第六章　敏于志向的社会分配　118
### 第一节　拍卖和保险　119
### 第二节　遗产税和所得税　123
### 第三节　两种区分　127
### 第四节　运气平等主义　133

## 第七章　能力平等的社会分配　140
### 第一节　消除明显的不正义　141
### 第二节　可行能力的平等　145
### 第三节　最低限度正义　150
### 第四节　民主的平等　153
### 第五节　批评与辩护　156

## 第八章　满足需要的社会分配　160
### 第一节　按需分配的三个困难　161

第二节 支持按需分配的三种论证　163
第三节 按需分配的"内容"　171
第四节 按需分配的优先性　180

**第九章 奖励"优点"的社会分配　185**
第一节 应得原则的基本结构　186
第二节 应得原则与价值多元　190
第三节 应得原则的正义观　196

**第十章 复合平等的社会分配　207**
第一节 简单平等与复合平等　208
第二节 "多元"之辩　213
第三节 多元分配的两个理由　219

**第十一章 实现分配正义的构想　223**
第一节 分配正义诸原则　223
第二节 一个可行的多元分配方案　227
第三节 制度正义与公民美德　233

## 下篇　分配正义制度研究

**第十二章 自由市场与分配正义　247**
第一节 哈耶克论自发秩序　248
第二节 诺奇克论自由市场　251
第三节 自由市场的两种限制　254

**第十三章 公平交换与定价政策　259**
第一节 何谓公平交换　260
第二节 客观价值论与主观价值论　262

　　　　第三节　人际价值论　　　　　　　　　265

　　　　第四节　剥削与定价　　　　　　　　　269

**第十四章　共同富裕与税收公平**　　　　　　273

　　　　第一节　亚当·斯密论税收公平　　　　274

　　　　第二节　罗尔斯论公平合作　　　　　　277

　　　　第三节　公平与效率之间的张力　　　　281

**第十五章　公平保险与社会保障体系**　　　　288

　　　　第一节　风险社会中的穷人与富人　　　288

　　　　第二节　作为公平保险的正义　　　　　291

　　　　第三节　商业保险的风险分担机制　　　295

　　　　第四节　社会保险的风险分担机制　　　298

**第十六章　慈善、公益与商业**　　　　　　　304

　　　　第一节　什么是慈善　　　　　　　　　305

　　　　第二节　慈善的人性基础　　　　　　　310

　　　　第三节　慈善是否是一种义务？　　　　314

　　　　第四节　慈善与公益的异同　　　　　　317

　　　　第五节　公益事业是否可以商业化？　　319

**第十七章　建构代际正义的第三条路径**　　　326

　　　　第一节　人口数量与功利计算　　　　　327

　　　　第二节　未来世代权利的论证困难　　　331

　　　　第三节　当代人权利的有限性　　　　　336

　　　　第四节　自我所有权的有限性　　　　　339

**第十八章　全民免费医疗计划**　　　　　　　341

　　　　第一节　"过度医疗"及其原因　　　　342

　　　　第二节　医疗资源分配的公平理念　　　346

第三节　全民免费医保制度设计　　354

**第十九章　机会平等与教育公平**　　366
　　　第一节　义务教育阶段的教育资源分配　　367
　　　第二节　何谓"公平竞争"　　376
　　　第三节　高考分省定额录取制度　　380
　　　第四节　自主招生政策　　386
　　　第五节　"国家专项计划"政策　　390
　　　第六节　应试教育与素质教育　　392

**第二十章　知识产权制度的替代方案**　　399
　　　第一节　私有权的解释困难　　400
　　　第二节　激励机制的囚徒困境　　406
　　　第三节　价值与意义的错位　　409
　　　第四节　网络知识产权的替代方案　　412
　　　第五节　新药专利的替代方案　　417

**第二十一章　全民基本收入政策**　　420
　　　第一节　什么是"全民基本收入"　　421
　　　第二节　消除异化与各尽所能　　425
　　　第三节　基本需要按需分配　　427
　　　第四节　社会分红与实现"共产"　　429

**第二十二章　其他分配正义实例**　　432
　　　第一节　"车牌"的分配正义　　432
　　　第二节　"排队"的政治哲学分析　　435
　　　第三节　稀缺医疗资源的分配　　439
　　　第四节　辛苦工作如何分担　　443
　　　第五节　残疾人保障　　445

第六节　最低工资制度的公平性分析　　452
**结论：共同富裕的具体目标和制度选择　　462**
**参考文献　　474**
**后记：只有不完美值得歌颂　　485**

# 上篇 分配正义理论研究

# 第一章　分配正义的理论要素

　　分配正义是一个既古老又年轻的研究议题。在1971年美国哲学家约翰·罗尔斯的《正义论》出版,从而开创当代分配正义研究之前,人们很早就已经开始关注正义问题。对正义问题的研究至少可以追溯到古希腊的柏拉图和亚里士多德,在亚里士多德之后,包括西塞罗、奥古斯丁、托马斯·阿奎那、格劳秀斯、普芬道夫、卢梭、康德、亚当·斯密、马克思等在内的重要思想家都对正义问题有过论述。虽然在一些学者[①]看来,罗尔斯之前的思想家并不是在当代"分配正义"的意义上讨论正义问题,但他们同样对正义问题进行了深入的探索。在这里,我想简述亚里士多德的公正理论。亚里士多德首先提出了"分配公正"的概念;而且,不论是从他提出的问题来看,还是从他解决问题的思路来看,他的理论都与当代分配正义学说具有极大的亲缘性。正是基于这一原因,亚里士多德的公正理论成为当代分配正义研究的重要思想来源。

---

[①] 参见〔美〕塞缪尔·弗莱施哈克尔(Samuel Fleischacker):《分配正义简史》,吴万伟译,译林出版社,2010年。弗莱施哈克尔认为,将穷人和富人之间的财富悬殊问题看作是政治制度的正义问题,是当代分配正义研究才具有的特征。

## 第一节　亚里士多德的分配公正理论

亚里士多德对公正问题的讨论集中在《尼各马可伦理学》一书中。亚里士多德认为，公正是一个词义复杂的概念，其中包含"守法"和"平等"两层意思。依据这两层意思，他区分了两种公正："普遍的公正"和"特殊的公正"。亚里士多德认为，所有守法的行为都是公正的，所以"公正是一切德性的总括。公正最为完全，因为它是交往行为上的总体的德性"（1129b30—1130a）[①]。普遍意义上的公正包含在司法裁决的所有问题当中。另一方面，"特殊的公正"与公正一词中"平等"的意义相对应。公正与亚里士多德所讨论的其他德性一样，也是一种"适中"，是两端中间的恰当状态。亚里士多德认为，"特殊的公正"关涉的是荣誉、钱财和安全的问题，可以将其划分为两种："分配公正"和"矫正公正"。其中，矫正公正又分为两种，分别对应于"出于自愿的"和"并非出于自愿的"两类私人交易。亚里士多德论述道："出于意愿的交易如买与卖、放贷、抵押、信贷、寄存、出租，它们之所以被称为出于意愿的，是因为它们在开始时双方是自愿的。违反意愿的交易的例子中有些是秘密的，如偷窃、通奸、下毒、拉皮条、引诱奴隶离开其主人、暗杀、作伪证；有些是暴力的，如袭击、关押、杀戮、抢劫、致人伤残、辱骂、侮辱。"（1131a5—10）[②]亚里士多德在这里所说的出于自愿的矫正公正对应于他在后文中所说的"回报的公正"，主要讨论的是在人们的自愿交换中的公正问题，所以也被称为交换的公正。

亚里士多德将"分配公正"定义为：在荣誉、钱物或其他可析分的共同财富的分配上的公正（1130b30—1131a）。亚里士多德将分配看作至少是四个变量之间的关系：两个人A、B，以及他们所得到的份额c、d。在他看来，公正的分配应该是符合几何比例的分配，人们身上的某种品质使得他们配得到相应的份额，亦即：A∶B=c∶d。也就是说，应该

---

[①]〔古希腊〕亚里士多德：《尼各马可伦理学》，廖申白译注，第130页。
[②]〔古希腊〕亚里士多德：《尼各马可伦理学》，廖申白译注，第134页。

分配给每个人符合其成就和优点的利益。亚里士多德论述道："人们都同意，分配的公正要基于某种配得，尽管他们所要（摆在第一位）的并不是同一种东西。民主制依据的是自由身份，寡头制依据的是财富，有时也依据高贵的出身，贵族制则依据德性。所以，公正在于成比例。"（1131a25—30）[1] 在亚里士多德看来，在民主制的城邦中人们依据自由身份、在寡头制城邦中人们依据财富或者出身、在贵族制中人们依据德性而获取相应的份额。亚里士多德在此虽然没有表明自己的看法，但从他对贵族制的推崇来看[2]，他应该会同意贵族派的观点，认为应该依据"德性"而分配给人们相应的份额。亚里士多德所阐述的这种依据人们的"德性"来分配荣誉、钱物和安全的思想一直延续到今天，成为当代分配正义理论中一种非常重要的分配原则——应得原则。本书第九章将深入讨论这一原则。

对于交换的公正（回报的公正），亚里士多德也进行了深入的讨论。他认为，人们之间出于自愿的交换应该遵循一定的比例关系。例如，一个造房子的人以自己的房子和一个鞋匠做出来的鞋进行交换，要保证这个交换是公正的，就必须以统一的尺度对房子和鞋进行度量。亚里士多德认为，正是为了进行这种统一的度量，人们发明了货币。他论述道："货币是一种中介物。它是一切事物的尺度，也是衡量较多与较少的尺度：它确定着多少双鞋相当于一所房子或一定数量的食物。"（1133a20—25）[3] 因此，对房子和鞋子就应该依据各自所值的货币量来进行交换，否则就是不公正的。这里关键的问题是：是什么决定了房子或鞋子所值的货币量呢？亚里士多德认为是"需要"。亚里士多德论述道："所有的东西都必须由某一种东西来衡量。这种东西其实就是需要。正是需要把人们联系到了一起。因为，如果人们不再有需要，或者他们的需要不再是

---

[1] 〔古希腊〕亚里士多德：《尼各马可伦理学》，廖申白译注，第135页。
[2] 亚里士多德在《政治学》中将君主制和贵族制作为"优良政体"的论述，见卷三章十八1288a34节、卷四章二1289a30节。（〔古希腊〕亚里士多德：《政治学》，吴寿彭译，商务印书馆，2008年，第177、182页）
[3] 〔古希腊〕亚里士多德：《尼各马可伦理学》，廖申白译注，第143页。

相同的，他们之间就不会有交易，或者不会有这种交易。而货币已经约定俗成地成了需要的代表。"（1133a25—1133b）[1]从这里的叙述来看，亚里士多德关于交换的公正的理论似乎已经具备了18世纪英国经济学家亚当·斯密（被誉为现代经济学之父）所阐发的现代经济学的雏形：在人们的自愿交换中，商品的价格是由供需关系决定的，价格体现为货币的数值，而货币则是对商品进行统一度量的尺度。亚里士多德提到的确定商品价格之基础的问题，直接引发了西方中世纪人们关于"公平价格"（just price）的讨论，即一个商品卖多少钱才算公平，而这一问题直到今天依然是一个容易引发争议的话题。

对于并非出于自愿的矫正的公正，亚里士多德的基本看法是，这种公正遵循的是算术比例，而不是几何比例。例如，一个人A的钱c被另一个人B骗走了，那公正就要求B将骗的钱c归还给A，亦即：A+c，B-c。亚里士多德认为，矫正的公正与具体是谁犯了罪无关，"不论是好人骗了坏人还是坏人骗了好人，其行为并无不同。……法律只考虑行为所造成的伤害。它把双方看作是平等的。它只问是否其中一方做了不公正的事，另一方受到了不公正对待；是否一方做了伤害的行为，另一方受到了伤害。既然这种不公正本身就是不平等，法官就要努力恢复平等"（1131b30—1132a10）[2]。亚里士多德讨论的矫正的公正在当代正义理论中仍然是学者们关注的主题之一。例如，自由至上主义者、美国著名哲学家罗伯特·诺奇克就将矫正的正义作为自己持有正义理论中的三条正义原则之一。

由此看来，早在两千多年前，人们就已经对正义问题产生了极大的兴趣，并进行了深入的探索。正如当代著名经济学家约翰·罗默（John Roemer）所言："分配正义的研究至少可以追溯到两千年前，柏拉图和亚里士多德都讨论过这一问题，希伯来经典《塔木德经》（Talmud）也提出过在过世者的债权人中分配财产的办法。"[3]当然，自从亚里士多德提出分

---

[1] 〔古希腊〕亚里士多德：《尼各马可伦理学》，廖申白译注，第144页。
[2] 〔古希腊〕亚里士多德：《尼各马可伦理学》，廖申白译注，第137页。
[3] 〔美〕约翰·罗默：《分配正义论》，张晋华、吴萍译，社会科学文献出版社，2017年，第1页。

配公正这一概念之后，历代学者都对其进行了探讨。不同思想家对这一概念的用法和建构各不相同。本书聚焦于当代分配正义研究的相关理论，因此有必要对当代研究中分配正义的相关概念进行更为细致的界定。

## 第二节　分配正义的相关概念

正义是一个历史悠久、内容庞杂的政治概念。在当代政治哲学讨论中，都有哪些问题与正义相关？正义问题出现在什么情况下？正义的概念是什么？正义向人们提出了怎样的道德要求？下面，我将从这四个方面展开讨论。

第一，关于正义的主题，古代人和现代人的理解有着明显的差异。两千多年前，当柏拉图和亚里士多德开始讨论正义问题时，正义的主题既可以是个人、个人的行为，也可以是整个社会或社会制度。例如，柏拉图在《理想国》一书中讨论了"个人的正义"和"国家的正义"，亚里士多德也将正义作为所有个人德性的总和。在当时的语境下，我们可以说一个人正义或不正义，个人的行为正义或不正义，等等。然而，随着西方政治思想的发展，在自托马斯·霍布斯（Thomas Hobbes）以来的现代政治思想中，正义就很少再用于修饰个人及个人的行为，而是更多地用于形容社会，或者用于规定社会制度。这种转变与西方政治思想发展的脉络有着密切的关联。霍布斯之前的西方政治思想是典型的目的论学说，这种学说将个人目的和国家的政治目的联系起来，将个人的伦理道德与社会的政治秩序联系起来。在目的论学说中，个人的正义是国家和社会正义的基础。换句话说，只要每个人都行正义之事，国家和社会就能成为正义的社会。霍布斯之后的西方政治思想是权利论政治学说。[①]在这种政治学说中，正义不再是评判个人行为的首要价值，取而代之的

---

① 社会契约论和功利主义是西方现代政治思想的两大核心部分，这两种政治思想虽然对"权利"有不同的看法，但都主张以"权利"为界限划定个人自由的范围。

是"权利"。亦即,人们可以自由地追求自己的理想,不一定非得做一个"正义"的人,但所有行为都必须在法律约束的范围内,不能侵犯他人的权利。由此,在现代政治思想中,正义转变为对社会制度的规定。个人正义转化为在正义的制度体系中个人对制度的服从。所以说,从个人正义到社会正义,正义主题的转变体现了西方政治思想的转变,也体现了从古到今政治社会的变迁。

在当代分配正义研究中,正义的主题主要是社会制度而不是个人行为。罗尔斯在《正义论》一书中对正义的主题进行了清晰的界定。罗尔斯论述道:"正义的首要主题是社会的基本结构(the basic structure),或更准确地说,是社会主要制度分配基本权利和义务,决定由社会合作产生的利益之划分的方式。所谓主要制度,我的理解是政治宪法和主要的经济和社会安排。这样,对于思想和良心自由的法律保护、竞争市场、生产资料的私人所有、一夫一妻制家庭就是主要社会制度的实例。"[1]在罗尔斯看来,与人类社会合作相关的制度安排是分配正义的主题,因为这些制度与人们之间如何分配他们共同创造的财富相关,而正义的问题就是以什么样的原则来分配这些共同财富的问题。在罗尔斯列举的基本制度中有一项是"一夫一妻制",这似乎预示着罗尔斯将家庭内部的分配问题也纳入分配正义研究的视野。然而,在罗尔斯的《正义论》以及后续著作中,他并没有深入讨论家庭内部的分配正义问题。这也成为罗尔斯被女性主义学者批评的重要原因。例如,苏珊·穆勒·奥金(Susan Moller Okin)正是在批评罗尔斯的基础上构建了家庭正义学说。[2]值得注意的是,分配正义与配给正义(allocative justice)不同:配给正义是将生产、销售和分配等各环节割裂开来,仅仅讨论在分配阶段的正义问题;而分配正义则是将包括生产在内的各经济运行环节当作一个整体来讨论正义问题。因此,分配正义的视野比配给正义更为广阔,将所有权制度、社会合作、自由市场,以及交换正义等问题都囊括其中。

---

[1] John Rawls, *A Theory of Justice*, p. 6.
[2] 〔美〕苏珊·穆勒·奥金:《正义、性别与家庭》,王新宇译,中国政法大学出版社,2017年。

第二，正义问题出现在什么条件下？只要有人类联合的地方都会有"正义"的问题吗？共同奋斗的夫妻之间也可能抱怨分配不均吗？亲密无间的朋友之间也需要分清"你的""我的"吗？在当代政治哲学讨论中，学者们大多赞同英国哲学家大卫·休谟（David Hume）的看法，认为正义问题只有在一定条件下才会出现。休谟在《道德原则研究》一书中将正义作为一种"警戒性和防备性的德性"，认为在两种情况下正义都不会有用武之地：一是，当大自然赋予人们的物产和财富极大丰富时，正义对于规范人们之间的关系来说是没有意义的。这时，人们不需要任何努力和争取就可以轻易地满足自己的需求，人们不需要相互合作以应对自然界的艰险和困难，也不会因为有限的资源而相互争斗。二是，当人们之间充满仁慈和温情、相互关爱时，正义就失去了作用。休谟认为，在第二种情况下，"正义的用途将被这样一种广博的仁爱所中止，所有权以及责任的划分和界限也将不被想到"。[1]

罗尔斯将正义问题出现的条件称为"正义的环境"，他依据休谟论述的两方面内容，将正义的环境归结为客观和主观两个方面，即客观环境中的"中等匮乏"条件，和主观环境中的"理性生活计划不同"条件。在客观环境方面，罗尔斯认为，许多人生活在一个特定区域，他们在自然和精神方面的能力都大致相同。同时，在人们生活的大部分领域都存在着"中等匮乏"（moderate scarcity）。所谓"中等匮乏"指的是："自然的和其他的资源并不是非常丰富，人们必须合作而求生存，同时条件也不是那样艰险，人们的合作是有成效的。"[2]也就是说，物质条件的限制使得人们必须而且也能够合作。人们需要通过合作以谋生存，同时合作足以让人们获得足够多的资源生活下去。各种资源的中等匮乏确保了人们合作的必要性和可能性。可想而知，只要人类社会还没有进步到"物质极大丰富"的程度，中等匮乏的条件就是成立的。其实，即使随着生产力的发展物质财富能够达到极大丰富，仍然有许多东西是稀缺的，需要人们在合作的基础上通过竞争获取，例如优越的职位、地位、荣誉、权

---

[1]〔英〕大卫·休谟：《道德原则研究》，曾晓平译，商务印书馆，2004年，第36页。
[2] John Rawls, *A Theory of Justice*, p. 110.

力，等等。对于主观环境，罗尔斯认为：一方面，所有人都有大致相近的需求和利益，这使得他们之间存在相互合作的可能；另一方面，人们的生活计划又各自不同，所以他们对于如何利用社会资源可能提出相互冲突的要求。这些相互冲突的要求在特定价值观念的支持下还可能引发人们在哲学、宗教信仰、政治立场等方面更深入的分歧。正是在这样的情况下，"正义"问题就出现了。由此，罗尔斯总结道："只要人们对中等匮乏条件下社会利益的划分提出了相互冲突的要求，正义的环境就达到了。除非这些环境因素存在，否则就不会有任何适合于正义德性的机会；正像没有损害生命和肢体的危险，就不会有在体力上表现勇敢的机会一样。"①

第三，关于正义的概念是什么，罗尔斯对这一问题的论述得到大多数当代学者的认同。当代分配正义研究也正是在罗尔斯为正义概念划定的框架内进行的。罗尔斯将人类社会看作一个合作冒险体系。在这个体系中，人们之间既有利益的一致，也有利益的冲突。一方面，人们通过分工合作而创造出共同的物质财富和精神财富；另一方面，人们需要对这些共同的劳动成果以及维持这种合作关系而需要承担的负担进行划分。而且，每个人都希望从劳动成果的划分中获得较大的份额，同时在责任的分担中付出较小的份额。于是，人们之间的关系从生产过程中的相互配合转变为分配过程中的利益冲突。正是在这样的情境下，正义的概念派上了用场。在罗尔斯的学说中，所谓"正义"就是一种在人类合作体系中划分基本的权利和义务、利益和负担的原则。罗尔斯认为，不论人们的价值观念是怎样的，也不论人们各自的利益所在，人们都会认识到"他们需要，他们也准备来确定一系列特定原则来划分基本的权利和义务，来决定他们心中的社会合作的利益和负担的适当分配"②。

值得注意的是，罗尔斯在《正义论》一书中第一次阐明了正义的"概念"（concept）与"观念"（conception）之间的区别。所谓正义的"概念"，就是一种划分基本的权利和义务、利益和负担的原则。毫无疑问，每个

---

① John Rawls, *A Theory of Justice*, p. 110.
② John Rawls, *A Theory of Justice*, p. 5.

人对于正义原则应该是什么都有自己的看法，可能出现各种各样的主张。罗尔斯将人们所持有的关于正义的不同看法称为每个人的"正义观"。所以说，正义的"概念"是唯一的，而正义的"观念"却是杂多的。每个人对于正义的理解不同，最终形成的正义观也不同。

第四，关于正义对人们提出了什么样的道德要求——正义的要求是强制性的，还是评价性的？正义的规范意义是什么？对于这些问题，当代研究者阐发了两种不同的看法。大部分学者认为，正义向人们提出了强制性的道德要求，它不仅是我们改变相关制度设计的理由，同时也为人们的行动提供了充分的理由。例如，罗尔斯将正义制度向人们提出的道德要求看作是一种"职责"（obligation），这意味着人们必须依照正义的要求去做，甚至可以强制执行。又比如，阿马蒂亚·森认为，人们必须消除"明显的不正义"。[1]相反，另一些学者认为，正义的要求只是一种评价性的价值判断，并没有向人们提出强制性的道德要求。例如，G. A.科恩（G. A. Cohen）认为，将某种现象判断为不正义是一项评价性的工作，与人们是否有理由改变不正义无关。[2]

## 第三节　分配正义的主客体与范围

在明确了正义的主题、正义的环境以及正义的概念之后，我们还可以通过确定分配正义的三个要素来理解当代分配正义研究。这三个要素分别是：分配正义的主体（谁进行分配）、分配正义的客体（分配什么东西）、分配正义的范围（在哪些人中间进行分配）。

第一，对于分配正义的主体是什么，托马斯·内格尔（Thomas Nagel）表达了一种惯常的看法。内格尔认为，在某一范围内有强制性的权力机关（或者潜在的权力机关）是分配正义问题产生的必要条件。因

---

[1] 〔印度〕阿马蒂亚·森：《正义的理念》，王磊、李航译，中国人民大学出版社，2012年，第2—3页。

[2] G. A. Cohen, *Rescuing Justice and Equality*, Cambridge, MA: Harvard University Press.

为，如果没有这样的强制性权力机关的话，人们就不知道他人是否会受到某一正义规范的约束，而正义的秩序也就失去了效力。因此，在一个人们共享的政治制度中，那个维持政治制度之稳定的必要的权力机关就是理所当然的执掌分配大权的主体。[1]由此，视社会分配所涉及的范围不同，分配的主体也相应不同。例如，如果是在家庭范围内进行分配，通常一家之主就是主持分配的人，包括分配食物、家务劳动等；如果在班级范围内进行分配，那么班主任大概就是主持分配的人，包括分配奖学金、助学金、座位等；如果在一个国家之中进行分配，那么拥有国家最高权力的立法机关、行政部门及其首脑就将为各种具体的资源分配制定规则，并监督规则的实施；如果在全球范围内进行分配，那么分配的主体就有可能是联合国这样得到世界各国承认的国际性组织。总之，不论分配范围大小，分配活动的主体都是该人类联合体中掌握支配性权力的主体。在谁是分配正义的主体的问题上，也有学者持完全相反的观点。这些学者从根本上反对"分配正义"这一说法，认为物品和资源的分配是在人们不断的自愿交换中实现的，根本不需要任何人为的计划或制度来对人们创造的财富进行分配。这派学者被称为自由至上主义者(libertarian)。这种思想始于洛克(John Locke)，其当代阐释者是罗伯特·诺奇克。诺奇克反对税收、补贴等任何形式的再分配政策，认为除了个人出于自愿而进行的交换外，不应该存在任何拥有支配性权力的分配主体，从根本上否定分配正义学说的正当性。

第二，在当代分配正义研究中，大多数学者认为，分配正义的对象是人们创造的各种社会财富。这些东西可以统称为"社会益品"(social goods)。所谓"社会益品"指的是人们通过分工合作而产生出来的各种东西，其中不仅包括各种物质性产品和文化产品，也包括荣誉、机会以及政治身份等。在政治哲学界的当代分配正义研究兴起之前，经济学家们很早就开始关注社会分配的问题。在经济学研究中，分配的对象大多局限于收入和财产，而当代政治哲学学者则将更广泛的内容囊括到分配

---

[1] 参见Thomas Nagel, "The Problem of Global Justice", *Philosophy and Public Affairs*, 2005, 33(2): 113-147。

问题的研究当中，他们不仅讨论物质性财富的分配，也讨论精神文化产品的分配[①]。此外，对于各种机会——受教育的机会、就业机会以及在职业生涯中晋升的机会——的分配，以及对于称号、荣誉、政治认同的分配也都进入了研究者们的视野。

对于这些纷繁复杂的待分配的东西，学者们试图将其归结为某一变量，以便建构自己关于分配正义的模型。在这一问题上，不同的学者提出了不同的变量。在当代分配正义研究中，这些不同的变量被称为分配正义的"分配项"。"分配项"的说法最先出现在科恩的一篇文章中，他论述道："存在着正义要求人们具有均等数量的某种东西，但并不是任何东西，而只能是在任何程度上都被同分配平等相竞争的那些价值所允许的。"[②]这种正义所隐含的要求平等分配的东西就是分配正义的"分配项"（currency）[③]，在某些平等主义的分配理论中也被称为"平等项"（equalizanda）。在当代分配正义研究中，不同研究者对"分配项"的选择不同。例如：在罗尔斯的正义学说中，分配项是"社会基本善"；在功利主义的正义理论中，分配项是"效用"或者"福利"；在德沃金的资源平等理论中，分配项是"资源"；在阿马蒂亚·森的能力平等理论中，分配项是支持"可行能力"的资源；等等。对"分配项"的不同选择，

---

[①] 关于文化产品的分配问题，可参见〔加拿大〕威尔·金里卡（Will Kymlicka）：《自由主义、社群与文化》，应奇、葛水林译，上海译文出版社，2005年；〔以色列〕耶尔·塔米尔（Yael Tamir）：《自由主义的民族主义》，陶东风译，上海译文出版社，2005年。

[②] G. A. Cohen, "On the Currency of Egalitarian Justice", *Ethics*, 1989, 99(4): 906-944. 着重号为笔者所加。

[③] 在有关分配正义的政治哲学研究中，科恩所使用的currency一词很难找到合适的中文翻译。一些译者依据currency在经济学中的中文翻译将其译为"通货"。例如，在《运气均等主义》这本论文集中，科恩的这篇论文被翻译为《论均等主义正义的通货》（葛四友编：《运气均等主义》，江苏人民出版社，2006年，第111—146页）。然而，"通货"这一翻译在政治哲学中却很难理解。笔者建议将其译为"分配项"，指的是在社会分配中进行分配的对象。这些有待分配的东西有可能是经济学中的"通货"——货币，也有可能是其他东西，例如机会、资源、基本善，等等。由此看来，currency在经济学和政治哲学中的含义实际上是一致的，只是经济学涉及的范围较窄，讨论的主要是财产和收入的分配，其"分配项"多为货币，而政治哲学讨论的范围更广，包含了机会、能力、自由等社会分配中更丰富的内容。

体现了研究者关注的不同社会问题，也从根本上决定了分配正义理论的不同形式。

第三，关于分配正义问题的范围，亦即在哪些人中间存在分配正义问题，一些学者主张，正义问题只发生在参与社会合作的成员之间。如果没有相互之间的社会合作，那么人们之间就不存在分配的问题，就无关正义问题。持这一立场的学者被称为"社会互动主义者"（social interactionist）。这派学者通常只在当下的国内政治领域内讨论分配正义问题，反对将正义问题拓展到不同世代之间，也反对将正义问题拓展到国家疆域之外。而且，依据这种观点，没有被纳入社会合作体系中的社会成员，如儿童、残疾人，也都被排除在正义问题之外。罗尔斯的正义学说就是这种立场的典型代表，罗尔斯认为正义问题之所以出现，主要是取决于社会合作这种"互惠关系"。因此，他并没有以自己的正义理论框架讨论国际关系的规范问题[①]，在其正义学说中也鲜有讨论儿童、残疾人等相关问题，对代际正义问题虽然在讨论原初状态时稍有提及，但也没有进行深入的分析。

与"社会互动主义者"的观点不同，一些学者认为，不同世代、不同国家的人们之间虽然没有社会合作，但他们之间仍然会出现正义问题，应该将分配正义的范围拓展到不同世代、不同国家之间。例如，当代人排出的温室气体显然会对未来世代产生巨大的影响，由此，排放正义的问题出现在不同世代人们之间。以此类推，某国公民所排放的温室气体会对整个地球产生巨大影响，间接影响到其他国家人们的生活，由此，二氧化碳排放所引发的正义问题也出现在不同国家之间。另外，发达国家是否负有接收移民的义务、是否有救助受灾国家的义务，等等，这些超出国界的政治问题都与正义相关。因此，正义问题理应被拓展到不同世代之间，以及国家疆域之外。由此看来，在不同世代之间、在不同国家之间，虽然没有深入的社会合作，但仍然存在着大量与正义相关的问

---

[①] 罗尔斯在《万民法》一书中讨论了国际关系的基本原则，但他并没有将自己在《正义论》中推导出来的正义原则应用到对国际关系的规范当中，这也使得罗尔斯的国际关系学说受到了众多批评。

题。正义问题的讨论范围在时间和空间上都可能超越人们所处的当下的政治共同体。在当代政治哲学研究中,学者们讨论的通常是国家范围内或全球范围内的分配正义问题,前者被称为"分配正义"研究,而后者则被称作"国际正义"(international justice)或者"全球正义"(global justice)研究。"国际正义"和"全球正义"这两种说法的区别体现了人们观点的不同。将国家疆域外正义看作是"国际正义"的研究者认为,在全球范围内不存在有效的强制性政治秩序,也没有支撑这种秩序的政治权力。因此,国家与国家之间的关系只能依托于国家主权,由国际正义的原则来规范。相反,对于把国家疆域外正义看作是"全球正义"的研究者来说,在全球范围内存在着或者应该存在一种由统一的政治权力支撑的强制性政治秩序,这就是全球正义的秩序,而国家间的关系是由这种全球性的政治秩序来规范的。除了关注国家范围内以及世界范围内的正义问题之外,也有一些学者研究家庭内部的分配问题,特别是当代女性主义者。例如,苏珊·穆勒·奥金致力于将分配正义学说应用到家庭内部的情境之中,以此来分析性别平等的相关议题。[1]限于篇幅,本书将主要关注国内分配正义问题。

在廓清了分配正义的主体、客体和范围之后,我们将进入对于具体的分配原则的探讨。在当代分配正义研究中,学者们对包括平等原则、效率原则、效用最大化原则、差别原则、需要原则、应得原则、资源平等、福利平等、能力平等、多元分配在内的十余种分配原则进行了深入讨论。本书上篇各章将介绍和分析当代分配正义研究中的诸种分配原则,并在此基础上取其精华、去其糟粕,尝试提出适合中国社会的多元分配方案。正义是人类社会的远大理想,也事关人们日常生活中琐细的利益分配。人类在漫长的历史进程中创造了丰富的物质财富和精神财富。对于这些共同的财富,应该如何分配和共享?怎样分配才能体现人们之间平等的政治身份和道德尊严?下述各章将从平等原则开始,逐一分析当代学者提出的各种分配正义学说。

---

[1]〔美〕苏珊·穆勒·奥金:《正义、社会性别与家庭》,王新宇译。

## 第二章　严格平均的社会分配

  随着观念和情感的相互推动，精神和心灵的相互为用，人类便日益文明化。联系日多，关系也就日益紧密……每个人都开始注意别人，也愿意别人注意自己。于是公众的重视有了一种价值。最善于歌舞的人、最美的人、最有力的人、最灵巧的人或最有口才的人，变成了最受尊重的人。这就是走向不平等的第一步；同时也是走向邪恶的第一步。

——卢梭《论人类不平等的起源和基础》[1]

  "人人生而平等"的政治口号宣告了人类现代史的开端，正是在"平等"理念的推动下，人类社会的政治制度经历了一系列重大变革。"平等"，作为一种政治理想和政治价值，已经深深嵌入现代人的观念之中。正如卢梭论述的那样，现代人将"不平等"当作是走向邪恶的第一步。一切以"不平等"为底层逻辑的制度设计都无法获得合法性，对于确立国家基本结构的政治制度是如此，对于与社会分配相关的制度来说也是如此。

  现代政治制度的基础是"人人生而平等"。这是否意味着，在社会分配领域，所有的社会益品都必须平均分配呢？如果一个社会，一方面强调人与人之间的平等关系，另一方面，资源的不平等分配又不断地拉大

---

[1]〔法〕让-雅克·卢梭：《论人类不平等的起源和基础》，李常山译，商务印书馆，1982年，第118页。

人们之间在财富、权力、名誉、机会等各方面的差距，甚至阻断不同阶层之间的上下流动；那么，这样的社会是不是自相矛盾呢？一种与"平等"理念相一致的社会分配，到底应该是什么样的？

"人人生而平等"是现代社会最原初的假设和最根本的信念。正是基于根本意义上的人与人之间的平等关系，人们建构了现代社会的基本制度框架。法律制度、道德规范、政治理想……都必须以平等为最根本的判断标准。任何与"平等"相矛盾的制度设计，都得不到人们的认同，都将被修改或抛弃。与此同时，社会分配是人们公共生活的核心内容，在这一重要的公共领域中，"平等"毫无悬念地成为判断社会分配是否恰当的价值标准。可以说，所有人都赞同应该平等地分配那些通过所有社会成员的分工合作而创造出来的共同财富。但遗憾的是，人们对平等的理解却各不相同。在政治理论家们的讨论中，从平等理论中演化出与平等相关的各种术语：机会平等、结果平等、起点平等、身份平等、社会平等、权利平等、经济平等、关系平等……各说各话，难以达成共识。于是，人们虽然都同意要平等地分配社会资源，却对"什么是平等的分配"争论不休。

本章的讨论将从字面意义的"平均分配"出发，深入分析下述四个问题：第一，严格平均分配的准确含义；第二，对严格平均分配的批评；第三，严格平均分配与效率原则的对立；第四，平等具有什么样的价值。

## 第一节　什么是严格平均分配

严格平均分配指的是：将人们通过社会合作而创造出来的所有社会益品以及须承担的所有社会负担进行平均分配。在这种社会分配中，人们不仅拥有平等的权利，而且获得同样多的物质财富、精神财富以及各种机会和荣誉。严格平均分配是最贴近"人人平等"的字面解释的分配方案：不论男女、不论民族、不论能力大小、不论天赋优劣、不论出身贵贱，所有人平等地分配到所有种类的社会益品并承担相同的社会负担。在当代政治哲学讨论中，这种政治主张被称为激进平等主义（radical egalitarianism）或者严格平等主义（strict egalitarianism）。

平等主义（egalitarianism）是当代政治哲学中的一大流派，其核心政治主张是"平等待人"。平等主义者通常主张：第一，所有社会成员拥有平等权利；第二，社会和经济的不平等被限制在一定范围之内。严格平等主义是平等主义中最激进的派别。相比于其他较为温和的平等主义者，激进平等主义者反对任何形式的社会和经济不平等。他们认为，人们之间不仅要保持权利的平等，而且，在社会和经济层面也应该拥有同样多的资源。

从"平等"理念出发，支持严格平等主义的理由有两条：第一，"人人生而平等"，在资源分配的问题上，没有人有特殊的资格得到比别人多的份额，也没有人天生就比其他人更重要。第二，公共资源是人们通过分工合作而创造出来的，是属于全体社会成员的共同财富，只是为了资源利用的便利，才需要对这些社会益品进行分配。所以，既然所有人共有这些资源，在分配中就应该采用严格平均的方式进行分配。

虽然严格平均的社会分配是许多人的政治理想，但是，由于需要分配的社会益品种类繁多，"严格平均分配"的确切含义并不十分清晰。我们可以借助下述两个逐步深入的思想实验剖析其准确的内涵。

首先，我们可以简化社会分配的模型，从一种最简单的情形开始分析。假设，在某个社会中，待分配的社会益品只有一种，就是大米。于是，在严格平均的分配方案下，每个人都分到同样多的大米。这似乎没有什么问题。但是，这种严格平均分配却存在着不合理。一方面，在生产大米的过程中，每个人因个人能力的不同，必定做出了不同的贡献。有些人贡献大，有些人贡献小。所以，那些贡献大的人就有可能觉得每个人得到同样多的大米是不公平的。另一方面，每个人对大米的需求不同，一些人饭量大，一些人饭量小。于是，那些饭量大的人分到的米不够吃，而饭量小的人的米却吃不完。如此一来，这种"一刀切"的平均分配不仅会引发一些社会成员的不满，还会造成资源浪费。

其次，在更加复杂的分配现实中，对每一种社会益品进行平均分配的弊端会继续显露出来。考察一下待分配的社会益品不止一项而是有很多项时可能出现的各种问题：假设，可供分配的社会益品有粮食、糖果和药品三种，而这三种物品都被严格地平均分配。每个人得到同样多的粮食、糖果和药品。假设在这样的分配中，甲有糖尿病，他不能吃糖，所以，糖对他来说是多余的；同时，甲分到的药品并不足以治愈他的疾病，他需要更多的药品。乙是一个爱吃糖的健康人，一方面他希望自己能得到更多的糖，另一方面他不需要自己分到的药品。这时，甲和乙之间的交换就几乎是必然的了。但是，如果甲和乙之间进行了糖和药品的交换，那么最初的平均分配就被破坏了。通过上述分析我们看到，对每一种社会益品进行严格平均分配，这种分配方案是很难维持的——除非国家或政府以强制性的手段禁止人们之间的自愿交换，就如同在上述例子中，禁止糖尿病人甲与健康人乙之间药品和糖果的交换。但是，国家和政府有什么理由禁止这样的交换呢？这样的交换能同时增进甲和乙的福利，又是甲和乙之间自愿进行的，第三方的强行干预不具有正当性。

从上述两个思想实验中我们看到，如果将"严格平均分配"理解为对某类或某些特定物品进行平均分配，我们会得出许多荒谬的结论。人们可能会得到一些自己不需要的东西，而自己急需的东西却被分配给了别人。而且，在真实的社会分配中，可供分配的社会益品种类非常多，人们实际上不可能对每一种益品进行平均分配。由此，学者们主张以经济学中所说的"一篮子商品"（a bundle of goods）的方式来理解严格平均分配的含义。亦即，依据某种通行的度量单位，分配给人们同等量的各类社会益品。在市场经济所主导的现代社会中，人们最常用的通用度量就是金钱。[1]由此，我们可以将"严格平均分配"的含义设定为：分配给

---

[1] 当代许多经济学家反对以金钱来度量社会益品，反对以GDP来衡量人类社会的发展。他们中的一些人阐发了其他的通用度量，例如联合国开发计划署提出的人类发展指数（HDI）、人类发展不平等校准指数（IHDI），阿马蒂亚·森所主张的"自

所有社会成员同样多的"钱",亦即分配给每个社会成员以金钱度量的同等量的社会益品。如此一来,人们可以用自己手里的钱购买自己需要的东西。这样分配的好处是,可以避免人们分配到自己不需要的东西,或者得不到自己需要的东西。

美国学者凯·尼尔森（Kai Nielsen）是一个激进平等主义者,他正是在分配给人们同样多"钱"的意义上来理解"严格平均分配"的。尼尔森主张,在保证人们的平等权利的前提下,分给所有社会成员同样多的收入和财产,并让他们承担同样多的负担（如税收）。[1]这一主张的核心观点是对于"收入"和"财产"的平均分配："收入"是增量,"财产"是存量。"严格平均分配"要求人们在任何时刻都拥有同样多的"收入"和"财产",这两项加起来就能保证人们在任何时刻都拥有同样多的"钱"。这种平等也被称为经济平等主义,如哈里·法兰克福（Harry Frankfurt）所言："经济平等主义是这样的学说,它认为每个人都有相同数量的收入和财富是可欲的。"[2]人们支持严格的经济平等的最重要的理由是,经济层面的不平等将引发一系列的不平等,并最终颠覆人们之间的平等关系。例如,托马斯·内格尔认为,经济不平等将带来人们在政治、法律和社会等各方面的不平等,因此,"（经济平等）是进一步具有重要性的道德观念。它的有效性将成为支持经济平等本身作为一种善的独立理由"[3]。

然而,时刻保证收入和财产的平均分配,这一激进的政治主张遭受了多方批评。一些平等主义者由此而妥协,认为所谓"严格平均分配"仅仅要求人们在某一初始时刻拥有同样多的"收入"和"财产",在那一时刻之后就可以参与自由竞争,并由竞争来决定其最终获取。这种观点

---

（接上页）由"或"能力",等等。但是,就通用的程度以及便利性来看,金钱仍然是人们最容易理解和方便操作的度量尺度。

[1] Kai Nielsen, "Impediments to Radical Egalitarianism", *American Philosophical Quarterly*, 1981, 18(2): 121-129.
[2] Harry Frankfurt, "Equality as a Moral Idea", *Ethics*, 1987, 98(1): 21-43. 中文翻译参见葛四友编：《运气均等主义》,第197—213页。
[3] Thomas Nagel, *Moral Questions*, Cambridge: Cambridge University Press, 1979, p. 107.

被称为"起点"原则("starting-gate" principle)。例如,布鲁斯·阿克曼(Bruce A. Ackerman)和安妮·阿斯多特(Anne Alstott)等人主张,人们应该在某一初始时刻(initial point)拥有同样多的社会益品和负担,之后则任由其发展。[①]另外,罗纳德·德沃金也表达过类似观点。他构想了一种人们在进入自由市场之前的平均分配状态——前市场状态。在这一状态下,人们拥有同样多的人格资源(即自然禀赋)和非人格资源(即社会禀赋)。德沃金认为,人们带着同样多的资源进入市场,一旦进入自由竞争的市场状态,人们就应该为自己的努力和选择负责。然而,上述版本的严格平等主义分配,在社会实践中却会导致非常深刻的不平等。因此,更多的严格平等主义者倾向于主张经济平等主义,即保证人们收入和财产的平等,用本书第一章建构的分配正义的术语来说即是:在严格平等主义的分配方案中,分配项是"收入+财产",分配原则是"平均分配"。

## 第二节  对严格平均分配的批评

在当代政治哲学的讨论中,严格平等主义的分配方案引发了各种批评。可以说,包括罗尔斯、诺奇克、德沃金等著名学者在内的许多研究者正是通过批评严格平等主义,才逐步发展出了自己的分配正义学说。这些批评者站在资格理论、效率原则、个人自由等不同的理论立场对严格平等主义进行了一系列的批评。下面,我将逐一阐述这些批评和质疑。

第一,严格平等主义的分配原则属于诺奇克所说的"即时原则"(current time-slice principle)而非"历史原则"。这种分配原则的特征在于:不考虑待分配的社会益品是怎么来的,不考虑是谁在其中付出了劳

---

[①] Bruce A. Ackerman and Anne Alstott, *The Stakeholder Society*, New Haven: Yale University Press, 1999; Bruce A. Ackerman, *Social Justice in the Liberal State*, New Haven: Yale University Press, 1980.

动、付出了多少劳动，人们进行了什么样的交换，是否有巧取豪夺的事件发生，等等。这就像在分一块从天而降的"馅饼"，似乎任何人都没有为这块馅饼付出过劳动。正如尼尔森所言："平等是一种朝前看的德性，关心的是如何保持人们之间适当意义上的同等条件。"① 这种只朝"前"看，而不朝"后"看的分配原则，是不关心社会益品产生的历史的。然而，对于诺奇克这样持资格理论的学者来说，如此理解的社会分配是错误的。在资格理论中，人们付出了劳动，因此对劳动成果拥有"资格"（entitlement）；人们通过自愿交换而转让对不同物品的"资格"。如果将人们有资格的某种东西强行平均地分配给所有人，这样就破坏了人们的"资格"，侵犯了人们对物品的"所有权"，侵犯了人们的自由。从这个意义上来说，严格平均分配包含着侵犯权利的严重事件，是不正当的。

第二，严格平均分配无法体现出人们在生产过程中所做出的努力和明智的选择，与"个人为自己的行为负责"的道德原则相违背。在当代分配正义研究中，德沃金提出了著名的"敏于志向，钝于禀赋"的分配正义目标，其核心思想是依据人们的努力和选择进行分配。每个人为自己的努力和选择负责，付出更多努力、做出明智选择的社会成员理应获得更大份额的社会益品，这是德沃金分配正义理论的基本出发点。然而，严格平等主义的分配方案却无法体现出人们所付出的努力，这将大大打击人们的劳动积极性，也将大大降低整个社会的生产效率。平均主义大锅饭——干多干少一个样、干好干坏一个样，这样的分配模式很难激发人们的主观能动性，无法激励人们为生产出更多的社会益品做出贡献。事实上，改革开放之前的中国就深受严格平等主义分配的影响，造成生产力低下、经济发展缓慢等诸多负面结果。

第三，严格平均分配是一种不可持续的分配模式。可以预见的是，如果允许人们之间的自愿交换，社会分配的格局在人们得到同样多"钱"的下一刻就会发生变化，而且很快就会产生"贫富差距"。可能的情况

---

① Kai Nielsen, "Impediments to Radical Egalitarianism", *American Philosophical Quarterly*, 1981, 18(2): 122-129.

是，在分配到同样多的钱后，一些人利用手中的钱进行了明智的投资，使自己手中的资金越来越多，最终成为社会中的富人；一些人用自己的钱给自己购买各种课程，通过不断学习，最终成为社会中的知识精英；而另一些人则将手中的钱用于赌博，输得精光，最终成为社会中衣食不保的穷人。也就是说，即使保证了人们在某一时刻拥有同样多的收入和财产，严格平均的分配照样不能持久。因为人们在天赋、才能、志向、运气等各方面都有很大的差别，所以同样的财富在一些人手里能得到很好的利用，而在另一些人手里却很快就流失了。由于人们应用财富的能力不同，任何时刻的平均分配，都会被人们的自愿交换打乱，都会在下一时刻变成不平等。如果一个社会一定要维持一种严格平均分配，那么国家和政府就要不断地对人们之间的自愿交换进行干预。以富裕者的财富补贴贫困者，使人们重新回到最初的平均状态。而这种持续干预财富分配状况的行为则有侵犯人们自由的嫌疑，需要得到严格的论证。

第四，一些学者认为，在民主社会中，人们不可能投票赞同一种严格平均的分配方案，因为每个人都希望分配到自己手里的东西能真正体现自己的价值。严格平均的分配方案只能通过由上至下的独裁统治才可能实现。因此，如果要实行严格平均分配，就必须放弃民主制度，而这将给人们带来无法承受的代价。凯·尼尔森对这种观点进行了回应。他认为，当一个社会发展到物质极大丰富的阶段，所有人的基本需要都得到满足。那时，人们不再区分"你的""我的"；所有社会益品都是属于"我们的"。在那样的情况下，人们有可能投票赞同给予每个人平等的收入和财富。所以，严格平均的社会分配与民主制度并不矛盾。[1] 当然，尼尔森阐述的是物质极大丰富的理想状况，对于现阶段的社会分配来说，通过民主程序而实施一种严格平均的社会分配，这一构想并不现实。

第五，严格平均的社会分配方案，没有考虑许多与社会分配相关的

---

[1] Kai Nielsen, "Impediments to Radical Egalitarianism", *American Philosophical Quarterly*, 1981, 18(2): 122-129.

重要因素。例如，在社会益品的产生过程中，人们各自的贡献是多少？是否应该按照人们的劳动量、工作时间、工作强度等因素进行分配？还有，一种严格平均的分配是否能保证所有人的基本需要都得到满足？每个人的需要不一样，为什么分给所有人等量的资源？稀缺资源是不是应该优先分配给社会中的弱者？每个人在社会分配中应得的份额是否应该与每个人的努力和选择有关？……这些问题在平均分配的方案中都没有得到很好的论证和回答。如哈里·法兰克福所言："把经济平等本身构想为可欲的来关注它，这将倾向于使得一个人不再努力发现对其本人以及在其生活经验之内，他自己真正关注什么，什么东西确实令他满足——尽管这是对经济目标的理性选择所依赖的最基本的也是最具决定性的工作。换言之，夸大经济平等的道德重要性是有害的，因为它是异化性的。"①

如此看来，平均分配虽然凸显了人们之间的"平等"关系，是最贴近"平等待人"字面含义的分配方案，但是距离所有人能达成共识的"正义分配"还很遥远。不可持续、侵犯权利、效率低下、浪费资源，这些都是严格平均分配可能引发的问题。

## 第三节 平均分配与效率原则

严格平均的分配方案为了维护"平等"，不惜抑制社会中较优者的发展，将所有人拉到一个较低的水平。这就像在班级里为了平均而不惜打压优秀的学生，给所有学生都打60分一样。这样的分配方案必然打击人们的劳动积极性，极大地降低了社会的生产效率。"缺乏效率"正是严格平均分配受到的最大质疑。在当代政治哲学讨论中，一些学者通过"拉平反驳"的思想实验揭示出严格平均分配与经济学中的效率原则是相矛

---

① Harry Frankfurt, "Equality as a Moral Idea," *Ethics*, 1987, 98(1): 21-43.

盾的。

英国哲学家德里克·帕菲特（Derek Parfit）为了反驳严格的平等主义，在一篇题为《平等与优先》的论文中阐述了"拉平反驳"的思想实验。[1] 所谓"拉平"，指的是为了达到一种"平均"的分配，不惜浪费资源，将优秀者拉低到平均水平。帕菲特是这样来构建"拉平反驳"的，他假设存在着（1）和（2）两种事态：

（1）每个人都在某个水平；

（2）一些人在这个水平，其他人更好。

一个严格的平等主义者会认为，在（2）中，人与人之间的平等被破坏了，所以即使一些人以一种不使任何人变坏的方式更好，（2）仍然比（1）更坏。由此推论，平等主义者要求将（2）向（1）转变，也就是说单纯降低一些人的生活水平，通过"拉平"不同人的生活水平，实现平等。

帕菲特认为，严格的平等主义的这一推论是荒谬的。因为，与（1）相比，处于（2）这一事态中的所有人的状况都没有变坏，所以（2）比（1）坏这一结论无法从处于这一社会分配中的任何人那里得到。帕菲特认为："如果对于任何人都不是坏的，那么没有任何东西是坏的。"[2] 帕菲特将这称作"个人影响观"。帕菲特认为，如果我们要捍卫严格的平等主义，就必须反对这种"许多人都将赞同"的"个人影响观"。这就是帕菲特所说的严格的平等主义所遭遇的"拉平反驳"困境。

我们可以通过更具体的例子来深入分析"拉平反驳"所揭示的问题。假设，有两个农民甲和乙在同一个果园中一起种苹果，甲的劳动效率高，乙的劳动效率低。如果将他们种出的苹果平均分配，则甲的积极性得不到激励，劳动效率会相应降低，生产出的苹果总数也会减少。如果采用一种奖励劳动贡献较大者的分配方案，那么甲的劳动积极性得到激励，生产出的苹果的总数就会增加，而甲和乙两者最终获得的苹果数量都可

---

[1] Derek Parfit, "Equality and Priority", *Ratio* (new serious) X3, December 1997 0034-006, pp. 202-221. 中文翻译参见葛四友编：《运气均等主义》，第197—213页。

[2] Derek Parfit, "Equality and Priority", *Ratio* (new serious) X3, December 1997 0034-006, pp. 202-221.

能增加。假设在平均分配方案中，在甲和乙之间平均分配苹果，那么每个人只能得到5个苹果。在第二种分配方案中，甲和乙虽然得到的苹果的数量不等，但都大于5个，比方说，甲得到8个，乙得到6个。在这两种分配方案中，支持严格平均分配的人会选择第一种方案。然而，站在分配实践内部成员的角度，选择第一种方案是没有道理的。因为，对于处于上述分配案例内的甲和乙来说，完全平均的分配方案只会让每一个人的所得都减少——在严格平均分配的方案中，甲和乙都只得到5个苹果，比他们在不平均的分配方案中得到的（8个，或者6个）要少。

帕菲特认为，宁愿获得较少也要保持严格平均分配，这种选择是非常荒谬的。因为，身处分配中的人们，没有谁会仅仅为了整体分配格局的"平等"而牺牲自己的利益。每个人都只希望最大限度地增大自己的利益，而不是去关心其他人的利益与自己利益的比较。除非人们心怀妒忌（envy）[①]，否则就不会宁愿自己所得较少也不愿自己与别人同时增多。当然，在现实社会中人们可能是心怀妒忌的。然而，妒忌不应该成为人们选择社会分配方案的理由。因为，任何公共政策都不应该基于不健康的心理诉求。

"拉平反驳"实质上凸显了严格平均分配与效率原则之间的矛盾。这也是严格的平等主义饱受诟病的一个根本原因。效率原则是意大利经济学家维弗雷多·帕累托（Vilfredo Pareto）提出的，也称为帕累托优化（Pareto Improvement），或者帕累托最优（Pareto Optimality）。效率原则的含义是："一种结构，当改变它以使一些人（至少一个）状态变好的同时不可能不使其他人（至少一个）状况变坏时，这种结构就是有效率的。"[②] 满足效率原则也被称为达到帕累托最优，而没有达到帕累托最优的分配结构则应进行帕累托优化。依照这一标准，为了达到严格平均而

---

[①] 在英语中 envy 和 jealousy 含义不同，envy 是不希望别人比自己更好，而 jealousy 是不希望别人赶上自己的水平。在汉语中妒忌和嫉妒的含义是相同的，没有本质区别。本书沿用何怀宏在《正义论》译本中的做法，将 envy 翻译成"妒忌"，jealousy 翻译成"嫉妒"。参见《现代汉语词典》（第5版）"妒忌"、"忌妒"或"嫉妒"词条。

[②] John Rawls, *A Theory of Justice*, p. 58.

拉平的分配方案就是没有效率的,是与帕累托优化相反的过程。比如在上述例子中,在平均分配的方案下,甲和乙各得到5个苹果,而如果改变分配规则,甲乙所得的苹果数量是可以同时增加的(得到8个,或6个)。这说明严格平均分配的方案没有达到帕累托最优,是没有效率的分配方案。所以,为了使苹果的分配更有效率,则应进行帕累托优化,从第一种分配方案转变为第二种分配方案。

同样,在帕菲特所描述的"拉平反驳"的思想实验中,分配方案也应从(1)向(2)转变,以达到帕累托最优,使得分配结构更有效率。然而,严格平等主义者却要求分配结构从(2)向(1)转变,这说明严格平均的分配与效率原则是直接矛盾的。正如国内学者姚大志所言:"拉平反驳的力量在于,它揭示了平等主义有可能与效率原则相违背。"[1]"拉平"是将有效率的状态转变为没有效率的状态。严格平均分配有可能导向一种不使任何人得到好处,反而使一些人受到损害的制度安排。

严格平均分配是一种没有效率的分配,其根本原因在于这种分配缺乏相应的激励机制。如果一种分配不考虑人们对生产各种物质财富和精神财富所做出的贡献,干多干少一个样、干好干坏一个样,那么,人们的主观能动性就无法被调动起来,整个社会的生产必然是效率低下的。如果将所有待分配的社会益品比喻成一张饼,那么,在缺乏激励的严格平均分配中,人们只能做出一张小饼,每个人得到的份额也很小。然而,在包含激励机制的分配方案中,人们的劳动生产率提高,可以做出一张更大的饼。虽然在这种分配中每个人所得的份额各不相同,但每个人的所得相对于平均分配的小饼来说都可能增大。这就是严格平均分配并不受人们青睐的重要原因。

"效率"虽然不是判断社会分配是否合理的唯一指标,但却是一项重要指标。一种没有效率的社会分配是很难给人类社会带来繁荣和发展的。平等和效率都是评价社会分配的重要价值标准,然而,鱼和熊掌不可兼得。从根本上来说,平等,尤其是"严格平均"意义上的平等与效

---

[1] 姚大志:《拉平反驳与平等主义》,《世界哲学》2014年第4期,第11页。

率是相互矛盾的。英国学者约瑟夫·拉兹（Joseph Raz）从这一点出发对"严格平等主义"进行了批评。拉兹将"严格平等主义"阐释为一种"非歧视性原则"：如果某些Fs具有G，那么所有Fs有资格得到G。拉兹认为，这种"非歧视性原则"必然导致浪费。因为，对于某种稀缺资源来说，"如果没有足够的利益可以分配，那么无论它是什么，我们必须浪费它，而不是给予或者允许某些人占有它们"[①]。在拉兹看来，"严格平等主义"这种分配原则完全不承认人们的任何独立的"善"或"恶"，仅仅从人们之间的关系上来判断某人是否有资格获得某物，只有当所有人都能获得相关资源时，人们才有资格获得该资源。如果并不是每个人都有资格获得某物，那么情愿将该物品浪费掉，这将导致没有效率的社会分配。哈里·法兰克福也指出了严格平均分配与效率之间的巨大张力，尤其是在待分配的物品不足以满足所有人的基本需要时。法兰克福假设，等待分配维持生命所需的必要物资的有10个人，每个人需要5单位的物资才能存活下去。如果只有40单位的物资可用，严格平均分配将要求分配给每个人4单位的物资。这样的话，即使耗尽所有可用的物资也无法维持任何一个人的生命，这将造成巨大的浪费。[②]对于严格平等主义的这一弊端，拉里·特姆金（Larry S. Temkin）以更为犀利的语言进行了批评："一方面，我们相信不平等是坏的。但是我们真正地认为，只有一些人是瞎子的世界比所有人都瞎的那个世界在某方面更坏吗？是的。这意味着我认为如果弄瞎所有人将更好吗？不。平等并不是唯一重要的。"[③]

实践是检验真理的唯一标准。从分配的角度来说，中国改革开放的历程，就是从严格平均分配转变为更有效率的分配结构的过程。四十多年来，经济的飞速发展向人们证明，更有效率的分配结构给中国社会带来了繁荣。在本书下述章节的讨论中，我们将继续探索，寻找能兼顾"平等"与"效率"这两个价值标准的、更好的社会分配方案。

---

① Joseph Raz, "Principles of Equality", *Mind*, New Series, 1978, 87(347): 321-342. 中文翻译参见葛四友编：《运气均等主义》，第3—22页。
② Harry Frankfurt, "Equality as a Moral Idea", *Ethics*, 1987, 98(1): 21-43.
③ Larry S. Termkin, *Inequality*, Oxford: Oxford University Press, 1993, p. 282.

## 第四节 平等的价值

"平等"是判断社会制度之优劣的重要价值,也是社会分配要满足的要求。然而,"平等"为什么值得人们追求?它具有什么样的价值?对于这些问题的回答,在学术界存在着两种不同意见。一些学者认为,"平等"因其自身而有价值;另一些学者则认为,"平等"因其他的原因而有价值,例如有助于推动公共福利,能有效维护人们的尊严,能够避免"妒忌"等破坏性的心理情绪,等等。这一分歧植根于德国哲学家康德对"工具价值"和"内在价值"的区分。

康德认为,价值分为两种:工具价值(instrumental value)和内在价值(intrinsic value)。所谓"工具价值"指的是,某物因为充当人们实现某一目的的工具而具有价值。例如,钱具有工具价值,因为钱可以帮助人们实现许多目的:购买食物、去旅行、出国留学,等等。但是,通常情况下,钱本身并不会成为人们的目的。当然,也有例外。有些人的人生纯粹为了金钱而活,为了挣钱而挣钱,这就是将钱当成了人生的终极目标,而自己却成了金钱的奴隶。这种人被称为"拜金主义者"。"内在价值"则是指,事物因其本身而具有价值,其本身就是人们追求的目的。"人"或者说"理性存在"是康德笔下拥有"内在价值"的最典型的例子。"人"因其自身而具有价值,并不因为充当实现别人目的的工具而具有价值。打个比方,我的孩子对我来说具有巨大的价值,但这并不是因为他(她)能帮助我实现任何目的,反而是我常常帮助孩子实现他(她)的目的。孩子对我来说具有"内在价值",是因为他(她)自身就是目的。

人们生活中的一些平常事件也可能蕴含着康德对两种价值的区分。我曾看到电视剧里有这样的情节:媳妇正在洗碗,突然手一滑,碗打碎了,手也被划了个大口子,鲜血直流。这时,家里的亲戚朋友都跑过来帮忙,有的拿止血贴,有的拿纱布,有的焦急地问用不用去医院……这时,婆婆从柜子里翻出一双胶皮手套,嘴里说着:"不打紧、不打紧,用这个套上,可以接着洗。"当时,所有的人都用异样的眼光看着这位婆婆，不知道该说什么好。这个情节就很好地阐释了康德所说的"把所有人当作目的"的道德律令。人不是机器，不是其他人达到自身目的的工具。当机器坏掉的时候我们可以把它修好继续用，也可以把它扔掉换新的。但是，当人受伤或者生病时，我们要照顾他（她），关心他（她）自身的感受和痛苦，为其解除病痛。站在康德的立场上，电视剧中这位"恶婆婆"的举动就没有把"媳妇"当成目的，而仅仅把她当成了洗碗的机器。当然，人们在社会合作中相互帮助，也时常充当对方实现目的的工具。但是，人始终具有内在价值。"不能把人仅仅当成工具"，应该"把所有人同时当作目的"，"所有理性存在都是目的王国平等的成员"，这就是康德道德哲学里的绝对命令。

帕菲特借助康德对两种价值的区分讨论了平等可能具有的两种价值。对于"平等"，我们也可以提出类似的问题："平等"是目的本身，还是实现其他政治理想的工具？如果说，"平等"就是人类分配实践的目的本身，那么，我们就有理由追求一种严格平均的社会分配，即使以牺牲效率和浪费资源为代价。但是，如果"平等"并不是目的本身，而仅仅是实现其他政治理想（例如正义、和谐、自由等）的工具，那么我们就没有理由一定要选择一种严格平均的分配方案。

基于"平等"可能具有的两种不同价值，帕菲特区分了"目的论平等主义"和"道义论平等主义"。帕菲特认为，目的论平等主义是"为了平等而平等"的平等主义，也就是说，目的论平等主义者将"平等"本身当作目的，认为平等具有"内在价值"，而"不平等"不论是由什么原因造成的，都将是坏的。目的论平等主义的平等原则是："如果某些人比其他人差，这本身是坏的。"与目的论平等主义相对，道义论平等主义则认为，在人们追求平等时，总是出于某种其他的道德理由，而不是"为了平等而平等"。换言之，道义论平等主义认为，平等只具有"工具价值"，并不具有"内在价值"。帕菲特认为，基于道义论平等主义的观点，"如果某些人比其他人差，这本身并不是坏的"。而不平等之所以是坏的，往往是基于某种社会正义的学说。因此，在道义论平等主义者看来，并不是所有不平等都是坏的。只有那些不能得到论证（justify）的不平等才是坏的。

或者说，某种不平等之所以是坏的，是因为它是不正义的。①

在帕菲特看来，"目的论平等主义"是不可取的。因为，将"平等"本身当作分配的目的，"为了平等而平等"则会遭遇"拉平反驳"，会降低效率、浪费资源。平等是值得追求的，但是平等并不是社会分配之目的本身。社会分配的最终目标不是"平等"而是"正义"。对于社会分配来说，平等仅具有工具价值。人们是为了追求"正义"才要求某种意义上的"平等"。

当然，帕菲特的看法并不能代表所有人的看法。本人曾在学生中间做过"拉平反驳"的思想实验，让他们在"平均分配"和"更有效率的不平均分配"之间做出选择。2018年春季学期，在总数为30人的公选课上，我向学生提出下述问题：在最后评分的时候，你们是愿意所有人都得80分，还是愿意所有人以80分保底，而那些表现更好的学生能够得到更高的分数（即每个人的得分都大于等于80分）？绝大部分同学都选择以80分保底而每个人最终的分数与其较优的表现相关。只有1位同学选择所有人都得80分的评分方案。这样看来，"拉平反驳"是符合大多数人的道德直觉的。在通常情况下，人们并不会仅仅为了平等而舍弃自身的利益。然而，这一点并非确定无疑。正像在30位学生中总还有1位学生选择为了"平等"而放弃了提升自身分数的机会。在这位学生看来，大概平等本身即是其追求的目的，自身利益的增进并不是目的。那么，是什么样的心理会驱使人们认为"平等"本身就是人们追求的目的呢？罗尔斯对这个问题进行了回答。

在当代分配正义讨论中，罗尔斯被看作是平等主义者。但是，在罗尔斯看来，社会分配的终极目标是"正义"而不是"平等"，某一限度内的不平等是可以接受的。罗尔斯支持平等，但并不认为人们应该对所有的社会益品进行平均分配。在《正义论》一书中，罗尔斯论述道："可以令人信服地证明，严格的平等主义，即坚持对所有的基本善的平等分配的学说，是产生于妒忌。"②如果某人情愿损失自己的利益而保持与他人的

---

① Derek Parfit, "Equality and Priority", *Ratio* (new serious) X3, December 1997 0034-006, pp. 202-221.

② John Rawls, *A Theory of Justice*, p. 472.

"平等",那么这样的人是心怀"妒忌"的人。

当代分配正义研究的两位重要学者罗尔斯和诺奇克都讨论过平等与妒忌之间的关系。他们都以康德对妒忌的定义为起点。康德认为,妒忌这种阴暗的心理起源于"自我价值感"的丧失:行为者缺乏对自身价值的自信,并感到无力自助。[1]正是因为人们认为自己不行,觉得自己不好、没有价值,才会产生这种负面情绪,甚至由此引发恶性的社会事件。虽然,罗尔斯和诺奇克都赞同康德对妒忌的理解,但是他们对于如何避免妒忌却有截然不同的看法。罗尔斯认为,"自我价值感"的获得在于每个人不与他人比较,而只与自己比较。如果自己的利益或成就增加了,那么行为者就会认为自己进步了,就能很好地获得自我价值感,而不会产生妒忌。诺奇克的观点与罗尔斯背道而驰,在诺奇克看来,人们恰恰是通过与他人的比较而获得自我价值感的。如果自己比他人强,则感觉自己很好、很有价值,但如果自己比他人差,则丧失自我价值感,产生妒忌。诺奇克举例说,如果人人都能达到亚里士多德、歌德和马克思的水平,那么普通人就不会觉得自己有什么了不起。因此,"对于事情做得怎样,不存在独立于别人做得怎样或能够做得怎样的标准。……通过比较别人,比较别人能够做什么,我们来评价我们自己做得怎样"[2]。

由于对妒忌是如何产生的观点不同,罗尔斯和诺奇克对于妒忌与社会分配的关系也有不同看法。罗尔斯认为,由于人们只关心自己利益的多少,不会在意别人的利益与自己利益的相对值;所以,在"严格平均分配"和"每个人的获得都增加的不平均分配"两种分配方案之间,人们会选择第二种分配。而且,在这种不平均的分配中人们并不会产生妒忌。因为,人们通过与自己的过去比较而获得自我价值感,并不是通过和他人比较而获得自我价值感。相反,只有那种选择严格平均分配的人才是心怀妒忌的。

诺奇克的观点与罗尔斯不同,在诺奇克看来,不平均的分配必然会

---

[1] 康德对妒忌的讨论参见其著作《道德形而上学基础》第二部分,第三十六节。
[2] 〔美〕罗伯特·诺奇克:《无政府、国家和乌托邦》,姚大志译,中国社会科学出版社,2008年,第289页。

引发所得较少者的妒忌。因为，人们的自我价值感是通过相互比较而获得的，获得较少的人就可能丧失自我价值感而产生妒忌。但是，在社会制度的安排上，绝不能因为某种安排可能引发人们的妒忌，就将本属于一些人的财富强制性地分配给另一些人。因为，这样做是侵犯权利的行为。诺奇克举例说，这种做法就像：因为知道不同种族的夫妇手拉手走路会惹怒一些人，所以就禁止他们这样做；而这明显是侵犯人们权利的做法。[1]

在诺奇克看来，人们可以通过改进其他方面的制度以避免妒忌的产生。依据诺奇克的观点，妒忌起源于人们将自己与他人进行比较。然而，这种比较是一种主观的比较，行为者会自行选取进行比较的项。在生活中，有些人专门以自己的强项与他人的弱项进行比较；而另一些人对自己的要求非常高，时常以自己的弱项与他人的强项进行比较。前一种人非常乐观，总感觉自己比别人强，有很好的自我价值感，不容易产生妒忌；而后一种人，则总是看到自己的短处，容易丧失自我价值感，引发妒忌。因此，诺奇克认为，我们的社会制度应该尽量多地提供给人们不同的可比项，让人们有足够的空间，能够选取有利于自己的可比项，尽量多地看到自己的长处，避免引发妒忌。打个比方，如果一个学校只考查学生的语文、数学和英语三个科目的成绩，那么这三个科目都比较差的学生就很容易丧失"自我价值感"，甚至引发自卑、妒忌等阴暗心理。但是，如果学校能提供尽量多的可比项，例如劳动、体育、音乐、美术等，这就将有助于更多的学生建立自我价值感，可以更好地避免妒忌的产生。

在学校如此，在更大范围的社会生活中也是如此。如果一个社会衡量人们成就高低的标准只有金钱，那么那些没有能力赚大钱的社会成员就会感觉到很失败，自我价值感丧失，对那些有很多钱的人产生妒忌。正是在这种情况下，任何并非严格平均的社会分配都可能引发妒忌。"仇富"心理在任何非平均的社会中都可能出现。相反，如果一个社会鼓励人们追求不同的理想，例如道德的高尚、闲暇、审美、求真、关怀，等等；同时，

---

[1] 〔美〕罗伯特·诺奇克：《无政府、国家和乌托邦》，姚大志译，第295页。

各种理想之间没有固定不变的价值排序（即，并非只有某一个理想最重要）；而且，也不以"金钱"为各种理想是否实现的唯一的衡量标准；那么，人们就有更多的调整自己人生追求和心理感受的空间，就更容易获得自我价值感，也就不会轻易产生"妒忌"这种负面的心理状态。总之，罗尔斯和诺奇克对"妒忌"以及妒忌与平等的关系存在着诸多分歧：自我价值感到底是源于"自己与自己比较"还是"源于自己与他人的比较"；不平均的社会分配是否一定引发人们的"妒忌之心"；面对"妒忌"及其可能产生的恶劣后果，人们是否可以通过强制手段而拉平社会成员之间的利益分配；为了缓解不同收入人群之间的"妒忌"，我们应该如何改进相关的分配制度。这些问题都有待进一步的讨论。

综上所述，所谓"严格平均分配"指的是对所有社会益品和负担进行平均分配。持这一观点的学者通常主张在权利平等的前提下，保证所有社会成员拥有同样多的收入和财产。严格平等主义者的观点受到了多方质疑，许多学者正是在批评严格平均分配的基础上发展出了自己的分配正义学说。一些学者认为，为了提升每个人在社会分配中的所得，关键在于增加社会财富的总量。因此，应设计一种社会分配方案，通过合理的激励机制激发人们的创造力和劳动积极性，以集聚尽量多的社会财富。这些学者继承了始自英国政治思想家杰米里·边沁（Jeremy Bentham）的功利主义学说，提出了效用最大化的社会分配方案。

# 第三章　效用最大化的社会分配

如本书第二章所述，在具体的社会分配中，有两个问题与每个人最终分配到多少社会益品密切相关：一个是关于如何分的问题，另一个是关于社会益品的总量有多大的问题。在第二章中我们讨论的是如何分的问题，即是否应进行严格平均分配。这一章我们将讨论如何最大限度地增加社会益品总量的问题。功利主义是一种流行甚广的政治道德学说。功利主义者认为，社会分配的制度设计应该将社会财富这张"饼"做得尽量大，应该通过制度设计而最大限度地增进社会整体的效用总和。本章将深入分析边沁、密尔和西季威克三位思想家所阐发的古典功利主义思想，讨论功利主义的正义观、功利主义的平等主义转向，以及功利主义受到的批评。

## 第一节　功利主义原理

功利主义（utilitarianism）是西方现代道德与政治学说中最重要的思想流派之一。功利主义与社会契约论针锋相对，但都共同支持自由、平等、民主、法治等政治理念。这两派学说共同塑造了西方近代以来的政治思想和社会制度。三位英国政治思想家——杰米里·边沁、约翰·斯图亚特·密尔和亨利·西季威克（Henry Sidgwick）——在18世纪末到19世纪末近一百年的时间中逐步完善功利主义的道德哲学，使其发扬光大，并深刻地影响了伦理学、政治学、经济学、公共管理等相关学科。

功利主义的核心概念是utility，中国大陆翻译为"功利"，中国台湾翻译为"效用"。边沁在阐述功利概念时，将其理解为快乐的增加，或者痛苦的减少。"人是被快乐和痛苦主宰的"，这是功利主义学说的原点。边沁认为，人们的所有行为都是为了增加快乐，或者减少痛苦。为此，边沁列举了十四种快乐和十二种痛苦，并且认为，不同种类的快乐和痛苦可以加和，它们之间只有量的区别，没有质的区别。

打个比方，吃一碗牛肉面的快乐是5，看一本书的快乐是7，那么这两种快乐加和之后的值就是12。痛苦也是类似的，唯一不同的是，痛苦的功利值是负值，例如打针的痛苦是-5，做家务的痛苦是-1，那么两种痛苦的加和就是-6。如果一个人一天之中经受了上述两种快乐和两种痛苦，那么其功利值就是快乐和痛苦的加和，即是U（功利）=12-6=6。边沁认为，每个人的行为就是力图使得自己的U值达到最大，而社会制度的安排就应该让所有社会成员的功利值的加和$\Sigma U_i$达到最大。

边沁的理论简单明了，似乎让人们看到了解决错综复杂的价值问题的曙光。对于与价值相关的问题来说，最大的麻烦就是"人际相异性"：人们的价值观、人生观和世界观不同，每个人的追求也不同。如何安排社会制度，使得每个社会成员都能更好地实现自己的目标和理想，最终推动整个社会的进步和发展？功利主义的处理方式是：第一，将所有人的追求化约为同一个变量"功利"；第二，将功利这一变量进行量化；第三，求所有社会成员的功利总和的最大值。由此，边沁总结出功利主义的核心原则"功利原理"："按照看起来势必增大或减小利益有关者之幸福的倾向，亦即促进或妨碍此种幸福的倾向，来赞成或非难任何一项行动。"[1]

边沁的功利原理既可以应用于个人，也可以应用于整个社会。本书将功利原理应用于个人而得出的原则称为"个人功利原则"，将功利原理应用于社会而得出的原则称为"社会功利原则"。"个人功利原则"是，每个人的行动准则就是最大限度地增加自己的快乐，使自己的功利最大

---

[1]〔英〕边沁：《道德与立法原理导论》，时殷弘译，商务印书馆，2000年，第58页。

化;"社会功利原则"是,社会制度的安排应该使得所有社会成员的功利之和达到最大值。与此同时,边沁认为,所有人都平等地拥有感受快乐和痛苦的能力。所以,在计算所有社会成员的功利之和时,"每个人都只算作一个,没有人能算作更多"。由此,所谓"社会整体利益"[①]就是所有社会成员的功利总和,这被边沁称为"最大多数人的最大幸福"。

然而,在"个人"和"社会"两条功利原则中,功利主义者真正使用的往往是社会功利原则,而非个人功利原则。正如密尔所说:"那些反对功利主义的人几乎没有公正地认识到,形成功利主义关于行为对错标准的幸福,并不是指当事人自己的幸福,而是指一切相关人的幸福。在自己的幸福与他人的幸福之间,功利主义要求当事人严格公正地成为一个无私的、仁慈的观察者。拿撒勒的耶稣的金玉良言体现了功利伦理的全部精神。己所欲者,施之于人,爱邻如己,这是功利主义道德完善的理想境界。"[②]按照密尔的说法,在功利主义的学说中,无论是对个人行为的评判,还是对公共政策、制度、法令的制定,真正发挥道德判断之作用的是社会功利原则,并不是个人功利原则。也就是说,功利主义学说的最终判断标准是:凡是能够增进社会整体利益的制度、法规、政策、个人行为等就是好的、正当的、道德的;反之,凡是有损于社会整体利益的制度、法规、政策和个人行为则是坏的、不正当的、不道德的、应当摒弃或修改的。当然,人们可能会说,社会功利原则是设计社会制度的人考虑问题的原则,而受制度约束的人们则只需考虑自己的利益是否增加。然而,每个人都生活在制度之中,动机和行为受到制度的约束。如果一种制度的设计是以社会整体利益的增进为目标的,那么制度中的每个人,无论其是否愿意,实质上也都必须以社会整体利益的增进为自己的目标。例如,如果社会制度的设计者认为增加税收有利于社会整体利益的增进,那么受制度约束的人们就必须缴纳更多的税,否则就会受到相应的惩罚。

---

[①] 在边沁、密尔等古典功利主义者的理解中,功利概念与"利益"、"快乐"、"幸福"等概念的含义是一致的。当代功利主义者对功利概念进行了重新定义。本章第二节将对功利概念的确切含义进行深入讨论。
[②] 〔英〕约翰·密尔:《功利主义》,刘富胜译,光明日报出版社,2007年,第26—27页。

当然，在功利主义的理论结构中，个人功利原则的提出并非完全没有意义。个人功利原则（每个人都是趋利避害的）是功利主义学说的理论起点，功利主义者试图从个人功利原则中推导出社会功利原则。亦即，从每个人都是趋利避害的——这一贴近事实的判断——推导出每个人都应该按照能够最大限度增加社会整体利益的方式去行动的道德要求。然而，这一推导非常牵强。社会中的每个人确实如边沁所说是"趋利避害"的，但是，这并不意味着，每个人的行为都必须最大限度地增进社会整体的利益。功利主义在某种程度上陷入了两难境地：一方面，如果功利主义仅仅要求每个人"趋利避害"，最大限度地追求自己的快乐，那么这样的学说对于确定社会规范没有任何意义，甚至会被嘲笑为"猪的哲学"[1]；另一方面，如果功利主义者认为人们应该按照使得社会整体利益最大化的方式去行动，那么这样的道德要求似乎又过强，难以得到论证。我们可以将功利主义的论证推演如下：

前提1：每个人都追求自己功利的最大化，用数学语言写作$MaxU_i$。（个人功利原则）

前提2：社会整体功利就是所有社会成员功利值的加和，用数学语言写作$\Sigma U_i$。

结论：社会制度的安排应该使得社会整体功利达到最大值，用数学语言写作$Max\Sigma U_i$。（社会功利原则）

首先，前提1的含义就是边沁所说的"人是被快乐和痛苦主宰的"，每个人都追求快乐而避免痛苦。这是一个与人们的日常经验很贴近的命题。人们的行为总是趋利避害的，总是试图最大限度地增进自己的功利值。我们暂且假定这是一个不争的事实，亦即，前提1是真的。其次，前提2出于边沁的个人主义立场。边沁认为，在人类社会中，没有任何高于个人的人类实体存在，也没有任何独立于个人利益的集体利益或国家利益存在。所以，所谓社会整体的功利，就是每个人的个人功利的数

---

[1] 参见密尔在《功利主义》一书中的论述："伊壁鸠鲁的信徒在很早的时代，曾被人轻辱，比作猪；而近世主张这个学说的人有时也被德国、法国、英国的攻击者加以一样（客气）的比方。"（〔英〕约翰·密尔：《功利主义》，刘富胜译，第15页）

学加和。如果我们暂且接受边沁的个人主义立场，就可以认为前提2是真的。但是，从前提1和前提2中并不能推出边沁想要的结论。边沁强调要以增进社会整体功利值的方式安排社会制度。而要从前提1和前提2推导出这一结论，我们还必须假定，人们之间的利益是正相关的，每个人在追求自己利益的同时不会减损其他人的利益。只有这样，当所有人的功利值都达到最大值时，社会整体的功利值才会达到最大值。否则，如果一些人的利益增加导致其他人利益的减少，社会整体的功利值就不一定会随着人们对个人功利值的追求而增加。

所以，上述推理成立的一个必不可少的条件是：社会中人们之间的利益是协调一致的。然而，这一条件却并非时时都成立。在人类社会中人们之间的利益有可能是协调一致的，也有可能是相互竞争的，甚至还可能是相互敌对的。具体来说，亲戚朋友之间的利益可能是协调一致的，一荣俱荣、一损俱损。但是，在资源有限的情况下，人们之间为了争夺资源而相互竞争，竞争对手之间的利益就不是一致的。在许多情况下，某些人对资源的占用就必然意味着另一些人丧失利用资源的机会。另外，在价值观念错综复杂的人类社会中，人们的价值观念可能相互敌对，利益也可能因此而相互敌对。打个比方，一个歧视女性者的利益与女性群体的利益就是相互矛盾的。当女性的利益减少时，歧视女性者就感到快乐，其功利值就增加；相反，女性的利益增加时，歧视女性者的功利值就减少。

如此看来，除非假定所有人的利益是正相关的，否则无法从"个人功利最大化"的前提推导出"社会整体功利最大化"的结论。然而，功利主义学说却必须做出这一推导。对于功利主义来说，如果其理论仅仅停留在前一个命题，停留在每个人增进自己的利益，那么功利主义除了揭示出每个人的"自私自利"外，就不再有任何理论贡献。这样的理论不可能对政治社会的制度设计给出任何建设性的意见，也不能被用来规范人们的公共生活。如此说来，功利主义的理论核心实际上是社会功利原则，其理论宗旨是要增进社会整体的利益，并以此来判断社会制度的优劣和个人行为道德与否；而个人功利原则仅仅是其推导出社会功利原则的理论原点。

从"个人功利原则"到"社会功利原则"之间的鸿沟构成了功利主义学说最大的难题。在这一问题上，如果我们应用英国哲学家大卫·休谟关于"事实与价值二分"的观点来分析，那么，这两个命题之间的鸿沟将是无法跨越的。休谟认为，事实判断是以"是"（to be）为连接词的命题，价值判断是以"应当"（ought to be）为连接词的命题，从事实判断无法推导出价值判断。也就是说，从什么东西"是"什么，永远无法推导出什么东西"应当"怎么样。举例来说，人们可能列出一百条关于"撒谎"的事实，例如撒谎引起别人的愤怒、撒谎告知的是错误信息、撒谎会导致当事人的愧疚，等等，却得不出"人们不应该撒谎"这一结论。

我们可以从"事实与价值二分"的观点来分析从"个人功利原则"到"社会功利原则"的推导：如果我们认同功利主义的理论原点——"人是被快乐和痛苦主宰的"，那么"个人功利原则"就是与人们的心理事实相符合的事实判断；而"社会功利原则"却是边沁希望能推导出来的结论，是一个价值判断。在边沁的推导中，前提是事实判断，而结论却是价值判断，从事实判断无法推出价值判断；所以说，即使我们赞同边沁的观点——"人是被快乐和痛苦主宰的"，所有人都趋利避害——也无法推导出社会制度的安排应该增进社会整体的利益这一原则。

约翰·斯图亚特·密尔是边沁的学生，也是边沁的好朋友詹姆斯·密尔（James Mill）的儿子。小密尔在父亲和边沁的教育中成长，从小就对功利主义思想耳濡目染，长大后为老师的学说据理力争。为了反驳"猪的哲学"的指责，并解决功利主义的难题，密尔修正了边沁关于快乐的诸多观点。密尔继承了边沁的看法，认为"人是被快乐和痛苦主宰的"，但是，密尔认为快乐不仅有"量"的区别，还有"质"的区别。密尔论述道："认识到一些快乐比另一些快乐更值得向往、更具有价值这个事实，是与功利主义的原则相一致的。在评估事物的过程中把质量混同于数量、在评估快乐过程中单单依靠数量都是荒谬的。"[1]

为了克服功利主义的论证困难，密尔区分了两种快乐——"较高的

---

[1]〔英〕约翰·密尔:《功利主义》，刘富胜译，第16页。

快乐"和"较低的快乐",并且认为,这两种快乐之间有"质"的区别。密尔认为,感官快乐大多是"较低的快乐",例如食欲的满足、性欲的满足、纯粹的感官刺激等;而"较高的快乐"则是理智的快乐、感情和想象的快乐以及道德情感的快乐。所谓两种快乐之间有"质"的区别,其含义是:无论多少较低的快乐都不能转化成较高的快乐,无论多少感官刺激的快乐都不能转化成道德情操的快乐。用哲学的术语来说就是,"较高的快乐"与"较低的快乐"之间是不可通约的;或者用数学语言来说就是,找不到一个函数f,使得f(x)=y,其中x代表"较低的快乐",y代表"较高的快乐"。在两种快乐的区分中,密尔对两种快乐之间不能转换的强调是非常必要的。因为,如果这两种快乐可以相互转换的话,那么足够多的"较低的快乐"就能转换成"较高的快乐"(这就好比说吃了足够多的巧克力就能感受到拉小提琴的快乐),而两种快乐之间的区分就形同虚设了。正是基于对两种快乐的理解,密尔说出了他经常被引用的那句名言:"做一个不满足的人比做一只满足的猪要强,做不满足的苏格拉底比做一个满足的傻瓜要强。"[1]经过密尔的修正,在"人是被快乐和痛苦主宰的"这一前提下,人们就可能选择牺牲感官的快乐而追求道德的崇高。

我们可以通过一个思想实验来理解密尔对边沁功利主义思想的改进。假设,有一个百万富翁在路边遇到一个在寒风中瑟瑟发抖的乞丐,依据边沁所说的"人是被快乐和痛苦主宰的",这个百万富翁不应该施舍。因为,施舍会减少他的财富,也就减少了他获得快乐的可能性。但是,依据密尔的观点,这位富翁却应该施舍。因为,通过施舍,这个百万富翁虽然损失了财富,减少了获得感官快乐的可能性,但是却获得了道德情操的快乐,获得了较高的快乐。而且,"较高的快乐"是多少"较低的快乐"都换不来的。于是,通过施舍行为,不仅乞丐的功利值得到了增加,而且,富翁的功利值也增加了,达到了双赢。由此看来,通过"较低的快乐"和"较高的快乐"之间的区分,密尔确实克服了从个人功利原则

---

[1]〔英〕约翰·密尔:《功利主义》,刘富胜译,第18页。

推导出社会功利原则的困难。在密尔的功利主义学说中,"较低的快乐"对应于每个人增进自己的功利,即个人功利原则;"较高的快乐"(道德情操的快乐)对应于"增进社会整体的功利",即社会功利原则。相比于"较低的快乐"人们会自然倾向于追求"较高的快乐",也就是放弃追求一己私利,而增进社会整体的利益。因为,人们在增进社会整体利益的过程中,会感受到更大的快乐,也就同时使自己的利益得到了增进。如此一来,个人功利原则与社会功利原则就合二为一了:个人利益最大化的方式同时也是社会整体利益最大化的方式。按照这种解释,士兵为国捐躯是为了最大限度地增进自己的快乐,富翁向穷人施舍也是为了最大限度地增进自己的快乐,普通人舍己为人也是在增进自己的快乐。

密尔的两种快乐学说虽然能够较为完美地解决"个人功利原则"与"社会功利原则"之间的矛盾,但仍然存在着明显的不足,其弱点在于:"较低的快乐"与"较高的快乐"之间的根本区分到底在哪。对于这个问题,密尔并没有给出明确的回答,而只是阐述了一种实用的方法。密尔认为,对于那些两种快乐都体验过的人,他们会自然而然地选择"较高的快乐";而那些最终选择"较低的快乐"的人们,都是只体验过"较低的快乐"的人。也就是说,"较高的快乐"确实是一种更吸引人的快乐,是更值得人们追求的快乐。因此,人们会自然而然地放弃"较低的快乐"而选择"较高的快乐"。与此同时,"个人利益最大化"也将自然造成"社会整体的利益最大化"。

然而,密尔的这一解释却会遭遇无法上溯的难题:如果说,所有体验过"较高的快乐"的人都会选择"较高的快乐";那么,人们第一次选择"较高的快乐"时,又是在什么情形下呢?如果一个人从来没有体验过"较高的快乐",那他是否永远都只能停留在享受"较低的快乐"的阶段呢?如果是那样的话,个人功利原则与社会功利原则之间的鸿沟又如何逾越呢?由此,密尔非常强调教育的作用。密尔认为,要协调两种快乐之间的冲突,鼓励人们选择"较高的快乐"而非"较低的快乐":"首先,作为实现这种理想最近的方式,功利主义将责成法律和社会安排把每个人的幸福或者(实践上称作的)利益,尽可能地与整个社会的利益协调起来。其次,通过对人类性格有广大影响的教育和舆论,来培养每个人的心灵,使他们把自己的幸福与整个社会的利益紧密地联系起来。"[1]

总之,从"人是被快乐和痛苦主宰的"这一理论原点出发,功利主义者论证了判断一切社会安排和人类行为的道德标准——看其是否能增进社会整体的功利总和。这一标准既是一条道德原则,用以判断个人行为;也是一条政治原则,用以评价社会制度和政策法规。社会分配制度是一种重要的政治制度。在功利主义者看来,社会分配的相关安排,也必须依据功利原则进行评判。

## 第二节 功利主义的正义观

在许多反对功利主义的学者看来,功利主义并没有相应的分配正义理论。对于分配正义中的许多重要问题,例如平等、权利、应得、需要等,功利主义者都没有给予充分的重视。在功利主义学说中,正义似乎变成了依附于功利的次一级概念:一种社会制度正义与否依赖于制度安排是否能最大限度地增进社会整体功利。然而,当我们仔细阅读功利主义者的著作时,却发现许多作者都曾对权利、平等、自由等概念进行过深入的讨论。事实上,功利主义者大多支持保护自由、权利、平等的相关制度和政策。也正是出于这个原因,功利主义才成为自由主义的主要流派之一。例如,在《功利主义》一书中,密尔就用了三分之一的篇幅详细讨论权利、平等、应得等与正义相关的政治理念。另外,密尔还专门写了一本《论自由》,强调个人自由的重要性。那么,功利主义是否有自己的正义学说呢?功利主义者主张的社会分配是什么样的?下面我将结合密尔对正义观念的阐述进行探索。

密尔认为,正义观念包含正义规则和正义感两个方面。其中,正义

---

[1] 〔英〕约翰·密尔:《功利主义》,刘富胜译,第27页。

规则是面向所有人制定的，其目的是增进社会整体的利益；而正义感则是当某人违反了相应的规则时，人们心中怀有的希望此人受到相应惩罚的情感。密尔论述道："正义观念包括两个方面：行为的规则和鼓励这种规则的情感。前者（行为的规则）一定要对所有人来说都是共同的，它关注的是所有人的利益。后者（鼓励这种规则的情感）是一种希望违规者遭到惩罚的渴望。后者并不仅仅是因自己的利益受损而引发的愤怒，而是推己及人，因社会普遍的利益受损而引发的愤怒。"[1]

与此同时，密尔非常重视"权利"概念，认为"权利"源自人们的义务，而这种义务是正义规则所要求的。密尔论述道："功利是正义的基础，正义是一切道德最主要、最神圣、最具有约束力的部分……'权利'是正义概念的本质，权利存在于个人之中，'权利'这个概念暗示并证明了正义具有更具约束性的义务。"[2]在密尔看来，正义的本质即是对人们"权利"和"义务"的规定。在公共生活中人们能做什么、不能做什么；应该得到什么，必须负担什么，都将由正义的原则予以强制性规定。

密尔对平等也进行了深入的讨论。密尔引用边沁的说法，对平等进行了论证："边沁的名言提供了这样的条件：'人人平等，没有人高于他人'[3]；边沁的这句话可以写在功利原则的下面，作为说明的注释。……每个人都有被平等对待的权利，除非有人认识到社会便利需要相反的结果。"[4]密尔在上述引文中重申了边沁的主张：每个人都有追求幸福的平等权利。但是，密尔并不认为这种权利是绝对的、不容妥协的。在密尔看来，平等原则应该受到功利原则的限制。也就是说，如果"平等待人"与社会整体的利益相矛盾，那么这条道德原则是可以妥协的。

除了权利和平等之外，密尔还对分配正义中很重要的"应得"问题进行了讨论。密尔认为应该"根据人们的功过来奖惩他们。……社会应

---

[1] 〔英〕约翰·密尔：《功利主义》，刘富胜译，第76页。
[2] 〔英〕约翰·密尔：《功利主义》，刘富胜译，第84—85页。
[3] 这句话即前述引用的"每个人都只能算作一个，没有人能算作更多"。
[4] 〔英〕约翰·密尔：《功利主义》，刘富胜译，第89页。

该平等对待那些对它做出一样贡献的人"[①]。根据人们的贡献进行社会分配，这是应得原则的核心主张。当然，密尔对应得原则的论证同样基于功利主义的根本原则。密尔论述道："社会应该平等对待那些对它做出一样贡献的人；也就是说，只要贡献一样人们就应该得到绝对平等的待遇。这是社会正义的分配正义高度抽象的标准；一切制度，一切道德公民的努力，都将最大程度地汇聚到这个标准上。但是，这样沉重的道德责任依赖于一个更深的基础，这个基础不是来自于次级学说或者延伸性学说的逻辑必然性，而是直接来自道德的第一原理。这种道德责任包含在功利的意思中，或者说包含在最大幸福原则中。"[②] 与密尔类似，西季威克也试图将功利主义的正义观念与"应得原则"协调起来。西季威克认为，应得原则依据一个人为社会所做的贡献而给予其奖赏，这在客观上必然会增进社会整体的利益。当然，在现实生活中，并不是所有的贡献都能被相应的分配制度觉察到，有可能出现某人做出了贡献却没有得到奖赏的情况。由此，西季威克将"应得原则"的严格执行诉诸上帝的旨意："当我们认定是上帝公平地宰制世界时，我们似乎是要表明，倘若我们能够明了人类生存的一切，我们就会发现，幸福在人间的分配正是依据人们的功绩和应得。"[③]

从密尔和西季威克的论述中我们看到，功利主义的正义观念与"应得原则"有着本质的区别。前者主张一种效用最大化的社会分配，而后者主张的则是根据人们的较优表现进行社会分配。在许多情况下，这两种分配方案的分配结果有可能是一致的，在社会分配的局部奖励人们的较优表现恰恰在整体上表现为效用最大化的社会分配。但是，"应得原则"的宗旨是仅仅依据人们的较优表现进行分配，并不考虑这种分配是否会导致整体效用的最大化。必要的时候，即使牺牲社会总功利的最大化，也要严格按照人们的较优表现而进行分配。然而，功利主义的正义观却可能为了增进社会整体的利益，而违背"应得原则"。举例说明，一场体育竞赛，按

---

[①]〔英〕约翰·密尔:《功利主义》，刘富胜译，第87页。
[②]〔英〕约翰·密尔:《功利主义》，刘富胜译，第87页。
[③] H. Sidgwick, *The Methods of Ethics*, London: Macmillan, 1907, First Edition 1874, p. 280.

照"应得原则"应该把奖杯颁给最优秀的选手;然而,这位最优秀的选手却来自受歧视的少数族裔,如果把奖杯颁给他会让许多人感到不安。那么,功利主义的分配原则就有可能主张将奖杯颁给比他稍逊一筹的其他选手。[①]从这样的案例中我们可以看到,虽然在许多情况下,"应得原则"与功利主义的分配原则有可能重合,但它们提供的是本质上不同的两种分配方案。

除了与正义相关的诸种政治理念之外,密尔还讨论了税收、施舍、恩惠等与正义相关的具体问题。关于税收,密尔指出,政府是应该以累进制的方式收税,还是应该对所有社会成员平等地收税,这两种主张各有其理由。对于支持平等税收的人来说,他们认为国家和政府平等地为所有人提供了保护,所以人们应该平等地缴纳税收。而对于支持"累进税"的人来说,他们认为国家和政府为富人提供的服务要多于穷人。所以,富人应该缴纳更多的税收。密尔最后总结,税收问题的最终解决方案应该借助功利主义的根本原则,以有利于增进社会整体利益的方案去设计税收政策。

为了解释正义与慈善的区别,密尔区分了两种义务:完善的义务和不完善的义务。密尔认为,完善的义务赋予人们相应的权利,是由正义的规则所确立的。而不完善的义务则是一种道德义务,这种义务并不与相应的权利对应。人们被希望尽道德义务,但人们并非必须这么做,例如向穷人施舍,给予同胞以恩惠,等等;而只有由正义规则所确立的法律义务才对人们提出强制性的要求。

综观密尔和西季威克对正义观念及其相关问题的讨论,我们可以得出下述结论:第一,功利主义者确实深入地探讨了正义及其相关问题,功利主义理论有相应的正义学说。第二,功利主义者同样支持权利、平

---

① 这并非杜撰的案例而是真实发生的事情。法国黑人花样滑冰选手桑亚·博纳尼(Surya Bonaly)是世界一流的运动员,她曾9次夺得法国冠军、5次夺得欧洲冠军。1998年的冬奥会上她做出单脚后空翻一周的高难度动作,是世界上唯一(包括男子和女子)能做出这个动作的运动员。但是,桑亚·博纳尼却由于其黑人血统,3次与世锦赛冠军失之交臂。

等、应得等与正义相关的政治价值。第三，在功利主义的学说中，权利、平等、应得，以及与正义相关的税收、慈善等各种制度问题最终都以社会功利原则（最大幸福原则）为最终判断标准。也就是说，权利、平等、应得等政治价值是否重要，取决于相应的政治安排是否能最大限度地增进社会整体的功利。类似的，如何制定与分配正义紧密相关的税收政策，也取决于具体的政策安排是否能最大限度地增进社会整体的功利。换句话说，功利主义的分配正义原则与本书所讨论的其他分配正义原则——严格平均分配、应得原则、需要原则、优先原则、差别原则、资格原则、奖励个人努力的分配原则……有可能是兼容的，并不一定必然矛盾。但是，在具体的分配实践中，如果应用功利主义的分配原则之外的其他分配原则并不能使得社会效用最大化，那么功利主义者将摒弃其他的分配原则，坚持采纳能够使得社会效用最大化的分配方案。这足以证明功利主义的正义观念是独立于其他分配原则的分配正义理论。

  上述结论中的第三点历来是学者们争论的焦点。我们可以通过密尔对"平等"的解释对其进行深入考察。密尔认为边沁所说的"每个人都只能算作一个，没有人能算作更多"体现了功利主义从根本上重视平等。然而，如此理解的"平等"却使得功利主义对平等的重视转瞬即逝。因为，当每个人都被算作"一"的时候，多数人的利益就大于少数人的利益，就比少数人的利益更重要。政策的制定就可能为了增进多数人的利益而牺牲少数人利益，以达到社会整体利益最大化的最终目标。如此一来，边沁所说的形式上的平等立即就推导出实质性的不平等。这与平等主义者所主张的以平等权利为基础的"平等待人"直接矛盾。所以，正如英国学者H. L. A.哈特（H. L. A. Hart）所说："边沁的说法——'每个人都只能算作一个，没有人能算作更多'——指的并不是平等待人，而只是一种计算功利总额时的加权原则。"[①]换言之，以平等权利为基础的平等理念，在功利主义的学说中并不具有独立的价值。

---

① 〔英〕H. L. A. 哈特：《哈特论边沁：法理学与政治理论研究》，谌洪果译，法律出版社，2015年，第104页。

功利主义对"平等"的态度直接影响到其对于"权利"的处理。为了维护多数人的利益，是否可以践踏少数人的权利，这是功利主义难以回避的理论难题。现代社会中常见的"钉子户"拒绝拆迁的例子，就很好地说明了功利主义的这一道德困境。拆迁对于整个社会来说是一件增进整体利益的好事，但对于"钉子户"来说，这一行动却可能违背其意愿、侵犯其权利、损害其利益。那么，这样的事情应该做吗？按照社会功利原则，应该做；但这样一来，"权利"的原则就被违反了。所以说，在功利主义的理论中，并非没有"权利"的位置；但与"功利"概念相比，"权利"并不具有优先性，是次一级的概念。从密尔对正义观念的集中论述中，我们看到，功利主义的正义学说支持平等、权利、应得等政治价值，但是这些价值都因其能够推进社会整体的利益而得到赞同，而分配制度的安排也要以社会整体利益的最大化为判断标准。

在西季威克之后，当代功利主义者对功利主义进行了深入的修正和发展。其中最重要的修正就是重新定义了"功利"概念。后继的研究者认识到，边沁所说的"快乐"并不能涵盖人们所有的欲求，在许多情况下人们并非单纯地追求快乐。即使是密尔所说的"较高的快乐"也无法涵盖人们欲求的各种目标。将"功利"定义为快乐只会为功利主义招致"享乐主义"的恶名。事实上，由于"人际相异性"的存在，"快乐"、"利益"、"幸福"这些概念很难获得客观、可度量的准确定义。正如黑尔（R. M. Hare）所说："如果我们运用利益的术语来构建功利主义，就必须面对这样的问题——什么才是一个人真正的利益？"[①]一些学者认为，边沁所说的"快乐"实际上是行为者偏好的满足。由于存在"人际相异性"，所以只有行为者最知道自己的"快乐"是什么，自己的"利益"何在，因而只能将"功利"定义为行为者"偏好"或者"欲望"的满足。如此一来，功利主义的个人原则"个人功利最大化"转变为"最大限度地满足个人偏好"；而功利主义的社会原则从"社会整体功利最大化（最大多数人的最大幸福）"转变为"尽可能地增大所有社会成员偏好满足之总

---

① 〔英〕R. M. 黑尔:《伦理学与功利主义》，梁捷译，〔印度〕阿马蒂亚·森、〔英〕伯纳德·威廉姆斯编:《超越功利主义》，复旦大学出版社，2011年，第30页。

和"。然而，在某些情况下人们的偏好却可能与自身利益相冲突。例如，小孩爱吃糖，却不知道吃太多糖可能毁掉自己的牙齿。由此，一些功利主义者将"功利"的定义进一步修正为"理性（rational）偏好的满足"，剔除掉那些基于错误信息和错误判断的偏好。例如，理查德·阿内逊（Richard Arneson）将"理性偏好"定义为："有充分相关的信息、在平静的心态下、思考非常清楚并且没有犯任何推理性错误、对偏好进行了彻底的审思。"[1] 由此，社会功利原则就演变为：尽可能地增大所有社会成员理性偏好满足之总和。

然而，将"功利"定义为"理性偏好的满足"并不便于进行相应的量化计算。因为，每个人的偏好不同，有些偏好容易实现，有些偏好很难实现、需要耗费大量的资源。这使得我们无法将人们的不同偏好以及不同人的偏好进行加总计算，也就无法对相关的制度设计以及公共政策进行价值评判。于是，以计算见长的经济学家倾向于以"客观"的方式来定义功利。他们将"功利"定义为"福利"，并且以收入、财产等量化指标对"福利"概念进行规定。通过这一定义，功利主义的道德哲学在经济学中得到广泛应用。著名经济学家阿马蒂亚·森就曾指出功利主义与福利主义经济学之间的密切关系："（功利主义）可以被视作两种不同理论的交叉。一种理论认为，正当评价的方法是根据事情的状况进行评估与赋值。正当评价的基础就是福利、满意，或者人们实现他们的偏好。这种理论是功利主义的一支，被称为福利主义。"[2]

在经济学的计算中，"功利"成为度量不同人偏好满足之程度的客观变量，这一变量通常以"金钱"这种人际通用的度量单位为指标。也就是说，经济学家做了这样的假定，当一个人拥有更多的收入和财产时，其偏好体系能更好地得到满足，其福利值（功利值）更高。由此，每个

---

[1] Richard Arneson, "Equality and Equal Opportunity for Welfare", *Philosophical Studies*, 1989, 56(1): 77-93. 中文翻译参见葛四友编：《运气均等主义》，第83页。该中文翻译将"理性偏好"翻译成"合理的偏好"。

[2] 《导言：超越功利主义》，梁捷译，〔印度〕阿马蒂亚·森、〔英〕伯纳德·威廉姆斯编：《超越功利主义》，第3页。

人的功利值就与每个人的收入和财产的总量正相关，而整个社会的功利总额则直接对应于以货币表示的整个社会的经济总量，例如国内生产总值（GDP）。如此一来，功利主义的思想在经济学家的量化计算中得到了最明确的表达。边沁认为，社会制度的安排应该增进"最大多数人的最大幸福"。在经济学中，这一功利主义目标就可以写成：对于特定社会来说，最好的制度安排就是使得这个社会的国内生产总值达到最大值的制度选择。

如前所述，分配制度是一种重要的社会制度。那么，采用经济学的术语，功利主义的社会分配方案应该如何表达呢？鉴于在市场经济中，每个人会依据相应的税收和补贴等社会分配政策，决定付出多少劳动并获得相应的收入。劳动激励政策、税收、补贴等再分配政策与人们供给的意愿相互作用，最终产生一个既定的国内生产总值。由此，功利主义的分配方案即是：在自由市场的基础上，调整税收、补贴等再分配政策，使得国内生产总值达到最大值。正如经济学家J. A.米尔里斯（J. A. Mirreless）所言："我们将所有的劳动供给都考虑进来，就可以得到一个经济的产出。考虑到税收和补贴，当这个经济体的产出足够支付公共支出与私人支出时，我们称这个再分配制度为可行的。从而，我们的目标就转变为寻找一个可行的再分配制度，并且在这种再分配制度下能达至最大化的社会效用。"[1]一言以蔽之，"效用[2]最大化的社会分配"就是功利主义者的社会分配方案。

在这里我们需要辨析一下功利主义者主张的"效用最大化"与前述所说的效率原则之间的复杂关系。从根本上来说，效率原则与追求社会整体效用最大化的功利原则是一致的。依据帕累托阐述的效率原则，在不减少任何人之所得的情况下，能够增大至少一人的所得，即是效率增大的。因此，从社会整体的观点来看，效率增大的过程也是社会整体效

---

[1] 〔英〕J. A.米尔里斯：《功利主义在经济上的应用》，赵亚奎译，〔印度〕阿马蒂亚·森、〔英〕伯纳德·威廉姆斯编：《超越功利主义》，第70页。
[2] 参考本章第36页论述，效用是utility的另一个中文翻译，与"功利"是同一概念，此处依据语言习惯以"效用最大化"进行表述。

用增加的过程，而后者正是功利主义所主张的。但是，效率原则排除了减少某人所得以增加社会整体效用的观点，而功利主义并没有排除这一点，这也是功利主义备受指责之处。我们可以这样理解：帕累托效率原则的要求更为苛刻，要求在总量增加的情况下所有社会成员所得都不得减少；而功利主义的"效用最大化"则只关心总量的增加，允许牺牲某些社会成员的利益。在日常语言中，人们经常将"效率"和"效用最大化"相混淆。例如，在讨论社会分配应在"平等"和"效率"之间保持平衡时，许多人将"效率"理解为将社会财富这张饼做得足够大，而实际上这一含义对应的是"效用最大化"。

# 第三节　功利主义的问题

自边沁系统地阐发功利主义理论以来，功利主义在一两百年的时间中一直在西方思想界占据支配性的重要地位。这种情况直至20世纪五六十年代美国哲学家罗尔斯开始系统地批评功利主义哲学才有了彻底的改变。罗尔斯以边沁、密尔和西季威克所构建的古典功利主义理论为批评的对象，尤其是对功利主义者所阐发的社会功利原则以及效用最大化的社会分配方案进行了多方面的批评。下面，我将结合罗尔斯的论述系统地分析功利主义的正义观念在当代政治哲学的讨论中遭到的质疑。

## 一、不偏不倚的观察者

罗尔斯将功利主义的正义观总结为："如果一个社会的主要制度被安排得能够达到所有属于它的个人而形成的满足的总计最大净余额，这个社会就是被正确地组织的，因而也是正义的。"[1]这一正义观要求人们平等

---

[1] John Rawls, *A Theory of Justice*, p. 20.

地看待包括自己在内的所有社会成员的理性偏好满足，并以增进所有社会成员的满足之和为行为准则。这一要求暴露了功利主义者从"个人功利原则"推导出"社会功利原则"的理论困难。罗尔斯认为，我们不能简单地将个人的选择原则应用到整个社会的制度选择中去。对于个人来说，人们可能因为今后更大的快乐而牺牲眼前较小的快乐，例如，学生为了更好的前途而刻苦读书。但是，在人际间来应用这一个人慎思的原则就是错误的。因为，我们没有理由为了增进所有社会成员理性偏好满足之和而要求任何人牺牲自己的快乐，即使个人的理性偏好满足与社会中其他所有成员的理性偏好满足之和相比是微不足道的。

功利主义的正义观预设了一个独立于任何个人的"不偏不倚的观察者"[1]。只有从这个不偏不倚的观察者的角度，人们才可能关心所有社会成员的功利之和，关心"最大多数人的最大幸福"。这个"不偏不倚的观察者"的特征是：平等地看待每一个人的快乐，无论这个人与其的关系是怎样的。在这个观察者眼中，所有社会成员的偏好满足都同等重要，没有任何人的快乐和痛苦比其他人的更重要。功利主义对人们提出的道德要求恰如密尔所言："己所欲之，施之于人，爱邻如己，这是功利主义道德完善的理想境界。"[2] 然而，包括罗尔斯在内的许多研究者都反对"不偏不倚的观察者"假设。罗尔斯论述道："无论如何，从契约论的观点来看，我们不能仅仅通过把合理慎思的原则扩大到用于由公平的观察者建立的偏好来确立一种社会选择原则。"[3]

"不偏不倚的观察者"假设可能引发三方面的质疑。第一，在人际相异性普遍存在的情况下，"不偏不倚的观察者"假设是难以达到的。在近代以来的人类社会中，各种意识形态、价值观念、生活方式陆续登场，多元化已经成为一个不争的事实。人们的价值观和人生理想各不相同，这导致人们的欲求也各不相同。打个比方，一个长跑爱好者在跑步的时候感受到的是快乐，而一个不爱运动的人在跑步时感受到的却是痛

---

[1] 参见 John Rawls, *A Theory of Justice*, pp. 24-26。
[2] 〔英〕约翰·密尔：《功利主义》，刘富胜译，第26页。
[3] John Rawls, *A Theory of Justice*, p. 26.

苦。那么，一个不偏不倚的观察者要如何来评价"跑步"这项活动给这两个人的功利值带来的变化呢？在人际相异性普遍存在的情况下，一个不偏不倚的观察者无法评判每种事态给每个人带来的不同感受，也就很难准确地评判人们在各种事态中是否满足了相应的偏好。假如，特定社会在制度安排A中的国内生产总值高于在制度安排B中的国内生产总值。这个不偏不倚的观察者并不能就此而判定制度安排A优于制度安排B。因为，人们很难仅仅通过GDP的增加而判断是否有更多的偏好得到满足。无法以一种统一的标尺去度量每个人偏好满足的程度，这使得这个"不偏不倚的观察者"变得无能为力。当然，依据客观福利学说的观点，可以将"财产+收入"作为衡量每个人偏好满足程度的标准：每个人的福利值与金钱的多少成正比，金钱越多的社会成员，福利值越大，偏好得到满足的可能性就越大，感受到的快乐也越多。然而，这是在所有人的理性偏好满足都与其拥有的金钱数量正相关的假设下才能得出的结论，而这一假设并不总是成立。一些社会成员生活清贫，却悠然自得；而百万富翁也可能终日愁眉不展。以拥有"金钱"的多少来衡量所有社会成员的福利值，以GDP的增减来判断整个社会的总功利的变化，这种理论简化忽略了每个人的独特性。正如罗尔斯指出的：功利主义的理论模型是不可信的，因为它将许多人的社会压缩成了一个人的社会。[1]

第二，"不偏不倚的观察者"的假设给人们施加了过高的道德要求。如前所述，密尔希望通过社会制度的设计和教育而将人们的"私心"转变为"公利"。但这一解决方案非常可疑。在事实层面上，没有人真正在乎社会整体的利益，每个人想要增进的都仅仅是自己的利益。由于不同利益之间的冲突，所有人追逐个人利益的假设，只会带来人们之间争权夺利的竞争，很难通过制度设计而达致社会整体的利益最大化。即使是没有欺诈的理想状态下的"自由市场"，也不可能总是导向所有人利益总和的最大值。垄断、不正当竞争、投机倒把、囤积居奇……这些自利行为，往往会给社会整体的利益带来极大的伤害。密尔将功利主义道德原

---

[1] John Rawls, *A Theory of Justice*, p. 26.

则的贯彻寄希望于教育,并最终寄托于个人的"良心情感"。然而,在许多批评者看来,为了社会整体的利益而牺牲自己的利益,甚至允许自己的权利受到侵犯,这样的道德要求太高了,功利主义给人们施加了苛求性的道德义务。正如蒂姆·莫尔根(Tim Mulgan)所说:"反对者指责功利主义会要求你对其他人做一些你不应当做的事情,并且会禁止你对自己做一些你应当被允许做的事情。"[1]

第三,"不偏不倚的观察者"假设还可能引发严重的道德规范问题。不偏不倚的观察者只关心人们偏好满足而带来的快乐,并不关心人们为什么感到快乐,以及人们获得快乐的方式是否侵犯了彼此的权利。人们感受到快乐,功利值增加,这源于每个人的偏好得到满足。人们的偏好是多种多样的,在这些偏好中,有一些偏好是自私的,而有一些偏好甚至可能对别人造成极大的伤害。但是,功利主义学说却没有很好的理论工具,无法排除这些"不正当"的偏好。这就使得功利主义有可能鼓励这些"不正当偏好"的满足,甚至可能支持侵犯权利的"不正当"的行为。举例说明,一个强奸犯因为伤害别人而感到快乐。按照功利主义学说的设想,这个强奸犯感受到的快乐也应被计算到所有社会成员的功利之和中。如果一个社会中以强奸他人为乐的人的数量很大,那么这些人的快乐的加和就有可能超过被他们伤害的人的痛苦(比如在轮奸的情况下),而这样的犯罪行为就有可能得到鼓励。再比如,一个杀人狂魔因伤害他人而感到快乐,而他将自己伤害他人的视频放到网络上,使得许多和他一样具有变态心理的人获得极大的快乐。由于数量众多,这些变态分子的快乐值的加和远远超过一个受害者感受到的痛苦值,这时功利主义就不可避免地得出结论:这样的伤害行为以及将视频放到网络上的行为是正当的,是值得鼓励的。再看一个类似的例子:医院里有五个病人,每个病人都需要换一个器官以维持生命,如不及时地找到合适的器官,这五个人就会死去。这时,有一个健康人来到医院,他身上恰好有这五个

---

[1] 〔英〕蒂姆·莫尔根:《理解功利主义》,谭志福译,山东人民出版社,2011年,第121页。

人各自需要的器官，那么功利主义学说将鼓励这样的行为：杀死这个健康人，以其身上的器官救活这五个病人。因为，这么做会使得功利总和大大增加。毋庸置疑，古典功利主义在上述各案例中可能得出的结论都严重违背了人们的道德直觉。

美国当代学者罗纳德·德沃金认为，功利主义学说的致命问题就是无法排除"不正当偏好"。德沃金将"不正当偏好"分为三种：自私偏好、奢侈偏好和涉他偏好。首先，"自私偏好"指的是，一些人在社会分配中希望自己的所得超出公平份额。举例来说，一些社会成员是天文爱好者，于是，他们就希望国家在设计分配方案时将大量的资金投入到航天事业的建设当中，鼓励各种耗资巨大的探索外太空的科研项目，同时削减国家在其他方面的预算和投入。如果一个社会的分配制度将类似这样的"自私偏好"计算在内，那么对于并非着迷于天文发现的普通社会成员来说，就是不公平的。其次，某些社会成员会有意培养花费巨大的偏好，热衷于各种奢侈商品。为了满足这些社会成员的"奢侈偏好"，社会分配必须分配给他们更多的资源。然而，这种做法对于其他没有"奢侈偏好"的普通社会成员来说，显然是不公平的。在德沃金看来，每个人的爱好或者志向是自主形成的，所以要由自己来负责。如果某些社会成员的爱好要花费大量的资源，那么这部分费用不应该由社会来承担，而应该由行为者自己来承担。功利主义在计算偏好时将"奢侈偏好"也计算在内，并以此为基础决定社会分配的方案，对于其他社会成员来说是不公平的。最后，"涉他偏好"指的是，某些人的偏好不仅与自己的利益相关，而且与其他人的利益相关。例如前面提到的强奸犯的偏好，其偏好的满足是以伤害他人为代价的。还有，妒忌者的偏好也可能损害他人的利益：希望被妒忌者倒霉，甚至伤害被妒忌者。将自己的快乐建立在他人的痛苦之上，这样的偏好就是"涉他偏好"。英国学者科恩将这种偏好称为"冒犯性偏好"，指的是"一个人在歧视他人或者减少他人自由时所得到的快乐"[1]。显然，"涉他偏好"的满足会直接伤害相关行为者的利

---

[1] G. A. Cohen, "On the Currency of Egalitarian Justice", *Ethics*, 1989, 99(4): 906-944.

益，甚至侵犯他们的权利。德沃金所论述的三种不正当偏好，其满足有可能侵犯人们的权利或者影响社会分配的公平性。然而，在"不偏不倚的观察者"眼中，这三种偏好都会被计算在内，这使得功利主义学说很难得出符合人们道德直觉的判断。

总之，"不偏不倚的观察者"假设不仅在理论上存在困难，而且还会向人们提出过高的道德要求；最糟糕的是，"不偏不倚的观察者"假设还会为了增进社会功利总和而损伤社会分配的公平性，甚至侵犯个人的权利和自由。下面，我们将深入考察功利主义者对权利概念的阐释。

## 二、自由的优先

如前所述，功利主义者并非完全不重视个人的自由，在许多功利主义者的论述中，个人自由都是受到法律严格保护的。例如，密尔就曾撰写《论自由》一书，主张给予人们尽量多的自由。密尔认为，如果一个人的行为和言论没有对别人造成任何损伤，那么我们就没有理由限制他（她）的自由。这被密尔称为"伤害原则"。

在密尔的论述中，人们的自由存在于广泛的领域，包括许多内容。其中最重要的是思想和言论的自由。密尔论述道："假定全人类减〔咸〕一执有一种意见，而仅仅一人执有相反的意见，这时，人类要使那一人沉默并不比那一人（假如他有权力的话）要使人类沉默较可算为正当。……迫使一个意见不能发表的特殊罪恶乃在它是对整个人类的掠夺，对后代和对现存的一代都是一样，对不同意于那个意见的人比对抱持那个意见的人甚至更甚。"[1]密尔极其推崇思想和言论自由的原因在于：任何意见都不可能保证其绝对正确；所以，只有开放言论，让尽量多的意见被人们听到。在不断地对话、批评、反驳以及达成共识的过程中，真理才能越辩越明。

密尔从功利主义的立场出发，对个人自由进行了系统的论证。在密尔看来，自由与境况的多样性有助于人们个性的发展，而人们个性的发

---

[1] 〔英〕约翰·密尔:《论自由》，许宝骙译，商务印书馆，1959年，第19页。

展又是人类社会进步的根本动力。密尔认为,人类的各种官能都只能在不断选择的过程中才能得到发展,例如觉知力、判断力、智力活动以及道德取舍。密尔论述道:"智力和道德的能力也和肌肉的能力一样,只有经过使用才会得到进展。"[1]因此,社会制度的安排应尽量多地为人们提供各种选择的机会,而不是以统一的生活方式压制个人的发展。对于个性发展与人类进步的关系,密尔认为,人们的个性发展乃是增进人类福祉的首要因素。这得益于个性发展而带来的"首创性"和"天才"的出现。"首创性"是人类事务中一个极为有价值的因素,是人类发现真理的根本动力。正是在"首创性"的推动下,人们才得以不断完善社会制度的建构并获得各种各样的新知识。同时,"首创性"又得益于"天才"的出现。"天才"是那些勇于破除"习俗"的束缚,敢于创新,为人类带来新知识的人。这些人就像"地上的盐,没有他们,人类生活就会变成一池死水"[2]。

我们可以归纳出密尔对个人自由的论证逻辑:个人自由是个性发展和人类进步的必要条件。个人自由有助于增进个人的功利(个性发展),也有助于增进人类社会的总功利(社会进步),所以自由是一种重要的政治价值,是人们政治生活中必不可少的内容。换句话说,自由确实重要,但并非因其自身而重要,而是因其能够促进每个人的个性发展并最终推动社会进步而重要。以康德对于两种价值的区分来看:在功利主义学说中,自由并不拥有内在价值,而仅具有工具价值。换言之,在功利主义学说中,自由并不具有优先性,功利才具有优先性。

什么是自由的优先性?按照罗尔斯的说法,"自由的优先性意味着自由只有为了自由本身才能被限制"[3]。也就是说,人们不能为了追求其他政治理想(例如公共利益、共同善、稳定、和谐等)而牺牲个人自由。自由的优先性源自于西方近代以来的"自然权利论",而"自然权利论"又源自古老的自然法传统。起源于古希腊的自然法理论认为,自然法是万事万物运动的规律。世界上的一切事物都遵循自然法。因此,人的行为

---

[1] 〔英〕约翰·密尔:《论自由》,许宝骙译,第68页。
[2] 〔英〕约翰·密尔:《论自由》,许宝骙译,第76页。
[3] John Rawls, *A Theory of Justice*, p. 214.

也应该遵循自然法。这种法律是超越经验的,并不是现实世界中任何具体国家或民族的法律。自然法是指导人们在现实世界中制定出良法的道德规则,同时也是人们判断所施行之法是良法还是恶法的依据。

17世纪中叶,被誉为现代政治学之父的英国政治思想家托马斯·霍布斯从自然法理论中引申出自然权利的概念,并认为人们依据自然法而拥有"按照自己所愿意的方式运用自己的力量保全自己的天性——也就是保全自己的生命——的自由"[1],这就是自然权利[2]。这种权利是先于国家和政府而存在的,不依赖于任何具体的法律。人们之间联合起来组成国家和政府的目的正是要保全每个人的自然权利。霍布斯对自然权利的建构使得权利概念获得了超验性,成了一种独立于具体法律的、可以用于指导政治理想的政治价值。在霍布斯阐发了"自然权利论"之后,权利的观念迅速在西方世界发扬光大。洛克、卢梭、康德等重要思想家都对这种超验的、具有优先性的权利概念进行了深入阐发,尤其是经过洛克的论述,从抽象的自然权利中衍生出自由、生命、财产等具体的权利项。在自然权利论者的论证中,这些具体的权利是不容侵犯的,不能因对其他政治理想的追求而妥协。自然权利论不仅引发了政治理论从古典到现代的巨大转变,而且还在现实社会中激励了一系列革命运动。时至今日,权利优先的观念仍然在不断地激励着反对种族隔离、反对性别歧视、反对性取向歧视、动物保护等各种争取平等权利的政治运动。

然而,功利主义者却从根本上否认权利和自由的优先性。尤其是边沁,曾撰文对自然法和自然权利论进行彻底的批判,并发展出与自然法学派相对的实证法学派(legal positivism)。与密尔对自由的论证相似,边沁也主张以法律严格保护人们的各项权利。但是,边沁并不认为"权

---

[1] 〔英〕托马斯·霍布斯:《利维坦》,黎思复、黎廷弼译,杨昌裕校,商务印书馆,1997年,第97页。
[2] 自由与权利是两个紧密相连的概念。从霍布斯最开始对自然权利的定义来看,权利是通过自由来定义的。单数的自由(liberty)与自然权利都是抽象的概念,在法律等相关制度的规定中体现为各种法律所规定的具体自由(liberties)和权利,包含政治自由(选举权与被选举权)、良心自由、言论和结社自由、所有权等内容。

利"可以独立于具体的法律而存在。边沁非常反感在17、18世纪英国、美国和法国革命中发挥重要作用的自然法和自然权利理论。边沁专门写过一篇批评1789年法国大革命的重要文献《人权宣言》的论文。[1]在这篇论文中，边沁对《人权宣言》进行了逐条批驳。在批驳第二条[2]时，边沁论述道："没有自然权利这种东西——没有先于政府之建立的权利——没有与法律相违背的、相反的自然权利这种东西。这一表达只是比喻性的。当你试图从字面来理解这一概念时，就会导向错误，那种导致极大伤害的错误。"[3]在边沁看来，权利不可能独立于法律而存在，只有在具体的、现实的法律规定之下，人们才可能拥有相应的权利。如果像自然权利论者所宣称的那样，在自然状态下，在国家和政府形成之前人们就因自然法而拥有超验的、独立的自然权利；那么，人们就时时有理由不遵守国家颁布的法律。如此一来，每个人的权利反而得不到保护。更糟糕的是，国家的法律秩序崩塌之后，人们将陷入悲惨而混乱的无政府状态。正是预见到自然权利论的危险性，边沁将自然权利的相关学说斥责为"站在高跷上的胡言乱语"，并且认为，人们应用自然权利的语言不过是要挑战法律，反叛国家："他们不知道他们以自然权利的名义所讨论的是什么，而他们将其看作是不可描述的，是反对一切法律权力的证明，酝酿着在适当的时刻号召社群成员起来反抗法律。"[4]

从边沁对自然权利的深刻批评我们看到，功利主义从一开始就排斥权利的优先性。这一理论特征与功利主义者建构伦理学的方法密切相关。功利主义的另一位重要思想家西季威克对现代伦理学的发展做出了重要

---

[1] Jeremy Bentham, *Rights, Representation, and Reform: Nonsense upon Stilts and Other Writings on the French Revolution*, Philip Schofield, Catherine Pease-Watkin, and Cyprian Blamires(eds.), Oxford: Oxford University Press, 2002, pp. 317-401.
[2] 这一条款的内容是：一切政治结合均旨在维护人类自然的和不受时效约束的权利。这些权利是自由、财产、安全与反抗压迫。
[3] Jeremy Bentham, *Rights, Representation, and Reform: Nonsense upon Stilts and Other Writings on the French Revolution*, p. 329.
[4] Jeremy Bentham, *Rights, Representation, and Reform: Nonsense upon Stilts and Other Writings on the French Revolution*, p. 331.

贡献。他认为,"正当"和"善"是伦理学的两大基本概念。所谓"正当"即是人们的行为应遵循的规则;而"善"则是人们所欲求的目标。在功利主义的道德哲学中,"善"被定义为"偏好的满足",也就是"功利";同时,人们行为应遵循的规则恰恰是能够更好地实现"善"的行为规则。所以,在功利主义理论中,"正当"的含义就是:人们应遵循的行为规则就是能最大限度增加"功利"的行为规则。如此定义的"正当"便失去了其独立的含义。罗尔斯一针见血地指出了功利主义的这一特征:"(功利主义)首先把善定义为独立于正当的东西,然后再把正当定义为增加善的东西。"① 在功利主义学说中,"正当"是被"善"所定义的,不具有独立性。"正当"优先还是"善"优先,这是伦理学中的两大分支——义务论和目的论——的根本区别。对于义务论伦理学来说,"正当"具有优先性。亦即,无论人们欲求的目的是什么,其行为都不能逾越特定的规则(例如不侵犯他人权利),而这样的规则有着独立于人们所欲求之目标——"善"——的独立的理论来源。对于目的论伦理学来说,"善"具有优先性。人们行为的规则是依据欲求的目的而被规定的(例如功利主义的原则)。权利的优先性是义务论伦理学的特征,"正当"优先于"善"在理论结构上必然推导出权利和自由的优先;而在功利主义这种目的论伦理学中,"善"优先于"正当",权利和自由则不具有优先性。

　　罗尔斯的正义学说正是在批评功利主义的基础上发展起来的。罗尔斯认为,自己的正义学说与功利主义正义观之间的不同恰恰是义务论与目的论之间的区别:"在作为公平的正义中,正当的概念是优先于善的概念的。一个正义的社会体系确定了一个范围,个人必须在这一范围内确定他们的目标。它还提供了一个权利、机会和满足手段的结构,人们可以在这一结构中利用所提供的东西来平等地追求他们的目标。正义的优先部分地体现在这样一个主张中:即,那些需要违反正义才能获得的利益本身毫无价值。"②

---

① John Rawls, *A Theory of Justice*, pp. 19-22.
② John Rawls, *A Theory of Justice*, p. 28.

总之，功利主义的正义观并非不重视自由、平等、权利等政治价值，而是没有将个人自由的保护作为终极价值。在功利主义学说中，个人自由是重要的，但当其与社会整体的利益产生矛盾时就有可能被牺牲。当然，一些功利主义者试图调和整体功利与个人自由之间的矛盾，指出保护个人自由正是实现社会整体功利最大化的有效路径，但个人自由仍然没有获得终极目标的地位，从理论上来说，仍然可能被牺牲，而这恰恰是罗尔斯这样的社会契约论者所无法接受的。

## 第四节　功利主义的平等主义转向

按照诺奇克对分配正义原则的分类，功利主义所主张的效用最大化的社会分配是一种分配正义的即时原则，而不是分配正义的历史原则。这体现出功利主义的后果主义（consequentialism）特征。对于功利主义来说，所谓"结果"即是对"功利"所产生的影响。作为后果主义的正义观，功利主义的分配原则是"朝前看"的，而不是"朝后看"的，这一点与严格平均分配类似。也就是说，效用最大化的社会分配对于待分配的社会益品是由谁、如何生产出来的并不敏感，而只对分配制度最终是否能使得社会整体的利益最大化敏感。如果一种分配制度能够达到效用最大化的分配结果，那么这种分配制度就是正的。至于社会益品在不同个人之间是如何分配的，以什么样的理由被分配，这些都不是功利主义的分配正义理论关心的问题。如此一来，许多重要的分配理由就可能被忽视，例如，谁在生产的过程中付出了劳动、对于平等的考虑、对于需要的考虑、对社会中弱势成员的考虑，等等。由此，功利主义的社会分配方案也遭到多方批评。为了应对这些批评，功利主义者试图修正效用最大化的分配原则，以迎合平等、应得、需要等其他分配理由。

如姚大志所言："当代是平等主义的时代。为顺应时代，功利主不仅追求福利的最大化,而且也必须追求福利的平等化。"[1]由此,一些功利主义者试图弥合功利主义的社会分配与平等主义分配原则之间的分歧,并提出了"福利平等"的分配目标。在支持福利平等的学者看来,功利主义在追求福利总和最大化的同时也会带来所有社会成员福利的平等。例如,黑尔就认为,效用最大化的分配原则实际上与平等分配并不矛盾。黑尔论述道:"功利主义者有时候被认为,对平均分配和非平均分配不加以区分,只要总效用相同即可。确实如此。这里揭示出两点非常重要的功利主义推论,它们作为理论基础,对于真实的公平极为重要。第一点推论是,所有商品和金钱的效用都存在边际递减,这就意味着朝向平均的努力倾向于增加总体效用。第二点推论是,在任何社会里,不平均都会倾向于在教育中制造妒忌、仇恨和恶意,这不用说,都是负的效用。"[2]下面,我将深入分析黑尔所说的这两点是否可信。

首先,按照黑尔的说法,效用最大化的分配与平均分配并不矛盾。因为,任何一种物品都存在边际效用递减的问题,因此越平均的分配越有利于总体效用最大化。然而,这一推理的前提条件是,每个人的福利受到相同物品之分配的影响,而且受其影响的程度是一样的;但这一点并不成立。举例说明,A是集邮爱好者,他收集了许多邮票,每收集到一张新的邮票都能极大地增进A的福利;而B不是集邮爱好者,邮票对于他来说没有任何特殊意义。功利主义的分配旨在增进A和B的福利之和,这并不能导致A和B之间对于邮票的平等分配,因为将A的邮票转移给B只会减少A的福利而并不能增加B的福利。所以,功利主义的分配方案并不会自动导向平均分配。类似这样的情况普遍地存在于人类社会中,福利的增减与人们各自的处境和喜好相关,人们对所有待分配之物品的欲求程度不可能是完全一致的。事实上,黑尔假设的情况要求每个人拥有相同的功利函数(福利函数),这一要求过于苛刻,与现实不相符。与此同时,黑尔依据效用边际递减所做出的推论还依赖于其

---

[1] 姚大志:《评福利平等》,《社会科学》2014年第9期。
[2] 〔英〕R. M. 黑尔:《伦理学与功利主义》,梁捷译,〔印度〕阿马蒂亚·森、〔英〕伯纳德·威廉姆斯编:《超越功利主义》,第29页。

他一系列假设，例如，所有物品都可以个人化，每种物品的个人化分配都不受其他物品的影响，等等。①正如塞缪尔·弗莱施哈克尔（Samuel Fleischacker）所言："所有这些假设都是让人怀疑的。"②而且，在人类社会中"金钱"的功能是多样化的，它不仅能给人们带来所需的各种物质产品，还能带来地位、权力、爱慕，等等。对于特定个人来说，即使金钱给其带来的物质享受已经很充分了，呈现出边际效益递减的状况；但是，金钱给其带来的各种社会效应却不会递减，甚至会无止境地增长，例如，金钱能够给人带来尊严，带来人仰慕，带来名誉和权力，带来社会地位和政治成员资格，等等。如哈里·法兰克福所言："即使钱能买的任何东西的效用在边际上总是递减的，钱本身的效用仍然可能展示一种不同的模式。因为钱的无限多样的多功能性，它免于这种冷酷无情的边际效用递减是完全可能的。"③

其次，依照功利主义的计算方式，黑尔所说的因不平等而引发的妒忌、仇恨和恶意，也并不总是产生负的效用。如果每个人的福利都算作一样，那么，假如心怀恶意的人足够多，恶意所导致的伤害行为就有可能使得社会的福利总和增加。例如，战争中的种族灭绝就可能从功利主义的立场得到论证。在惨绝人寰的大屠杀中，恶意、妒忌和仇恨有可能增加社会的福利总和，而不是相反。由此看来，黑尔的第二点推论也不可靠。从上述两方面的分析中我们看到，效用最大化的社会分配与平等主义所主张的以平等权利为基础、社会和经济不平等被限制在一定范围内的社会分配相去甚远，并不能互相印证。

当然，我们也可以暂时跳出福利总和最大化和福利平等之间的因果论证，单单考察"福利平等"这一社会分配目标。福利平等理论要求，"一种分配方案在人们中间分配或转移资源，直到再也无法使他们在福利

---

① 何彪：《个人性与非个人性：功利主义的正义批判与评析》，《贵阳学院学报》2019年第8期。
② 〔美〕塞缪尔·弗莱施哈克尔：《分配正义简史》，第147页。
③ Harry Frankfurt, "Equality as a Moral Idea", *Ethics*, 1987, 98(1): 21-43.

方面更平等"①。在这一理论的基本框架下，福利平等的具体诉求是什么，取决于如何理解"福利"这一概念。对于"福利"，通常有两种定义方式：一种是主观的福利定义，另一种是客观的福利定义。主观的福利定义以每个人自己的感受或偏好的满足来定义福利，在主观的福利定义中，福利的大小与每个人的价值观、感觉状态等因素息息相关。客观的福利定义将福利定义为每个人可以利用的资源，或者是其财富水平，或者是其拥有的教育及各种机会，而这些因素是不取决于每个人自己的意见的。由此，主观福利定义与客观福利定义之间的根本区别就在于：主观福利定义中，福利的具体数值取决于主体的评价和意见，而客观福利定义中福利的大小则与个人对福利的评价无关。

依据德沃金的论述，主观福利定义的福利平等理论主要有两种——"福利即成功的理论"（success theories of welfare）和"感觉状态理论"（conscious-state theories）。第一，"福利即成功的理论"假定"个人的福利就是他在实现其偏好、目标和抱负上的成功，主张资源的分配和转移应达到进一步的转移无法再降低人们在这些成功方面的差别的程度"②。在"福利即成功的理论"中，"福利"被理解为"理性偏好的满足"。也就是说，每个人偏好被满足的程度越高，福利水平就越高。然而，在计算"理性偏好的满足"时，福利平等理论并没有很好的理论工具对行为者的不同偏好进行甄别，不可避免地将自私偏好、奢侈偏好和涉他偏好等不正当偏好也计算在内。这样的计算方式不仅会影响社会分配的正义性，还有可能侵犯人们的权利和自由。第二，"感觉状态理论"，这种观点追求一种感觉状态的数量或程度上的平等。因此，这种福利平等理论也可简化为"享受平等"理论，即人们在"享受"上获得平等的满足。"享受平等"受到的最大的理论挑战就是德沃金提出的"奢侈偏好"：一些人即使拥有了很多资源，生活条件优越，但他们仍然不满足；另一些人深居简出，占用极少的资源，内心却很满足。而"享受平等"却要求将

---

① 〔美〕罗纳德·德沃金：《至上的美德》，冯克利译，江苏人民出版社，2008年，第4页。
② 〔美〕罗纳德·德沃金：《至上的美德》，冯克利译，第9页。

资源从后者向前者转移，这与人们的道德直觉相违背。

客观的福利平等理论依据"福利"的含义不同存在着不同的解释。如果我们以财富来定义福利，那么福利平等的理想就等同于"经济相同性"。政治思想家乔万尼·萨托利（Giovanni Sartori）在《民主新论》一书中讨论了"经济相同性"的平等理想。[1]萨托利认为，有两种办法可以达到经济相同的平等理想：要么平均分配所有的财富，要么使所有财富国有化。然而，这两个目标既不可欲，也实现不了。平均分配所有的财富必然会抹杀人们进行创造和劳作的积极性，大大降低生产效率；而使所有财富国有化则会遭遇"公地悲剧"，使资源遭到无情的掠夺。

由此看来，不论是主观福利平等理论还是客观福利平等理论都要求人们在社会竞争中结果的一致。福利平等理论实际上追求的是结果平等（主观福利理论追求主观结果的平等，客观福利理论追求客观结果的平等），而非机会的平等；所以必然会忽视个人的努力和选择对于社会分配的影响。如此定义的福利平等理论与本书第二章所讨论的严格的平等主义是一致的，所以也一定会遭到严格平均分配所遭遇的所有批评。这里不再赘述。

基于上述分析，作为当代功利主义转向的福利平等理论并没有为我们提供一种理想的社会分配方案。为了挽救福利平等理论，理查德·阿内逊对福利平等理论进行了重大修正，他发展出一种福利机会的平等理论。这一理论的意图是想要在福利平等理论中加入对"选择"和"责任"的考虑，将追求结果平等的理论转变为追求机会平等的理论。在当代讨论中，阿内逊提出的福利机会平等被看作是运气平等主义的一个分配方案，本书第六章第四节将对其进行深入讨论。

综上所述，功利主义的正义观主张一种"效用最大化的社会分配"。这种社会分配方案以"尽可能地增大所有社会成员的理性偏好满足之净

---

[1] 乔万尼·萨托利在《民主新论》一书中列出了下述平等理论的谱系：1. 法律-政治平等；2. 社会平等；3. 作为平等利用的机会平等；4. 作为起点平等的机会平等；5. 经济相同性。参见〔美〕乔万尼·萨托利：《民主新论》，冯克利、阎克文译，上海人民出版社，2009年，第378页。

余额"（社会总功利）为目标，并且认为，只有在推进社会总功利的基础上才可能确立法律，也才可能赋予"个人权利"以相应的含义。在当代研究中，功利主义学说受到平等主义思潮的影响。一些经济学家将功利主义的目标阐释为"福利平等"，并试图吸收应得、需要等其他分配正义理论的思想资源。但是，"效用最大化"与"福利平等"并非天然一致，而"福利平等"是一种追求结果平等的分配方案，可能引发效率低下、资源浪费、侵犯权利等多种社会问题。正是在批评功利主义学说的基础上，罗尔斯提出分配正义的"差别原则"，试图在兼顾"平等"和"效率"[1]的基础上提出一种最佳的社会分配方案。

---

[1] 人们通常认为在社会分配中"平等"和"效率"是一对矛盾。在这一理解中，"效率"被误认为"经济增长"，而后者实际上更贴合"效用最大化"的含义。在罗尔斯的正义学说中，差别原则与"效用最大化"可能产生矛盾（这也是罗尔斯极力批评功利主义的原因），但与"帕累托最优"（效率原则）并不矛盾。罗尔斯的正义学说能够同时兼顾"平等"与"效率"，是一种有效率的平等主义分配方案。

# 第四章　偏向弱者的社会分配

通过前面第二章和第三章的讨论我们可以看到："平等"和"效用最大化"是社会分配所要考虑的两个重要因素，缺一不可。只追求"平等"的社会分配和只追求"效率"的社会分配都不是理想的分配方案。一味要求对所有社会益品进行平均分配的分配方案是严重缺乏效率的。在严格平均的分配方案中，人们为社会做出贡献的积极性会受到严重打击，社会财富总量锐减，所有社会成员的最终所得都会减少。在"效用最大化"的社会分配中，每个社会成员的独特性被忽视，而将推进社会总功利作为至高目标则可能引发侵犯人们权利的严重事件（例如，一个财富总量很高的社会有可能是贫富差距巨大的，而贫困者的生命权、健康权等基本权利难以得到维护）。所以，追求效用最大化的分配也很难说是理想的社会分配。由此，人们可能会说，在社会分配的问题上要兼顾"平等"和"效用最大化"，不可以非此即彼，仅考虑某一方面是不恰当的。然而在许多情况下，"平等"和"效用最大化"恰恰是相互矛盾的，而如何兼顾"平等"和"效用最大化"成为问题的关键。是偏向于"平等"，还是偏向于"效用最大化"？是致力于将社会财富平均分配，还是努力把社会财富这张饼做到最大？美国哲学家罗尔斯正是认真思考这一问题的人。

罗尔斯的分配正义理论吸收了伦理学理论中西季威克开创的直觉主义观点。在《伦理学方法》一书中，西季威克认为，"正当"是一个简单的、不可再分析或定义的概念，其含义是自明的，只能依靠道德直觉才能把握。西季威克论述道："我不知道怎么把道德责任概念传递给一个完全不知道这一概念的人。"[1]西季威克对于"直觉"的重视在英国伦理学家乔治·爱德华·摩尔（G. E. Moore）的著述中得到了深入的发展。1903年，摩尔《伦理学原理》一书出版，标志着直觉主义的创立以及新的研究领域——元伦理学——的形成。摩尔认为，"善"是伦理学中最基本的概念，而"善"是不可定义、不可分析的概念。人们只能依靠直觉把握这些概念。就像"黄色"这样的概念，即使我们可以从光学的角度对其进行定义，但是，人们对"黄色"这一概念的理解只能依靠视觉的直观，而不可能依靠任何理性分析。对于盲人来说，即使其理性思维再缜密，也不可能知道"黄色"这一概念的含义。[2]

罗尔斯深受西季威克和摩尔的影响，非常重视"直觉"在构建伦理道德体系中的重要作用，并且将直觉主义的许多观点应用到其正义理论的构建之中。但是，罗尔斯认为，仅凭直觉主义不足以解决社会正义的相关问题。在罗尔斯看来，直觉主义具有两个特征："第一，由一批最初原则构成，这些最初原则可能是冲突的，在某些情况下给出相反的指示；第二，不包含任何可以衡量那些原则的明确方法和更优先的规则，只靠直觉来决定衡量。"[3]也就是说，人们依靠直觉可以得知一些根本性的原则，但是却无法依靠直觉在相互冲突的原则之间进行选择。例如，人们依靠直觉能知道"闲暇"和"金钱"都很重要，但哪一个更重要，应如何取舍，却很难通过直觉而得到答案。因此，罗尔斯在继承直觉主义的同时，还要对人们直觉到的最初原则之优先次序进行讨论。

罗尔斯认为，当人们考虑社会分配问题时，会直觉性地认为有两个标准非常重要，这就是"平等"和"效率"。一个符合人们的正义观念（不论这种正义观念是什么）的社会分配必然是二者兼顾的。一种绝对平均但效率极低的分配是不可取的，那是平均主义大锅饭的分配，只会让所有人都贫穷。而一种效率很高，能够实现社会整体利益最大化的社会分

---

[1] 〔英〕亨利·西季威克：《伦理学方法》，廖申白译，中国社会科学出版社，1993年，第58页。
[2] G. E. Moore, *Principia Ethica*, Cambridge: Cambridge University Press, 1993, p. 59.
[3] John Rawls, *A Theory of Justice*, p. 30.

配，如果其中人们的贫富差距很大，以至于改变了人与人之间的平等身份的话，也同样是不可取的。然而，仅凭直觉，人们并不能确定"平等"和"效率"二者哪一个更重要。人们应该以什么样的标准来确定是偏向"平等"，还是偏向"效率"？正是在这一点上，罗尔斯超越了直觉主义。罗尔斯通过构建正义的两条原则以及规定正义原则之间的优先次序而确定了不同政治价值之间的重要性排序。罗尔斯先是从人们的道德直觉出发，肯定了"平等"和"效率"是社会分配要考虑的两个重要因素。接着，罗尔斯选择了社会中一个特殊的观察点——最小受惠者——以确定在众多满足效率原则的社会分配中应如何选择。从某种意义上来说，罗尔斯对分配正义研究的贡献正是在于论证了符合效率原则并兼顾平等的社会分配原则，提出了一种偏向弱者的社会分配方案。

## 第一节　作为公平的正义

罗尔斯正义学说的核心体现为两个正义原则[1]，他对正义原则的论证借助了两种理论工具：社会契约论和理性选择理论。以一种最简化的方式，我们可以将罗尔斯对正义原则的论证归纳为：在公平的状态下，人们出于理性（rationality）[2]会选择将两个正义原则作为规定社会分配的根本原则。因此，所谓正义原则就是，在公平状态下人们会选择的原则。这也是罗尔斯的正义理论被称为"作为公平的正义"的原因。这一表述

---

[1] 在《正义论》一书中，罗尔斯也曾将正义原则表述为一条正义原则的形式，亦即"一般正义观"："所有社会善——自由和机会、收入和财富、自尊的社会基础——都要平等地分配，除非对其中的一种善或所有善的不平等分配合乎每一个人的利益。"（John Rawls, *A Theory of Justice*, p. 54）但是，这一表述没有表述出"自由的优先"，不足以体现罗尔斯正义学说的特征；而且，罗尔斯论述更多的是两个正义原则。所以，本书以两个正义原则为对象进行讨论。

[2] 《正义论》的中译版将rational、rationality翻译为"合理的"、"合理性"，笔者认为应该翻译为"理性的"、"理性"。详细讨论参见拙作《〈正义论〉讲义》，中国社会科学出版社，2021年，第215页，附录一。

的含义是：在"公平状态"下，而且也只有在"公平状态"下，人们达成一致的原则是正义原则；并非指"公平"和"正义"的含义是一致的。在"公平状态"下应用理性选择理论，这正是罗尔斯的论证策略。为此，罗尔斯必须首先构想一个"公平状态"，然后再通过人们的理性选择推导出社会分配的正义原则。

罗尔斯对正义原则的推导采用了社会契约论的论证框架。在西方政治思想史上，被誉为"现代政治学之父"的英国政治思想家霍布斯首先以契约论构建国家学说，为西方现代政治制度奠定了基础。霍布斯的国家学说始于一个假想的"自然状态"，人们在这个自然状态中是"平等而自由的"。但是，人们在这个自然状态中却无法生存下去。因为，出于理性，每个人都只考虑自己的利益。人们甚至可能为了增进自己的一点点利益而随意地杀死对方。因此，所有人都时时生活在对暴力死亡的恐惧当中。霍布斯把这种状态称为"所有人对所有人的战争"（All against all）。在这样的"自然状态"下，共同权力成为人们生存下去的必要条件。为了走出自然状态，人们决定放弃一部分自由，让渡出一部分自然权利，并将这一权利交给一个执行仲裁的第三方。再由这个第三方来统一行使权力，并保护所有人。而这个中立的第三方就是主权者，就是国家。

罗尔斯是社会契约论的当代阐释者，他在社会分配的问题上应用了契约式论证。罗尔斯首先构想了一个类似于自然状态的公平签约状态，这就是"原初状态"。用罗尔斯的话来说："原初状态的观念旨在建立一种公平的程序，以使任何被一致同意的原则都将是正义的。"[1] 与霍布斯构建的自然状态类似，处于"原初状态"的人们也是"平等而自由"的。事实上，"平等而自由"这一理论假设的依据是由契约论的论证策略决定的——如果订约状态不是"平等而自由"，那么人们所订立的条约就失去了规范的效力，就是一纸空文。这就像在国际社会中时常会有撕毁条约的事件发生，而人们撕毁条约的正当理由正是相关条约不是在"平等而自由"的情形下签订的。由此，西方政治思想史上的所有社会契约论者

---

[1] John Rawls, *A Theory of Justice*, p. 118.

都一致假定,"自然状态是平等而自由的"。霍布斯、洛克、卢梭、康德等社会契约论者,他们虽然对"自然状态"的具体描述各不相同,所阐发的自然状态下人们为何"平等而自由"的理由也不尽相同,但是都一致认为:自然状态是一个"平等而自由"的状态。这一点是由社会契约论的论证结构所决定的——只有在"平等而自由"的状态下签订的契约才是公平的契约,才具有约束的效力。

罗尔斯所构想的"原初状态"与传统社会契约论中的"自然状态"的最大区别在于:"原初状态"以更加抽象而严格的方式构建了一个"公平的签约环境"。在社会契约论被提出之后的很长一段时间内,一个困扰契约论者们的难题是"自然状态是否真实存在过"。这一问题似乎将人们带入了一个两难的境地:如果"自然状态"真实存在过,那么,人们为什么找不到对这一人类历史时期的任何描述和记载?相反,如果"自然状态"没有真实存在过,是纯粹假想的,那么人们签订的契约也就是假想的,而假想的契约怎么可能对人们的行动有约束力呢?这就像A霸占了B的土地,然后对B说:"在假想的状态下B曾同意将土地赠予A。"这不是睁着眼睛说瞎话吗?面对这种两难困境,罗尔斯直截了当地指出,"原初状态"就是假想的,而人们在"原初状态"中的选择为什么对人们的行为具有约束力,其理由在于:在公平的状态下,如果所有理性存在者都会选择某种分配原则,那么该分配原则就是正义的。也就是说,公平状态下的理性选择就是人们应该做出的选择,而这样的选择在人们走出"原初状态"之后,仍然具有约束力,是公共生活的规范基础。

由此看来,将"原初状态"设计成"公平的"签约状态就是罗尔斯的论证策略成功的关键。为此,罗尔斯在"平等而自由"这一假设的基础上,引入了"无知之幕"(the veil of ignorance)的理论设计,将"原初状态"构建为比传统契约论者所说的"自然状态"更为公平的签约状态。罗尔斯认为,"必须以某种方法排除使人们陷入争论的各种偶然因素的影响"[1],而用以排除各种偶然因素的工具就是"无知之幕"。在"无知

---

[1] John Rawls, *A Theory of Justice*, p. 118.

之幕"的规定下,处在"原初状态"下的人们不知道下述信息:第一,没有人知道自己的社会地位、阶级出身、天生资质、自然能力的程度、理智和力量的情况;第二,人们也不知道自己的善观念①、理性生活计划,甚至不知道自己的心理特征,如讨厌冒险、乐观或悲观;第三,人们不知道他们所在社会的经济或政治状况,以及它能达到的文明和文化水平;第四,人们也没有任何关于他们属于什么世代的信息。在"无知之幕"后面的订约各方只能知道有关人类的一般事实:他们理解政治事务和经济理论原则,知道社会组织的基础和人的心理学法则。而且,每个人都出于理性而希望最大限度地增进自己的利益。

罗尔斯设想的是这样的图景:理性的签约者们聚在一起讨论社会合作的共同成果如何分配的问题,所有的签约者是平等而自由的——可以自由地提出自己的意见,也可以反驳他人的意见——并最终以"一致同意"的方式选出最能增进自身利益的分配原则。为了公平起见,所有的参与讨论者都坐在一张大幕的后面。这张大幕被称为"无知之幕",屏蔽掉签约者们所有的特殊信息。也就是说,签约者不知道自己的性别、宗教信仰、喜欢的生活方式、所处的社会阶层、所处的世代……罗尔斯的这一理论设计是颇有道理的。试想,假如一个订约者知道自己是女性,那么她在选择社会分配的原则时,就可能偏向女性;如果一个订约者知道自己是社会中的富裕者,那么出于增进自身利益的考虑,他就会反对征收财产税;等等。于是,在屏蔽掉所有这些具体信息之后,"无知之幕"后面的订约者在选择社会分配的原则时,就不得不公平地对待所有社会成员。而此时,从这种公平的签约环境中被选出的分配原则就是正义的。

"无知之幕"这一理论设计是罗尔斯超越传统契约论者的一项创举,它使契约论达到更高的抽象水平,变得精确而严密。从理论结构上来说,"无知之幕"不仅是"应当的"而且是"必要的"。一方面,"无知之幕"是"应当的",这是因为,人们在确定社会分配的原则时,不应该只

---

① 善观念(the conception of goodness)是一个伦理学概念,指的是人们认为什么是好的、什么是值得追求的、自己的理性生活计划是什么,等等;在中文语境下,也可以将其理解为价值观。

从自己的角度考虑问题，不应该只想着增进自己利益的增长，而应该尝试从不同社会成员的角度考虑问题：假如自己是女性，会希望什么样的社会；假如自己是个残疾人，会希望什么样的社会；假如自己处于社会底层，会希望什么样的社会；等等。处在特定社会境况中的行为者很难跳出自己的具体境况而为他人着想，而"无知之幕"的设计却能做到这一点：在完全不知道自己的具体信息的情况下，人们不得不对自己所处的境况做出各种假设，也就客观上考虑到了社会中不同位置人们的利益。当然，罗尔斯的"无知之幕"是假想的。现实生活中并不存在遮蔽人们具体信息的"无知之幕"，而现实政治中的民主程序能够在一定程度上发挥"无知之幕"的作用。在理想的民主程序中，不同阶层的社会成员都有各自的代表，能够代表自己发出声音，这使得公共政策的正义性得到大大增强。

另一方面，"无知之幕"的理论设计也是契约式论证所要求的。罗尔斯认为，引发人们争论的根本原因正是人们各自所处的不同境况。打个比方，A与B对是否征收财产税争论不休，极有可能是因为A与B的财产状况不同。A是富人，有大量财产，B是穷人，几乎没有什么财产。在这样的情况下，A与B当然会在是否征收财产税、征收多少财产税等问题上争论不休。中国学界有一句流行的话，"屁股决定大脑"，一个人身处其中的利益关系决定着一个人的意见和观点。这一洞见与罗尔斯设置"无知之幕"的初衷是一致的。正是为了避免人们在采用何种分配原则的根本问题上争论不休，才必须屏蔽掉所有人的具体信息，让人们能够在同一个立场上做出同样的推理，并最终做出同样的选择。

值得注意的是，契约式论证所要求的签约必须是"全体一致同意"的约定，并非民主原则所要求的"多数同意"的约定。这是因为，只有当人们的约定是"自愿签订"的，才可能对人们之后的行为具有约束力。这就像人们做出的"承诺"一样，承诺了就要做到，这是契约最根本的道德力量。如果奠定社会制度基础的原初契约不是"全体一致同意的"，而是"多数同意"，那么就是以多数人做出的"承诺"约束所有人。这样一来，那些并没有做出如此"承诺"的少数人的权利就被侵犯了。相应地，基于该契约的国家及其制度也就失去了合法性。总之，"无知之幕"的设定成功地解决了人们之间的争端，使得所有人能够像一个人那样思考问题，所以也就必然得出所有人一致同意的分配原则。下面，我结合罗尔斯正义理论的核心内容——两个正义原则——讨论罗尔斯给出的社会分配的具体方案。

## 第二节　平等的自由

在罗尔斯的分配学说中，分配正义有两个原则，而"分配项"则是"社会基本善"。因此，在讨论正义的两个原则之前，我们先来了解一下"社会基本善"这一概念。罗尔斯认为，在"无知之幕"的遮蔽之下，原初状态下的订约者并不知道自己的"利益"所在。他们并不知道自己的"理性生活计划"是什么，不知道自己生活计划的细节；所以，每个订约者无法通过理性的计算来增进自己的利益。为了解决这一难题，罗尔斯引入了"基本善"（primary goods）的概念。这一概念是在"善"概念的基础上建构的。罗尔斯采用了与功利主义相同的方式来解释"善"：善就是理性欲望的满足。[1]在"善"概念的基础上，罗尔斯将"基本善"定义为"一个理性的人无论他想要别的任何什么都需要的东西"[2]。也就是说，"基本善"是任何人实现自己的理性生活计划都需要的一些必要条件。这样的"基本善"包括：较好的智力、强壮的身体、权利、财富和机会，等等。其中"较好的智力"和"强壮的身体"是自然的基本善，而其余的则是社会的基本善。

社会分配是对财富、权利、机会等社会益品进行分配。然而，人们的理性生活计划各不相同，因此，每个人想得到的东西也不同。与此同时，同样的社会益品对不同人的理性欲望的满足程度也不尽相同。要如

---

[1] John Rawls, *A Theory of Justice*, p. 80.
[2] John Rawls, *A Theory of Justice*, p. 79.

何进行"人际比较",这是困扰着社会分配研究的一个理论难题。"基本善"概念的构建和应用,正是罗尔斯为解决这一难题而做出的一种创新性的尝试。与功利主义相比,罗尔斯更好地解决了"人际相异性"的问题。如前所述,功利主义要求所有社会成员的功利总和达到最大值,这就必须以某种统一的尺度对所有社会成员的"功利"进行衡量。如果以客观的方式对"功利"进行定义(例如将功利定义为"福利",或者直接等同于收入+财产),并以这一客观标准评价人们的生活前景,那么就必然会忽视了人们在价值观念和人生计划上的差别,忽视"人际相异性"。相反,如果以主观的方式定义功利,将"功利"定义为"理性偏好的满足",那又会产生新的伦理问题,这就是:一些不正当偏好(例如伤害他人的偏好)也将被计算到功利总值当中,这些偏好的满足被功利主义的分配方案所允许甚至被鼓励。反观罗尔斯的正义学说,通过引入"基本善"概念,罗尔斯成功地将人们不同的价值观念和理性生活计划(人际相异性)与一个客观的评价基础(基本善)协调起来。在"基本善"的设定之下,处在"无知之幕"后面的订约者们,虽然不知道自己具体的理性生活计划是什么,但必然会想要尽量大地增进自己的社会基本善[1]。于是,罗尔斯得到关于订约者之理性的具体设定:"他们将喜欢较多的而非较少的基本社会善。"[2]这些理性订约者知道,"一般来说他们必须保护他们的自由,扩大他们的机会,增加达到他们自由的手段(不管这些目的是什么)"[3]。

在明确了罗尔斯正义学说的"分配项"之后,再来看看罗尔斯推导

---

[1] 社会正义的原则是规定社会基本结构的,而每个订约者只可能通过订约来尽可能大地增进自己所获取的社会基本善,而非自然基本善。

[2] John Rawls, *A Theory of Justice*, p. 123. 在罗尔斯的正义学说中,原初状态中的签约者是"理性人"。罗尔斯所说的"理性人"与经济学中"理性人"的设定是一致的,都是"自我利益最大化"。但是,在"无知之幕"的遮蔽下,理性人并不知道自己的利益何在,而唯一能增进其利益的方式就是获取尽量多的社会基本善,而在所有社会基本善中,"自由"是最重要的。因为,在"无知之幕"的遮蔽下,人们不知道自己的善观念和理性生活计划,所以倾向于要更多的自由。

[3] John Rawls, *A Theory of Justice*, p. 123.

出的分配原则。在《正义论》一书中,两个正义原则表述为:

> 第一个正义原则是,每个人对与其他人所拥有的最广泛的平等基本自由体系相容的类似自由体系都应有一种平等的权利。
> 第二个正义原则是,社会和经济的不平等应这样安排,使它们①适合于最小受惠者的最大期望利益(差别原则);②依系于在机会公平平等的条件下地位和职务向所有人开放(公平机会的平等原则)。[1]

在这一表述中,第一个正义原则体现的是政治层面的平等,第二个正义原则的第②部分陈述的是机会平等,第二个正义原则的第①部分规定的是经济和社会不平等的限度。其中,第一个正义原则也被称为"平等的自由"原则,这个正义原则的目标在于"保障公民的平等的基本自由"。对于自由概念的定义,罗尔斯试图绕开积极自由和消极自由争论的泥潭,采用麦卡勒姆(Gerald C. MacCallum)提出的自由概念的三角定义。[2] 罗尔斯论述道:"我将只是假设,自由总是可以参照三个方面的因素来解释:自由的行动者;自由行动者所摆脱的种种限制和束缚;自由行动者自由决定去做或不做的事情。"[3] 罗尔斯借助麦卡勒姆的自由三角公式将自由定义为:某人免除某种限制而做某事。值得注意的是,罗尔斯使用的自由概念是在霍菲尔德(Hohfeld)[4] 意义上的,或者说规范的意义上,而不是在描述的意义上的。这使得正义的第一个原则中的"基本自由"等同于"允许"。举例说明:法律规定某人有驾驶自己的汽车的自由,这是一种规范意义上的自由,即人们被"允许"驾驶自己的汽车。然而,这条法律并不意味着行为者在现实生活中一定有驾驶自己汽车的自由。假设,某人忘记带车钥匙出门,那么,在描述的意义上,他就没有驾驶自己汽车的

---

[1] John Rawls, *A Theory of Justice*, p. 72.
[2] Gerald C. MacCallum, "Negative and Positive Freedom", in *Philosophical Review*, 1976, 76: 312-334.
[3] John Rawls, *A Theory of Justice*, p. 177.
[4] 韦斯利·霍菲尔德(Wesley Hohfeld),美国法学家,分析法学的重要思想家,法律概念分析的集大成者,他最先阐述了规范意义上的自由概念。

自由，即使法律并没有阻止他这么做。[①]罗尔斯将"自由"看作是公共规范的一部分，结合宪法和法律来讨论自由问题，"法无禁止则为自由"。罗尔斯将人们受到法律保护而做某事（免受他人侵犯）称为自由。

那么，罗尔斯所说的"基本自由"有哪些呢？人们可以在法律的保护下免受他人侵犯地做哪些事情呢？罗尔斯列举了具体的自由项："政治上的自由（选举和担任公职的权利）与言论和集会自由；良心的自由和思想自由；个人的自由——包括免除心理的压制、身体的攻击和肢解（个人完整性）的自由；拥有个人财产的权利；以及依照法治的概念不受任意逮捕和没收财产的自由。"[②]罗尔斯认为，这些基本自由"是由基本结构的公共规范确定的权利和自由"[③]。正义的第一个原则将某种规范平等地适用于每个人，使人们获得最广泛的、同时与其他人的自由相容的类似的自由。当然，这个原则同时也会对人们的自由进行某种限制，而对自由进行限制的唯一正当的理由只能是："如果不这样，它们就会相互妨碍。"[④]罗尔斯还指出，这些基本自由必须被看成一个相互关联的体系。对于一种自由的规定依赖于对其他自由的规定。例如，言论自由的规定依赖于对人们持一种特定的道德观念之自由的规定，宪法和法律应综合考虑各方面的自由问题，以便给出最佳的总体的自由体系。

罗尔斯对良心、思想、政治和个人自由进行了深入探讨。良心自由是每个人形成自己的善观念的自由，是人们形成自己的价值观，并且依据自己的价值观而制定相应的理性生活计划的自由。而言论自由和结社自由是保障良心自由不可或缺的制度性条件。罗尔斯认为，原初状态下的订约者，必然会选择保证他们的宗教和道德自由的原则，即使他们并不知道自己会形成怎样的道德观念或拥有什么样的宗教信仰。而且，在

---

[①] 这个例子是笔者在访谈英国学者希尔·斯坦纳（Hill Steiner）时，斯坦纳教授提到的。参见拙作《源自个人选择的正义——访谈左派自由至上主义代表人物希尔·斯坦纳教授》，《国外理论动态》2018年12月第12期。
[②] John Rawls, *A Theory of Justice*, p. 53.
[③] John Rawls, *A Theory of Justice*, p. 55.
[④] John Rawls, *A Theory of Justice*, p. 56.

自由的问题上，原初状态下的订约者也不会选择功利主义原则。因为，功利主义原则可能使自由受制于社会整体利益的计算。当对自由的限制可能使得社会整体利益增加时，自由就会受到威胁。罗尔斯专门讨论了密尔在《论自由》中的观点。罗尔斯认为，密尔除了以功利主义的原则来论证自由的重要性之外，还指出了自由可能具有的内在价值。罗尔斯论述道："根据密尔的选择标准，自由的制度作为理性选择的生活方式的基本方面，其本身就具有价值。"[1]

在如何划定自由的界限、对自由进行限制的问题上，罗尔斯认为，自由只能因为自由的原因而受到限制。也就是说，只有当某人的思想或行为侵犯了其他人的自由时，才可以对其进行限制。从社会整体的角度来说，只有当某人的思想或行为威胁到所有人的自由（公共安全）时，才能够对其进行限制。如果人们的思想或行为并没有威胁到公共安全，也没有侵犯其他人的自由，例如，某人只是表达了一种与主流道德观念不同的看法，那么，社会制度应该宽容这样的思想或行为，给予其平等的自由。在"宽容"之界限的问题上，罗尔斯讨论了一个悖论性的问题：正义是否要求人们宽容不宽容者？罗尔斯认为，一个不宽容团体没有权利抗议对他的不宽容。因为，"一个人的抗议权利仅限于他本人所承认的原则受到侵犯之时"[2]，否则的话，就是在对自己和别人应用"双重标准"。此外，如果一个不宽容团体的思想和行为并没有威胁到公共安全或侵犯其他人的自由，那么各种宽容团体就没有理由不宽容一个不宽容团体。相反，如果"宽容团体真诚地、理性地相信为了其安全不宽容是必需时，它们便具有不宽容那些不宽容者的权利"[3]。也就是说，当不宽容者的言行已经威胁到所有人的安全和自由时，人们就没有义务再宽容这样的不宽容团体了。罗尔斯得出上述结论的理由是，人们在原初状态下选择的正义原则将支持人们限制那些对公共安全造成威胁的行为和思想。在罗尔斯看来，对不宽容者的限制，并不是因其不宽容而对其自由进行限制，

---

[1] John Rawls, *A Theory of Justice*, p. 184.
[2] John Rawls, *A Theory of Justice*, p. 190.
[3] John Rawls, *A Theory of Justice*, pp. 191-192.

而是因为其思想或行为威胁到公共安全,所以对其自由进行限制。

在关于自由的讨论中,一直有一个困扰着人们的两难问题。这就是阿马蒂亚·森所说的"形式自由"与"实质自由"之间的差异。宪法和法律赋予了所有人平等的自由,但这种自由只是形式的自由。在现实层面,由于权力和财富状况不同,人们事实上获得的自由会大相径庭。一些人有足够的财力,可以环游世界,甚至实现飞向太空的梦想;而另一些人,身无分文,连看一场电影都变成一种奢望。对于这种巨大的反差,一方面,一些学者坚持认为,自由只能是"形式上的",拥有自由并不意味着赋予人们相应的"力量"。弗里德利希·哈耶克和以赛亚·伯林[1]都持这样的看法。例如,哈耶克在《自由宪章》中论述道:"这种视自由为能力或力量的观点,一经认可,就会变得荒诞至极,使某些人大肆利用'自由'这一术语的号召力,去支持哪些摧毁个人自由的措施;另一方面,这种观点一经认可,各种诡计亦将大行其道,有些人甚至可以借自由之名而规劝人民放弃自由。"[2]另一方面,像阿马蒂亚·森[3]这样的能力主义者却认为,自由应该包含人们实现自己目标的相应"能力"。比利时学者菲利普·范·帕里斯(Philippe Van Parijs)也有类似的看法,他认为"真正的自由"包括三个组成部分——安全、自我所有和机会,而"形式自由"只包含安全和自我所有两个部分,"真正的自由"应要求保证人们拥有达成自己计划的实质性的"机会"。[4]为了缓解"形式自由"与"实质自由"之间的张力,罗尔斯构建了"自由的价值"这一概念,并对"自由"和"自由的价值"进行了区分:"自由表现为平等公民权的整个自由体系:而个人和团体的自由价值是与他们在自由体系所规定的框架内促进他们目标的能力成比例的。"[5]也就是说,宪法和法律中关于自由的规定对所有

---

[1] Isaiah Berlin, *Two Concepts of Liberty*, Oxford: Clarendon Press, 1958.
[2] 〔英〕弗里德利希·冯·哈耶克:《自由秩序原理》,邓正来译,生活·读书·新知三联书店,1997年,第10页。
[3] 〔印度〕阿马蒂亚·森:《以自由看待发展》,任赜、于真译,中国人民大学出版社,2013年。
[4] Philippe Van Parijs, *Real Freedom for All: What (if anything) Can Justify Capitalism?*, Oxford: Oxford University Press, 1995, p. 25.
[5] John Rawls, *A Theory of Justice*, p. 179.

人都是一样的，但是，"自由的价值对于每个人来说却不是一样的，有些人具有较大的权威和财富，因此具有达到他们目的的更多手段"[①]。那些占有资源较多的社会成员比占有资源较少的社会成员拥有更大的自由价值。当然，罗尔斯并没有以此打发那些自由价值较小的社会成员，而是将对较少的自由价值的补偿交给正义的第二个原则去处理。可以说，平等的"自由"是第一个正义原则所规定的内容，而不平等的"自由的价值"则是第二个正义原则要解决的问题。

## 第三节　公平机会的平等

罗尔斯正义学说中的第二个正义原则的第②部分[②]规定了人们拥有某种意义上的"机会平等"。所谓"机会平等"指的是：在对于各种社会益品的竞争中，所有成员拥有同等的机会以达到较优的竞争结果。在罗尔斯之前，人们普遍接受的是一种"前途向才能开放"（careers are open to talents）的机会平等观念。然而，罗尔斯认为，"前途向才能开放"的机会平等是远远不够的，并将这种机会平等观念称为"形式上的机会平等"，而将自己在正义原则中所阐述的"公平机会的平等原则"称为"实质的机会平等"。

"前途向才能开放"指的是给予具有相同才能的人同等的机会，在分配资源和各种教育与职业的机会时，不考虑人们的出身、种族、裙带关系、经济条件、性别、相貌等与才能无关的因素。在中国的语境下，这被称为"唯才是举"，是科举制度形成以来人们普遍认同的一种公平竞争观念。"唯才是举"是一种较低限度的机会平等理论。这种关于机会平等

---

[①] John Rawls, *A Theory of Justice*, p. 179.
[②] 在罗尔斯的正义学说中，"公平机会的平等原则"是优先于"差别原则"的，所以本节先讨论第二条正义原则中的第②部分（公平机会的平等），下一节讨论第①部分（差别原则）。

的观念在两千多年前的古希腊雅典城邦就已经得到了阐述,伯里克利在其著名的葬礼演讲中论述道:"让一个人担任公职优先于他人的时候,所考虑的不是某一个特殊阶级的成员,而是他具有真正的才能。"[①]然而,在当代的平等主义讨论中,越来越多的理论家逐渐认识到"前途向才能开放"的机会平等还远远达不到"平等待人"的目标。罗尔斯认为,这种最低限度的机会平等理论保证"所有人都至少有同样的合法权利进入所有有利的社会地位。但由于没有做出努力来保证一种平等的或相近的社会条件(除了保持必要的背景制度[②]所需要的之外),资源的最初分配就总是受到自然和社会偶然因素的强烈影响"[③]。也就是说,形式上的机会平等虽然保证每一个拥有相应才能或做出同等功绩的人都有同等的机会,但是却没有考虑到人们获得相应才能或做出同等功绩的能力是受社会境况和自然禀赋等因素影响的,而后者在罗尔斯看来都是道德上任意的因素,是不应得的。这被称为罗尔斯的"反应得"(desert-less)理论。该理论的主要观点是:人们与生俱来的社会境况和自然禀赋并不是人们自身努力的结果,是不应得的。举例说明,在中国的语境下,一个农村留守儿童考上清华的概率要大大低于一个城市中等收入家庭的孩子。这是因为他们所受的家庭教育以及初等和中等教育的质量有巨大差异。而这些因素与他们自己的努力没有关系,不是他们"应得的"。

在"反应得"理论的支持下,罗尔斯提出了更深层次的机会平等——"公平机会的平等"(equality of fair opportunity),其含义是:"在社会的所有部分,对每个具有相似动机和禀赋的人来说,都应当有大致平等的教育和成就前景。那些具有同样能力和志向的人的期望,不应当受到他们的社会出身的影响。"[④]这种机会平等要求通过社会分配的调整确保处于不同社会境况中的人们拥有获得相应才能的同等机会,是一种试图"补偿"每个人的社会境况的平等理想。其中,"社会境况"指的是每个人所处的

---

① 〔古希腊〕修昔底德:《伯罗奔尼撒战争史》,谢德峰译,商务印书馆,1960年,第二卷第四章。
② 依据上下文,括号中所说的"必要的背景制度"指的是权利平等条件下的市场竞争。
③ John Rawls, *A Theory of Justice*, p. 63.
④ John Rawls, *A Theory of Justice*, p. 63.

文化背景、经济状况、社会地位等非自然的因素，这些因素都有可能对人们在社会中所取得的竞争结果造成影响。例如，出生于富裕家庭的子弟与寒门子弟相比就有可能获得更好的早期教育，而最终在社会竞争中取得较优的结果。"公平机会的平等"原则集中体现了"补足社会境况"的机会平等理想。

当然，人们自出生之日起，其社会境况的许多方面就已经确定，不可能人为地改变这些社会现实以"拉平"每个人的社会境况。因此，所谓的"补足"社会境况，只能以某种"优待"或"补贴"的方式帮助那些处于较差社会境况中的人们，以使他们获得与他人平等的起点。然而"优待"或"补贴"需要使用资源，这就意味着要对社会财富进行再分配，在这一过程中一些人的社会境况会变坏。基于这一点，"公平机会的平等"原则受到了罗伯特·诺奇克等学者的批评。诺奇克认为，如果说人们对于机会平等有一种"权利"，那么"这些'权利'需要事物、物资和行为作为其基础，而别人可能对它们拥有权利和资格。任何人对这样的东西都不拥有权利，即它的实现需要利用别人已经对之拥有权利和资格的事物和行为"[①]。简言之，坚持资格理论的学者认为，国家或政府采取"再分配"的手段以"补偿"某些人的社会境况，必然会侵犯其他一些人的所有权，是侵犯权利的行为。除诺奇克的质疑外，罗尔斯的"公平机会的平等"原则还受到德沃金的批评。在德沃金看来，个人不仅不应该为与生俱来的社会境况负责，也不应为那些天生注定的自然禀赋负责。试想，如果一个人天生残疾，那么他在社会中对稀缺资源的竞争就处于弱势，而这种弱势与个人努力无关，不应该由个人去承担。然而，罗尔斯的"公平机会的平等"原则并没有对自然禀赋的差异做出反应。因此，在德沃金看来，这种机会平等是远远不够的。

---

[①]〔美〕罗伯特·诺奇克：《无政府、国家和乌托邦》，姚大志译，第286页。

## 第四节　差别原则

社会分配中"平等"与"效率"之间的复杂关系最终在第二个正义原则的第①部分被规定，这就是罗尔斯提出的差别原则。如前所述，效率原则（帕累托最优）的含义是："一种结构，当改变它以使一些人（至少一个）状况变好的同时不可能不使其他人（至少一个）状况变坏时，这种结构就是有效率的。"[1] 依据这一原则，可能同时存在着许多种有效率的安排。例如，在两个人之间分10个苹果，那么每个人得到5个的分配是有效率的；一个人得到3个而另一个人得到7个的分配是有效率的；一个人得到1个而另一个人得到9个的分配也是有效率的。显然，这些分配方案在是否满足"平等"原则方面有着很大的区别。罗尔斯认为，单凭效率原则并不能确定一种分配结构是否是正义的，还需要考虑效率之外的其他因素，例如平等。如前所述，人们凭借直觉就能知道"效率"和"平等"这两个价值对于社会分配都很重要，但是直觉主义并没有告诉人们在"平等"与"效率"之间应如何取舍。罗尔斯对直觉主义的超越最终体现为差别原则："这一原则通过挑选出一种特殊地位消除了效率原则的不确定性。基本结构的社会和经济不平等将通过这一地位来判断。"[2] 罗尔斯所说的这一"特殊地位"就是社会中的最小受惠者（least advantaged class）。在罗尔斯看来，人类社会是一个普遍的社会合作体系，每个人都从社会合作中获益，一些人获益较多而另一些人获益较少。在任何社会中总有一些人，他们从社会合作中获益最少。罗尔斯就把这些人称为"最小受惠者"。罗尔斯认为，人们应该以社会中最小受惠者的生活前景是否得到尽可能的增进来判断社会和经济的不平等安排是否正当，并进而判断一个社会是否正义。

通过"差别原则"，罗尔斯得以确定社会与经济不平等的限度。总的来说，社会与经济的不平等安排要以最大限度改善"最小受惠者的前景"

---

[1] John Rawls, *A Theory of Justice*, p. 58.

[2] John Rawls, *A Theory of Justice*, p. 65.

为限。在此，罗尔斯区分了完全正义（a perfectly just scheme）与充分正义（just throughout）两种情况。完全正义的情况是：对状况较好的人的任何改变都不可能再增进状况最差的人的生活前景。也就是说，当一个社会达到完全正义时，最小受惠者的生活前景将达到最佳状态。充分正义的情况是：任何状况较好的人的状况改善都将促进最小受惠者的前景的改善。也就是说，在充分正义的社会中即使一种安排增进了社会中每一个人的生活前景（包括最小受惠者），但若还未使最小受惠者的生活前景达到最佳，那么就还未达到最好的社会安排。在《正义论》一书中，我们经常会看到差别原则的两种表述：一种表述是，社会与经济利益的不平等安排要增进所有人的生活前景（表述一）；另一种表述是，社会与经济利益的不平等安排要最大限度地增进最小受惠者的生活前景（表述二）。这两种表述之间的关系是：表述一对应于充分正义的情况；表述二对应于完全正义的情况。

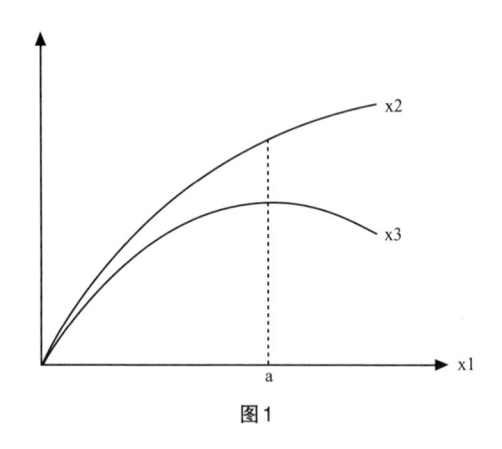

图1

完全正义与充分正义两种情况之间的关系可以从图1中得到更为清晰的解释。图1中x1、x2、x3分别代表了社会中的三个阶层的人，设x1是最有利者，x3是最小受惠者，x2为居间者。设x1的期望是沿水平轴画出的，x2与x3的期望是沿垂直轴画出的，我们可以看到在图中a点，x3达到最大值，也就是社会中的最小受惠者的前景达到最好，因此这一点就是社会达到完全正义的情况；而在此之前的各点，当x1的值增大时，

x2和x3的值都相应增大,是社会充分正义但还未达到完全正义的情况。因此,正义原则所允许的社会和经济的不平等安排就只能以a点为限,超过a点,社会中最有利者x1的获利就是不正义的了。因为,在x1和x2获利的同时,x3的生活前景在变差。此时,社会中最有利者的获利是以牺牲较少获利者的利益为代价的,不符合互惠的社会合作观念。社会合作的"互惠观念"是罗尔斯正义理论的基础。罗尔斯认为,人们之所以自愿进入社会合作,是因为社会合作能够使得人们的生活更幸福。一种公平的社会合作基于"互惠性",也就是合作的双方都应受惠于社会合作。如果在一个合作中,总是一方受惠,而另一方受损,那么,这样的社会合作就是不正义的。因为,一方的所得总是以另一方的牺牲为代价,这是不正义的。在罗尔斯看来,一种正义的社会合作一定要保证社会合作中弱势一方的生活前景持续提升。否则,这样的社会合作就不是互惠性的,也就不是正义的。另外,图1还向我们展示了"平等"与"效用最大化"之间的复杂关系。在a点之前,"效用最大化"与罗尔斯理解的正义分配并不矛盾。因为在a点之前,x1、x2和x3三者的所得都在增加,社会整体效用也在增加。在a点之后,由于x1和x2的所得仍然在增加,社会总体效用或许还在增加,但最小受惠者的所得却已经开始减小。这时"社会财富增长"这一经济目标与罗尔斯所阐发的正义观念就不一致了。依据罗尔斯的互惠观念,经济和社会的不平等程度就应该以a点为限,而不能继续加深,即使进一步的不平等能带来更大的经济增长。

为了更直观地理解罗尔斯的分配理论,我们以一个公司的分配方案选择为例(表1)。一个公司就是一个典型的社会合作单元,在这一社会合作中有不同的角色:提供资金的老板X,提供技术的产品设计人员Y,管理人员Z,以及提供劳动力的工人W。假设所有合作者的所得总和是S,最高所得和最低所得之差为D。现在有表1中的四种分配方案。那么,依据罗尔斯的观点,我们应该如何选择?

表 1　分配方案选择表

|   | 分配方案 1 | 分配方案 2 | 分配方案 3 | 分配方案 4 |
|---|---|---|---|---|
| X | 6 | 30 | 25 | 16 |
| Y | 6 | 15 | 12 | 14 |
| Z | 6 | 7 | 9 | 12 |
| W | 6 | 3 | 7 | 10 |
| D | 0 | 27 | 18 | 6 |
| S | 24 | 55 | 53 | 52 |

在这四种供选择的分配方案中，方案1是绝对平均的分配，但同时也是效用总和最小的分配。形象地说，就是"饼"做得最小的分配。如本书第一章所言，这种分配是没有效率的，既不可欲也不可持续。方案2是使得效用总和最大的分配方案，是可以把"饼"做得最大的制度安排。但是，在这一分配方案中，人们之间的贫富差距非常大，公司投资者与普通劳动者的收益差距达到10倍。而且，在这一分配方案中，普通劳动者的所得非常低，有可能无法满足基本的生活需求。因此，这种将"饼"做到最大的分配方案也是不可取的。方案3和方案4都是兼顾"平等"和"效用"的分配方案。这两个方案之间的不同仅仅在于：方案3更偏向于"效用"，贫富差距较大，效用总和较大；而方案4更偏向于"平等"，贫富差距较小，效用总和也较小。那么，在方案3和方案4之间应该如何选择呢？哪一个才是罗尔斯认为最恰当的分配方案呢？

罗尔斯认为，人们在设计社会分配方案时，应该以"最小受惠者"的所得为判断标准，要选择能够使"最小受惠者"的收益达到最大的可能值的社会分配方案。我们看到，在上述"公司合作"的例子中，不论在哪一种分配方案中，普通工人的所得都是最少的。所以，我们可以认为，在这一合作中，普通工人就是"最小受惠者"。如此一来，依据罗尔斯的观点，我们就应该选择分配方案4。因为，在分配方案4中，普通工人的所得是几种分配方案中最大的。这就是罗尔斯"差别原则"所阐述的含义。差别原则的确立应用了理性选择理论中的"最大最小原则"（Maxmin Principle），即：按选择对象可能产生的最坏结果来排列选择对象的次序，然后采用最坏结果优于其他选项的最坏结果的选择对象。罗尔斯认为，在原初状态下，当人们不知道自己会落入哪个阶层时（就像在上述例子中人们不知道自己会成为老板、技术人员、管理人员，还是普通工人），就会应用"最大最小原则"，以"最小受惠者"利益为指标进行理性选择。

通过差别原则，罗尔斯的正义学说兼顾了社会分配中的"平等"与"效率"两种价值。差别原则与帕累托阐述的效率原则并不矛盾。如上所述，差别原则所允许的经济和社会的不平等要以"最小受惠者"的所得为限，这体现为下述两种情况：第一，经济和社会不平等的加剧有助于"最小受惠者"利益的增加，这是"充分正义"的情况，对应于图1中a点之前的情形。这时不平等的增加为生产劳动提供了足够的激励，优势阶层利益的增加将带动"最小受惠者"的利益增长。而且，由于链式联系[①]的存在，社会所有阶层的利益都增加。这时，差别原则允许不平等的进一步加深，与效率原则要求的帕累托优化是一致的。第二，当"最小受惠者"的利益达到最大值，亦即差别原则所论述的"完全正义"的状态，对应于图1中a点的情况；此时，如果允许社会中优势阶层的利益进一步增加，"最小受惠者"的所得就会减少。这时也就达到了效率原则所要求的帕累托最优的状态。在罗尔斯看来，社会和经济的不平等程度就应该止步于此，不能为了经济增长而加剧不平等。所以说，差别原则与效率原则是相容的。差别原则并不会单纯为了"平等"而将有效率的状态转变为没有效率的状态。换句话说，差别原则不会遭遇帕菲特所说的"拉平反驳"。由"差别原则"所规定的社会和经济的不平等安排恰恰是使所有人境况更好的、更有效率的社会分配。然而，值得注意的是，差别原则与效率原则相一致，这一判断是在整个社会的基本结构符合第一个正义原则以及第二个正义原

---

[①] "链式联系"指的是："如果一种利益提高了最底层人们的期望，它也就提高了其间所有各层次人们的期望。"（John Rawls, *A Theory of Justice*, p. 70）

则的第②部分的情况下得出的。如果社会基本结构并没有满足人们在政治层面自由的平等和公平机会的平等，那么效率和平等就可能产生冲突，而正义就将要求对社会分配进行某种牺牲效率的改变。

## 第五节　正义优先于效率

　　对于社会分配，人们凭借直觉可能感悟到一系列重要的政治价值，例如平等、效率、效用最大化、公平机会……但是，如何在不同的政治价值之间进行取舍，直觉主义却没有给出建设性的回答。因此，我们需要一种确定"优先性"的规则，以便在不同的原则之间进行排序。罗尔斯将这称作词典式序列（lexical order）："这是一种要求我们在转到第二个原则之前必须充分满足第一个原则的序列，而且，在满足第二个原则之后才可以考虑第三个原则，如此往下类推。……那些在序列中较早的原则相对于较后的原则来说就毫无例外地具有一种绝对的重要性。"[1]

　　在罗尔斯的正义学说中，不同原则之间词典式的先后次序体现为两条"优先规则"（priority rules），表述如下：第一条优先规则（自由的优先性）——两个正义原则应以词典式次序排列，因此自由只能为了自由的缘故而被限制。第二条优先规则（正义对效率和福利的优先）——第二个正义原则以一种词典式次序优先于效率原则和最大限度追求利益总额的原则；公平机会优先于差别原则。具体说来，第一条优先规则（自由的优先性）的含义是：在正义的两条原则中，第一条正义原则是优先于第二条正义原则的。也就是说，社会基本结构的设置必须首先满足每个人拥有平等的基本自由，才可以考虑社会财富的分配问题以及社会地位和职位的分配问题。换句话说，人们的经济利益和他们所拥有的基本自由是不能进行交换的，我们不能以较大的经济利益为补偿来剥夺任何

---

[1] John Rawls, *A Theory of Justice*, p. 38.

人的平等自由。用罗尔斯的话来说,"对第一个原则所要求的平等自由制度的违反不可能因较大的社会经济利益而得到辩护或补偿",即使"当经济回报是巨大的,而人们通过运用权利影响政策过程的能力却是微乎其微的时候……这种交换仍是上述两个原则(正义原则)要排除的交换"。[1] 第二条优先规则有两个部分,前一部分规定的是差别原则相对于效率和福利的优先性,后一部分规定的是公平机会的平等原则相对于差别原则的优先性。其中第一种优先性规定了差别原则相对于效率和福利原则的绝对重要性——除非满足了差别原则,否则不能考虑效率和福利最大化的问题。第二种优先性规定了"公平机会的平等"相对于差别原则的优先,亦即只有满足了实质的机会平等,才能考虑差别原则对社会分配的要求。

综合以上两点,罗尔斯的优先规则实际上对其正义原则做了如下的词典式排序:①平等的自由原则;②公平机会的平等原则;③差别原则;④效率原则和最大限度追求利益总额的原则。其中,①优先于②,②优先于③,③优先于④。从上述词典式排序的结果中,我们可以得出这样的结论:根据罗尔斯的正义理论,在社会基本结构的安排中,我们应首先保证所有公民的平等权利,其次是保证所有公民的机会平等,再次是最小受惠者的生活前景,最后才考虑效率和社会整体福利。在平等权利、机会平等、最小受惠者的生活前景以及效率和社会整体福利四个目标中,排在前面的目标相对于排在后面的目标具有绝对重要性。只有前面的目标已经满足,才可转而考虑后面的目标;而且在考虑后面的目标时,也绝不可影响到排在序列前面的目标。

从上述分析中我们看到,罗尔斯的正义两原则以及相应的优先规则非常准确地反映了人们在考虑分配问题时的直觉性认知,将平等权利、公平机会、弱势者的生活前景、效率、社会整体福利这些因素都囊括其中。罗尔斯并没有简单地停留于道德直觉,而是试图在不同的政治价值之间给出严格的优先秩序。在罗尔斯的论证中,这种价值排序来源于人

---

[1] John Rawls, *A Theory of Justice*, p. 54.

们在"原初状态"中所做出的选择。在"无知之幕"的遮蔽下,人们不知道自己的善观念和理性生活计划,也就更加珍视自由和机会平等;人们不知道自己所处的社会阶层,也就害怕自己是社会合作中的"最小受惠者"。由此,上述这样的价值排序就必定成为理性订约者的选择。这一价值排序构成了人们构建社会基本结构以及分配制度的基础。在不影响人们之间的政治平等、机会平等,以及最小受惠者利益的前提下,应该尽量提升社会合作的效率;但是,当对效率的追求可能危及人们之间的政治平等、机会平等,或者是最小受惠者的生活前景时,就应该停止对效率或总体福利的追求。用罗尔斯的话来说,"正义是优先于效率的,要求某些在这种意义上并非有效率的改变。一致性(正义与效率的一致)仅仅在一个完全正义同时也有效率的体系那里达到"[1]。

综上所述,罗尔斯对两个正义原则的建构和论证让我们看到一个思维缜密的哲学家如何在"平等"与"效率"之间周旋,如何通过优先次序的建构和对"最小受惠者"的保护而为正义的社会结构打下坚实的基础。然而,罗尔斯的正义学说却激起了一位学者的强烈反对。罗伯特·诺奇克是罗尔斯在哈佛大学哲学系的同事,他对罗尔斯的正义学说进行了系统的批评。在诺奇克看来,为了满足"公平机会的平等"和"差别原则",罗尔斯的正义学说要求将一些人的正当所得强制性地转移给另一些人,这是侵犯权利的严重事件。

---

[1] John Rawls, *A Theory of Justice*, p. 69.

# 第五章　从所有权出发的社会分配

在当代政治哲学讨论中，几乎所有分配正义学说都部分地植根于平等这一政治价值。这些分配正义学说或者将平等作为其直接的理论基础，或者在追求效率、福利总和、自由等其他价值的同时兼顾平等。然而，有一派学者并不屑于在不同政治价值之间周旋，而是完全将自己的理论建立在"自由"的基础之上。他们从"所有权"这一核心自由项出发，构建分配正义的理论大厦。这派学者被称为"自由至上主义者"，其思想史上的源头可以追溯到英国政治思想家约翰·洛克。自由至上主义者试图从所有权的角度解决分配问题，试图通过分清什么是"你的"，什么是"我的"而确定所有与资源占有相关的社会分配问题。当然，从"自由"出发建构正义学说并不意味着其政治主张完全与"平等"背道而驰。自由至上主义者有"左派"和"右派"之分。右派自由至上主义者主张取消一切再分配政策，完全不与"平等"这一政治理想相妥协；相反，左派自由至上主义者通过对人们取用自然资源的限制进行严格的规定而论证了"财产税"、"遗产税"和"馈赠税"等再分配政策，部分地论证了平等主义的分配主张。罗伯特·诺奇克是右派自由至上主义者的代表，希尔·斯坦纳、皮特·瓦伦泰（Peter Vallentyne）和迈克尔·大冢（Michael Otsuka）是左派自由至上主义者的代表。下面，我将深入分析和比较右派和左派自由至上主义者的正义学说及政治主张。

## 第一节　诺奇克的持有正义学说

诺奇克是罗尔斯在哈佛大学的同事。1974年，在罗尔斯的《正义论》出版三年之后，诺奇克出版了《无政府、国家和乌托邦》一书，系统地阐述了他的持有正义学说，并对罗尔斯的正义理论进行了深入的批评。在诺奇克看来，实现分配正义的关键并不在于依据"需要"、"应得"等价值维度对社会分配进行安排，也不在于依据"平均"、"最小受惠者的生活前景"、"平均功利最大化"或"总体功利最大化"等标准直接调整社会分配的结果，而在于严格界定人们的所有权。通过一个严格界定的获取、交换、馈赠的程序，如果人们手里最初持有的东西是正当获取的，那么经过一个正当的程序，所有人手里最终持有的东西也就是正当地属于他们的。诺奇克将这种基于人们对某物的"资格"（entitlement）的正义学说称为持有正义理论（Theory of Justice in Holdings）。诺奇克将"持有正义"归结为三个原则：1. 获取的正义原则；2. 转让的正义原则；3. 对违反前两个原则的矫正原则（principle of rectification）。诺奇克认为，从真的前提可以推出真的结果；因此，如果某人对某物的获取和转让都是正义的，那么他对其的持有就是有资格的，他的持有就是正义的；如果每个人的持有都是正义的，那么持有的总体（亦即社会分配）就是正义的。

首先，对于"获取的正义"，诺奇克借鉴了洛克的"劳动获取理论"。在洛克看来，人们因为拥有自己的身体而拥有身体的工作和劳动，并因此而拥有其劳动成果。至于为什么"劳动"成为人们获得对某物之"所有权"的理由，洛克提供了两种解释。1."劳动掺入说"：我将属于我自己的东西（劳动）掺入到劳动对象之中，所以我对劳动成果拥有权利。对于这种说法，诺奇克提出了异议："把我拥有的东西与我并不拥有的东西混合在一起，为什么不是我失去了我所拥有的东西，而是我得到了我并不拥有的东西？如果我拥有一罐番茄汁并把它倒入大海，以致它的分子（使其带有放射性，从而我可以进行检测）均匀地混合于整个大海之中，那么我是拥有这片大海，还是愚蠢地浪费了我的番茄汁？"[1] 2. "劳动价值论"：我的劳动使我的劳动对象更有价值，所以我对劳动成果拥有权利。对于这种阐释，诺奇克认为，劳动有时候会减少劳动对象的价值而不是增加价值。例如，我在一张纸上密密麻麻地写上没有意义的文字，不仅不美观，而且还浪费了一张纸。与此同时，诺奇克还提出了另一个异议："为什么一个人的资格应该扩展到整个物品上面，而不是仅限于他的劳动所创造的附加价值上面？"[2]例如，我捡了一块木头，做成一把椅子。此时，我的劳动创造的并不是整把椅子；因为，木头本身并不是我的劳动成果，而是自然资源。那么，我为什么能拥有整把椅子？

虽然诺奇克对洛克的"劳动获取理论"提出了诸多质疑，但这并没有影响他将其作为"获取正义"的理论基础。诺奇克的这些质疑在其后左派自由至上主义者那里得到深入讨论，他们的所有权学说对洛克—诺奇克的所有权理论进行了大胆的修正。而诺奇克则声称自己考察洛克的"劳动获取理论"是为了增加自己的"持有正义"理论的复杂性，他论述道："在我们转向详尽考察其他正义理论之前，我们必须对资格理论的结构增加一点复杂性，而增加复杂性的最好办法是思考洛克阐释获取的正义原则的尝试。"[3]然而，这种自我反省式的考察实际上已经动摇了"持有正义"的第一个原则"获取的正义"，动摇了"持有正义"理论的根基。

"持有正义"理论的第二条核心原则是"转让的正义"，这其中包括自由市场上的所有"自愿交换"以及市场外的礼物馈赠、遗赠等自愿行为。对于诺奇克来说，自由市场是进行资源配置的纯粹程序正义。所谓"纯粹程序正义"，指的是其程序本身就足以保证结果的正当性，无须依据独立于程序的标准对结果进行二次修正。用诺奇克的话来说，"通过正义的步骤从正义的状态中产生的任何东西都是正义的"[4]。诺奇克认为，人

---

[1] 〔美〕罗伯特·诺奇克:《无政府、国家和乌托邦》，姚大志译，第209页。
[2] 〔美〕罗伯特·诺奇克:《无政府、国家和乌托邦》，姚大志译，第209页。（着重号为原文所加）
[3] 〔美〕罗伯特·诺奇克:《无政府、国家和乌托邦》，姚大志译，第208页。
[4] 〔美〕罗伯特·诺奇克:《无政府、国家和乌托邦》，姚大志译，第181页。

们自愿交换的累积结果具有天然的正当性，应该无条件地接受。人们无须扩大国家的功能，对市场交换的结果做任何修正，也不应对人们的自愿交换进行任何限制。在保证人们最初获取之正当性（即对某物之所有权）的前提下，累积多次"自愿交换"的结果也必然是正当的。在当代政治哲学讨论中，诺奇克的持有正义学说对自由市场进行了最有力的论证。持有正义学说所主张的分配原则就是市场原则。

在诺奇克论述的"转让的正义"中，"自愿"（voluntary）成为一个关键概念，因为，只有"自愿"的行为才被看作是正当的，其结果才可以被无条件地接受。可以说，"自愿"是任何转让行为之正当性的基础。然而，在日常语言中，"自愿"是一个描述人们心理感受的概念，与行为者的主观感受相关。因此，如果我们想要在"自愿"的基础上确定某一程序的正当性，就必须在政治学层面重新定义"自愿"，使其能够基于某一客观基础而发挥规范作用。诺奇克正是这样做的，他将"自愿"阐释为："是否使一个人的行为成为不自愿的，取决于这些其他人是否有权利这样做。"[1]在这一阐释中，"自愿"通过"权利"而被定义：只要其他人的行为没有侵犯行为者的权利，那么该行为者的行为都被看作是自愿的。如此一来，"自愿"这一概念不再与行为者的主观感受相关，从一个描述人们心理感受的概念，成为一个具有规范作用的客观意义上的政治学概念。

然而，如果我们深入追究，就不难发现诺奇克如此定义的问题所在：诺奇克对"自愿"的定义依赖于"权利"概念，而他对"权利"的界定又依赖于"自愿"这一概念。这使得他的理论中出现了循环论证的问题。诺奇克在讨论权利概念时，引用了洛克的说法："一条线（或一个台阶）划定了围绕个人的道德空间之范围。洛克认为，这条线是由个人的自然权利决定的，自然权利限制了他人的行为。"[2]但是，诺奇克认为，"权利"这条线并不是绝对不可逾越的，在"自愿同意"的条件下，人们可以允许别人做出逾越界限的事情。例如，我对我的钱包拥有权利，但在自愿的条件下你就可以拿走它，而你的行为并没有侵犯我的权利。诺奇克甚至认为，如果

---

[1]〔美〕罗伯特·诺奇克：《无政府、国家和乌托邦》，姚大志译，第314页。
[2]〔美〕罗伯特·诺奇克：《无政府、国家和乌托邦》，姚大志译，第68页。

当事人同意，别人可以杀死他。于是，我们看到"自愿"又在对"权利"的定义中发挥了关键性的作用。如此一来，诺奇克对"自愿"的定义必然陷入了循环之中：所谓"自愿"，其条件是他人不侵犯行为者的权利，而所谓"权利"，又总是与行为者是否自愿有着密切的关系。如此一来，诺奇克并没有为"转让行为"的正当性找到一个可靠的规范基础。

持有正义的第三条核心原则是"矫正的正义"，其含义很简单，就是对违反前两条原则的情况进行矫正。诺奇克认为，由于人们并不一定会遵守前两条正义原则，所以需要对人们的持有进行符合前两条原则的矫正。然而，正义的矫正原则却涉及非常复杂的现实和历史问题，在实际操作中困难重重。诺奇克清楚地意识到了这些，并提出了一连串的疑问："如果过去的不正义以各种方式形成了今天的持有，其中一些是可以识别出来的，另一些则是无法识别出来的，那么现在（如果要做的话）应该做些什么来矫正这种不正义？对于这些假如没有遭受不正义其处境就不会如此糟糕的人，或者对于这些假如立即得到了赔偿其处境就不会如此糟糕的人，这些不正义的履行者对他们负有什么义务？如果受益者和受害者在不正义的行为中都不是直接的当事人，比如说，是他们的后裔，那么事情会有什么变化？对于其持有本身就基于一种没有得到矫正的不正义的人，可以对他们施以不正义吗？要向后追溯多远才能够还历史的不正义以清白？为了矫正对他们所做的不正义，其中包括人们通过其政府所造成的众多不正义，不正义的受害者做什么事情是可允许的？"对于这些问题，诺奇克并没有给出明确的答案，而是坦白地承认："我不知道如何彻底地或在理论上明智地对待这些问题。"[1]

可以说，矫正原则是诺奇克正义理论中最薄弱的环节。诺奇克只是从理论上意识到这一原则对于整个分配正义理论来说是必不可少的，但是，与这一原则相关的所有具体问题都很难妥善解决。而这些诺奇克没有在理论上搞明白的问题，最终都将暴露在具体政策的实施当中。例如，"圈地运动"中被强占的土地，是否应如数归还？在某些国家，种族隔离

---

[1]〔美〕罗伯特·诺奇克：《无政府、国家和乌托邦》，姚大志译，第182—183页。

制度使一些人受到的不公平待遇是否应在其子女的身上进行某种补偿？冤假错案的受害者应得到什么样的赔偿？这些都是矫正原则可能面对的难题。

从以上论述中我们看到，诺奇克的持有正义理论可以完全从所有权的规定当中推导出来，而不用借助"平等"、"需要"、"应得"等其他政治价值。这正是自由至上主义正义学说的特征：从人们对自己的身体及劳动的所有权推导出他们对其劳动成果的所有权，再依据他们所拥有的以自己的劳动成果进行自愿交换的权利而最终确定社会分配的格局。在这一推导过程中涉及三种所有权的界定：自我所有权，人们对自然资源的所有权，以及人们对劳动成果的所有权。对于自由至上主义者来说，只要这三种所有权得到了恰当的规定，那么由这三种所有权所确定的社会分配就是正义的，无论这样的社会分配是否满足了"平等"、"需要"、"应得"等其他政治要求。下面，我将深入分析与自我所有权、人们对自然资源的所有权以及人们对劳动成果的所有权有关的学术争论。

## 第二节　自我所有权论及其问题

"自我所有权"指的是，每个人对自己的身体、身体所进行的劳动，以及所产生的劳动成果拥有一种不容他人侵犯的专属权利。这一概念表达了这样的政治信念：每个人都是自己的主人——我拥有我的手、我的腿、我的大脑、我的思想，以及我身体所进行的劳动；不经过我的同意，其他人不可以对我和我的财产做任何事情。这一概念始自英国政治思想家洛克。洛克在《政府论》中论述道："每个人都拥有对于自己的人身（person）的所有权；除了他自己，任何别人对此都没有权利。我们可以说，他身体的劳动以及他双手的工作都属于他自己。"[①] 洛克虽然描述了"自我所有权"的含义，但他本人并没有使用"自我所有权"这一术语，

---

① 〔英〕约翰·洛克：《政府论》（下篇），叶启芳、瞿菊农译，商务印书馆，1964年，第18页。

这一术语是在当代政治哲学讨论中产生的。

当代自由至上主义者进一步强化了洛克的观点,在"自我所有权"概念的基础上界定了"完全的自我所有权"并形成"完全的自我所有权论"(full self-ownership thesis),以下简称"自我所有权论"。这一理论有下述四方面的特征:第一,"自我所有权论"将洛克所说的人身(person)直接等同于身体(body)[①],认为人们对自己的身体和身体所进行的劳动拥有一种不容侵犯的权利。第二,"自我所有权论"所强调的所有权包括行为者对其"身体"的所有权和行为者对其身体所进行的"劳动"的所有权两部分。第三,"自我所有权论"赋予人们对自己身体及其劳动在逻辑上最强的[②]控制权和转让权。其中,控制权指的是,使用的自由权、准许他人使用或占有的权利,以及主张他人不经允许不得使用或占有其身体的权利;转让权指的是,将自己对其身体或劳动的所有权转让他人的权利。[③]第四,"自我所有权论"将"自愿"作为转让或放弃行为者对自己身体或劳动之所有权的依据。也就是说,"自我所有权论"并非主张,行为者的身体或劳动绝对不容他人的侵占或使用,而是强调没有当事人的"同意",其他人不能侵占或使用。言下之意即是,在当事人同意的情况下,其他人可以侵占或使用某人的身体或劳动成果,这并没有侵犯当事人的自我所有权。

"自我所有权论"是当代自由至上主义者,无论左派还是右派共同接

---

[①] 洛克所说的人身(person)除了人的身体外,还涉及人的"思想"。当然,如果我们持唯物主义观点,认为任何思想都来源于大脑内部的活动;那么,人们对自己身体及其劳动的所有权就必然包含了人们对自己思想的所有权。所以,自我所有权也包含这样的含义:人们对自己的思想拥有一种不容侵犯的权利。这种权利在政治现实中衍生为"知识产权"。从学理上说,知识产权理论属于所有权理论的一部分。对于知识产权的深入讨论可参见本书第二十章。

[②] 所谓"逻辑上最强的"指的是最大的强度和最广的延展度。"最大的强度"的意思是任何其他道德考量都不能超越对所有权的考量(例如,那些与人类福利相关的道德考量)。"最广的延展度"指的是在相关条款允许的范围内、最全面的霍菲尔德式权利清单。参见 Serena Olsaretti (ed.), *The Oxford Handbook of Distributive Justice*, Oxford: Oxford University Press, 2017, p. 132。

[③] Serena Olsaretti (ed.), *The Oxford Handbook of Distributive Justice*, pp. 130-132.

受的理论。然而，强调行为者对自己身体的完全的所有权，有可能催生一些与道德直觉相违背的自愿行为。例如，既然我拥有我的身体，那么我就可以随意处置我的身体。由此，人们可以损伤自己的身体——自残；可以结束自己的生命——自杀；可以出卖自己的器官——器官买卖；可以将自己的身体当作别人享乐的工具——卖淫；可以将自己的身体当作生孩子的工具——代孕；可以以极低的价格出卖自己的劳动，甚至将自己卖身为奴——绝望交易……在每个人对自己的身体拥有专属权利的假设下，这种种"自愿行为"都变成正当的了。由此，在由自我所有权所规范的自由市场上就可能出现卖淫、器官买卖、代孕、奴隶贸易、各种类型的绝望交易等与人们的道德直觉相违背的交易。

主张"自我所有权论"的美国哲学家诺奇克确实认为，人们有权利自杀或自残。而且，在行为者同意的情况下，他人还可以协助行为者自杀，即所谓"辅助性自杀"。在诺奇克看来，人们应该有权利决定如何体面地死去，尤其是对于患绝症的病人来说。1997年，诺奇克曾与罗尔斯、德沃金等六位道德哲学家联合上书美国联邦最高法院，要求法院保障宪法赋予人民个人自决的基本权利，容许医生协助绝症病人安乐死合法化。在宣言中，他们声称："每个个人都有权利，做出'那些关乎个体尊严及自主的最切身及个人的选择'。这种权利包括行使某些对一个人的死亡方式及时间的支配的权利。"① 在自杀的问题上，诺奇克认为，洛克所说的"即使一个人同意你杀死他，你也没有权利这么做，因为人没有自杀的权利"是一种家长制的立场，而诺奇克"持一种非家长制的立场，认为某个人可以自愿（或者允许别人）对自己做任何事情，除非他对第三方负有不做或不允许做的义务"②。

与此同时，诺奇克还认为，任何自愿交易都应该被允许，即使是那些对行为者自身有损害的交易。在诺奇克看来，一个成年人应该被允许

---

① 参见"Assisted Suicide: The Philosophers' Brief", *New York Review of Books*, 27 March 1997.
② 〔美〕罗伯特·诺奇克:《无政府、国家和乌托邦》，姚大志译，第70页。着重号为原文所加。

对他所拥有的东西做任何事情。美国哲学家迈克尔·桑德尔在《公正：该如何做是好？》一书中描述过一件真实发生的事情：一位42岁的电脑技术人员在网上发布了一条广告，寻找愿意被杀而且被吃掉的人。一位43岁的软件工程师回应了这条广告，并且在自愿条件下被发布广告者杀掉当作食物。[①]这一惨绝人寰的事件，大概就是"自我所有权论"推到极致之后的现实版本。当然，这样的极端事件不仅与人们的道德直觉相违背，而且也为法律所不容。杀人者最终被判处终身监禁。在这里，我们要追问的是：为什么从一个看似合理的预设"每个人对自己的身体拥有一种专属权利"，会推导出如此离经叛道的结论，导致如此荒谬的现实？自由至上主义者坚持的"自我所有权论"到底出了什么问题？

其症结就在于：自由至上主义者以"自愿"打开了权利侵犯的后门。事实上，"完全拥有某种东西"就意味着其所有者可以毁掉它。所以，既然行为者完全拥有其自身，那么，只要他（她）愿意，就可以对自己做出种种侵犯权利的事情。这就是"自我所有权"会导向不道德的自愿行为的根本原因。一些自由至上主义者试图解决"完全的自我所有权"可能导致不道德的自愿行为这一问题。皮特·瓦伦泰和希尔·斯坦纳在《左派自由至上主义及其批评》一书中讨论了一种可能的解释[②]：完全自我所有权赋予人们转让自身的权利，但是并没有赋予其他人接受这些权利的权利。在他们看来，自我所有权意味着人们可以出卖自身。但是，没有人拥有接受这个"被出卖的自身"的权利。按照这种说法，完全的自我所有权使得人们可以将自己卖身为奴，但却没有人有权利去购买其他人。由此，"卖身为奴"的事件就不可能发生。相应地，卖淫、代孕、器官买卖等这些违背人道的自愿交易也都不被允许。例如，对于器官买卖来说，人们虽然拥有出卖自己器官的权利，但其他人却没有权利接受被出卖的器官。但是，这种解释也仅仅是杜绝了卖身为奴、卖淫、买卖器

---

[①] 参见〔美〕迈克尔·桑德尔：《公正：该如何做是好？》，朱慧玲译，中信出版社，2012年，第81—82页。

[②] 参见 Peter Vallentyne and Hill Steiner (eds.), *Left Libertarianism and Its Critics: Contemporary Debates*, Palgrave, 2000。

官等交易，对于自杀、自残这类违背道德直觉的行为，如果仅仅立足于"自我所有权论"，就无法在规范的意义上禁止其发生。

"自我所有权论"强调行为者对自己身体的完全的权利，这与东、西方的传统道德思想都有背离。西方文化传统有着深厚的基督教背景。在基督教学说中，人们的身体是上帝的造物，拥有神圣的来源。因此，人们也必须爱护自己的身体，爱护来自上帝的礼物。例如，洛克就认为人们没有自杀的权利。康德也明确反对将身体看作行为者私有物的观点。康德在某次讲座中曾论述道："人不能随意支配自己，因为他不是物，他并不是自己的财产。"[1] 在中国文化中，人们通常认为："身体发肤，受之父母，不敢毁伤，孝之始也。"(《孝经·开宗明义》) 人们的身体并非完全属于自己，而是从父母那里得来，因此，每个人都要好好爱护自己的身体。这不仅是爱护自己，也是对父母的孝敬，是一种美德。

"身体发肤，受之父母"，《孝经》中的这句话并非一种象征性的描述，而是一种事实陈述。我们每个人的身体都是从父母那里脱胎而来。这一事实引发了斯坦纳所说的"普遍的完全自我所有权之悖论"(paradox of universal full self-ownership)。斯坦纳将这一悖论陈述如下[2]：

(1) 所有人（最初[3]）都是自己的主人这在逻辑上是可能的。

(2) 所有自我所有者（最初）都拥有他们的劳动成果。

(3) 所有人（最初）都是其他人劳动的成果。

(4) 所以，所有人（最初）是自我所有者，这在逻辑上不成立。

这一悖论中的前提 (3) "所有人（最初）都是其他人劳动的成果"指的是：所有人都是其父母或监护人的劳动成果，也就不可能完全属于

---

[1] Immanuel Kant, "Duties towards the Body in Respect of Sexual Impulse" (1784-1785), translated by Louis Infield and published in Immanuel Kant, *Lectures on Ethics*, Cambridge, MA: Hackett Publishing, 1981, p. 164.

[2] 参见 Hill Steiner, *An Essay on Rights*, Cambridge, MA: Blackwell Publishers, 1994, pp. 246-249。

[3] "最初"(originally 或者 initially) 指的是：在行为者通过契约转让某些权利，或某些权利遭到侵犯之前。参见 Serena Olsaretti (ed.), *The Oxford Handbook of Distributive Justice*, p. 131。

自己。正是这一点引发了"普遍的自我所有权之悖论"。

斯坦纳对这一悖论的解决方案是质疑父母对其子女的所有权,并以此而改写(3),从而消除悖论。斯坦纳认为,父母在生产和抚养子女的过程中,其所有的劳动都必须作用于特定的生殖系遗传信息(germ-line genetic information)。而这一遗传信息传自其祖父母、曾祖父母,甚至可以追溯到最远古的人类。因此,这种遗传信息并不完全属于生产和抚育孩子的父母,而应该将其看作一种自然资源。由此,生产和抚育孩子的父母并不拥有对孩子的完全的所有权。斯坦纳将人的一生分为成年和未成年两部分。他认为,在一个人成年之前,从精子、卵子的结合到胚胎发育,再到身心成长,这一过程是其父母的劳动作用于生殖系遗传信息的生产过程;而在一个人成年之后,这个人的生长和新陈代谢就只与其自身身体的活动相关。在这一过程中,由于生殖系遗传信息是自然资源,不属于生产后代的父母,这使得"普遍的自我所有权之悖论"中的前提(3)不成立。由此,结论(4)也不成立,整个悖论也就解决了。也就是说,在一个人成年[①]之前,他(她)是其父母借助自然资源的劳动成果,而在其成年之后,其身体就完全属于他(她)自己,他(她)成了自己的主人。由此,所有人最初拥有完全的自我所有权,这在逻辑上是成立的,不会导致悖论。

当然,对于斯坦纳的解释我们还可能提出进一步的疑问:人体的新陈代谢需要呼吸空气,不断摄入食物、水分,等等。这些物品有可能最初并不属于特定的行为者,这是否影响到人们对自己身体的完全的所有权呢?对这个问题的解答涉及人们对自然资源的所有权问题,而这正是左派自由至上主义者和右派自由至上主义者产生分歧的关键。

---

[①] 这里所谓的"成年"指的是:当一个人成为一个自主的道德行为者(autonomous moral agent)时。通常理解为当一个人达到18岁的时候。

## 第三节　共同所有的自然资源

"上帝'把地给了世人',给人类共有。"[1]洛克在开始讨论所有权问题时引用了圣经《旧约》里的说法:上帝把包括土地在内的所有自然资源赐予人类,地球上所有人共有所有的自然资源。洛克之所以要如此假设,并不仅仅因为他是虔诚的基督教徒,更重要的原因是:如果人们对自然资源没有权利,不能依据自己的意志占有或取用自然资源,那么人类就无法维持自身的存在。假设,人们对除了自己的身体以外的任何东西都没有权利,那么人们甚至不能呼吸(对空气没有权利)、不能移动(对空间没有权利)、不能进食(对食物没有权利)……在洛克看来,这是与自然理性相违背的,与自然法相违背的。然而,在人们对自然资源的所有权以及取用条件的问题上,并非所有的思想家都赞同洛克的观点,西方理论界在这一问题上有三种主要的看法:第一,所有人对自然资源有共同的所有权(joint-ownership),人们在取用自然资源时,只要遵循相应的条件,可以不经过他人的同意;第二,所有人对自然资源有共同的所有权,人们在取用自然资源时必须取得他人的同意;第三,自然资源是无主物,人们对自然资源没有所有权,但是,每个人都有在某种限制条件下取用自然资源的权利,这被称为共同取用观点(common-use view)。下面,我将具体分析这三种观点。

首先,洛克所持的正是上述第一种观点。他认为,人们对自然资源有着共同的所有权。但是,如果人们在取用自然资源(例如一棵苹果树上的苹果)的时候必须征求其他所有人的意见,那么,还没等到所有人表示同意,这个人就已经饿死了。所以,人们在取用自然资源的时候并非必须征求所有其他人的同意。人们通过劳动,将属于自己的东西掺入到其劳动对象之中,或者使其劳动对象变得更有价值;那时,人们就自然而然地取用了自然资源。洛克论述道:"他的劳动把它(自然资源)从

---

[1] 〔英〕约翰·洛克:《政府论》(下篇),叶启芳、瞿菊农译,第17页。

自然手里取了出来，从而把它拨归私用，而它还在自然手里时，它是共有的，是同等地属于所有人的。"[1]洛克虽然否认取用和占有自然资源需要得到其他人的同意，但是，他并不认为人们可以按照自己的意愿无限制地取用或占有自然资源。洛克提出了著名的对取用资源的限制条款：将足够多而同等好的资源留给他人享用。这在关于所有权问题的讨论中被称为"洛克限制条款"（Lockean Proviso）。

其次，在西方政治思想史上，有许多思想家并不同意洛克的上述观点。他们认为，既然自然资源是属于所有人所共有的，那么人们在取用时就必须征得其他人的同意。最著名的例子是，卢梭在讨论私有制的产生时论述道："谁第一个把一块土地圈起来并想到说：这是我的，而且找到一些头脑十分简单的人居然相信了他的话，谁就是文明社会的真正奠基者。"[2]这句话中所说的"人（们）居然相信了他的话"指的就是人们对于某人取用自然资源并将其据为己有表示认同。所以说，如果我们认为人们共同拥有自然资源的话，所有其他人的同意就成为人们将自然资源据为己有的必要条件。但是，正像洛克指出的，在大多数情况下，人们不能及时地征得所有人同意，如何解决这个将共有的自然资源据为私有的理论难题呢？

当代学者艾伦·吉伯德（Allan Gibbard）试图借鉴社会契约论的论证路径来解决上述难题。他在一篇题为《自然权利》[3]的文章中捍卫了一种他称之为"关于自然权利的严格自由至上主义立场"（Hard libertarian position on natural rights）的观点。吉伯德认为，除非得到人们的同意，否则不能否定个人使用某物的权利。因此，对于所有人共有的自然资源，必须得到其他人的同意，才能够被取用或占有。对于这种"同意"，吉伯德认为，并不是实实在在的同意，而是社会契约论中所说的"假想的同意"[4]。因此，我们只需假想一种所有理性人在平等而自由的公平条件下都

---

[1] 〔英〕约翰·洛克：《政府论》（下篇），叶启芳、瞿菊农译，第19页。
[2] 〔法〕让-雅克·卢梭：《论人类不平等的起源和基础》，李常山译，第111页。
[3] Allan Gibbard, "Natural Rights", *Nous*, 1976, 10: 77-86.
[4] 无论是在传统的契约论还是在当代的社会契约论中都有这样的设定：有理性的人们在平等而自由的公平条件下一致同意某一契约而进入国家。这种同意是"假想的同

会同意的"条件",而只要某人对自然资源的取用或占有满足了该条件,就可以被允许。如此一来,通过设定一种"假想的同意",吉伯德就解决了如何将人们所共有的自然资源据为私有的困难。按照吉伯德的说法,人们在将共有的自然资源据为私有时,并不需要征得所有人的实际同意,而只需满足所有人将会同意的那个条件即可。

吉伯德进一步构想了理性人在自由而平等的公平条件下将会同意的取用条件。吉伯德认为,确定取用条件的过程是处于不同境况的人们站在自身利益的立场的议价过程。考虑到一些残疾人也可能参与到这一过程中,而他们无法从对自然资源的取用中获取与他人同等的利益;因此,契约的签订倾向于产生一种"福利国家"。也就是说,站在残疾人的立场,他们只可能在能够分享健全人取用自然资源(例如耕种一片土地)的获利的条件下,才可能同意其他人对自然资源的取用。由此,人们对"福利"有了一种权利。这种权利是从自然权利中衍生出来的一种权利,并不构成对自然权利的侵犯;相反,对福利的权利正是自然权利所要求的。吉伯德还讨论了人们对稀缺资源的取用问题。他认为,人类社会是新老交替的,新成年的社会成员必须与原有的社会成员分享有限的自然资源。假想的契约应使不同年龄段的人同样获益,共同分享自然资源带来的利益。站在自己利益的立场上,这些新成年的人不会采纳一种将抑制其长辈的劳动积极性的契约(例如,向自然资源的原占有者收取100%的税收),但也不会同意他们自己什么都分不到,或者是成年人愿意给他们多少就给他们多少。所以,对于稀缺自然资源的取用条件将平衡原占有者和新加入者之间的利益,使得他们从稀缺的自然资源中获得同等的利益。我们可以构想一个简单的思想实验:如果一片土地被A占有,A每年从土地上获利100元钱;那么,当B成年的时候,他就有权分享这片土地所创造的利益。按照吉伯德的说法,这片土地原本属于A和B所共有,A和B对这片土地拥有同样的权利。所以,应该对A从土地的获益

---

(接上页)意",而不是真实的同意。参见拙作《政治哲学导论》,中国人民大学出版社,2022年,第28—31页。

（100元/年）中收取50%的税收，以补偿B由于A对土地的独占而受到的损失。通过上述分析我们看到，吉伯德虽然赞同洛克所说的人们原本共有所有的自然资源，但与洛克相比，他对人们将这种自然资源据为己有的限制要严格得多。

## 第四节　作为无主物的自然资源

如上所述，有一些自由至上主义者认为，自然资源最初不属于任何人，是无主物。这是当代学者有关人们对自然资源之权利的第三种观点。这种观点与"自我所有权论"是一致的。因为，自然资源既不是任何人的身体，也不是人们劳动的产物，所以不属于任何人。这派学者虽然否认自然资源最初属于任何人，但他们认为，人们拥有共同取用自然资源的权利。在满足相应的"取用条件"的情况下，人们可以取用甚至占有自然资源。这些学者的分歧主要在具体的取用限制上。

前文所述的"洛克限制条款"[1]是对于自然资源之取用条件的经典论述。洛克认为，当人们在取用自然资源的时候，必须将"足够多而同等好"的资源留给其他人共有。在当代政治哲学的讨论中，学者们纷纷指出"洛克限制条款"的不足之处，并对其进行改进。第一，吉伯德认为，"洛克限制条款"只适用于资源充足的情况，而不适用于稀缺资源的取用问题。当资源全部已被占用时，新来者该如何获取？洛克限制条款解决不了这一问题。第二，包括吉伯德和诺奇克在内的许多学者指出，"洛克限制条款"是无法上溯的。其中，诺奇克的证明如下：A、X、Y、Z四个人住在同一片土地上，A为了生活耕种了土地的1/3，X和Y也相继占有了土地的1/3。这时，Y的占有显然违反了洛克的限制条款，因为他没

---

[1] 洛克对于自然资源的所有权虽然持"共同所有"而非"共同取用"的观点，但其提出的"洛克限制条款"同时受到支持"共同所有"以及支持"共同取用"观点的两派学者的关注。

有给Z留下足够多而同等好的东西；而Y之所以会这样做，完全是因为X在他之前占用了土地的1/3，而X之所以会这样做又是因为A首先占用了土地的1/3。由此回溯，A对土地的获取也违反了洛克的限制条款。这一例证向人们表明，如果严格遵循洛克的限制条款，任何违反限制条款的私人占有都涉及之前所有人的占有，并使之前所有人的占有变得不合法。①

为了解决"无法上溯"的问题，诺奇克重新解读了"洛克限制条款"，并提供了一个"弱版本"的"洛克限制条款"。诺奇克认为，如果我们将"足够多而同等好的资源留给其他人共有"转变为"足够多而同等好的资源留给其他人使用"，就能够解决洛克限制条款无法上溯的问题。试想，在上述A、X、Y、Z四个人占有土地的例子中，当Z到达时土地已经被分配完了，Z没有土地可以占有。但是，这并不意味着Z没有土地可以使用。A、X、Y都有可能将自己的土地租给Z，让其使用土地并从中获利。诺奇克认为，如果在这一过程中Z的境况没有变差（与没有使用土地之前相比），那么A、X和Y之前的占有就是正当的。由此，诺奇克将限制条款修改为：一个人在取用自然资源时，其占有不应使其他人的境况变差（与他没有取用自然资源之前相比）。这被称为"准洛克限制条款"。

诺奇克的"准洛克限制条款"在当代政治哲学的讨论中极富争议，威尔·金里卡、G. A. 科恩、克尔诺汉（Kernohan）等人都对诺奇克的观点进行了深入的批评。首先，批评者认为"准洛克限制条款"对于自然资源的取用限制太弱，这导致对资源的分配会不恰当地偏向"先占者"，而亏待"后来者"。其次，这一限制条款所要求的"不使他人处境变坏"将其他人在自然资源被占有之前和之后的处境进行比较，且只关心其他人的福利有没有因自然资源被占用而受到损害，这样理解自然资源占用给人们带来的影响过于偏狭，没有考虑到人们失去自己本应该有资格占有的资源时所丧失的自主和自由。按照这种理解，那些将手无寸铁的牧羊人和农民赶出家园、赶进工厂的新兴资产阶级并没有使工人们的境况变坏。因为，与原始

---

① 参见〔美〕罗伯特·诺奇克：《无政府、国家和乌托邦》，姚大志译，第210页。

的"公地状态"相比,工人们至少有了稳定的收入可以维持基本的生活。从诺奇克的理论中甚至可能推出这样的结论:对于那些一无所有又找不到工作的工人来说,资本家对生产资料的占有也是正当的。因为,正如科恩指出的:"对那些劳动力卖不出去的无产阶级来说,虽然他们处在诺奇克所说的没有福利的国家只有死路一条(因为没有慈善事业),但是在自然状态下他们反正也已经死了。"[1]

左派自由至上主义者对诺奇克的所有权学说进行了深入的批评,并重新建构人们对自然资源的所有权,提出了多种更为严格的取用限制条件。巴鲁克·布罗迪(Baruch Brody)认为[2],人们在取用自然资源并据为己有的时候,其对资源的占用使得其他人无法再占用同一资源。如果这种占用没有得到其他人的同意,那么,这一占用就侵犯了其他人的权利。由此,受此占用影响的其他人就拥有了获得补偿,亦即分享占用者取用这一自然资源而获取之利益的权利。打个比方,A占用了一片土地,这使得B不可能再占用这片土地,在B并没有对A的行为表示同意的情况下,这侵犯了B的权利。因此,B就有权分享A从这片土地上获取的利益。那么,B应该以什么份额分享A从土地上获取的利益呢?在此,布罗迪将诺奇克推崇的历史原则[3]和罗尔斯主张的差别原则结合起来,形成了一条混合的分配正义原则。布罗迪认为,任何根源于历史过程的分配,如果满足对社会中最不富足者(the least affluent segment of the society)利益的相关限制的话,都是正义的。也就是说,一方面,先占者对资源的占有侵犯了未占有者的权利(使其不能占有相同的自然资源);另一方面,这种占有创造了社会财富。因此,未占有者就有权要求分享先占者所创造的社会财富,这种分享以"满足社会中最不富足者利益"为限。依据布罗迪的构想,为了维护被先占者侵犯的后来者的权利,人们不用上溯到第一个占有者,也不用将

---

[1] 〔英〕G. A. 柯亨:《自我所有、自由和平等》,李朝晖译,东方出版社,2008年,第100页。

[2] 参见Baruch Brody, "Redistribution without Egalitarianism", *Social Philosophy and Polity*, 1983, 1(1): 71-87。

[3] 关于分配原则的"历史原则"和"最终—状态原则"的分类,参见本书第十一章的详细论述。

历史全部推翻重来，而只需在现有的财产所有者和无产者之间进行再分配，而这种再分配应该推进"社会中最不富足者"的利益。

斯坦纳也提出了不同于"准洛克限制条款"的取用条件。他认为，人们拥有两种原初权利（original rights）：自我所有权和平等地分享无主的自然资源的权利。由于所有的自然资源最初都是无主物，所以地球上所有人对所有的自然资源都有获取"平均份额"的权利。当然，在实际取用的过程中，一些人先取用、一些人后取用；一些人取用得多、一些人取用得少；而对某些后来者来说，甚至没有什么可供他们取用的。这就给人们提供了重新分配对自然资源之占有的理由。值得注意的是，斯坦纳认为，我们在讨论自然资源的取用时，关注的是自然资源的"价值"，而并非简单地指自然资源的数量。例如，在钨丝灯泡发明之前，"钨"这种金属的价值可能并不高，也没有多少人去取用它；但是，在钨丝灯泡发明之后，其价值就会大大增加，而对"钨"这种金属的取用也会导致人们之间获利不均。由此，斯坦纳构想了一个"全球基金"（global fund），其中设立一个"全球基金委员会"。这个委员会将对全球自然资源的总量及其价值进行评估，计算出人们少取用或多取用的程度，并依据人们取用的不平等程度在人们之间进行再分配（不一定是将资源进行直接的再分配，可以依据其价值以货币形式进行再分配）。通过如此设定的"全球基金"，人们对无主物的原初权利，最终体现为对全球资源的"总价值"（total value）的平等分享。打个比方，在一个只有A、B、C、D、E五个人的星球上，这个星球的所有自然资源的总价值为10。那么，依据斯坦纳的理论，每个人都有取用价值为2的自然资源的权利。在现实的取用过程中，A取用了3，B取用了2，C取用了4，D和E还未取用。那么，"全球基金委员会"就应该要求A向"全球基金"归还1，C归还2，而D和E则可分别取用2。也就是说，未取用任何自然资源的人，可以取用其他人亏欠"全球基金"的量加上还未被利用的无主的自然资源。斯坦纳进一步认为，人们取用自然资源的平等权利是普遍性的，并不受国界的阻碍。也就是说，对于某一特定的自然资源来说，全世界的人都有权利平等地分享，而无论这一自然资源属于哪个国家。

除此之外，斯坦纳还讨论了人类生殖系遗传信息的取用条件问题。如上所述，在解决"普遍的自我所有权的悖论"时，斯坦纳认为，父母须复制生殖系遗传信息这一自然资源才能生产后代。然而，由于基因的差异，不同的父母复制的生殖系遗传信息是不同的。有些父母复制的遗传信息较好，他们的孩子就很聪明；有些父母复制的遗传信息较差，而他们的后代就很愚笨，甚至有身体缺陷。斯坦纳认为，人们有平等分享人类生殖系遗传信息的权利，因此，那些复制了较好遗传信息的人就应对那些复制较差遗传信息的人做出补偿。如果我们以"全球基金"的模型来解释人们对生殖系遗传信息这一自然资源的取用，那么"全球基金"就是"父母基因链之价值"的储备，人们对这一储备有平等的取用权利。在斯坦纳看来，人们并不拥有自己的生殖系遗传信息，父母也不拥有，生殖系遗传信息是自然资源。如果因生殖系遗传信息不同，人们在形成同样能力的过程中要付出更多的金钱，那么，"那些其孩子基因禀赋较好的父母就应该通过'全球基金'向那些孩子基因禀赋较差的父母转移资源"[1]。换句话说，在拥有聪明后代和愚笨后代的人们之间应该进行再分配，将一部分资源从前者转移至后者。斯坦纳反对在拥有不同"能力"的人之间进行再分配，也反对在具有不同"天赋"的人之间进行再分配，但支持在因基因差异而获益或受损的人之间进行再分配。用斯坦纳的话来说，"'全球基金'不是'能力'的储备（pool），不是'天赋'的储备，不是父母的'天赋'的储备，也不是孩子的'天赋'的储备，而是父母的'生殖遗传信息'的储备"[2]。

迈克尔·大冢也是一位左派自由至上主义者。他认为，自由至上主义者对自我所有权的坚持并不一定会与平等主义的政治主张相矛盾。大冢认为，只要对洛克条款进行适当的阐释，完全可以从自由至上主义的立场推导出平等主义的主张。大冢对洛克所说的"足够多而同等好"中的"同等好"进行了一种平等主义的阐释。大冢认为，我们可以采用福

---

[1] Hill Steiner, *An Essay on Rights*, p. 277.
[2] Hill Steiner, *An Essay on Rights*, p. 277.

利平等理论的解释,将"同等好"理解为所分享的自然资源能给人们带来同等的福利;也可以采用资源平等理论的解释,将"同等好"解释为能通过德沃金所说的妒忌测试;还可以采用理查德·阿内逊的福利机会的平等理论,将"同等好"解释为"福利机会的平等"。通过对洛克限制条款的平等主义阐释,大冢弥合了自由至上主义与平等主义之间的鸿沟,源自洛克的自由至上主义观点有可能与任何一种平等主义理论相容。在众多平等主义主张中,大冢倾向于福利机会平等理论。他认为,这一平等理论考虑了人际相异性,能够更好地推进人们之间的平等,使其不受天赋和能力的影响。大冢以下述思想实验来说明自己的理论构想:设想,在一个海岛上有A和B两个人,A的能力很强,B的能力较弱。如果对于海岛上自然资源的占用要求A和B拥有同等的福利机会,那么可以将价值较高的海滩分配给B,而将价值较低的内陆分配给A。如此一来,A能力较强,可以在内陆地区耕种以推进自己的福利。而当A需要到海滩晒太阳休息的时候,他就必须向B付钱,于是,B的福利也得到增进。最终,A和B拥有同等的福利机会,满足了资源取用的限制条款。在这一过程中,人们无须要求A向B提供任何强制性的帮助(例如税收),而能力较弱者B则可依靠其所占有的较优资源而推进自身的福利。①

总之,对于被设定为无主的自然资源的取用,当代左派自由至上主义者对传统的洛克条款进行了修正,并在此基础上提出了各式各样的限制条款。这些限制条款并不像诺奇克的"准洛克限制条款"那样偏袒先占者,而是平等地对待不同时间甚至不同世代的自然资源取用者,给予他们平等分享自然资源所带来的利益的权利。由此,左派自由至上主义者通过对取用自然资源的严格限制,弥合了自由至上主义立场与平等主义主张之间的鸿沟。换句话说,虽然平等主义理论与左派自由至上主义理论的论证基础并不相同,前者为平等而后者为自由,但是他们的政

---

① 参见Michael Otsuka, "Self-Ownership and Equality, a Lockean Reconciliation", *Philosophy and Public Affairs*, 1998, 27: 65-92。

治主张却可能是一致的。

上述三部分内容讨论的是人们对自身的所有权以及对自然资源的所有权。那么,人们对人造物(artifacts)的所有权是怎样的呢?实际上,只要规定好人们对自身的所有权和人们对自然资源的所有权,就能够推导出人们对于人造物,亦即劳动成果的所有权。简单来说,当某人对自己的劳动拥有所有权,并且依据相关的限制条款而获得了对于某一自然资源的所有权,那么其劳动作用于这一自然资源而生产出的劳动成果就完全属于他。当然,如果这个人对自然资源的取用没有满足相应的取用限制条款,那么他对其劳动成果的所有权就是有问题的,而取用的限制条款就有可能要求他将自己的劳动成果分给那些较少取用自然资源的人。例如,在斯坦纳所设想的"全球基金"模型中,当E和F想要占用平等份额的等价值的自然资源时,A和C,这两个多占用了自然资源的人就应退出其多占的份额,以交出自然资源的方式,或者以等价值的劳动成果对E和F进行补偿。

# 第五节 自由至上主义者的政治主张及批评

自由至上主义者的所有权理论在现实政治中导向不同的政治主张,这些政治主张对应着人们政治生活中许多相关的争论和制度设计,其中影响较大的有:自由至上主义者反对劳动所得税,诺奇克反对一切税收,左派自由至上主义者支持财产税,斯坦纳和大冢支持遗产税,以及范·帕里斯等人支持全民基本收入政策,等等。

第一,无论是左派还是右派自由至上主义者都认同"自我所有权",认为人们拥有自己的身体以及身体的劳动。基于此,两派学者共同反对向人们征收个人所得税。例如,诺奇克论述道:"对劳动所得征税等于是强迫劳动。一些人认为这种主张显然是真的:从一个人那里拿走n小时的劳动所得犹如拿走n小时,犹如强迫这个人为了另外一个人的目的而工作n小时。"[1]在诺奇克看来，如果一个人一星期工作五天，而他须缴纳其收入的百分之二十作为税收，那么他实际上有一天是在进行"无偿劳动"。对劳动所得征税，这实际上是强迫劳动。在劳动所得税的问题上，左派自由至上主义者和诺奇克立场一致，也持反对意见。

第二，依据诺奇克的持有正义学说，只要人们最初的获取是正当的，那么，经过多次自愿交换之后的最终结果也是正当持有的。与此同时，诺奇克对人们取用自然资源的限制非常弱，而且偏袒先占者；这就使得那些率先占用自然资源并获得巨大利益的人的财产具有了正当性。诺奇克反对在拥有不同财产的人们之间进行任何自由市场之外的强制性的再分配。[2]换句话说，在诺奇克看来，正当获取+自愿交换（赠予）是一个纯粹程序正义，人们应该无条件地接受这个程序的结果，而不应该出于其他理由人为地修正这一程序的结果。如果人们以再分配的政策修改自由市场的最终分配结果，就将侵犯人们的所有权，甚至危及人们的自我所有权。由此，诺奇克不仅反对征收劳动所得税，也反对征收房产税、遗产税、赠予税等财产税。因为，在诺奇克看来，对财产征税就是对人们积累的劳动征税，侵犯了人们的所有权，不具有正当性。基于此，诺奇克反对一切由公权力主导的再分配政策，认为税收不应包含在国家功能之内。

第三，与右派自由至上主义者不同，左派的许多观点则为财产税的征收找到了恰当的理由。左派自由至上主义者认为人们有平等取用自然资源的权利，所以那些占有超出平均水平的自然资源的人就有义务缴纳相应的税收以补偿其他社会成员。这种税收直接体现为以"土地税"为核心的"财产税"。在西方社会最先倡导"土地税"的是美国19世纪末的政治经济学家亨利·乔治（Henry George）。他主张土地国有，同时征

---

[1]〔美〕罗伯特·诺奇克：《无政府、国家和乌托邦》，姚大志译，第202页。
[2] 广义的再分配概念包括自愿的和强制性的财富转移，即慈善和税收。诺奇克并不反对自愿的再分配，他反对的是强制性的再分配。另外，诺奇克并不反对"矫正原则"所要求的"再分配"，他认为"矫正原则"所要求的财富转移是被允许的。参见〔美〕罗伯特·诺奇克：《无政府、国家和乌托邦》，姚大志译，第202页。

收地价税并平等地分给所有人。乔治的思想直接影响了中国革命先驱孙中山。孙中山提出的"单一税制"、"平均地权"等民生主义思想都来源于乔治。当代左派自由至上主义者的正义学说极大地丰富了与土地[①]等自然资源相关的税收理论,为财产税进行了深入而细致的论证。

第四,除了土地税和房产税之外,与财产相关的税收还有遗产税。一些左派自由至上主义者对遗产税进行了论证。他们认为,逝去的人对其曾经拥有的东西没有权利,这些东西重新成为无主物,如果其子女想要保留这些东西就必须缴纳"遗产税"。例如,斯坦纳认为,权利是与义务相对的,某人有某项权利,意味着其他人对他有某种义务。他可以免除其他人的义务,也可以在其权利受到侵犯的时候要求其他人履行他们的义务。比方说A对他的车有权利,那么B就不能随意地使用A的车,如果B随意使用A的车,那么A就可以要求B归还,甚至上诉到法院要求强制执行B的义务。但是,如果A去世了,这时A对于B是否履行相应的义务就无法再表达任何意见,也不能豁免其义务。所以,从这个意义上来说,B不再对A负有相应的义务,A也不再拥有相应的权利。在斯坦纳看来,当一个人去世时,其所有财产全部重新成为无主物,应该由所有在世的人平等分享。更为极端的,斯坦纳甚至认为人去世之后,对自己的身体都不再拥有权利。基于去世之人不再有任何所有权这一立场,斯坦纳主张将遗产收归国有,平均分配给所有在世的人。当然,斯坦纳为死者的亲人保留了"优先赎回"的权利,但前提是他们须付全款赎回。比如说,A去世时留下了一套房子,依据斯坦纳的观点,A对这套房子不再拥有任何权利,所以他的遗嘱(不论内容是什么)是无效的。这套房子重新变为无主物,应上缴国家。如果A的子女想获得这套房子,就必须以全款买回,这就相当于是上缴了100%的遗产税。遗产税是消除代际不平等的一种重要政策手段,也是西方左派的主要政治主张之一。

第五,对于收缴的财产税收应如何使用的问题,一些左派自由至上

---

[①] 天然气、矿藏、森林等自然资源也都是蕴含于土地这种自然资源之中的,所以"土地"成为最重要的税收对象。

主义者认为，应该以这一税收为所有公民提供一种无差别的基本收入，这就是著名的"基本收入"政策[1]。范·帕里斯是最先提出"基本收入"理论的学者。他认为，在一个自由社会中，人们不仅拥有自我所有权，还对"可能的最好机会"(leximin opportunities)[2]拥有一种权利。人们对自然资源的占用会影响到其他人的机会，让其他人付出"机会成本"。因此，自然资源的占用者应该缴纳相应的税收。而这一税收则可用于支持一种无差别的基本收入，为所有成年社会成员发放工资。帕里斯强调，这种"基本收入"的发放没有任何限制条件，无论成年社会成员的社会境况、自然禀赋、是否工作等具体情况如何，都有权得到这一"基本收入"。因为，人们原本就对自然资源拥有平等的权利。在帕里斯看来，"基本收入"是保证人们对"可能的最好机会"之权利的必要条件，是人们实现自由所必需的，也是一个自由社会所必需的。"基本收入"理论得到许多平等主义者的赞同，并且发展出不同的形式。阿克曼构想了一种"股本持有者社会"(stakeholder society)。[3]在这样的社会之中，每个人高中毕业时会一次性地获得8万美元的"股本"(stake)，支持这一政策的资金来源于财产税。人们可以按照自己的意愿使用这笔股本。如果将帕里斯所说的"基本收入"理解为阿克曼"股本持有者社会"中的股息，那么阿克曼主张将"股本"平均分配给每个人，帕里斯则主张人们不提取"股本"，而只提取"股息"。可见，帕里斯的方案是更有保障的，不会因为年轻人的任意妄为而血本无归。约翰·罗默借鉴了阿克曼和帕里斯二者的观点，提出了一种结合了"股本"和"股息"的"息票资本主义"(coupon capitalism)：每个人在成年的时候收到一组股票，人们可以在股票市场上进行交易，但不能提现。当每个人去世的时候，这组股票将归还国库，重新组合后分发给下一代成年人。依据罗默的估计，每个人的

---

[1] 本书第二十一章将深入讨论"全民基本收入"政策。
[2] 帕里斯对这一概念的解释是：在某个社会中，拥有最少机会的人，其所拥有的机会应该不少于任何可能方案中拥有机会最少的人所享有的机会。参见 Philippe Van Parijs, *Real Freedom for All: What (if anything) Can Justify Capitalism?*, pp. 25-26。
[3] 参见 Bruce A. Ackerman and Anne Alstott, *The Stakeholder Society*。

这组股票将为美国每个家庭产生8000美元的年收入。

无论是其左派还是右派，自由至上主义者的所有权理论都并非完美。如前所述，左右两派自由至上主义者都支持"自我所有权论"，而这一理论本身就存在逻辑悖论，可能推导出与道德直觉相违背的自愿交易。此外，自由至上主义者反对一切再分配以及反对个人劳动所得税等政策主张也引发了极大的争议。下面，我将从右派自由至上主义者"反对一切再分配"、市场失灵以及左派自由至上主义者"反对个人所得税"三个方面剖析自由至上主义的问题。

第一，以诺奇克为代表的右派自由至上主义者将财富再分配等同于强迫劳动，这一点受到了如弗里德等学者的批评。[1]在他们看来，一方面，一些人拥有大量财产，他们的财产得到国家的保护，他们理应为此而付出一定的代价；另一方面，反对一切再分配的政治学说必然会导致社会成员之间巨大的贫富分化。在这样的社会中，那些流离失所的人、没钱看病的人、没钱上学的人都将得不到国家的救助，而只能依靠私人的慈善。这会导致社会中许多不幸者的基本生活受到极大影响，穷困潦倒、朝不保夕，甚至造成对人权的大规模侵犯。而且，经济领域的贫富分化还会进一步带来政治和社会领域的分化。富裕阶层将统治整个国家，而贫困阶层却缺乏对公共生活的影响力。因此，一个完全没有再分配的社会很有可能是一个在经济和社会层面极度不平等的社会，是一个弱势阶层的自尊和权利受到极大伤害的社会。

第二，人们通常认为，放任自由市场能带来经济的繁荣；然而，在现实世界中对所有权和放任自由市场的坚持却可能引发意想不到的困难，最终阻碍经济的发展。例如，在一些自由化程度很高的国家，基础设施建设却远远落后于其他国家。这是因为从短期来看，基础设施建设的投资回报率很低，没有企业愿意冒这样大的风险来推进公共利益。在这样的情况下，政府的适当干预就显得尤为重要。通过强制性的再分配手段

---

[1] Barbara Fried, "Left-Libertarianism: A Review Essay", *Philosophy and Public Affairs*, 2004, 32(1): 66-92.

筹集资金，投资基础设施、公共空间、国家公园等惠及所有政治共同体成员的建设项目，恰恰是促进经济增长和社会发展的必要举措。正如斯蒂格利茨对自由至上主义者的批评：在许多情况下，一个完全依赖"自愿交换"的系统可能认识不到相关的重大利益。[1]无可否认，市场失灵的情况是普遍存在的。因此，自由至上主义理论不仅可能带来极度的贫困，还有可能带来普遍的贫困。一些自由至上主义者试图回应这一批评，例如，马克认为，这些批评低估了私有市场解决所谓的市场失灵的潜力。[2]然而，在一个过分强调私有权和个人利益的政治经济体制中，公共利益的缺失是不争的事实。

第三，左派自由至上主义者虽然主张征收土地税、遗产税、馈赠税等财产税，但同样反对征收劳动所得税。因为，他们认同"自我所有权"，认为人们拥有自己的身体以及身体的劳动。在自由至上主义者看来，对劳动征税实际上是强迫劳动。然而，在一个国家的分配制度中，个人所得税对于缩小贫富差距、维护市场公平有着巨大的意义。现实中最明显的案例就是美国华尔街的高管，他们的劳动收入是普通劳动者的上百倍，而他们在工作市场上的幸运并非完全取决于他们自己的努力。出生在经济条件优越的家庭、遗传了较高的智商、获得了优质的初期教育等因素与他们自己的努力共同塑造了他们的高收入。可以说，那些获得很高劳动收入的人是社会中很幸运的一群人，这种幸运与他们自身的努力并不一定有必然的联系。当代分配正义研究领域中，有一派学者被称为运气平等主义者（luck egalitarianism），他们认为，一个正义的社会应该补足那些原生运气[3]较差的社会成员，正义的分配应该奖励个人努

---

[1] J. E. Stiglitz, *Economics of the Public Sector*, New York: W. W. Norton, 2000.
[2] Eric Mack, "The Ethics of Taxation: Rights Versus Public Goods", in D. R. Lee(ed.) *Taxation and the Deficit Economy*, San Francisco, NY: Pacific Research Institute for Public Policy, 1986, pp. 487-514.
[3] 所谓"原生运气"（brute luck）指的是行为者无法预测和掌控的运气。参见〔美〕罗纳德·德沃金：《至上的美德》，冯克利译，第70页。该中文译本将brute luck译为"无情的运气"，但原生运气的说法在中文学界传播更广，也更贴切原意，因此本书采用"原生运气"这一翻译。

力，而不应该奖励较好的运气。由此看来，在工作市场中获得很高收入的社会成员并不能独享自己的劳动所得，而应该将其中一部分与那些没有他们这么幸运的社会成员分享。从这个角度来说，征收个人所得税以缩小贫富差距、提升低收入阶层的生活前景，是一个正义社会应该做的。

综上所述，自由至上主义者试图通过对所有权的严格规定而塑造一种正义的社会分配。他们的理论中涉及自我所有权、人们对自然资源的所有权，以及人们对劳动产品的所有权。对于自我所有权，左派自由至上主义者和右派自由至上主义者共同认为人们对自己的身体及身体的劳动拥有完全的所有权，因此，不应向人们征收劳动所得税。左右两派的根本分歧在于人们对于自然资源的所有权。左派学者认为，人们对自然资源及其产生的利益拥有平等的权利。右派学者则偏向于先占者，肯定先占先得的权利。这一分歧使得两派学者对人们取用自然资源的条件做出了不同的规定。相比于右派，左派对取用自然资源的限制条件更为严格，这为财产税的制度设计留下了空间。基于此，财产税、遗产税以及"基本收入"等政策在左派自由至上主义者的理论中得到论证。无论是左派还是右派，自由至上主义者都将自己的正义学说建立在"自由"这一政治价值的基础上。然而，在当代分配正义研究中，大部分学者都是平等主义者，他们以"平等"为基础构建自己的分配学说。罗纳德·德沃金就是其中重要的一位，他提出了"资源平等"理论，并开启了其后"运气平等主义"的发展。

# 第六章　敏于志向的社会分配

罗纳德·德沃金是美国法哲学家和政治哲学家。他的重要著作有《认真对待权利》《至上的美德》《法律帝国》等等。他对社会分配的思考深受罗尔斯和诺奇克的启发。一方面，他继承了罗尔斯的"反应得"理论，认为人们在自然禀赋和社会境况方面的不平等都是道德上任意的，应该通过社会分配的制度设计来抹平这两种不平等。另一方面，德沃金继承了自由主义的核心主张——个人应为自己的选择负责。德沃金的正义学说是在继承和批评罗尔斯的基础上形成的。他在两个问题上反对罗尔斯的正义学说：一是，罗尔斯提出的"公平机会的平等原则"只关注了人们的社会境况，没有很好地补偿人们在自然禀赋方面的天生弱势；二是，"差别原则"是即时原则，直接调整社会分配的结果，没有突出个人为自己的行为负责的宗旨。德沃金试图借助拍卖、保险等市场手段，设计出一种"敏于志向，钝于禀赋"的社会分配方案，将"个人责任"融入平等主义的分配结构中去，并消除"自然禀赋"对社会分配的影响。与罗尔斯类似，德沃金在论证方法上也采用了社会契约论的论证结构。他构想了一种最初的平等状态，并以各种现实的制度设计回应这种状态对人们提出的道德要求。德沃金将自己的社会分配理想称为"资源平等"，这是一种以"资源"为分配项，"平等"为分配原则的分配方案。这一分配理想得以实现的关键在于：对"个人"和"环境"进行严格的区分。

## 第一节　拍卖和保险

德沃金的分配正义学说以"平等"为切入点,他认为:"平等的关切是政治社会至上的美德(sovereign virtue)——没有这种美德的政府,只能是专制的政府。"[1]同时,德沃金又深受自由意志与责任理论的影响,认为每个人都应该为自己的选择负责,为自己的生活方式给他人带来的影响负责。由此,德沃金提出了一种"资源平等"的分配理想。所谓"资源",指的是人们拥有的可以实现自己的人生目标、改善自己生活的东西,而"资源平等就是在个人私有的无论什么资源方面的平等"[2]。这一平等理想旨在消除人们在特定的社会生活中,在自然禀赋和社会境况方面的不平等状态。罗尔斯和德沃金共同认为,这两方面的不平等是生而注定的,与人们的选择无关,是"不应得"的。

为了论证"资源平等"的社会理想,德沃金构想了一个"荒岛实验":一艘大船在海上遇险,船员和乘客被冲上了一座孤岛。岛上有充足的资源,没有土著居民,可能的营救也遥遥无期。德沃金认为,这是人类社会的一个公平的起始状态。此时,人们会接受这样的分配原则:任何人也没有优先于他人的资格来获取这些资源,这些资源应平等地在他们之间分配。[3]这里的问题是:如何平均分配?如本书第一章所述,将所有物品进行简单的平均分配是没有效率的。一些人将得到他们不需要的东西,而另一些人却可能得不到他们急需的东西。而且,有一些资源是无法分割的,比如一头奶牛。于是,德沃金想出了一种利用市场机制进行平等分配的办法。他假设,先分给每个人等量的"货币"(比如一百个贝壳),然后,人们用自己手里的货币参加一场"拍卖"。每一种物品都将以能够清空该物品的最高价格被拍卖。在这样的拍卖会中,人们能够依据自己的理性生活计划和偏好来选择自己想要获取的东西。拍卖的最终结果将

---

[1] 〔美〕罗纳德·德沃金:《至上的美德》,冯克利译,第1页。
[2] 〔美〕罗纳德·德沃金:《至上的美德》,冯克利译,第61页。
[3] 〔美〕罗纳德·德沃金:《至上的美德》,冯克利译,第62—63页。

是：每个人都以等量的货币（一百个贝壳）购买到了自己想要的一组物品，没有人会情愿要别人的一组物品而非自己的一组。也就是说，没有人会"妒忌"其他人的所得。德沃金将这称为"妒忌测试"（envy test），亦即："当没有任何人会情愿要别人的一份资源而非自己的一份资源时，才可以说达到了平等分配。"①荒岛上的"拍卖"使得人们依照自己的意愿获取了等货币量的物品，这一分配机制有效地消除了人们在物质资源上的不平等。虽然，人们仍然可能抱怨自己不幸运，例如，如果自己喜欢的东西也有很多人喜欢的话，这种物品的拍卖价格就会很贵。但是，人们却不能抱怨这种分配不平等，或者不公平。在德沃金看来，拍卖模型实现了人们在物质资源方面的平等，应依据这一模型指导人们在现实中的社会分配。

然而，等货币量的拍卖并不能消除所有不应得的不平等，而且，"妒忌测试"在拍卖结束的下一时刻可能就失效了。这是因为，人们各自的天赋不同、身体状况不同、可能拥有的好运或遭受的厄运也各不相同。他们虽然在拍卖中得到了等货币量的物品，却很有可能在进一步的生产和交换过程中加大贫富差距。举个最简单的例子，A与B都以同等量的货币拍卖到一块等大小的土地。A天赋异禀，很会种地；而B天生愚钝，不会种地。这样，要不了几年时间，A和B之间的平等就不复存在了，而"妒忌测试"也就失效了。所以，等货币量的拍卖虽然抹平了人们最初获取的不平等，却没有抹平人们在天赋、身体状况、人生际遇等其他方面的不平等。

德沃金认为，要彻底解决由非个人因素所导致的不平等问题，人们应该将人的生理和精神能力（powers）都算作资源，并在拍卖之前对那些天生能力低于"正常值"的人进行补助。德沃金首先肯定能力是一种资源："人们的能力当然是资源，因为它们在创造人生价值中和物质资源一起得到利用。"②但是，德沃金并不赞同对能力欠缺的人们进行直接的物

---

① 〔美〕罗纳德·德沃金：《至上的美德》，冯克利译，第64页。
② 〔美〕罗纳德·德沃金：《至上的美德》，冯克利译，第76—77页。

质性补助。他阐述了三个理由：第一，如果要对其能力低于正常值的人们进行某种补助，就必须确定这个"正常值"是什么。然而，应该把谁的能力水平作为"正常值"呢？人们天赋各异，各种能力在发展中存在着不同的可能性。确定一个能力水平的"正常值"，这在现实操作中必然是武断的。第二，对于某些种类的能力欠缺（例如某种严重的残疾），再多的补助都不可能使其达到正常人的能力水平。实际上，对于"残障"的补贴有可能是一个无底洞。第三，德沃金认为，能力不同于物质资源，不能对其进行控制和转移。能力是属于个人的，"不应把它们视为能够根据某种资源平等的解释由政治来决定其所有权的资源"[1]。因此，德沃金认为，应该借助市场手段而并非完全以政治的方式来处理人们自然禀赋的差异问题。

德沃金以"残障"问题为例子对人们天赋能力不同的问题进行了深入讨论。与罗尔斯以"最大最小原则"来处理不确定情况下的选择问题不同，德沃金试图以自由市场的方式——"保险"——来管控人们在自然禀赋上可能遭遇的风险。他的基本想法是：如果人们并不知道自己遭遇残障之概率（天生的或意外导致的）的特殊信息（例如，自己是否有遗传性疾病），那么他们愿意出多少钱来购买保险？由于所有人假设自己遭遇"残障"的概率与其他人是一样的，德沃金认为人们将会出同样的钱购买保险。在人们购买了保险之后，当某人确实遭遇"残障"时，就可以用这笔保费作为赔付。在构思这一"虚拟保险"时，德沃金借鉴了罗尔斯对"原初状态"的描述，引入了一种很薄的"无知之幕"。在德沃金看来，每个人都有遭遇不幸的风险。德沃金的"无知之幕"屏蔽掉了人们是否会遭遇"残障"的特殊信息。但是，与罗尔斯的"无知之幕"不同，德沃金的"无知之幕"并没有屏蔽掉人们遭遇"残障"的一般信息（例如，某国人口的16%会遭遇"残障"[2]），也没有屏蔽掉人们关于

---

[1] 〔美〕罗纳德·德沃金：《至上的美德》，冯克利译，第77页。
[2] 依据世界卫生组织的统计，全球有13亿人——占全球人口的16%——患有严重残疾。参见网页：https://www.who.int/zh/news-room/fact-sheets/detail/disability-and-health，访问时间：2023年3月31日。

自身"偏好"的信息。人们仍然能够根据自己的偏好参加拍卖,只是在参加拍卖之前要先用手里的一部分货币购买关于"残障"的保险。

"保险"是经济学家处理不确定情况下的风险的一种方法:"当用很小的成本购买针对不太可能发生但十分严重的损失的赔偿时,就出现了保险问题。"[1]德沃金假设:"大家都有遭遇使自己致残的灾祸的平等风险,而且大家大体上知道其概率,并且有充分的机会参与保险。"[2]德沃金认为,在这样的情况下,所有人曾经有平等的机会购买针对残障的保险(在最初的拍卖中,他们可以用一百个贝壳中的一部分购买保险)。因此,如果一些人没有购买针对残障的保险,而最终不幸致残,他们就没有资格要求任何补偿,因为他们曾经拥有消除这一风险的平等的机会。这被德沃金称为"公平保险测试"(fair insurance test)。由此,德沃金的分配正义理论也被称为"作为公平保险的正义"(justice as fair insurance)。当然,这一虚拟的保险是在"无知之幕"后面发生的,"无知之幕"的作用就是屏蔽掉人们对于自己是否会遭遇残障的特殊信息。德沃金认为,等货币量的"拍卖"加上屏蔽掉个人特殊信息的"保险",就能保证他所提出的资源平等的分配目标。

当然,破坏资源平等的因素不仅仅只有"残障",人们的天赋不同、运气不同都可能影响到人们对资源的利用而最终影响社会分配的格局。"技能"(talents)是德沃金讨论的第二个例子。与对残障的处理不同,德沃金认为,"无知之幕"并没有屏蔽掉人们拥有什么技能的信息,而是屏蔽掉了人们的技能会带给自己什么水平的收入的信息。这是因为,如果屏蔽掉人们的技能的信息,那么人们就会为自己的技能水平购买保险。那些技能低的人将获得赔偿,而技能高的人则需付出这笔赔偿金。在德沃金看来,这是对技能高者的一种"奴役"。技能并非完全取决于先天遗传,还取决于人们的后天努力。所以,不应该设置针对"技能"的保险,而只应该设置针对收入水平的保险,同时设置某种"最低收入"的

---

[1]〔美〕罗纳德·德沃金:《至上的美德》,冯克利译,第93页。
[2]〔美〕罗纳德·德沃金:《至上的美德》,冯克利译,第74页。

标准[①]，当人们的生活水平低于这一标准时，就能获得相应的赔偿。从根本上来说，德沃金的资源平等理论试图实现"敏于志向，钝于禀赋"的分配目标，试图抹平那些因非个人因素（自然因素或社会因素）而引发的不平等。所以，德沃金会认为"残疾"与"技能"是不同的，"残疾"完全是意外的、非个人可控的因素造成的，而"技能"的形成却混杂了个人努力和自然禀赋两方面的因素，因此德沃金并不赞同以"无知之幕"遮蔽下的"虚拟保险"来消除由于"技能"而带来的不平等。

## 第二节　遗产税和所得税

与所有的社会契约论一样，德沃金构想"荒岛实验"的目的正是给出社会分配的理想模型，并为现实社会中的分配问题指明方向。"荒岛实验"的意义在于向人们展示在最初的公平状态下，人们会接受什么样的条件；在自愿选择的基础上，通过等货币量的拍卖和无知之幕后的虚拟保险而达至资源平等。那么，这样的平等理想在现实社会中要怎样才能实现呢？什么样的制度设计才能模拟"荒岛实验"中的拍卖和保险呢？

德沃金的"荒岛实验"包括"拍卖"和"保险"两个部分，其中拍卖是为了消除人们在可转移的物质资源方面的不平等，消除引发不平等的社会因素，而保险则是为了消除人们在自然资质方面的不平等（例如是否残障、智商高低等），消除引发不平等的自然因素。然而，荒岛实验中的拍卖和保险是不可能在现实世界中实现的，因为人们是前后陆续进入市场的，而且人们在进入市场时各自拥有的初始资源也是不同的。那么，荒岛模型中的拍卖和保险在现实世界中将转变成什么样的制度设计呢？德沃金最终借助政府主导的税收手段来消除由自然和社会带来的不平等因素。荒岛实验中的拍卖和保险在现实世界中转变为各种形式的税收。正如伊丽莎

---

① 本书第二十二章结合德沃金的观点对"最低工资制度"进行了更为深入的讨论。

白·安德森（Elizabeth S. Anderson）对德沃金的批评："他将国家视为一个巨大的保险公司，以保证他的公民对付所有由非个人因素而引发的不平等。以再分配为目标的税收则是针对坏运气的保险金的道德等价物，用来赔偿可以追溯到坏运气的损失，正如保险政策做的一样。"①

如何使得人们在最初时刻拥有等量的"货币"，亦即，如何保证一种初始的物质资源分配的平等，这关系到社会境况的不平等问题。在任何现实社会中，人们都出生在不同的经济境况中，寒门或豪门，家境殷实或家徒四壁，这就像人们出生时手里攥着数量不等的货币。以什么样的社会制度能够合理地消除这种源自出身的不平等呢？德沃金想到了"遗产税"。德沃金以"虚拟保险"对这一政策进行论证：如果人们不知道自己会出生在什么样的家庭，人们就会愿意以高额的保费购买某种保险，使得自己的人生起点不至于低于同代人的平均水平，当其低于这一水平时，投保人就会获得相应的补偿，而这一补偿则来自那些起点高于平均水平的人的保费。这种虚拟的保险在现实生活中就转变为强制性的"遗产税"，这一税收"可使人们的生活有平等的起点，或不会因其父母的失败或运气不佳，从一开始就遭受挫折，无法为自己和子女创造美好的生活"②。德沃金认为，遗产税应该是"累进制"的。因为，"遗产税"的目的是给予人们平等的起点，防止经济分层。因此，遗产数额高出平均水平越多，其税率就应该越高。德沃金论述道："许多国家对馈赠或遗产增收转移税，这类税经常采取陡升的累进税率——在某些情况下，对于富有的死者的房地产之边缘部分甚至达到100%。"③对于累进制遗产税的用途，德沃金认为应将其用于改进公共教育、进行促进就业的教育和培训，以尽量缩小经济分层造成的影响。

约翰·罗默是当代著名的经济学家和政治理论家，他非常赞同德沃金提出的"敏于志向，钝于禀赋"的分配目标，并从经济学层面对如何

---

① Elizabeth S. Anderson, "What Is the Point of Equality?", *Ethics*, Vol. 109, No. 2, 1999. 中文翻译参见葛四友编：《运气均等主义》，第227—269页。
② 〔美〕罗纳德·德沃金：《至上的美德》，冯克利译，第347页。
③ 〔美〕罗纳德·德沃金：《至上的美德》，冯克利译，第365页。

消除基于出身的社会境况的不平等进行深入的研究。罗默认为应该为贫穷家庭和社区的孩子提供教育方面的补偿投资。"补偿教育"是拉平人们的人生起点的重要政策手段。依据罗默的估算，要想使美国黑人小孩和白人小孩在未来有平等机会享有同等的收入，对黑人小孩的人均教育投资就必须十倍于白人小孩。[1] "补偿教育"的相关政策是试图从根本上矫正人们因出身不同而导致的不平等。这种制度设计往往与市场化的教育投资方向相反，是一种通过政治权力而进行的再分配政策。通常情况下，市场化的教育投资会更多地集中于富裕地区、富裕家庭的孩子，因为这些家庭有更高的消费能力。然而，市场化的教育投资只能加大人们在社会境况方面的不平等。因此，如果不进行人为的"补偿性"的教育投资，那么通过教育，人们之间的不平等将被放大而不是被缩小。

当然，遗产税和"补偿教育"都只能抹平人们在社会境况方面的不平等。对于人们自然资质的差异，以及由此而带来的不平等，应该以什么样的政策加以平衡呢？在荒岛实验中，德沃金以"虚拟保险"来处理自然资质的缺陷。在现实世界中这一措施转变为一种累进制的所得税方案。亦即，以征收所得税的方式削弱人们在自然资质方面的不平等造成的影响，并以这一保费来支持一种"最低水平"的收入。亦即，以假设的等量保费为税率基础，"通过向挣钱能力达不到这一投保水平的人支付这一水平和他们能挣到的收入之间的差额来进行再分配"[2]。由此，德沃金在"荒岛实验"中所设想的等价拍卖和虚拟保险，在现实社会中就转变为强制性的遗产税和个人所得税。在德沃金所构想的社会中，当人们因社会因素或自然因素而遭受不平等境遇时，就可以得到经济上的补偿，而这笔资金则是来自于遗产税或者个人所得税。与此同时，德沃金的分配正义理论还可以论证相关的"医疗保险"政策。以残障问题为例，德沃金设想，在荒岛实验中，人们由于不知道自己遭遇残障的概率是多大，所以全都付出了同样数额的保费以购买针对残障的保险。相应地，在现

---

[1] John Roemer, "Egalitarian Strategies", *Dissent*, pp. 64-74.
[2] 〔美〕罗纳德·德沃金：《至上的美德》，冯克利译，第98页。

实生活中，可以以某种强制性的个人所得税模拟这种虚拟保险：以这一假设的"保费"的数额为税率基础，当某人遭受残障时，就以这部分税收作为赔付。类似地，对于人们可能患上的各种疾病，都可以借助"虚拟保险"的思想实验以筹集适当数额的保费，当人们真的患上某种疾病时，就以此保费进行赔付。

许多研究者都强调德沃金在其平等理论中融入了自由市场的因素。例如，国内学者姚大志曾评论："通常政治哲学家们（如罗尔斯）认为，自由的市场经济制度导致了不平等，所以需要正义来纠正不平等，而纠正不平等的途径只能是通过国家。德沃金则认为，市场并不是平等的敌人，导致不平等的东西是市场，解决不平等也必须依靠市场。在这个问题上，德沃金的观点十分独特，与其他理论家相反。"[①]然而，值得注意的是，德沃金仅仅是在"荒岛实验"中应用了拍卖和保险这两种假想的市场手段。在现实社会中，从未出现过等货币量的拍卖活动，也不可能存在被"无知之幕"遮蔽的虚拟保险。例如，人们在购买关于疾病或残障的保险时，都必须向保险公司如实陈述自己的家族遗传病史等信息，并非"无知之幕"遮蔽下的"虚拟保险"。其实，德沃金之所以在"荒岛实验"中应用市场手段，是为了从人们的"自愿行为"中推导出社会规范的原则。而这正是所有社会契约论的共同特征。不论是在传统社会契约论的"自然状态"中，还是在罗尔斯所构想的"原初状态"中，人们都是自愿构建政治共同体并对相应的规范达成共识。在这一点上，德沃金与其他社会契约论者并没有什么不同。德沃金不过是更多地使用了相关的经济学术语而已。而德沃金所说的"拍卖"和"保险"这两种市场手段仅仅存在于假想的"荒岛实验"中。在进入现实社会之后，"拍卖"和"保险"就转变成税收等"强制性"的政治制度，不再具有"自愿性"的特征。这些强制性手段甚至可以说是"反市场的"，其基础是垄断性的政治权力，是对自由市场的限制和修正。所以说，德沃金应用自由市场是为了表明其资源平等理想的基础是人们的"自愿行为"，而这种"自愿行

---

① 姚大志：《何谓正义：当代西方政治哲学研究》，人民出版社，2007年，第123页。

为"只可能发生在人为设定的不确定状态下；一旦进入现实世界，一旦人们知道了所有与自身相关的信息，就不可能再产生相应的自愿行为。例如，人们如果知道父母给自己留下了一大笔财产，就倾向于不支持遗产税。那时，消除不平等的努力就只能借助于"强制性"的制度设计了。从这个意义上来说，自由市场并非有助于消除不平等。

## 第三节 两种区分

德沃金构想的"荒岛实验"以及由此而引申出的各种税收政策，其宗旨都是要消除社会因素和自然因素对社会分配的影响，而突出个人志向和努力的影响。这就是其分配目标被称作"敏于志向，钝于禀赋"的由来。这一社会分配目标的实现取决于对个人因素和非个人因素的严格区分，将属于个人因素的"志向"和属于环境因素的"禀赋"区分开来。为此，德沃金应用了两套话语来进行这一区分：一是"原生运气"与"选择运气"；二是"个人"与"环境"。

个人的命运以及最终获取的资源会受到各种"运气"的影响。这些"运气"中有一些是可以预测和掌控的，而另一些则是完全在个人的控制之外的。德沃金将那些无法预测和掌控的运气称为"原生运气"（brute luck），将个人可预测和掌控的运气称为"选择运气"（option luck）。在德沃金看来，选择的运气是一个自觉的和经过计算的赌博问题，例如，买股票，股票上涨；而原生运气则是完全不可控的，例如，被流星击中。因此，要求个人对自己的行为负责的社会分配方案应尽力削弱原生运气对人们生活造成的影响，而突出选择运气的作用。德沃金强调自己的资源平等理论是一种"前置"（ex ante）的正义理论，而非"后置"（ex post）的正义理论。后置正义原则并不要求人们对自己的选择负责。例如，前述章节讨论的严格平均的分配原则、罗尔斯的差别原则以及功利主义的效用最大化原则，都是后置的分配原则。这些原则只考虑资源的分配是否符合某一既定模式,而不考虑人们手里的东西是怎么得来的。用诺奇克的术语来说,后置的正义原则就是一种"模式化的分配原则"。德沃金的资源平等原则是前置的分配原则,也是非模式化的分配原则。与后置的正义原则不同,前置正义原则要求人们对自己的选择负责。然而,选择总是有或然性,人们不可能对所有的因果链条都清楚,人们如何能对自己的选择负全权的责任?例如,如果A和B两个人曾经有同样的机会为自己购买工伤保险,A由于家庭负担过重没有购买工伤保险,而B家境富裕购买了工伤保险。假如A和B遭遇了类似的工伤,A没有得到赔偿而B得到了赔偿。按照德沃金的说法,A应该为自己的选择负责。但是,A选择不买工伤保险的原因是因为他太穷了买不起,这难道全是他的责任吗?初始分配的不平等会在很大程度上影响人们的选择。可见,人们的选择受到许多外在的社会因素的影响,选择运气和原生运气之间的截然划分并不现实。

除了社会因素外,自然因素也可能影响选择运气和原生运气的划分。举例说明,如果一个人并没有什么不健康的生活习惯,却患上了癌症,那这只能说明其原生运气不好。对于人为不可控的厄运,不应该由个人来承担其后果。因此,社会分配的安排就应该为其支付医疗费用。相反,如果某人因为某种不健康的生活习惯(例如吸烟)而患上了癌症,那么这就是一种选择运气的不佳。由于个人嗜好的因素在其中产生了关键性的作用,这种选择运气的不佳就应由个人来承担,而不是由所有人共同承担,故而其医疗费用就应该由他自己支付。罗默支持德沃金对两种运气的区分,他曾提议,按照人们负有个人责任的程度来折算有资格的道德医疗资助。[①] 然而,这一"患癌"案例的解决方案却存在许多问题。第一,哪些因素会导致人们患上癌症,这并不清楚。抽烟是否就必然引发癌症,这一因果链条还没有得到100%的确证。毕竟许多长期吸烟的人并没有患上癌症。所以,不能简单地判断,有抽烟习惯的人患

---

① 参见 John Roemer, *A Pragmatic Theory of Responsibility for the Egalitarian Planner*, pp. 179-196。

上癌症只与"选择运气"相关。第二，一个人患上癌症，到底是由什么因素造成的——是遗传因素、情绪因素，还是生活习惯？这些问题也并非完全清楚。因此，我们也没有充分的理由将没有吸烟习惯而患上癌症的人当作"原生运气"不佳。也许，某患者是因为情绪不佳而患上了癌症，而个人应为自己的情绪负责，这样看来，这又是一种"选择运气"不佳的结果。总之，在原因和结果之间的因果链条没有完全被人类研究清楚的地方，德沃金所做的"选择运气"和"原生运气"之间的区分就是模糊的，而个人是否应该为这种运气负责也就是模糊的。

德沃金对于"两种运气"的区分引发了许多批评，为了应对这些批评，德沃金进一步指出"原生运气"与"选择运气"之间的根本区别在于"能否被合理地避免"。他认为，选择运气所对应的风险是那种如果人们注意到就可以采取行动避免的风险。如果一种厄运原本是可以被合理地避免的（例如购买股票而股票大跌，投资者原本可以做其他更好的投资），那么这一运气就是"选择运气"，应由个人负责。但是，如果一种厄运无法被合理地避免，例如被流星击中（为了避免被流星击中，你可以一直躲在屋子里，但这样的要求显然是不合理的），那么这一运气就是"原生运气"，个人不应对其负责。然而，这一区分同样存在问题。首先，在考虑一种运气是否是选择运气时，人们是否要区分当事人有没有注意到？如果一种厄运本来可以避免，但由于当事人没有注意到而错过了避免它的机会，那么，这样的厄运应该算作原生运气还是选择运气呢？另外，随着人类科学技术的发展，许多过去无法"合理地避免"的厄运，现在能够通过各种技术手段避免了，或者说，只要投入足够的精力、时间和资源就可以避免。例如，被陨石砸中的厄运，如果一个人投入大量时间来进行天文观测和推算，那他就可能避免被陨石砸中。而这样的运气就不能算作是原生运气，就应该由个人来负责。由此看来，对于原生运气与选择运气很难做出截然的划分。最终，德沃金也不得不妥协，他承认："这两种运气可以被看作只有程度上的区别。"[①]事实上，无法对原

---

① 〔美〕罗纳德·德沃金：《至上的美德》，冯克利译，第70页。

生运气与选择运气做出截然划分的原因在于:"个人"与其周围"环境"的界限是不清晰的。错综复杂的因果链条是系于"自我"一端,还是系于融自我于其中的"环境"一端,这一点始终是含混不清的。而这也导致了德沃金的第二个区分的一系列问题。

除了以两种运气的区分来突出个人在社会分配中应负的责任之外,德沃金还引入了"个人"和"环境"的区分。德沃金论述道:"人们的命运是由他们的选择和他们的环境决定的。他们的选择反映着他们的个性,而这种人格本身包含着两个成分:志向(ambition)与性格(character)。"[①] 其中,所谓的"志向"包括一个人的总体人生计划以及各种兴趣、偏好和信念;而一个人的"性格"则是由一些人格特征组成的,例如勇敢、懦弱、乐观、悲观、坚韧、敬业精神,等等。"志向"和"性格"两方面的因素决定了一个人的选择,"志向"为人们的选择提供动机,而"性格"则影响着这种动机的发展和目标的达成。另一方面,决定人们命运的还有"环境"因素,这也正是德沃金资源平等理论中所指的"资源",即人们可以拥有的以实现自己目的的东西。德沃金将资源分为人格资源和非人格资源两大类。其中,人格资源指的是人们的生理和精神健康及能力(capacity),包括一个人的健康状况及创造财富的技能(wealth-talent)。非人格资源指的则是能够转移的财富(wealth)、财产(property)以及现行法律制度为人们提供的利用自己财产的机会。人格资源和非人格资源也可以被归结为禀赋(endowments),亦即,与生俱来的各种特质和特征。其中,人格资源是人的自然禀赋,例如一个人的性别、种族、健康还是残疾,等等;而非人格资源则是人的社会禀赋,例如一个人是寒门子弟,还是中产阶级的子弟,等等。结合德沃金对两种运气的区分以及对"个人"和环境的区分,我们可以得出图2。

---

① 〔美〕罗纳德·德沃金:《至上的美德》,冯克利译,第340页。

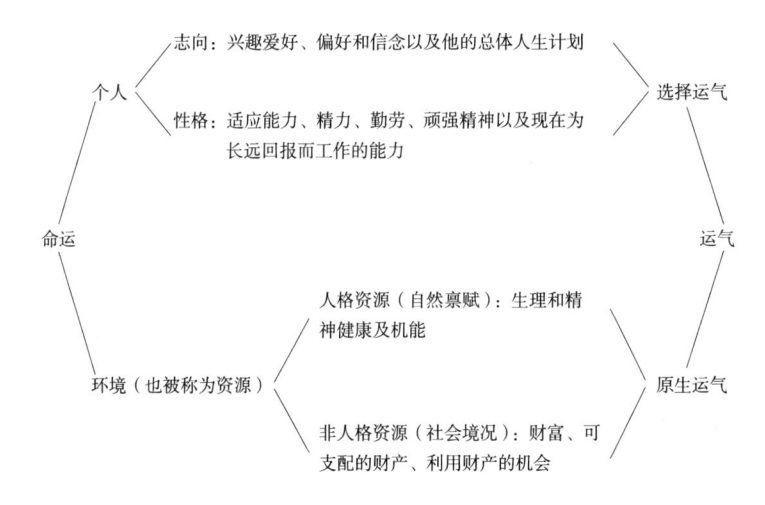

```
个人 ─ 志向：兴趣爱好、偏好和信念以及他的总体人生计划
      性格：适应能力、精力、勤劳、顽强精神以及现在为
           长远回报而工作的能力                          选择运气

命运                                                  运气

      人格资源（自然禀赋）：生理和精
                         神健康及机能
环境（也被称为资源）                                    原生运气
      非人格资源（社会境况）：财富、可
                         支配的财产、利用财产的机会
```

**图2　个人与环境的区分**

资源平等理论的宗旨是"敏于志向，钝于禀赋"，"志向"是个人因素，包括兴趣爱好、适应能力、顽强精神等，"禀赋"包括自然禀赋和社会禀赋，是非个人因素。由此，德沃金所设计的分配方案就是要突出个人的因素，而削弱环境的因素，使得社会分配与人们的志向和性格相关。而对于人们在禀赋方面的弱势地位，无论是自然禀赋还是社会禀赋，则通过税收和保险政策筹集到的资金予以相应的弥补。德沃金将那些能够体现个人为自己的选择负责的分配正义理论称为"对伦理敏感的理论"，或者称为"连续性的"（continuous）理论。相反，那些以某种政治标准对非人格资源进行分配的理论则被称为"非连续性的"理论。德沃金论述道："我在本书中捍卫的分配正义理论——资源平等——就是具有连续性的理论。它的目标是使人们的非人格资源反映人们的选择而非反映他们的环境。"[①]

在德沃金对"个人"与"环境"的区分中引发争议最多的是对于"技能"的归类，尤其是人们创造财富的技能（wealth-talent），到底应该归属于"个人"还是"环境"。德沃金充分意识到"技能"只有在相关"志

---

[①]〔美〕罗纳德·德沃金：《至上的美德》，冯克利译，第341页。

向"的引导下才能发挥作用,"技能"能为人们带来财富,是因为融合了"个人"和"环境"两方面的因素。在德沃金看来,"技能是培养和发展的产物,而不是能被完整发现的东西"①。对于"技能"应如何归类的问题,罗默认为,"我们可以简单地将技能看作残疾的反面"②。既然"生理和精神健康及机能"被当作是"人格资源",如果"残障"是这种人格资源的缺失的话,"技能"就应该是这种资源的丰盈。但是,德沃金并不这么认为。在德沃金看来,技能和志向之间的关系比残障和志向之间的关系更为密切,因此并不能将"技能"完全归结于"环境"而对"技能"较差者进行补偿。一方面,这样做有实际的困难,因为人们很难确定一种技能的平均水平;另一方面,由于技能与志向紧密联系在一起,这样做也会抹杀人们在能力发展上的自由。

德沃金对"偏好"的归类引发了很大的争议。他将人们的"偏好"算作是"志向"的组成部分,认为人们应该对自己的"偏好"负责。这其中最典型的例证就是德沃金在批评福利平等理论时所讨论的"奢侈偏好"。德沃金认为,如果人们选择培养某种花费高昂的嗜好(例如吃凤头麦鸡蛋),那就必须对这一选择给他人的生活带来的影响负责。简单来说,每个人要对自己的偏好负责,如果有高出平均水平的偏好的话,只能由自己付钱而不能由其他人来买单。许多评论者认为,德沃金对"偏好"的处理是不恰当的,因为有一些"偏好"并不是因人们的选择而出现的。例如,一些婴儿因为对蛋白质过敏而只能喝价格昂贵的特殊奶粉,这并不是因为他们选择培养了特殊的"偏好",而是他们不得不有这种特殊偏好。因此,我们必须对超出当事人控制的奢侈偏好与自愿培养的奢侈偏好进行区分。对于一些人来说,他们的"奢侈偏好"并不是他们自愿接受或主动培养的,而是由一些与生俱来的特征决定的。因此,对于这样的奢侈偏好同样应予以相应的补偿。正如英国学者G. A. 科恩所说:"人们不只是在他们无法选择的禀赋上不幸,他们同样也在无法选择的偏

---

① 〔美〕罗纳德·德沃金:《至上的美德》,冯克利译,第89页。
② 〔美〕约翰·罗默:《分配正义论》,张晋华、吴萍译,第266页。

好上,在无法选择的易于痛苦、受难上不幸。只补偿生产能力的不足,而不补偿由消费得到福利的能力上的不足,这会引出荒谬的矛盾。"[1]

被德沃金归为"志向"的"个人生活计划"也存在类似的问题。有些人的"个人生活计划"恰巧能给人们带来很多福利,例如,马云立志发展电子商务,他也因此而得到丰厚的经济回报;而另一些人的"生活计划"却没有这么"幸运",例如,有人立志做一个昆虫研究者,即使自己付出了巨大努力,取得了较大成就,却没有很好的经济效益,只得清贫一生。由此看来,选择什么样的生活计划,这其中也包含着不由自己控制的"运气"因素,不能完全归结于行为者自身。因此,德沃金对"环境"和"个人"的截然二分以及由此而确立的"个人责任"是靠不住的。

从上述讨论中我们看到,德沃金做出的两种运气以及"个人"和"环境"的区分并不清晰,但这一区分却在当代政治哲学的讨论中被强化。有一些学者正是基于这种区分来讨论社会分配问题的,这些学者被"敏于志向,钝于禀赋"的分配目标所感召,试图通过恰当的制度设计过滤掉社会分配中由非个人因素引发的不平等,这些学者被称为"运气平等主义者"。

## 第四节 运气平等主义

"运气平等主义"(Luck egalitarianism)这一术语源自德沃金对两种运气的划分,其基本观点是:只有排除了因选择运气而引发的不平等的社会分配才是正义的。[2]运气平等主义这个术语是由伊丽莎白·安德森(Elizabeth Anderson)总结的,根据安德森的说法,运气平等主义学者主要包括理查德·阿内逊、G. A. 科恩、罗纳德·德沃金[3]、托马斯·内

---

[1] G. A. Cohen, "On the Currency of Egalitarian Justice", *Ethics*, 1989, 99(4): 906-944.
[2] 参见 Serena Olsaretti(ed.), *The Oxford Handbook of Distributive Justice*, p. 58。
[3] 德沃金自己并不认为他是"运气平等主义"的一员,虽然在他的批评者眼中,他是

格尔、埃里克·拉克夫斯基（Eric Rakowski）、约翰·罗默以及菲利普·范·帕里斯等人。①

运气平等主义强调"原生运气"与"选择运气"的区分。但是，不同学者对于这一区分有着不同的看法。硬（Hard）运气平等主义者认为，应该将"原生运气"均等化，而"选择运气"不应该被均等化。软（Soft）运气平等主义者认为，"原生运气"应该被均等化，而"选择运气"可以被均等化，也可以不被均等化。强（strong）运气平等主义者认为，运气平等主义是唯一的分配正义原则。弱（weak）运气平等主义者则认为，运气平等主义是众多分配正义原则之一。上述两种分类还可以进行两两组合，从而得到四种运气平等主义的分支——硬弱运气平等主义、硬强运气平等主义、软强运气平等主义、软弱运气平等主义。下面，我将以阿内逊和罗默为例，讨论运气平等主义者为达成"敏于志向，钝于禀赋"这一分配目标而设计的分配方案。

阿内逊认为，德沃金对于福利平等理论的批评有可取之处，但德沃金的观点"人们对自己的偏好负责"是含混不清的，因为人们偏好的形成以及偏好所带来的生活成本都并非在每个人自己的控制之内。为了实现奖励个人努力和选择的分配目标，阿内逊将选择的或然性考虑在内，构想了"福利机会平等"理论："我们构建一个决策树来给出个人的可能的完备的生活历史。然后我们把每个可能的生活历史的偏好满足期望相加。这样做时，我们将把每个人在决策点遇到特定范围选项所考虑的那些偏好纳入考虑。当所有人面临等价的决策树时，福利机遇是平等的——每个人选项的最优的（最审慎的）、次优的……第N优的选择的期望值是相同的。"②这就像A和B两个人，他们在成年的某一时刻有同等的机会到北京上大学、同等的机会发展自己在某方面的兴趣、同等的机会去国外旅游……那么，他

---

（接上页）这一流派的始作俑者。德沃金认为自己的观点是：正义是要维护满足某种版本的"妒忌测试"的平等。

① Elizabeth S. Anderson, "What Is the Point of Equality?", *Ethics*, 1999, 109(2): 287-337.
② Richard Arneson, "Equality and Equal Opportunity for Welfare", *Philosophical Studies*, 1989, 56(1): 77-93.

们的福利机遇是平等的。此后，如果由于他们不同的选择而最终导向了福利水平完全不同的生活，那将由他们自己负责，没有理由向政府或社会要求任何补助。如阿内逊所言："两个人的福利机遇在某个时间是否平等，取决于他们在那个时间是否面临有效等价的选项排列。……在随后的时候如果有任何的不平等，则是由于他们的自愿选择或者是不同的粗心大意的行为，对此可以正确地认为他们负有个人责任。"[1]

阿内逊的福利机遇平等方案确实为人们提供了一条实现"敏于志向，钝于禀赋"之分配的新思路。然而，对于这一分配方案，人们同样能提出这样的质疑：个人的选择是由什么决定的，环境因素、遗传因素、家庭教育、文化、宗教等并非出于"自我"的因素是否能够完全地决定一个人的选择？正如卡斯帕·李普特-拉什木森（Kasper Lippert-Rasmussen）在批评阿内逊的文章[2]中所指出的那样，如果人们承认"决定论"，认为环境因素可以彻底决定一个人的选择，那么阿内逊的福利机遇平等理论就等同于福利平等理论。因为，人们可能的选择就将是实际上被环境所决定的选择。只有当我们否定决定论，才给个人选择和责任留下了空间。

与阿内逊不同，为了实现"敏于志向，钝于禀赋"的分配目标，罗默提出了"平等主义的计划者方案"（the egalitarian planner）。罗默提议，在解决"个人选择"与"环境"之区分的问题上，社会可以列出一个人们达成共识的清单，标明哪些是属于"个人"的因素（例如努力、兴趣、嗜好等），哪些是属于"环境"的因素（例如家庭教育、父母的经济阶层、性别等）。接着，依据这些因素把人们分成不同的类别。这样的类别可能是：父母受过高等教育的60岁白人健康男性；父母受过高等教育的60岁白人健康女性，等等。在这样的划分中，同一类别的不同人之间在资源占有上的差别应由他们自己负责。比如说，在"父母受过高等教育的60岁白人

---

[1] Richard Arneson, "Equality and Equal Opportunity for Welfare", *Philosophical Studies*, 1989, 56(1): 77-93.

[2] Kasper Lippert-Rasmussen, "Debate: Arneson on Equality of Opportunity for Welfare", *The Journal of Political Philosophy*, 1999, 7(4): 478-487. 中文翻译参见葛四友编：《运气均等主义》，第91—100页。

健康男性"这组人群中,收入水平处于前20%的人与收入水平处于后20%的人之间的差别应该由个人负责,而不是通过再分配政策去调整。另一方面,不同类别之间的人们在资源占有上的差别则是由"环境"因素所致,所以应由政府或国家负责。例如,"父母受过高等教育的60岁白人健康男性"中收入在前20%的人群与"父母受过高等教育的60岁白人健康女性"中收入在前20%的人群之间的收入差别就是由环境因素造成的。对于这种差别就应该通过再分配的政策手段予以平衡。[1]

运气平等主义的相关理论引发了人们的热议,支持和反对这一学说的学者都提出了相应的批评。科恩是支持运气平等主义的学者,但是他认为德沃金对"个人"与"环境"的区分是站不住脚的。他将运气平等主义的目标修正为"消除非自愿的不利",消除"受苦者对之不能负有责任的不利,因为这种不利并没有恰当地反映他所做出的、正在做出的或将要做出的选择"[2]。科恩主张,正确的区分是在"责任"与"坏运气"之间,而不是在"偏好(志向)"与"资源"之间。后一种区分只会将分配问题带入决定论和"自由意志"的泥潭。

安德森是彻底反对运气平等主义的学者,她对运气平等主义进行了系统的批评。安德森认为,运气平等主义仅仅关注可见的私人占有的善(如收入、资源)和私人享受的善(如福利)的分配,这完全误解了"平等"的含义。"平等主义正义恰当的消极目标不是消除人类事务中的原生运气的影响,而是结束被定义为由社会所强加的那种压迫。它恰当的积极目标不是每个人得到他们道德上应得的,而是创造一个每个人与他人都处于平等关系中的共同体。"[3]安德森认为,由德沃金的资源平等理论而开创的运气平等主义流派,并不能体现平等思想的基本内涵:对所有公民表达平等的尊重与关切。具体说来,这一思想存在三个方面的问题:第一,对于选择运气的不幸者过于严厉,剥夺了他们享受平等关

---

[1] 参见John Roemer, "A Pragmatic Theory of Responsibility for the Egalitarian Planner", *Philosophy and Public Affairs*, 1993, 22: 146-166。

[2] G. A. Cohen, "On the Currency of Egalitarian Justice", *Ethics*, 1989, 99(4): 906-944.

[3] Elizabeth S. Anderson, "What Is the Point of Equality?", *Ethics*, 1999, 109(2): 287-337.

切的资格;第二,对于原生运气的不幸者不恰当地表达了轻蔑性的可怜(contemptuous pity),并且错误地将"妒忌"作为进行资源转移的理由;第三,为了分清"个人责任",不得不对人们是否恰当应用自己的自由及能力做出冒犯性的判断。

第一,对于选择运气的受害者,安德森举出了"等死的司机"的例子:假设,一个司机由于误操作而发生了车祸,当救援人员赶到时,发现他并没有购买医疗保险。安德森认为,依据运气平等主义的相关理论,人们不应该救助这个司机。因为,他的悲剧是由他自己造成的。而且,他本可以购买医疗保险,但他做出了错误的决定。但是,对于一个奄奄一息的伤者,人们不可能不伸出援手。将其遗弃不管与"平等关切"是完全背道而驰的。安德森还进一步指出,运气平等主义将对所有本该得到救助或帮助的人做出这种不恰当的区分。例如,对于是否救助残疾人,必须首先区分他是如何致残的,是否负有个人责任。类似的还有:对灾民的地域区分——在救助灾区居民时要事先判断人们是否自愿生活在自然灾害多发地区;对工伤事故受害者的职业区分——人们是否自愿选择危险性较高的职业;在对女性所处的系统性的不平等地位进行补助时,区分女性是否自愿进入这样的角色(是否自愿嫁给虐待她的男人,是否自愿生小孩,是否自愿辞去工作,等等)。安德森认为,如此构建的运气平等主义理论,并没有为社会中的弱势群体提供任何安全保障,"没有任何东西能够防止人们,即使是那些审慎者,因为坏的选择运气,陷入债务劳役、血汗工厂或其他形式的剥削。这种观点所允许的不平等与痛苦是不受限制的"[1]。

第二,安德森认为,对于原生运气的受害者,运气平等主义的处理同样是有问题的。因为,为了补助原生运气不佳的社会成员,运气平等主义必须对何为较差的原生运气做出评价。通常情况下,有先天严重基因缺陷或先天残疾的人,由于意外的事故而导致残疾的人,以及天赋能力较差、无法赢得更大的市场价值的人,被看作是原生运气较差的人。由此,这些人得到某种社会性补助的原因就将是:我是残疾人、我是天

---

[1] Elizabeth S. Anderson, "What Is the Point of Equality?", *Ethics*, 1999, 109(2): 287-337.

生有基因缺陷的人、我是不幸患上无法治愈之疾病的人……而这些判断将给当事人带来极大的羞辱。"为了得到国家的帮助,要求公民展示他们比其他人低劣的证据,贬低自己来哀求得到支持。"安德森认为,这不是国家应该做的事。在她看来,运气平等主义的这种补助方式彻底破坏了社会成员之间的平等关系,运气较好者对于运气不佳者的补助出于"可怜",而运气不佳者对于运气较好者提出补助要求的理由则是"妒忌"。安德森的这一说法并非空穴来风,其依据是德沃金对资源平等的测试标准"妒忌测试"。这使得"妒忌"错误地成了要求平等的理由。安德森论述道:"这两种情感是天作之合:受妒忌者对妒忌者最慷慨的态度将正好是可怜。……妒忌的思想是'我想要你的',但是很难明白为什么这样地想要能够对受妒忌方产生义务。"[1]

第三,安德森认为,运气平等主义者所要求的对于原生运气之好坏的评价是武断的、冒犯性的。例如,在聋哑人看来,他们并不一定认为没有听觉是一种应该要求国家补助的较差的原生运气。但是,在运气平等主义者看来,"耳聋"却是一种低劣的人格特征。安德森认为,在救助原生运气不佳的社会成员时,"运气平等贬低了内在不利者并将私人的鄙视上升到官方承认的真理的地位"。对不同人的资质和特征进行三六九等的排序,并在此基础上决定资源的分配,这与平等所要求的对所有公民的尊重和关切是背道而驰的。而且,在考察人们的原生运气时,运气平等主义还不可避免地会干涉公民的隐私和自由。因为,尽量多的细节披露有助于确定人们是否对自己的不幸负有责任,而这样的政策又会反过来鼓励人们推卸责任。为了获得相应的补助,人们可能隐瞒相关的罪证,甚至无中生有地构造一个悲伤的故事以赢得同情。如此看来,运气平等主义不仅会破坏人们之间的平等关系,甚至还可能将人性推向欺骗和不自重的一面。安德森总结道:"运气平等主义展现了卑劣的、侵蚀性的和狭隘的社会,它规定了人的多元的等级,道德说教式地把人区分为负责的与不负责的、内在优越的与低劣的、独立的与依赖的。它对标记为不负责的人不提供任何帮助,对

---

[1] Elizabeth S. Anderson, "What Is the Point of Equality?", *Ethics*, 1999, 109(2): 287-337.

标记为内在低劣的提供了羞辱性的帮助。它给予我们的是难辨的济贫法版本，在此不幸者发出哀求的声音，并且屈服于国家羞辱性的道德判断。"[1]

综上所述，德沃金秉承了罗尔斯的"反应得"理论，试图将"个人责任"融入对资源的分配当中，通过相应的再分配政策抹平那些由"非个人因素"而引发的资源占有的不平等。这一思想得到许多当代学者的支持，他们纷纷提出自己的分配方案以实现"敏于志向，钝于禀赋"的社会分配目标。然而，对个人"志向"和其周围环境的区分却是困难的，而且，这种区分往往会贬低那些自然禀赋较差者，使他们处于一种"不平等"的道德地位。针对德沃金的"资源平等"理论以及运气平等主义的弊端，阿马蒂亚·森、玛莎·努斯鲍姆和伊丽莎白·安德森等能力主义者提出了新的平等分配方案——能力平等理论。

---

[1] Elizabeth S. Anderson, "What Is the Point of Equality?", *Ethics*, 1999, 109(2): 287-337.

# 第七章　能力平等的社会分配

上述各章所讨论的社会分配方案有一个共同特征，它们都以实现目标的手段为分配项。例如，罗尔斯的正义学说聚焦于"社会基本善"的分配、德沃金的平等理论以"资源"为分配项、自由至上主义者关注"财产"的归属，等等。在当代分配正义研究中，有一派学者认为将实现目标的手段作为分配的对象，是本末倒置的做法。因为，"人"才是社会发展的最终目的，分配正义最终是要增进人的能力，促进人们之间的能力平等。这派学者被称为能力主义者，其代表人物是阿马蒂亚·森、玛莎·努斯鲍姆和伊丽莎白·安德森。

阿马蒂亚·森是1998年诺贝尔经济学奖的得主。他不仅在经济学领域做出了杰出的贡献，而且在有关社会分配的政治经济学和哲学领域也颇有建树。森深受罗尔斯以来当代契约论路径社会正义研究的影响。但是，作为一个福利经济学家，他又试图捍卫边沁开创的功利主义学说，以及经济学之父亚当·斯密的许多观点。因此，在当代政治哲学的研究中，森提出了许多独特而颇具现实意义的主张。在1979年的泰纳讲座（Tanner Lectures）中，森撰写了一篇题为《什么的平等》[①]的文章，第一次提出了以"可行能力"为分配项的构想。1988年，森与努斯鲍姆一起组织了一次有关生活质量之恰当度量的会议，并于1993年出版了会议论文集《生活质量》。在这本书中，森和努斯鲍姆借鉴亚里士多德关于人类

---

[①] Amartya Sen, "Equality of What?", in S. McMurrin(ed.), *Tanner Lectures on Human Values*, Cambridge: Cambridge University Press, 1980, pp. 195-220.

兴盛的讨论创立了分配正义学说中的能力路径，以"可行能力"代替过去以收入和福利对人们生活质量做出的评价。能力主义学说自提出以来广泛地延伸到政治哲学、经济学、社会学等相关学科，以及公共政策的制定当中，对当代分配正义研究产生了极大的影响。本章将重点讨论阿马蒂亚·森、玛莎·努斯鲍姆以及伊丽莎白·安德森的能力学说。

森所阐发的能力路径向罗尔斯以来的分配正义研究提出了两大挑战。第一，森质疑了罗尔斯、诺奇克、德沃金、高蒂尔等人所使用的"先验制度主义"研究方法，提出一种新的"比较的"研究方法。森指出，正义问题的研究重点不在于抽象地寻求一个完全正义的世界，而在于消除生活中存在的"明显的不正义"。第二，森提出了新的分配项——可行能力，为有关正义问题的社会评价提供了新的度量单位。努斯鲍姆在森的工作的基础上，进一步确定了可行能力的清单，发展出"最低限度正义"理论。与此同时，努斯鲍姆还将能力学说应用到女性主义的研究当中，从能力视角来评价女性在社会中所处的地位。安德森也是一位能力主义者，她支持森提出的能力路径，并认为社会和国家有义务确保每个公民成为民主社会平等一员之能力的有效可及。安德森将自己的理论称为"民主的平等"。

## 第一节　消除明显的不正义

"正义绝不是一个能用理性思考的问题，而是应该保持对于不正义现象的敏锐的和正确的洞察。"[1]森从一开始就对抽象地思考正义问题并建构一个正义的制度产生了怀疑。在森看来，罗尔斯在《正义论》中所使用的契约论方法是对启蒙以来的一个重要思想传统的延续。这个传统就是始自托马斯·霍布斯的契约论传统。罗尔斯的正义学说标志着契约

---

[1]〔印度〕阿马蒂亚·森：《正义的理念》，王磊、李航译，第3页。

论传统在当代的复兴。在罗尔斯之后，德沃金、大卫·高蒂尔（David Gautier）等人也开始应用契约论构建自己的正义学说。还有一些当代著作虽然没有直接应用契约论的论证框架（例如诺奇克），但也是从一个理性推理的逻辑起点（自然状态）开始，推导出对整个正义社会的制度构建。森将这种研究方法称为"先验制度主义"。在森看来，这种研究方法有两大特点：第一，"先验制度主义方法致力于探究'正义'的本质，而不是寻找用以评判哪种社会相对而言'较少不正义'的标准"[1]。这种方法试图通过理性的推导而寻求一个完美的正义世界。第二，先验制度主义关注的是制度的正确与否，而并非直接关注社会现实。然而，通过理性的建构——从概念到原则、从原则到宪法和法律、从法律到政策，这样的推导至多只能建构一套正义的制度，而无法真正实现一个正义的社会。因此，理论家们不得不对人的行为进行相应的假设，对人们的动机进行假设。例如，罗尔斯将人们假设为具有"正义感"（会按照正义制度的要求去行动）的人。然而，这样的假设并非基于经验性的统计，因此并不可靠。这大概就是"先验制度主义"方法总是没有能够如其所愿地实现完全正义之社会的原因。

森认为，人们不应忽视启蒙运动以来的另一个重要的思想传统，他把这一传统称为"比较研究"。森论述道："18—19世纪，有许多这样的比较分析理论，可见诸亚当·斯密、孔多塞、边沁、沃斯通克拉夫特、马克思和约翰·穆勒等具有创新思维的思想家的著作。虽然这些人对正义的要求也看法各异，进行社会比较的方式也各不相同，但可以略显夸张地说，他们都致力于对现实的或可能出现的社会进行比较，而并非局限于先验地去寻找绝对正义的社会。"[2]在森看来，相对于"先验制度主义"着眼于制度的研究，这一派学者的研究着眼于"社会现实"。这种研究方法的出发点是"社会现实"，而不是一个假定的理论原点；它以一种比较的视角去寻求一种"较少不正义"的社会，寻求对于现实世界的改

---

[1] 〔印度〕阿马蒂亚·森：《正义的理念》，王磊、李航译，第5页。译文依据英语原文稍有改动。

[2] 〔印度〕阿马蒂亚·森：《正义的理念》，王磊、李航译，第6页。

良，而不是抽象地推出一个完美的正义社会，或者是一整套正义的制度和规则。如果说"先验制度主义"是一种从上至下的研究方法，那么"比较研究"就是一种从下而上的方法，它关注的是人们实实在在的生活。

在森看来，比较研究是优于先验制度主义研究的。因为，这种研究方法更有助于消除社会中的不正义，更现实也更有可操作性。森认为，社会正义研究的根本目的不应该是建构一个完全正义的"理想国"，而应该是消除现实社会中"明显的不正义"。在森看来，社会中的一些现象是明显不正义的，例如：强者欺凌弱者，贫民食不果腹、衣不蔽体，无辜者被随意地监禁，无家可归者流浪街头……不论出于什么理由，所有人都会认为这些社会现象是"不正义"的。森将人们基于不同理由而将同一种社会现象或某一事件认定为"不正义"的情况称为"多重论据"（plural grounding）。森论述道："面对明显的不正义，我们完全可以出于不同的缘由而产生强烈的不正义感，而不必就哪一条是其主要原因达成共识，这一点也正是正义理念的核心。"[1]

以2003年美国决定军事打击伊拉克为例，森认为对于这一事件，人们依据不同的原则得出了同一个结论，那就是：这一军事打击是不正义的。人们的论据各有不同：有人认为，这一军事行动没有得到联合国的允许；有人认为，关于伊拉克在战争之前拥有大规模杀伤性武器的情报并不准确；也有人认为，民众在公众讨论中被虚构的事实（如假想萨达姆·侯赛因与9·11事件有关联）所误导；还有人认为，军事打击的实际后果并不能给中东地区带来和平；等等。而这些不同的论据都指向同一个结论——这次军事打击是不正义的。森认为，当"所有经得起推敲的标准都指向同样的错误，那么就不需要首先对这些标准进行排序，再推导出结论"[2]。也就是说，人们不需要对做出判断的理由以及不同理由之间的优先性达成共识，而只需要对一种亟待改善的不正义状况达成一种"底线共识"。而这种最低限度的共识就将成为人们改变这种不正义状况

---

[1] 〔印度〕阿马蒂亚·森：《正义的理念》，王磊、李航译，第2页。
[2] 〔印度〕阿马蒂亚·森：《正义的理念》，王磊、李航译，第3页。

的充分的理由。

除了指出先验制度主义研究方法过于抽象、脱离现实之外,森还认为这种研究方法忽视了全球范围内的正义问题。在森看来,发端于霍布斯的先验制度主义习惯于在主权范围内讨论正义问题。霍布斯认为,主权结构与正义问题是紧密关联的。如果没有相应的主权构架,那么就无法建构与正义相关的理论。在不存在全球范围内的主权权力、不存在全球政府和全球公民的情况下,很难建构相关的政治理论以应对全球范围内的正义问题。在霍布斯的政治哲学中,处理国与国之间关系的法则只能是自然状态的丛林法则,而不可能是正义的原则。当代契约论者继承了霍布斯的基本观点。如托马斯·内格尔所言:"如果霍布斯是对的,那么在没有世界政府的情况下讨论实现全球正义是一种幻想。"[1]而罗尔斯也同样舍弃了建立"全球正义"的努力,他在《万民法》中对国际关系的讨论仅限于"国际正义"的层面,并非建立在《正义论》所设定的理论框架下,也没有构想统摄全球的世界政府。[2]但是,森认为,在全球范围内确实存在着许多与正义相关的紧迫问题,例如医药研发专利的问题、贫困问题、瘟疫流行的问题,等等。从这个意义上来说,先验制度主义对于全球范围内正义问题的忽视是不恰当的。

最后,森借鉴印度法理学中对于niti(正义)和nyaya(正理)的区分来突出先验制度主义和比较研究这两种研究方法的不同。森论述道:"这两个词在古梵文中都有'正义'的意思,前者意为组织规范且行为正确,而后者指现实的正义这一全面的概念,即认为制度、规则以及组织的重要作用必须在更广阔的且更具包容性的正理范围内加以衡量。"[3]在森看来,"正理"是比"正义"更广阔的概念,它包含着对社会本身是否正义的评价,而不仅仅是对制度和规则的评价。森讨论了早期印度法学家提出的"鱼类的正义"(matsya nyaya)的例子。所谓"鱼类的正义"即是:

---

[1] 参见Thomas Nagel, "The Problem of Global Justice", *Philosophy and Public Affairs*, 2005, 33(2): 115。
[2] 参见前文对"全球正义"与"国际正义"的辨析。
[3] 〔印度〕阿马蒂亚·森:《正义的理念》,王磊、李航译,第16页。

大鱼吃小鱼、小鱼吃虾米。早期的印度法学家一再强调,"恃强凌弱"是自然界规律,却不是人类世界的正义。因此,依据"正理"所提出的要求,就可以得出这样的判断:"无论现存的社会制度多么合理,只要大鱼还能肆意地吃小鱼,就依然是对人类正理赤裸裸的侵犯。"[1]

## 第二节 可行能力的平等

森不仅对研究正义问题的方法提出了不同意见,而且对正义的度量标准也进行了革命性的创新,提出了新的"分配项"。如前所述,罗尔斯的正义学说是在批评古典功利主义的基础上提出来的。罗尔斯不仅反对功利主义的推理逻辑(中立的观察者),而且还批评了功利主义所选取的"分配项"——福利(功利)。罗尔斯反对以"福利"作为度量单位来判断社会分配是否正义的根本原因在于:福利概念无法兼容"人际相异性",没有考虑到人们不同的价值观念对各自的福利产生的影响。如果以偏好满足的程度来定义"福利"的话,人们"福利"水平的计算不可避免地受到其价值观念的影响。欲望较少的社会成员更容易满足于现状,其福利水平会比较高;相反,那些欲壑难填的社会成员的"福利"水平却显得很低。这可能与他们实际获取的财富和权力形成巨大的反差。正是考虑到这样的情况,罗尔斯建议以"社会基本善"而不是"福利"来度量社会正义,以"社会基本善"作为"分配项"。在罗尔斯的正义学说中,所谓"社会基本善"指的是一种通用的"手段",包括财富、权力、机会,等等。这些是一个人无论其理性生活计划是什么,都需要的东西。通过"社会基本善"这一概念的设定,罗尔斯绕过了对不同人的"目的"的比较,在一定程度上解决了"人际相异性"的问题。也就是说,无论每个人的理性生活计划如何不同,无论人们的价值追求如何不同,对于一个社会是否正义的判断都取决于人们实际获取的资源,而不在于人们的内

---

[1] 〔印度〕阿马蒂亚·森:《正义的理念》,王磊、李航译,第17页。

心是否感到满足。对于罗尔斯来说,即使人们很满足,但如果贫富差距悬殊,一些人从社会合作中受益很少,而另一些人可以坐享其成,这样的社会仍然是不正义的。

然而,在森看来,罗尔斯引入的"社会基本善"概念仍然没有很好地解决"人际相异性"的问题。因为,即使人们手里拿到同样多的"社会基本善",他们也不可能将这些资源转化成同样的"可行能力"(capability)。以"残障者"为例,假设,正常人和"残障者"被给予了同样多的"社会基本善"(财富、权力和机会)。这时,正常人可以通过这些"手段"而实现自己的理性生活计划(例如上学、深造、旅行、投资,等等);而"残障者"却必须以这些"手段"维持基本的生活(例如购买必需的医疗服务、更换医疗器械、购买特殊教育,等等)。那么,正常人与"残障者"之间的公平正义何在呢?[1]"残障者"所遭遇的不平等状况同样出现在"孕妇"、"先天遗传病患者"、"自然灾害的受害者"等这些社会成员身上。由此,森认为,以"社会基本善"作为度量来判断社会分配是否正义是不合适的。森论述道:"罗尔斯通过人们所拥有的手段来评判其获得的机会,而不考虑在将基本善转化为美好生活时可能会出现的巨大差异。……由此,我们有充分的理由将视线从基本善转向对自由与可行能力的实际评价。"[2]

为了更好地解决人际相异性的问题,森创新性地提出了自己的一组概念:功能与能力。森论述道:"'功能'(functioning)的概念(很明显它源自于亚里士多德),反映了一个人认为值得去做或达到的多种多样的事情或状态。"[3] 简单来说,功能就是人们所处的状态和可以做的事情(beings and doings)。森所理解的功能包括许多内容,从较初级的"保持

---

[1] 森批评罗尔斯的正义理论搁置了"残障"问题。在罗尔斯的早期著作中,罗尔斯认为其正义学说适用于所有正常的情形。对于残疾人,罗尔斯认为应将其推至立法阶段(legislative phrase)去讨论。在后期著作中,罗尔斯吸取了相关批评并对自己的观点进行了修正。在《作为公平的正义:正义新论》一书中,罗尔斯不再认为应将"残障"问题推至立法阶段,而应该拓展正义理论将残疾者也包括进来。
[2] 〔印度〕阿马蒂亚·森:《正义的理念》,王磊、李航译,第59页。
[3] 〔印度〕阿马蒂亚·森:《以自由看待发展》,任赜、于真译,第62—63页。

良好的营养"、"身着体面的服装"、"接受义务教育"等，到较复杂的"在世界顶级的音乐厅欣赏交响乐"、"实现环球旅行的计划"以及"成为候选人竞选总统"等，都可以被称作"功能"。同时，"可行能力"的概念与"功能"概念直接相关，指的是"某人有可能实现的、各种可能的功能的组合"[①]。在森看来，"可行能力"是一个集合，它包括了一个人可能实现的所有功能。在构建了"功能"和"能力"两个概念之后，森的分配正义主张就很好理解了：在社会分配领域，要努力实现人们在"可行能力"上的平等，也就是每个人"可能实现的功能集合"的平等。[②]

在森的阐述中，"可行能力"由人们的各种"功能"组成，直接反映人们可以享有的"自由"。森将自己使用的自由概念称为"实质自由"（substantial freedom）。这一概念与"形式自由"概念相对，强调行为者做自己真正想做的事情的实质性机会，包括"免受困苦——诸如饥饿、营养不良、可避免的疾病、过早死亡——之基本的可行能力，以及能够识字算数、享受政治参与等等的自由"[③]。从森的定义中我们看到，"功能"和"可行能力"这两个概念之间存在着一定的距离。"功能"指的是人们确实能够达到的状态，是一个"实践概念"；而"可行能力"指的则是实现某种功能的可能性，是一个"机会概念"。[④]正如森所言："一个人的功能性活动组合反映了此人实际达到的成就，可行能力集则反映此人实

---

[①]〔印度〕阿马蒂亚·森：《以自由看待发展》，任赜、于真译，第62—63页。

[②] 在具体的分配目标上，森与努斯鲍姆和安德森的能力学说有所不同，森意图实现的是能力平等，而努斯鲍姆和安德森的目标则是满足某一最低限度的功能水平，即"门槛值"。换言之，森的正义学说应用的是平等原则，而努斯鲍姆和安德森的正义学说应用的是充足原则。

[③]〔印度〕阿马蒂亚·森：《以自由看待发展》，任赜、于真译，第30页。

[④] 查尔斯·泰勒（Charles Taylor）在文章《消极自由有什么错？》中使用了一对术语——"机会概念"（opportunity concept）和"实践概念"（exercise concept）——来区分消极自由和积极自由两种自由概念。泰勒指出，作为一种"机会概念"，消极自由概念将自由定义为"向我们敞开的可能性"。与此相反，作为"实践概念"的积极自由则强调，个人自由的实现在于人们能在某种程度上实现其真实的自我。参见 Charles Taylor, "What's Wrong with Negative Liberty", in David Miller(ed.), *Liberty*, pp. 175-193, London: Oxford University Press, 1991.

现其成就的自由：可供这个人选择的各种相互替代的功能性活动组合。"[1]
实际上，当代能力主义者经常在"实际达到"与"机会"之间摇摆。[2]这也使得能力学说变得含混不清。但通常来说，能力路径至少要求某种最低限度的实际达到。

森认为，在对社会分配问题的考察中，"可行能力"是比"基本善"更为恰当的分配项。首先，"可行能力"并非如"基本善"那样关注的是人们实现自身目的的"手段"，而是直接关注"目的"。森的上述观点得到了部分学者的认同。例如，伊恩·卡特（Ian Carter）认为，相比于那些诉诸可见物的分配项（基本善、福利、资源），"可行能力"是反恋物主义的（anti-fetishism），关注的是人的目的本身，而不仅仅是手段。在卡特看来，"正义应关注具有内在价值的东西，而不仅仅是工具价值"[3]。其次，森还认为，"可行能力"是优于"福利"的分配项。因为，功利主义者所使用的"福利"或"效用"被定义为（理性）偏好的满足，是一个主观变量。这样的主观变量将受到德沃金所说的"适应性偏好"（adaptive preference）的非难。所谓"适应性偏好"指的是：当事人放弃自己原有的偏好以适应外部环境的压制。例如，种族主义社会中的少数族群、大男子主义社会中女性、奴隶社会中的奴隶，都可能改变自己争取自由平等的偏好以获得满足，而他们所处的社会显然是不正义的。因此，将类似"福利"这样的主观变量作为度量和评价社会正义的变量是不恰当的。在能力主义者看来，只有客观的变量才能充当分配项。

在森看来，"可行能力"能更好地容纳人际相异性，允许多维度的社会评价。然而，如果我们仔细分析就会发现，"可行能力"的提出似乎并没有很好地解决人际相异性的问题。由于人们的理性生活计划不同，实际达到的功能集会有很大的区别。例如，一个天文爱好者的功能集可能是足够的

---

[1] 〔印度〕阿马蒂亚·森：《以自由看待发展》，任赜、于真译，第63页。
[2] 关于这一问题的深入讨论可参见拙作《平等理论的谱系》，中国社会科学出版社，2018年，第六章第三节"能力平等"。
[3] Ian Carter, "Is the Capability Approach Paternalistic?", *Economics and Philosophy*, 2014, 30: 75-98.

天文学知识、用专业的天文望远镜观测星空、出国旅行寻找陨石等，他可能将手中所有的资源都用于发展天文方面的功能。而一个美食家的功能集则可能是在米其林餐厅品味美食、吃到最稀有的食物等，他将自己手中的资源用于享受美食。那么，我们该如何评价他们不同的功能集呢？在"可行能力"的度量上，孰高孰低呢？森充分地意识到了"可行能力"的研究视角是"多重"的。森论述道："对人的总和处境进行人际比较，仍然要求'汇总'那些一致的组成要素。可行能力视角不可避免是多重的。"森认为，这种多重性源于三个方面的因素：第一，一些功能活动比其他功能活动更重要。例如，"保持良好的营养"就是一项重要的功能，在大多数情况下比"听一场音乐会"这样的功能要重要。第二，依据各种功能的重要程度，应赋予不同功能不同的"权重"。但是，人们对于哪种功能应赋予多大"权重"的看法是不同的。第三，可行能力这一变量并没有覆盖所有与社会评价有关的因素[①]，所以，可行能力应被赋予多大的权重，这一因素也增加了问题的复杂性。但是，森认为，可行能力路径的这种多重性并没有阻碍社会评价所必需的"人际比较"，反而使得人际比较更加多元化。

森具体讨论了如何实现以"可行能力"为视角的人际比较的三个问题：第一，关于对不同的功能赋予"权重"的问题。森认为，有两种可能的方式——"技术官员"和"民主"，由某个技术官员凭借某种神奇的公式来确定各种功能的权重，或者由所有社会成员通过公共讨论和投票来决定各种功能的权重。森否认有任何一种神奇的公式可以确定能力的清单，主张通过公共理性和民主参与的过程，挑选出不同的能力。第二，对于人们应选取所有功能进行社会评价还是仅关注一部分功能的问题，森指出有三种可能的方式："全面比较"、"局部排序"以及"突出的可行能力比较"。其中，"全面比较"要求对所有的功能进行比较，"局部排序"不要求评价性排序的完整性，而"突出的可行能力比较"则选出一些与所讨论问题相关的功能进行比较。例如，森在讨论贫困问题时，就选择了就业、寿命、识字和营养状况这几种功能进行排序比较。第三，对于

---

[①] 除了可行能力之外，森还讨论了"收入"、"基本善"、"资源"等其他评价因素。

"可行能力"比较与其他变量之间的关系，森认为，"可行能力"及其相关理论的提出并不意味着只能以"可行能力"作为变量对公共政策和社会分配做出评价，"可行能力"比较与其他变量之间的关系可能是相互补充的。除了采用"直接法"，直接应用可行能力比较的数据外，还可以应用"补充法"，在延续传统的收入比较的基础上，以可行能力比较作为补充，或者使用"间接法"，在延续传统的收入比较的基础上，以可行能力比较的数据对收入进行校正，算出"调整后的收入"。例如，为了反映可行能力的真实情况，残疾人"调整后的收入"会因其残疾所需的医疗费用而下降。在森看来，"补充法"是比较可行的，因为它能以直观的方式展示人们之间真实的不平等状况。

森提出的"可行能力"测量的一整套方法不仅在理论界引发了热烈的反响，而且还推动了经济发展之度量方法的变革。联合国对全球贫困和不平等问题的关注以及对人类发展状况的测量就吸收了森的相关主张。1990年，联合国开发计划署（UNDP, United Nations Development Programme）依据森的能力平等理论创立了人类发展指数（HDI），以预期寿命、教育水平和生活质量三项基础变量，按照一定的计算方法得出经济发展的综合指标，并从当年开始每年在《人类发展报告》中定期发布。"人类发展指数"包含了森认为重要的各项能力，而不是像古典功利主义主张的那样简单地以社会福利总和，亦即GDP或GNP等经济指标，来标识各国经济发展的状况。

## 第三节　最低限度正义

森虽然提出了"可行能力"这一比"基本善"和"资源"更为恰当的分配项，但是，对于何种"可行能力"与正义问题相关，以及如何依据这些"可行能力"的情况对社会正义做出评价，森并没有给出明确的论述。在森的工作的基础上，努斯鲍姆试图进一步规定与分配正义相关的可行能力的清单。她采用"客观清单路径"（object-list route），列出了十种"核心人类能力"：1. 生命（能活到正常人类寿命的尽头）；2. 身体健康（良好的健康状况、营养充足，有足以容身的居所）；3. 身体的完整性（能抵御攻击，包括性侵犯、儿童性虐待以及家庭暴力）；4. 感知、想象和思考（能够想象、思考和说理，充分的教育，包括识字、基础的数学训练和科学训练）；5. 情感（能够去爱，去悲伤，去体验渴望、感恩和合理的愤怒）；6. 实践理性（能够形成一种善观念，能够对自己的人生计划予以批判性反思）；7. 依附（能够与他人亲密生活在一起，并拥有自尊和不受羞辱的社会基础）；8. 其他物种（能够关怀动物、植物和整个自然界）；9. 玩耍（能够欢笑、玩耍、享受娱乐活动）；10. 控制自身所处的环境（包括政治环境和物质环境，能够有效参与主宰个人生活的政治决策，能够有实质性的机会拥有财产，拥有与他人同等的财产权、择业权，以及免于无正当理由的搜查扣押的自由）。[1]

努斯鲍姆认为，上述能力清单可以通过罗尔斯在《政治自由主义》一书中所说的"重叠共识"推导出来。所谓"重叠共识"指的是："人们可以将这一观念当作政治观念之独立的道德核心来认同，而无须接受任何特定的形而上学世界观、任何特定的整全性的伦理或宗教观念，甚或任何特定的人的观念或人性观念。"[2]也就是说，人们不需要对人性做出任何特殊的假定，也不需要认同任何特殊形式的社会理想或者宗教预设，仅从政治层面就能推导出一个"人类核心能力"的清单。"人类核心能力"清单与任何人性假设相协调，也适用于任何形式的社会和宗教传统。在努斯鲍姆看来，能力清单的道德基础不在于任何形而上学的预设，而在于人们在政治领域的一个基本直觉：从道德意义来看，应加以发展的是那些从伦理观点看有重要价值的人类能力。[3]同时，这是一个开放的清单，

---

[1] 参见〔美〕玛莎·努斯鲍姆：《女性与人类发展——能力进路的研究》，左稀译，中国人民大学出版社，2020年，第64页。
[2] 〔美〕玛莎·努斯鲍姆：《女性与人类发展——能力进路的研究》，左稀译，第62页。
[3] 参见〔美〕玛莎·努斯鲍姆：《女性与人类发展——能力进路的研究》，左稀译，第66页。

随时可以修正或补充。

努斯鲍姆认为,清单中所列的这十项能力中的每一项都是至关重要的。对于人们不会丧失人类尊严而生活来说,它们是"人类生活所必需的能力",是能力的"门槛值"。人们不能以增大其中某项的方式来减少或去除另一项。人们实现相应的功能集的要求产生了相关的社会义务和正义义务。国家和政府应采取具体的政策和措施为所有人提供实现相关功能的社会基础。例如,对于第9项"玩耍"来说,在某些社会中,女性的传统角色要求她们从很小就开始承担家务劳动,女孩们无法像同龄的男孩子那样玩耍嬉戏。因此,能力路径向这样的社会提出要求,应转变对女性的角色定位,将她们从家务劳动中解放出来,让她们拥有更多闲暇时光,为她们实现"玩耍"这一功能提供社会基础。如努斯鲍姆所言:"任何将公民推至某个核心能力领域门槛标准之下的抉择都存在一种悲剧性的面向。"[1]

努斯鲍姆主张一种"最低限度正义理论"(minimal theory of justice),亦即,任何文化或宗教传统中的社会都应向其公民提供保证核心能力门槛值的资源和相应的制度保障,这是社会正义的要求,而在门槛值之上的不平等状况则与正义无关。值得注意的是,努斯鲍姆并不主张能力路径的目标是实现所有功能的发挥。她举例说,一个自愿进行斋戒的苦行僧可能缺乏营养。他没有实现"营养充分"这一功能,但并不能由此而得出结论——其所处的社会没有尽到相应的义务以满足其能力的"门槛值"。努斯鲍姆论述道:"就成年公民而言,能力而非功能发挥才是恰当的政治目标。这是因为能力进路赋予实践理性非常重要的意义。"[2]也就是说,社会尽到义务保证各种核心能力的"门槛值",而个人则可以根据自己的善观念而选择实现哪些功能组合。就像在上述例子中,苦行僧是斋戒,而不是挨饿,斋戒所导致的营养不良是他自愿选择的,并不是由于社会的不正义造成的。

有学者认为,努斯鲍姆的正义理论类似于一种普世的人权理论。在这一问题上,努斯鲍姆认为,能力学说是优于人权学说的。第一,传统

---

[1] 〔美〕玛莎·努斯鲍姆:《女性与人类发展——能力进路的研究》,左稀译,第65页。
[2] 〔美〕玛莎·努斯鲍姆:《女性与人类发展——能力进路的研究》,左稀译,第69页。

的权利学说中存在许多含混之处。例如,权利是先于政治的还是法律和制度的产物?权利是属于个人的,还是属于集体的?权利是人们追求目标时的行动之边界约束,还是人们所追求的目标本身?某人的权利是否意味着其他人的相应责任?……自从权利学说诞生以来,这些理论问题就一直困扰着人们,这使得以权利学说或人权理论来讨论正义问题变得困难重重。努斯鲍姆认为,在许多情况下,讨论权利的最佳方式就是将其视为综合能力。第二,从能力角度能够更准确地考察人们是否实质性地拥有相应的权利。例如,法律规定女性有外出工作的权利,但如果一个女性外出工作就会受到暴力威胁,那么她实际上并不拥有这项权利。第三,在涉及财产和经济利益的问题时,能力分析着眼于人们实际上能够怎样生活,这样就更容易找到为经济地位处于弱势的社会成员进行补助的理由。例如,穷人和富人同样拥有财产权,以权利话语很难找到补助穷人的理由。但是,如果我们将目光转向"能力",富人有能力周游世界,而穷人连看一场电影的能力都没有。这时,我们就可能为"最低工资"、"最长工作时间"、"失业补助"等这样的制度设计找到恰当的理由。第四,相比于权利话语,能力话语不会紧密关联某个特殊的文化和历史传统,这使得能力学说具有更大的普适性。权利学说起源于西方,虽然在其他文化中也能发现"权利"的因素,但其解释力总会受到文化背景的影响。在这一点上,能力学说与不同的文化更加兼容。也正是在这个意义上,努斯鲍姆将自己的能力学说称为"最低限度的正义",亦即,任何文化和宗教传统的社会都应实现的最低限度的正义。

## 第四节　民主的平等

如本书上篇第六章所述,安德森在《平等的意义何在?》一文中,系统地批评了运气平等主义,并对森提出的能力平等理论做了进一步的建构。安德森将自己的平等理论称为"民主的平等",这与安德森确定哪些能力与正义相关的方法相关。安德森反对像努斯鲍姆那样直接给出能力的清单,她采用的路径被称为"准则路径"(criteria route)。亦即,以"成为民主社会中的平等成员"为准则,并据此而确定人们的哪些"可行能力"与正义相关。安德森将自己的平等理论称为"民主的平等",这是为了强调人们不仅应该拥有作为人和作为劳动者的功能,还应该具有民主国家的公民的一系列功能,亦即,参与公共讨论和政治活动的相关功能。除此之外,安德森还以"有效可及"来阐明这些能力向社会提出的要求。

安德森认为,我们应该"考虑可及功能的三个方面:作为一个人;作为生产合作体系中的一个参与者;作为一个民主国家的公民"[①]。在安德森看来,上述三方面的功能应该是有效可及的(effectively accessible)。第一,作为一个人而行使的功能要求对维持生物体存在的手段——食物、住所、衣服和医疗服务——是有效可及的,对人类能动性的基本条件——对个人环境和选项的知识、对手段和目的进行权衡与慎思的能力、自主的心理条件——是有效可及的。第二,能够作为合作生产体系中的平等参与者,要求对生产手段、发展个人才能所必需的教育、职业选择的自由、同他人签订契约和进行合作性协议的权利以及对一个人的劳动得到公平价值的权利是有效可及的。第三,能够作为民主国家的一员而行使政治参与的权利,这要求人们对公民社会的善与关系是有效可及的,其中包括:言论自由与选举权、结社自由、可及的公共空间(道路、公园、公共设施、邮局服务、电信等)以及没有羞耻感和恐惧感地出现在公众面前,不被归于被驱逐的地位,等等。[②]安德森认为,所有这些功能都应该是有效可及的,这是一个"门槛值",所有社会成员平等地向社会提出上述这些要求,残障者也包括在内。

对于什么是"有效可及",安德森做出了具体的阐述。第一,"民主的平等"所要求的"有效可及"并不是指所有人的实际的功能水平都必须达到某一客观标准,而是指人们可以通过自己的努力而达到那些功能

---

[①] Elizabeth S. Anderson, "What Is the Point of Equality?", *Ethics*, 1999, 109(2): 287-337.
[②] 参见 Elizabeth S. Anderson, "What Is the Point of Equality?", *Ethics*, 1999, 109(2): 287-337.

水平。安德森论述道:"对某一水平的功能的有效可及意味着,人们通过采用已经在他们控制之下的手段来获得那些功能,并不是不用他们自己付出任何努力就可以无条件地得到保证。"第二,"民主的平等保证的不是对平等水平功能的有效可及性,而是对在一个社会里作为平等者而言是充分的那种功能水平的有效可及性"。举例说明,国家并不要求每个人都具有平等的语言水平,例如能掌握两门语言,而仅仅是保证人们作为平等的政治参与者,能掌握母语的读写能力。因此,国家和社会应尽一切努力,提供条件让所有的社会成员都拥有这项功能。第三,与"起点平等"不同,"民主的平等保证了对人们终其一生都可作为平等者而言是充分的可行能力集这一集合的有效可及性"。[1] 也就是说,"民主的平等"并不是仅仅关注人们基于出身的不平等,或者成年之前的不平等,而是尽力保证人们在一生当中在上述功能方面的有效可及。

安德森认为,追求能力平等的社会分配方案优于罗尔斯的正义学说和德沃金提出的资源平等理论,也优于分配正义中的"按需分配"原则。第一,相较于罗尔斯的正义学说和德沃金的资源平等理论,能力路径从更广阔的社会领域考察正义问题,包含更多与人们实际生活息息相关的信息,所以能够更准确地反映人们之间的不平等状况。安德森论述道:"可行能力方法的一个优势是,它允许考虑资源和其他可见物品分配之外的事情来分析不正义。一个人的可行能力并不仅仅是一个人固定的特征和可见资源的函数,而且也是一个可变化的特征,是社会关系和规范、机会、公共善和公共空间的函数。"[2] 第二,一些学者认为,可行能力路径实际上是分配正义中的"按需分配"原则,亦即,国家和政府应通过再分配满足人们的各种基本需要。但是,安德森否认了这种说法。在安德森看来,能力路径与"按需分配"之间的区别在于:能力路径要求每个人能够有效地可及"足够"的资源,使其能作为公民社会中的一个平等者而行使功能。"民主的平等"和"按需分配"都以充足性(sufficiency)作为资源分配的基本原则,但是,

---

[1] Elizabeth S. Anderson, "What Is the Point of Equality?", *Ethics*, 1999, 109(2): 287-337.
[2] Elizabeth S. Anderson, "What Is the Point of Equality?", *Ethics*, 1999, 109(2): 287-337.

在能力学说中，关于什么算作"足够"，是随文化规范、自然环境和个人条件而不同的。"按需分配"则不同，它通常不考虑行为者是否能形成相应的能力而武断地确定一个"基本需要"的标准。举例说明，"按需分配"和安德森的"民主的平等"都共同认为社会应给予人们形成读写能力的基本条件。但是，"民主的平等"认为，对于那些天资较差的学生，社会应给予更多的教育资源以使其形成基本的读写能力，而"按需分配"则不会在这一问题上对不同天赋的学生做出区分。

## 第五节　批评与辩护

由森、努斯鲍姆、安德森等学者共同开创的能力学说在分配正义的研究中产生了极大影响，也受到了各种质疑和批评。第一，一些学者认为，以可行能力的"门槛值"来划定社会正义与否的界限是不恰当的。一方面，能力路径只关注能力处于门槛值以下的不平等状况，忽视了门槛值以上的不平等所造成的不正义。另一方面，对于某些社会成员来说，无论如何调整再分配方案，也无法使其达到可行能力的门槛值。例如，理查德·阿内逊对安德森的批评："民主的平等认为一旦人们高于基本可行能力门槛，正义就不关注个人的生活是变好还是变坏。为什么不呢？假定社会面临这样的问题，比如说税收政策的选择，那些远高于门槛值的人的利益（平均福利较高）与刚到门槛值的人的利益（平均福利很低）激烈冲突。"[1] 而且，阿内逊还认为，在特殊情况下，可行能力的保证可能是无底洞，无论补助多少资源都无法使一些人达到相应的功能水平。救助灾民以及残疾人的情况都可能是这样。正是基于这种考虑，德沃金建议以"虚拟保险"的形式确定救助的金额，而不是人为地划定门槛值。

第二，一些学者指出，能力学说在确定"能力清单"时必须在不同能力之间做出选择，这使得能力学说不可避免地是"家长主义"

---

[1] Richard Arneson, "Luck Egalitarianism and Prioritarianism", *Ethics*, 2000, 110(2): 339-347.

(paternalism)的。所谓"家长主义"指的是：国家或政府以促进个人的善为理由而对个人自由的不恰当干涉。[1]例如，尼尔森（Eric Nelson）指出，能力主义不可能是价值中性的。因为，能力主义需要解决两个难题：一是，如何划定能力的底线？以何种程序设定哪些能力是必需的？二是，在一个非理想的社会中，应该优先推崇哪些能力？教育、健康，或者体面的工作？这两方面的决定都不可避免地包含了人们的价值观念。因此，在选定"能力"及其门槛值的过程中，不可避免地会将某种善观念强加在所有社会成员头上。[2]安德森对"家长主义"的问题做出了回应。安德森认为，这种指责模糊了下述区分：人们想要什么与其他人有义务给他们提供什么。在安德森看来："国家只确保公民得到他们作为一个平等公民行使功能所必要的可行能力。……（国家这么做）不是因为从最好的善观念看，它们是最重要的，而是因为这些可行能力是公民共同地有义务彼此提供的。"[3]也就是说，具体发展哪方面的能力、实现什么样的功能集是每个公民的自由，国家和社会并没有对此进行干涉；而提供"平等公民行使功能所必要的可行能力"的社会基础则是国家的责任，也是判断一个社会是否正义的标准。

第三，对于正义的度量和评价来说，最大的困难就是"人际相异性"问题。在不同个体之间，有许多变量可以比较。资源、福利、基本善、能力、收入、财产……对于这些变量都可以进行人际比较。当人们将某一个变量进行平等化，另一些变量就可能变得不平等。因此，关键的问题是找到能够恰当地被平等化的变量，并忽略人们在其他变量上的不同。在能力主义者看来，这一恰当的变量就是"可行能力"。然而，人

---

[1] 参见《西方哲学英汉对照辞典》对"家长主义"的定义："家长主义源于父母对自己孩子的关怀。在伦理学中，它意为某人干涉另一个人的自由，而相信他这样做正在促进他所干涉的那人的善，或使他所干扰自由的人免遭伤害，即使这个行动引起了那人的反对或抗议。"（〔英〕尼古拉斯·布宁、余纪元编著，人民出版社，2001年，第731页）
[2] 参见 Eric Nelson, "From Primary Goods to Capabilities: Distributive Justice and the Problem of Neutrality", *Political Theory*, 2008, 36(1): 93-122。
[3] Elizabeth S. Anderson, "What Is the Point of Equality?", *Ethics*, 1999, 109(2): 287-337.

们选择实现的功能集可能是不同的。为了进行人际比较，并且判断是否构成了不正义，就需要对能力总和进行计算。如何算出各种能力的价值总和以进行比较呢？能力主义者在这一问题上鲜有讨论。斯科卡尔特（Schokkaert）提议将能力的价值化约为其对人们幸福的贡献。[①]然而，这是福利经济学的思路，必然遭受将"福利"作为度量正义的变量时所遭受的所有批评。实际上，森明确反对将能力的总和化约为"福利"。在森看来，一个完整的对能力的排序从根本上就是错误的。[②]

第四，正义理论必须在个人和集体责任之间划出清晰的界限。一些学者认为，能力路径的讨论对这一点没有深入探索。正义理论不仅应该规定人们的权利，而且还应该规定人们的义务。缺乏这个部分使得能力理论无法具有实践意义。对于这一点，安德森提出了不同意见。她认为，能力路径将"个人为自己的行为负责"的原则融入对平等能力的追求之中。安德森论述道："民主的平等不保障由于不审慎行为造成的所有丧失，只保证足够的对于作为平等的公民和不受压迫所必需的可行能力。"[③]安德森认为，民主的平等中有两个策略可以促进个人责任：一是，民主的平等只在可行能力的范围内提供平等。例如，成年人参与生产，其条件是他能负责任地履行其职责。二是，民主的平等保证的平等对待是以运用负责任的能动性为前提的。以因吸烟而患肺癌的病人为例，民主的平等并不像运气平等主义者那样主张对这样的病人不予治疗，或者要求

---

① 参见 E. Schokkaert, "Capabilities and Satisfaction with Life", *Journal of Human Development and Capabilities*, 2007, 8(3): 415-430。

② 德沃金的"妒忌测试"是避免对相关变量进行加总和评价的另一种尝试。在德沃金的资源平等理论中，分配项是资源，分配规则是平等。其中，德沃金所理解的"资源"不仅包括物质占有的可见物，还包括休闲时间，人们的技术、天赋甚至是生理缺陷。为了判断人们各自所拥有的资源是否一样多，德沃金并不需要对不同的资源进行加总，因为"妒忌测试"可以告诉人们，社会分配是否达到了这一目标。然而，"妒忌测试"得以奏效，依赖于许多背景假设：没有种族主义、没有性别主义、没有其他形式的系统性的偏见。这使得"妒忌测试"变得理想而不切实际。在完全不存在偏见的理想状况下，我们才可以将"妒忌测试"用于平等与否的测试。参见 Serena Olsaretti(ed.), *The Oxford Handbook of Distributive Justice*, pp. 122-123。

③ Elizabeth S. Anderson, "What Is the Point of Equality?", *Ethics*, 1999, 109(2): 287-337。

其自己承担治疗的昂贵费用。但是，民主的平等同样认为，这样的病人应该为自己的恶劣生活习惯给自己及其家人带来的后果负责。可能的解决方案是：向吸烟者征税，并将这部分税收用于治疗那些不幸患上肺癌的人。这样一来，吸烟者将付出更高的成本，也就对他们的生活习惯对自己或他人造成的伤害承担了相应的责任。

综上所述，当代正义理论中的能力学说提出了新的分配项——可行能力，将更多的信息容纳到对于正义问题的社会评价之中，极大地拓展了正义的视野。然而，分配正义中的能力学说仍然面对着众多悬而未决的问题：应采用平等原则还是充足原则？如何解决人际相异性问题？如何凸显个人责任？怎么排除家长主义？……这些理论难题还有待新的研究来解决。

# 第八章　满足需要的社会分配

平等主义是当代分配正义研究的一大流派，如前所述，德沃金提出的资源平等，阿马蒂亚·森提出的能力平等，以及一些功利主义者提出的福利平等或福利机会平等都属于平等主义分配学说。在当代讨论中，平等主义受到多种质疑。一些学者认为，平等不应该成为分配的目标，"满足需要"才是。这些学者主张以"按需分配"为基本原则，将满足人们基本生活需要作为社会分配的最终目的，这种学说被称为充足主义（sufficientarianism）。哈里·法兰克福是充足主义的代表，他论述道："在我看来，（经济平等主义）是一个错误。……从道德的观点看，就经济财货的分配而言，重要的不是每个人都应该拥有相同的，而是应该拥有足够的。如果每个人都有了足够的，一些人是否比其他人得的更多，这没有任何重要的道德后果。我把这种平等主义的替代物——即，就钱而言，道德上重要的是每个人具有足够的——记为'充分性学说'。"[1]

"按需分配"并非当代学者首创的分配正义原则。马克思最先在《哥达纲领批判》中阐释了按需分配原则，他论述道："在共产主义社会高级阶段，在迫使个人奴隶般地服从分工的情形已经消失，从而脑力劳动和体力劳动的对立也随之消失之后；在劳动已经不仅仅是谋生的手段，而且本身成了生活的第一需要之后；在随着个人的全面发展，他们的生产力也增长起来，而集体财富的一切源泉都充分涌流之后——只有在那个时候，才能完全超出资产阶级权利的狭隘眼界，社会才能在自己的旗帜

---

[1] Harry Frankfurt, "Equality as a Moral Idea", *Ethics*, 1987, 98(1): 21-43.

上写上：各尽所能，按需分配！"①在这段话中，马克思将按需分配原则当作是共产主义社会的分配原则，即当物质财富极大丰富、劳动自身已成为人们的第一需要而不是负担时的社会分配原则。如此一来，按需分配原则就不适用于现阶段的社会现实，是一个高于现实的理想。马克思为什么将按需分配原则当作一个高于社会现实的理想，而不是主导现实的社会分配的原则，这与按需分配原则自身的困难有关。

## 第一节　按需分配的三个困难

如果将"需要"作为社会分配原则的基础的话，我们马上就会遇到三个困难。第一个困难是：什么是需要，需要的内容如何确定？这个问题涉及"需要"与"想要"、"欲求"之间的根本区别到底是什么。例如，有人崇拜某个明星，并且认为自己需要得到该明星演唱会的门票，那么正义的社会分配会因此而将购买演唱会门票所需的资金作为其应得的部分分配给他吗？同样，如果某人是天文爱好者，那么正义的社会分配就应该将购买昂贵的天文观测器材的资金分配给他吗？如果我们根据人们的志向来界定"需要"的话，每个人都会有意识地培养某种"昂贵"的需要，以获得更多的社会资源，而一种正义的社会分配就将变得不可能。另一方面，需要的内容不仅与个人的志向有关，还在很大程度上受到文化和道德传统的影响。一个信奉天主教的基督徒需要每周日去教堂做礼拜，那么正义的社会分配是否应该支持在每一个小镇或某几个街区之间建一座教堂？如果某一个区域内生活着不同宗教背景的人们，那么，正义的社会分配是否支持在这一区域内建造教堂、清真寺和寺庙？如果不能这样做的话，理由又是什么？可见，何谓"需要"的问题受到每个人的理性生活计划的影响，也受到人们的不同文化和宗教背景的影响，很

---

① 《马克思恩格斯选集》（第二版）第三卷，人民出版社，1995年，第305—306页。

难给出一种客观的界定和阐释。

按需分配原则面对的第二个困难是：如何确定不同需要的"优先性"？按需分配原则在具体应用的过程中可能会出现三个与"优先性"有关的问题。首先，在不同需要中应该首先满足哪种需要？面对众多不同的需要——食物、衣服、医疗、住房、教育、信仰、追求自己人生目标的必要条件，等等，如何在这些不同的需要之间进行排序，这是一个仁者见仁，智者见智的问题。也就是说，哪一种需要最重要，应该优先满足，这在很大程度上取决于人们的价值观和人生观。也许大部分人会认为，衣食住行这些"生物学的需要"是最重要的，因为如果这些需要得不到满足，那么人就活不下去，也就不可能产生其他的需要。但也有人会认为，如果自己的人生目标实现不了，或者某种宗教文化的诉求得不到满足，自己就活不下去，或者，活着还不如死去。由此，在不同的需要之间做出客观的"优先性"的排序，似乎也成为不可能。其次，不同人的同种需要之间也存在孰先孰后的问题。当不同的人都有同样的需要时，例如都需要住房，那么应该首先满足谁的需要呢？是农村人的住房需要还是城市人的住房需要，是年轻人的需要还是老年人的需要，是已婚人士的住房需要还是未婚人士的住房需要，是有孩子的人的住房需要还是没有孩子的人的住房需要……可见，在不同人的相同需要之间也必须进行优先性的排序。再次，不同人的不同需要之间的优先性又如何确定？这一困难与确定不同需要之间的优先性的困难是息息相关的。如果我们不能对不同的需要进行排序，例如从最基本的生物性需要到较宽泛的社会性需要，那么，我们也就无法在不同人的不同需要之间做出优先性的排序：你需要住房，为一家老小遮风挡雨；我需要一辆轿车送孩子到5公里以外的地方上学；他需要医疗经费治疗慢性病……那在资源有限的情况下，应该首先满足谁的哪种需要呢？以什么原则来对不同人的不同需要进行排序呢？

按需分配原则面对的第三个困难是：当需要原则与其他分配原则（如应得原则）相矛盾时，如何确定不同分配原则之间的优先性？举例来说，一位公司白领辛勤劳动、天天加班挣钱。然而，为了满足社会中另一些人的基本需要，社会分配将这位公司白领的加班费的一部分以个人所得税的方式用于补贴另一部分人。那么，这样做的道理何在呢？对于那位勤勤恳恳加班的年青人来说，这么做公平吗？如果"需要"可以成为一个主导分配的"理由"的话，它与其他"理由"之间的关系是什么？不同"理由"之间的优先性又如何确定呢？

正是由于按需分配原则在现实应用中存在着上述三方面的困难，所以许多当代分配正义的研究者都认为，这一原则无法成为主导社会分配的根本性原则。约翰·格雷（John Gray）和罗伯特·诺奇克都是按需分配原则的反对者。用格雷的话来说："基本需要的客观性是不可靠的。需要不可能被赋予合理的跨文化的内涵，而是被看作随着道德传统的不同而变化的。即使在道德传统发生重叠从而使得在基本需要上的内容能够达成共识，也没有任何办法能在相互冲突的基本需要之间达成迫切性的一致同意的进度表。"[1] 然而，在当代分配正义研究中也有一些学者试图将按需分配原则拉回到现阶段的社会现实中来，使其对当下的社会分配发挥积极的作用、构成社会分配的基础。迈克尔·沃尔泽（Michael Walzer）和戴维·米勒（David Miller）是这一派学者的代表。[2] 而他们的工作一方面是论证为什么应该将"需要"作为构建社会分配原则的基础，另一方面是解决按需分配原则在现实的社会分配中所遇到的一系列困难。下面我将首先讨论第一方面的内容。

## 第二节　支持按需分配的三种论证

为什么要将"需要"作为构建社会分配原则的基础？除了本章开头所表达的道德直觉之外，我们还需要对这一问题进行严格的哲学论

---

[1] J. Gray, "Classical Liberalism, Positional Goods, and the Politicization of Poverty", in A. Ellis and K. Kumar(eds.), *Dilemmas of Liberal Democracies: Studies in Fred Hirsch's "Social Limits to Growth"*, London: Tavistock, 1983, p. 182.

[2] 参见〔英〕戴维·米勒：《社会正义原则》，应奇译，江苏人民出版社，2001年。

证（justify）。下面我将具体分析当代政治哲学中支持按需分配的三种论证——基于社会契约论的论证、基于"明显的不正义"的论证、基于自由概念的论证。

## 一、基于社会契约论的论证

自17世纪中叶英国哲学家托马斯·霍布斯开创社会契约论以来，契约论一直是现代西方政治思想中构建政治理论的主流理论形式。延续这一传统的近现代思想家有洛克、卢梭、康德，而当代思想家则有罗尔斯、德沃金、高蒂尔，等等。沃尔泽对"按需分配"原则的论证也采用了社会契约论，他在《正义诸领域》一书中为我们提供了一种以契约论为基础的支持按需分配原则的论证。沃尔泽认为，一个政治共同体，远不止是一个"互利俱乐部"[1]，并非所有的供给都是互惠性的。在某些情况下，提供供给的人并不能得到接受供给的人的回报。例如，对丧失劳动力的残疾人的基本需要的供给，就很难得到他们的回报。那么，这种并非互惠互利的转移支付为什么是正当的呢？为什么一些人的辛勤工作总是被用于补贴另一部分人的生活呢？

沃尔泽站在契约论的立场来考虑这个问题。沃尔泽认为，当人们缔结社会契约，一致同意联合起来建立政治共同体的时候，"目的是为了应付我们独自无法应对的困难和危险。因此，无论何时，只要我们发现自己正面对那样的困难和危险，我们就寻求共同体的帮助"[2]。沃尔泽对社会契约的理解与卢梭的理解是一致的。卢梭在《社会契约论》中论述道："人类曾达到过这样一种境地，当时自然状态中不利于人类生存的种种障碍，在阻力上已超过了每个个人在那种状态中为了自存所能运用的力量。……所以人类便没有别的方法可以自存，除非是集合起来形成一种

---

[1] 根据沃尔泽的引证，这一说法来自马歇尔，参见 T. H. Marshall, *Class Citizenship, and Social Development*, Garden City, NY: Doubleday, 1965, p. 298.
[2] 〔美〕迈克尔·沃尔泽:《正义诸领域：为多元主义与平等一辩》，褚松燕译，译林出版社，2009年，第89页。

力量的总和才能克服这种阻力,由一个唯一的动力把它们发动起来,并使它们共同协作。"[1]按照这种说法,人们进入政治共同体,并不是为了通过相互的利用而获得更大的利益。与合伙做生意有本质的不同,政治共同体的确立是为了以共同的力量让所有成员都能够生存下去。当然,在这里沃尔泽比卢梭走得更远。沃尔泽认为,既然政治共同体的目的是让所有成员都得以生存下去,那么当某些政治共同体成员生活不下去的时候,就有理由寻求共同体的帮助,而这一点在卢梭的社会契约论中并没有明确的说明。

在沃尔泽看来,对于社会契约的准确解释是:"它是一个对成员的资源进行再分配的协议,它依据的是成员们对其需要的共识,随具体的政治决定而变化。"也就是说,社会契约是一个关于如何分配公共产品和公共资源的约定。在共同体成员对何谓"需要"达成共识的条件下,这一种社会分配必须首先满足每一个政治共同体成员的需要。在沃尔泽看来,社会契约不是简单的每个人在"自我利益最大化"的驱动下的理性选择之结果,而是一种道德约束,"它将强者与弱者、幸运的与不幸的人、富人与穷人联系起来,创造出一个超越所有利益差别的联盟,从历史、文化、宗教和语言等中汲取力量"。而满足所有人需要的公共供给则是在最深层次上,"对这一联盟的阐释"。[2]

由此,沃尔泽依据社会契约论的基本思想为我们提供了第一种将"需要"作为社会分配之基础的论证。这种论证将政治共同体成员之间的联合看作是超越了利益之争的联合,其目的是为了让所有政治共同体成员能够生存下去。在沃尔泽看来,当某一成员的"需要"没有得到满足的时候,其他的共同体成员就有义务对其提供支援,直至所有成员的"需要"都得到满足为止。

---

[1] 〔法〕让-雅克·卢梭:《社会契约论》,何兆武译,第18页。
[2] 〔美〕迈克尔·沃尔泽:《正义诸领域:为多元主义与平等一辩》,褚松燕译,第92页。

## 二、基于"明显的不正义"的论证

如前所述,阿马蒂亚·森阐发了"明显的不正义"的概念,并认为社会分配的目标应该是消除"明显的不正义"。依据这一观点,与人们的基本需要未得到满足相关的各种社会现象,正是一种人们可能出于不同理由而达成共识的"明显的不正义"。如果一个富裕社会中仍然有人因为缺少食物而饿死,有人因为缺少衣服而冻病,有人因为没有可遮风避雨的住所而流浪街头,有人因付不起医疗费而活活等死,孩子因为交不起学费而辍学在家……如果这些现象仍然存在,那么不论这个社会的制度安排得多么完美、多么符合正义的各种原则,这个社会都是不正义的。

森的论证框架是非常有说服力的,因为不论是站在罗尔斯的立场,支持弱势群体利益最大化的分配原则,或者是站在德沃金的立场,推进"敏于志向,钝于禀赋"的分配原则,又或者是站在福利平等主义者的立场,维护"福利平等"的分配原则,还是站在森自己的立场,主张"可行能力平等"的分配原则,都不可能会允许一个社会存在某些人群的基本需要得不到满足的"明显的不正义"。也就是说,出于不同的原则和理由,人们都会认为基本需要得不到满足是一种亟待解决的社会不正义。由此,森关于"明显的不正义"的理论为我们提供了又一个支持将"需要"作为正义的社会分配之基础的理由。

## 三、基于自由概念的论证

支持按需分配原则的第三种论证可以从马克思对自由概念的理解引申出来。自由是西方政治思想中具有根本重要性的概念。许多思想家都对自由有深入的论述。马克思在《资本论》中论述道:"事实上,自由王国只是在由必需和外在目的规定要做的劳动终止的地方才开始;因而按照事物的本性来说,它存在于真正物质生产领域的彼岸。……这个自然必然性的王国……这个领域内的自由只能是:社会化的人,联合起来的生产者,将合理地调节他们和自然之间的物质变换,把它置于他们的共同控制之下，而不让它作为盲目的力量来统治自己；靠消耗最小的力量，在最无愧于和最适合于他们的人类本性的条件下来进行这种物质变换。但是不管怎样，这个领域始终是一个必然王国。在这个必然王国的彼岸，作为目的本身的人类能力的发展，真正的自由王国就开始了。但是，这个自由王国只有建立在必然王国的基础上，才能繁荣起来。工作日的缩短是根本条件。"[1] 从这段话中我们可以推断，在马克思看来，人之自由的实现必须首先摆脱为不断满足自身的需要而进行的无止境的物质生产的束缚。马克思认为，在资本主义生产关系下，社会化的人联合起来进行生产，以满足人们的各种需要；即使能够以最有效的方式生产并满足需要，人们仍然受到物质匮乏的束缚，而不得不加倍辛苦地劳动。而这种劳动是让人厌倦的、异化的劳动；并非劳动者创造性地展现个性、实现自我的自主劳动。因此，人是不自由的。只有当人们完全从为满足基本需要而进行的异化劳动中解脱出来，从被迫劳动转变成自主劳动，人才可能展现自己的自由个性，获得自主的自由。马克思在这里说的"此岸世界"就是指人们受到物质匮乏束缚的被迫劳动的世界，而"彼岸世界"则是人们的需要得到满足之后，由被迫劳动转变为自主劳动的、展现个性的自由世界。可想而知，从此岸世界到彼岸世界的转变，必须以物质的极大丰富以及所有人的需要得到满足为基础。只有生产效率提高了，人类满足自身需要所需的劳动时间缩短了，才有可能有剩余的时间和精力来进行创造性的劳动以展现自由的个性。所以，马克思认为，工作日的缩短是人们实现自由的必要条件。

马克思将"按需分配"的原则看作是物质极大丰富的共产主义社会的分配原则。与此类似，马克思也将自由看作是人们摆脱此岸世界的必然性之后，在彼岸世界才能实现的理想。然而，在人类社会的生产力得到长足发展、人类靠自身之力已经能初步满足所有共同体成员之基本需要的今天，自由的实现似乎并没有那么遥不可及。在人们的基本需要得到满足的情况下，人们如果还有时间和精力进行创造性的、发展自我和

---

[1]〔德〕卡尔·马克思：《资本论》第三卷，人民出版社，2004年，第927页。

实现自我的劳动,那么就有可能实现自由。因此,人们基本需要的满足实际上是人们实现自由的必要条件。只有当人们的基本需要实现了,不必受制于为满足需要而进行的枯燥的强制劳动,才有可能实现自由、展现个性。

马克思将需要的满足当作是自由之实现的必要条件的观点还可以从他关于人之发展的三个阶段的论述中得到佐证。马克思在《资本论》中论述了个人的发展要经历的三个阶段:第一个阶段是人的依赖关系占统治地位的阶段;第二个阶段是以物的依赖关系为基础的人的独立性的阶段;第三个阶段是人的自由和全面发展的阶段,即共产主义阶段。在这一论述中我们看到,个人实现自由的关键不仅要摆脱对他人的依赖关系(例如奴隶对奴隶主的依赖,工人对资本家的依赖),而且还必须摆脱对物的依赖。所谓人对物的依赖,实际上指的就是人要通过物质手段满足基本需要。如果人的基本需要得不到满足,那就永远存在着人对物的依赖。只有当人摆脱了对他人的依赖和对物的依赖,才有可能实现自由个性,才有可能实现自由全面的发展,并最终实现所有人的自由和全面发展。

马克思对于自由与需要之关系的论述在当代的政治哲学的讨论中得到了进一步的发展。比利时哲学家菲利普·范·帕里斯在《所有人的真正自由》一书中论证了一种所有人无条件地拥有一种基本收入的构想。帕里斯认为,只有当每个人都拥有了一份平等的基本收入(basic income),人们才可能从生活的困窘中解放出来,才有可能去构想、计划和实现自己的理想,而后者才称得上是"真正的自由"。

帕里斯是从"自由"的概念出发来论证"基本收入"的构想的。在何为真正的自由的问题上,西方政治学界中的左派和右派一直存在着根本性的分歧。[①]其分歧突出表现为对下列问题的不同解释:在人们的基本权利得到保护的社会中,有钱人可以通过购买各种手段而实现自己各种

---

[①] 本书上篇第四章中讨论的罗尔斯对"自由"与"自由的价值"区分涉及的也是这一问题。

各样的计划和愿望,而穷人则缺乏实现自己计划和愿望的必要手段,整日受困于满足需要的劳作之中。例如,有钱人可以计划环球旅行并实现这一愿望,而生活窘迫的人则只能为一日三餐而辛苦工作。对于这种现代社会普遍存在的现象,右派政治理论家认为,在贫富差距较大的情况下,穷困者的自由并没有受到侵犯,因为他们的权利(主要指安全和所有权)并没有受到侵犯;穷困者不能进行环球旅行,不是他们缺乏自由,而是他们缺乏实现自由的手段。例如,哈耶克就曾指出:"如果将'自由'混同于'力量'(power),那么就不可避免地将自由等同于财富。"[1]对于这一问题,左派的政治理论家却认为,在贫富差距较大的情况下,社会中穷人的自由确实受到了实质性的限制。生活困窘者并不仅仅是缺乏实现自由的手段,他们的自由也受到了实质性的侵犯。

基于上述争论,帕里斯提出了"真正的自由"(real freedom)的概念,并且将哈耶克和诺奇克等人描述的自由概念称为"形式自由"(formal freedom)。帕里斯认为,"真正的自由"包括三个组成部分——安全、自我所有和机会(opportunity),而"形式自由"则只包含安全和自我所有两个部分;"形式自由"对于人们是否真正有机会去做那些自己想做的事情是漠不关心的,而"真正的自由"则要求保证人们拥有达成自己计划的实质性的"机会"。在右派政治思想家看来,社会制度的设置对人们基本自由的保证只需对人们打开"允许"之门,而无须保证人们拥有相应的"能力"。帕里斯则认为,人们是否拥有相应的能力实际上会影响甚至限制人们实际上想要做什么。对于市场经济中的穷困者来说,其自身的能力和财富实际上限制了他进行各种活动的自由。进一步说,在一个以市场经济为基础的商业社会中,所谓的自由不仅仅指我们在不同的商品间进行选择的自由,还应该是有能力"购买"我们想要的商品的自由。由此,帕里斯提出了自己对于自由社会的构想:"一个自由社会的理想必须表达为所有社会成员的自由最大化的社会,而不仅仅是不干涉人们自

---

[1] F. A. Hayek, *The Constitution of Liberty*, Chicago: University of Chicago Press, 1978, p. 17.

由的社会。"①在社会分配的问题上,帕里斯认为:"如果我们认真地试图实现所有人的真正自由(real-freedom-for-all),并且暂时从动力学机制和人际能力的区别中抽象出来,那么我们必然得出与安全和自我所有同样重要的所有人的无条件的最高收入。"②

帕里斯认为"给予所有人平等收入"的理想并不是天方夜谭,这一政治主张实际上与欧洲许多国家的福利政策是一致的。二战以后,许多欧洲国家都引入了"最低保障收入"(minimum guaranteed income)制度,其根本目的就是为了保障人们"真正的自由",而不仅仅是"形式自由"。"最低保障收入"制度不同于商业保险,保险是人们自己为自己购买的。在纯粹基于自由市场的商业社会,穷人是买不起保险的,也没有人会为穷人购买保险。"最低保障收入"制度是一种超越了市场经济的、以保障人们更深程度的自由为目的的再分配制度。不过,帕里斯认为"最低保障收入"制度还不足以实现"所有人的真正的自由",因为欧洲福利国家中的"最低保障收入"都是有条件的。这一政策通常对获得这种"保障收入"的人在劳动能力、财产占有、亲戚关系以及是否努力摆脱困境等因素做出限制。也就是说,人们必须在确实处于困窘,而且自己努力想要摆脱困窘而摆脱不了的情况下,才能享受这些"福利",并不是无条件地获得"保障收入"。

帕里斯认为,福利制度中各种"条件"的设置背离了他对于"所有人的真正的自由"的构想。帕里斯想要建立的是一种"无条件的保障收入"制度。帕里斯对于自己所说的"无条件"的特征进行了清晰的论述:"(1)即使她不愿意工作,(2)不论她是贫困还是富有,(3)不论她与谁同住,(4)不论她住在国家的任何地方。"③在帕里斯看来,只有当这一"收入"是无条件的,人们才有可能安全地将其算作是其生活的一种基本物质保障,同时人们的其他收入,不论是通过市场交换、通过礼物

---

① Philippe Van Parijs, *Real Freedom for All: What (if anything) Can Justify Capitalism?*, p. 23.
② Philippe Van Parijs, *Real Freedom for All: What (if anything) Can Justify Capitalism?*, p. 33.
③ Philippe Van Parijs, *Real Freedom for All: What (if anything) Can Justify Capitalism?*, p. 35.

馈赠还是通过遗产继承，都可以合法地加在这一收入之上。值得注意的是，帕里斯虽然认为"基本收入"并不是指可以保证人们的"基本需求"的收入，而是政府无条件地给予每一个公民的一部分收入；但是，这一"基本收入"的实质性意义恰恰是将人们从"基本需要"中解放出来，以更多的时间和精力来实现自己的理想，获得"真正的自由"。

综合上述三方面的论述，沃尔泽从社会契约论的角度，森依据"明显的不正义"的理论，马克思和帕里斯从自由与需要的关系出发，分别为"按需分配"原则提供了论证，而这也正暗合了森所说的"多重论据"的论证。也就是说，不同的思想家对于满足人们的"基本需要"有不同的看法，但是他们都从不同的角度，通过不同的论证，为将"按需分配"原则作为主导社会分配的主要分配原则之一提供了理由。

## 第三节 按需分配的"内容"

在考察了将"按需分配"原则作为主导社会分配的基本原则之一的三种论证之后，我将具体讨论如何解决"按需分配"原则在现实的社会分配中遇到的三个困难。首先，我将参考戴维·米勒的讨论，尝试确定何为"需要"的具体内容以及不同需要之间的优先性问题。

米勒在《社会正义原则》一书中专门对何谓"各取所需"进行了细致而深入的分析。米勒首先明确，当我们讨论"按需分配"原则时，所指的"需要"，是一种"内在的需要"。这种需要也时常被称作"无条件的需要"，或者"基本的需要"。"内在的需要"是与"工具性的需要"相对的。举例来说，一个人要送孩子去5公里以外的地方上学，他需要一辆自行车。那么，他对自行车的需要就是"工具性的"，是为了达到其他需要的具体手段。然而，在需要自行车的另一端，则是他孩子接受教育的需要。而这后一种需要并不是其他需要的手段，而是需要本身，这就是一种"内在的需要"。可以这样说，也许这个人并不真的需要自行车，如果他可以搬家住到学校附近，或者学校开了校车，等等；但是，他孩子对于基础教育的需要却是确定的，是无法化约成其他需要的需要，是一种"内在的需要"。用米勒的话来说，"我们的道德词汇中包含着其意义不能被一种工具性的解释穷尽的需要概念。而且这后一种意义上的需要具有独立的道德力量"①。

根据米勒的分析，当讨论"按需分配"原则时，我们所说的需要并不是那些具有可替代性的"工具性的需要"，而是对生命的意义本身具有根本重要性的、无可替代的需要。例如，为了不饿肚子，我需要一块三明治，而这种需要可以轻易地被一碗兰州拉面所替代；但是，"避免饥饿的需要"则是无可替代的，是对我的生命的维持至关重要的、"内在的需要"。

在明确了"按需分配"的需要是"内在的需要"之后，米勒认为应该从生物学需要、自我发展的需要、"体面生活"的需要三个方面来具体讨论"需要"的内容，下面我将具体分析这三方面的需要。

## 一、生物学需要

无可否认的是，人类与所有其他动物一样，有生物性的需要。这其中包括：干净的饮用水、富含营养且安全的食物、保暖的衣物、必要的医疗保健、遮风避雨的住所，以及不受意外攻击的安全。只有当这些条件得到满足，作为生物体的人才能存活下来，使健康的生命得到延续。然而，在人类社会中，这些基本的生物学需要的具体情况却非常复杂。我将在这部分中重点讨论医疗保健、安全的食品、保障性住房，以及不受意外攻击的安全这几个方面的内容。

第一，人们对于如何满足医疗保健的需要是颇有争议的：一种合理的医疗需要到底应该以什么为限度？举例来说，一些孩子因无法从食物中摄取到足够的钙而导致了"鸡胸"，而另一些家庭则抱怨没有钱给自己

---

① 〔英〕戴维·米勒：《社会正义原则》，应奇译，第229页。

的孩子买富含DHA的深海鱼油，以致自己的孩子没有别人的孩子聪明；又比如，非洲的难民因缺乏治疗疟疾的并不昂贵的药物而成批死亡，而中国的"尘肺"病人，因没有巨额的资金来换肺而在煎熬中等死。这些不同的需要都是"生物学的需要"，但都是"按需分配"原则必须满足的吗？笔者认为，在上述四种情况中，孩子补钙的需要和非洲难民对治疗疟疾的药品的需要是"按需分配"原则应该满足的；孩子对深海鱼油的需要是"按需分配"原则不应该满足的；而"尘肺"病人换肺的需要则是"按需分配"原则无法满足的。原因如下：首先，缺钙和形成"鸡胸"的因果关系以及疟疾药物的有效性是被现代医学所证明了的。也就是说，在上述两个例子中，"钙"和"疟疾药物"对于健康生命的延续的必要性是确定无疑的。而在这一点上，"深海鱼油"对于健康生命的延续却并不是必需的。一方面，DHA对于智商之提高的作用有待实践的证明；另一方面，即使这一作用是显著的，获得高出常人的智商之要求，也超出了"基本需要"的范围。其次，"尘肺"病人换肺的需要显然是延续健康生命所必需的。然而，这一需要很难通过再分配的政策得到满足。诺奇克敏锐地指出了这一点：如果我天生视力很好，我就必须分一只眼睛给那些天生失明的人吗？[①]这会是一种严重侵犯人权的再分配。当然，换肺并不必然要求对"肺"进行再分配，人们也可以通过慈善或者众筹等方式买到可用的肺，但这显然超出了社会分配之基本原则的适用范围。所以说，所谓"必要的医疗保健"指的是对于延续人们的健康生命所必需的、通过国家的再分配政策可以提供的医疗服务。其主要内容应包括：常见病的基本药物、人体所必需的维生素、妇女在生育过程中的各项必要检查，以及儿童成长过程中的各种必要的检查、疫苗和维生素，等等。至于一些耗资巨大的疑难病症或者高出常规的保健需要，则应通过保险、市场或者慈善基金去解决。

第二，在各种人造材料和添加剂泛滥的背景下，人们对"安全的食品"的需要也日益成为一个社会问题。按理说，我国现在已经超越了追求

---

① 参见 Robert Nozick, *Anarchy, State and Utopia*, New York: Basic Books, 1974, p. 206。

"温饱"的时代。对于绝大部分人来说,"吃饱饭"早已不是问题。然而,在缺乏监管的情况下,市场上供应的食品却存在大量安全隐患。由此,为政治共同体成员提供营养安全的食品的问题,不是一个仅仅关于生产的问题,而是一个涉及各种监管的问题。在人们无法因道德而自律的情况下,在食物生产制作的整个过程中,都需要政府各级部门进行监督,以确保进入到市场中的食物是安全无害的。因此,为了满足"按需分配"原则的要求,为政治共同体成员提供安全可靠的食品,国家和政府有责任制定食品安全的标准,并对生成过程进行监督。当然,公民道德素质的提高也是解决这个问题的一个重要方面。然而,如果缺乏严格的他律,道德自律是很难自发建立的。与食品安全相关,在大气污染持续加重的背景下,"呼吸安全"也成为万众瞩目的社会问题。保护所有公民赖以生存的清洁空气,也是"按需分配"原则的应有之义。党的十九大以来,我国北方的空气质量得到了很大的改善,这在满足人民基本需要方面迈进了一大步。

第三,"按需分配"原则要求为政治共同体的所有成员提供"遮风避雨的住所"。这并不是说,所有政治共同体成员或者每一个家庭都得有自己的房产;而是说,每一个政治共同体成员都应该有房子住。至于人们对于房子的产权可以有很多不同的形式:可以是自有产权,可以与政府"共享"产权,也可以是租住,等等。总之,"按需分配"原则对于"住房需要"的满足,其目的不是让人人都有房,而是让人人都有地方住。

第四,"按需分配"原则所要求的人们"不受意外攻击的安全"包括三个方面的内容。第一方面,不受到强盗、土匪的攻击,或者不因私人恩怨而受到侵犯或攻击。这一方面的安全是通过国内的安全保卫系统实现的,警察和各种安检都是保护一国公民不受到私人意外攻击的必要手段。第二方面,"按需分配"所要求的安全还包括保护人民不受外来武装力量的侵略。这一要求是通过人民军队的组建而实现的。第三方面,安全需要还包括,政治共同体成员不会受到任意的拘捕、共同体成员的财产不会被任意地没收。这一要求是通过宪法对公民个人权利的保障实现的。

## 二、自我发展的需要

毋庸置疑，生物学需要不可能是主导人类社会分配的"基本需要"的全部内容，否则的话，人类与动物何异？满足了"生物学需要"的人类，仅仅是作为一个健康的生物体而存在。而要成为一个真正意义上的人，人类还需要实现自己的自由。

自由是一个玄妙的概念。自古以来，对于何谓"自由的实现"，一直是众说纷纭。从日常用法来看，自由意味着依据自己的计划，实现自己的人生目标。人生在世，并不只是吃吃穿穿，重要的是要实现自己的梦想，体现生命的价值和意义。那么，"按需分配"原则是要保证所有人获得实现自己梦想所需的资源吗？这显然是不可能的。因为，人各有志，每个人的梦想不同，而且这样的梦想还有可能因为获得了必要的资源而不断地升级。就像俄国童话《渔夫与金鱼》中，开始只想要一个洗脚盆的女人，最后却想要做全世界的女王。

如何确定与个人发展相关的"需要"的内容？在这个问题上，笔者与米勒的观点不同。米勒反对参照每个人的理性生活计划来确定"按需分配"的内容，米勒举例说："一个其生活计划是以创作不朽的青铜雕塑为中心的人会具有代价高昂的需要，相反，如果那个人选择画水彩画，他的需要就会大为廉价地得到满足。为了满足这个人的需要却对他人增加了负担，这一点就对我们想把需要原则当作正义原则之一的努力构成了严重的挑战。"[1] 对于米勒的上述观点，笔者将借用罗尔斯的"基本善"的概念来反驳。在罗尔斯看来，有一些东西是无论每个人的理性生活计划是什么都需要的东西，而这些东西应该是每个政治共同体成员平均分有的。罗尔斯所说的"基本善"中不仅包括"干净的饮用水"、"安全的食品"、"必要的医疗保健"等生物学需要，还包括教育、财富、权利、机会这些对于人们实现自己的理性生活计划必不可缺的东西。因此，虽然我们不能确定每个人具体的生活计划是什么，也不可能为了满足不同

---

[1] 〔英〕戴维·米勒:《社会正义原则》，应奇译，第232页。

人的不同的生活计划而分配给每个人不同的公共资源；但是，我们仍然能确定某些公共资源对于每个人实现自己的人生计划都是必需的，而这种资源的最小量的"供给"则是"按需分配"原则所要求的。

"基础教育"正是与个人发展计划相关的适用于"按需分配"原则的典型例证。一个孩子降生在一个政治共同体中，无论他的理性生活计划是什么——当医生、当艺术家、赚大钱，还是成为运动健将——他都必须接受基础教育。识文断字、简单的计算、对世界的科学性的了解，以及与人交往的基本礼仪，这些在小学、中学阶段学习的东西，对于每个人实现自己的人生计划都是必不可少的。而这也是"按需分配"原则必须满足的"需要"之一。当代左派自由至上主义者的一些观点也给我们提供了一些思路。如前所述，这派学者支持自由市场，但他们同时主张一种对财富的平等主义分配。他们认为，一种对财富的正义分配包括给予每个人一种物质性的平等起点。其代表性政策主张就是帕里斯提出的"基本收入"，或者是"基本资本股份"。所谓"基本收入"是指，你每个月从国家获得一张支票；而"基本资本股份"是当你成年的时候，你从国家拿到一大笔钱，在那之后你将不再得到任何东西。在这两种情况下，你都可以用这笔钱做任何你想做的事：你可以用这笔钱上大学、创业、买房，或者参加某种培训；如果你愿意的话，甚至可以全花在巧克力上。① "基本收入"或者"基本资本股份"实际上是与个人计划相关的一种"基本需要"。在以市场经济为主导的社会中，没有钱确实是万万不能的，每个人梦想的实现实际上都是要有"本钱"的。有"本钱"不一定能保证你的梦想能够最终实现，但是它却能保证你的梦想能够起步。

所以说，在自我发展、实现梦想的问题上，"按需分配"原则要求对那些每个人实现自己的人生计划所必需的公共资源的最小量进行平均分配。这并不意味着为了满足"按需分配"的要求而必须去考察每个人的人生计划，也不要求在不同的人生计划之间进行不平等的分配，而只

---

① *Left-Libertarianism and Its Critics: The Contemporary Debate*, Peter Vallentyne and Hillel Seiner(eds.), Basingstoke: Palgrave Macmillan, 2001.

需要对有助于人们实现自己人生计划的各种公共资源进行平等的分配，例如基础教育、最低限度的创业资金、宽松的创业政策等等。

## 三、"体面生活"的需要

米勒在讨论"按需分配"原则中"需要"的具体内容时认为，应该根据"共享的社会生活的规范"来确定人们超出"生物学需要"的"需要"。米勒论述道："存在着对人类而言什么可以算作是最低限度的体面生活的共享的社会规范，通过援引这些规范，我们就能把那些防止人们滑落到这种最低限度之下的东西定义为需要。"[①]米勒的观点得到亚当·斯密关于何为"必需品"的支持。斯密在《国富论》中论述道："（必需品）不但是维持生活必不可少的商品，而且是按照一国习俗，少了它，体面人固不待说，就是最低阶层人民，也觉得有伤体面的那一切商品。"[②]由此看来，米勒和斯密都认为，在特定的文化习俗以及特定的社会环境之中，人之为人，不仅仅意味着简单生物学需要的满足；在高于人类的生物学需要之上，还有一定的与人们生活的各方面息息相关的需要。这些需要有可能是物质性的，例如衣着、食物、居所、交通工具，也有可能是文化宗教意义上的，例如多样化的教育、参观博物馆或美术馆、观看文艺演出、参加宗教仪式，等等。

第一，在"体面生活"所规定的物质性需要方面，中小学生的"校服"是一个典型的例子。目前，我国的中小学教育是不收学费的义务教育。但是，各个学校的校服却是由学校自行决定，大多是要收钱的。为了着装统一，学校一般要求所有学生都必须购买校服。而且，一些学校集体活动很多，春、夏、秋、冬要买好几套校服。这对于收入较低的家庭来说，可是一笔不小的花销。在这个问题上，如果不给自己的孩子买校服，那么，在学校里孩子就很难有"体面"的生活。尤其是在学校举行全校性重大活动的时候，其他孩子都穿着整齐，某一个孩子因家庭经济条件较差而无力

---

① 〔英〕戴维·米勒：《社会正义原则》，应奇译，第231页。
② A. Smith, *The Wealth of Nations*, Oxford: Clarendon Press, 1976, Vol. II, pp. 869-870.

购买校服，这不仅会使孩子受到老师的批评，而且还会给孩子造成巨大的心理压力，对其身心健康产生不良影响。在这个问题上，一些学校的做法是值得鼓励的：在要求学生购买校服的同时，向不愿购买校服的学生提供备用的校服。学校在举行大型集体活动需要统一着装时，将备用的校服借给没有购买校服的学生穿。这样，学校只需准备几套备用的校服，就可以解决家庭困难的孩子过上"体面生活"的需要。既满足了"统一着装"的要求，也不必让家庭困难的学生为此付出额外的费用，是一举两得的好办法。"校服"的例子为我们展现了，在共享的社会规范下人们对于基本的生活有一种高于"生物学需要"的需要，而这种需要是应该得到满足的，是"按需分配"原则的应有之义。

"体面着装"的例子不仅在校园里存在，在更大范围的人群里同样存在。今天，在凸显个性的新时代，似乎人们想穿什么就穿什么，不用觉得不好意思。然而现实并非这么简单，一些着装可能不登大雅之堂，而一些着装可能会受到其他社会成员的歧视。网络上曾经流传这样一则新闻：满身泥泞的建筑工人坐地铁，不敢和其他人挤地铁，等了好久才坐上车；坐上之后又不敢坐在座位上，只得站着或者坐在地上。[①]我们不难体会这些为我们建造大楼、桥梁、铁路的工人们乘坐大城市地铁的心情——自惭形秽，这是一种深深的自卑和不自在的感受。破烂、老旧、泥泞的服装显然在这些底层劳动者的心灵上打上了深深的烙印，将他们排除在"体面生活"之外，排除在大城市正常的"公共生活"之外。可想而知，那些拾荒者、乞讨者、穿着破烂的进城务工者，都属于这种很难在城市里过上"体面生活"的人群。

第二，"体面生活"对于一些特殊人群来说可能需要耗费大量的生活资源。例如，对于失能老人，如何能"体面地"老去，这成为其生活的主要难题。对于丧失行动能力的人来说，保证每天有体面的着装，能定期洗澡、换洗被褥，能出门晒太阳，每天能吃上可口的饭菜，这些基本

---

① 参见网页：https://baijiahao.baidu.com/s?id=1685887519702907872&wfr=spider&for=pc，访问时间：2023年4月1日。

需要的满足可能给他们的生活带来巨大挑战。"按需分配"原则致力于满足所有社会成员的基本需要，应重点关注这部分人，通过适当的再分配政策，保证特殊人群的体面生活需要得到满足。

　　对于"体面生活"提出的各种需要，我们要解决两个问题：一是，如何确定哪些需要是"按需分配"原则应该满足的，哪些需要不是；二是，如何最大限度地满足"体面生活"所提出的各种需要。一方面，要确定各种超出"生物学需要"的衣食住行以及文教娱乐的需要，在何种程度上是"按需分配"原则应该满足的需要，需要考察人们所处的文化传统和社会环境。例如，在中国文化中，过年回老家看父母的车票就是一种必须得到满足的"需要"。如果这种需要得不到满足，那么即使一个人的所有"生物学需要"都得到了满足，那他也还缺乏成为一个平等的社会成员的相应的资源。当然，如果他有钱买回家的车票，而自己放弃了过年回家看望亲人的机会，那么并不能说他的这一"需要"没有得到满足。另一方面，何谓"体面生活"，这个概念的内容也随着社会生产力的发展而变化。改革开放以来，人们在吃穿方面的需要作为构成"体面生活"的要素，其发挥的作用正在逐步降低。与此同时，文教娱乐方面的需要正在成为新的"体面生活"的核心内容。简单来说，人们过去通过比吃比穿来判断谁家富、谁家穷，而现在则是通过比孩子的教育、比出国旅游、比交往的朋友圈来做出区分。所以说，"体面生活"是个依据不同文化背景而改变的概念，也是随着社会发展而发展的概念。而何为"体面生活"所要求的资源，则应该通过具体文化背景下处在某一社会发展阶段的人们的共识来确定。通过某一社会中人们共享的社会规范，我们得以区分哪些资源是最低限度的"体面生活"所必需的，而哪些需要是超出"体面生活"的奢侈需要（例如背名牌包、穿名牌服装），并由此而确定，哪些需要是"按需分配"原则所要求的。

　　"按需分配"原则主张通过再分配满足人们对最低限度的"体面生活"的各种需要。在文教娱乐类需要日益成为"体面生活"的主要构成要素的今天，满足这类需要是保证人们过上"体面生活"的关键。因此，全面开放图书馆、博物馆、美术馆、体育馆等各种公共文娱资源，将是一项满足所有社会成员对美好生活之需要的有力措施。国家的各种博物馆、图书馆、美术馆都收藏着人类历史文化的精品，这些是属于所有政治共同体成员的集体财富，理应由所有人"共享"。当然，各场馆的维护和运行需要大量的资金和人力。这部分经费一方面通过财政税收支付，另一方面可以在公民互助的基础上组织各场馆工作的志愿者，这不仅为人们提供了更深入地拓展自己的知识和经验的宝贵机会，也增强了社会成员传承传统文化和担当公共服务的责任感和使命感。特别是对于广大的大中小学的学生，这更是不可多得的锻炼机会。总之，在共有、共享、共治的理念下，不仅更多的人能过上"体面的生活"，公共资源还能更有效地被利用。

总之，"按需分配"原则所指的"需要"包括生物学需要、自我发展的需要以及共享的社会规范下"体面生活"的需要。在正义的社会分配中，人们的这三种需要都应尽量得到满足。然而，面对所有这些需要，以及面对不同人群有同种需要或者不同需要时，在资源有限的情况下，应该优先满足什么样的需要呢？下面我们将进入对满足需要的优先性的讨论。

## 第四节　按需分配的优先性

马克思在描述"各取所需"的分配原则时，考虑的是生产力极高、物质财富极大丰富的共产主义社会。在那样的社会中，不再存在资源匮乏的问题。然而，如果要将"按需分配"当作是目前现实社会的主导分配原则之一，就必须将其应用于资源相对匮乏的境况中。由此，在讨论"按需分配"原则在现实社会分配中的应用时，我们必须明确不同需要之间的优先性，以及不同人的相同需求和不同需求之间的优先性。

在资源有限的条件下，人们自然而然地会想到根据需要的迫切性、对维持人的健康生命的重要性划出优先等级。那些对于人的生命至关重要的需要，例如水、食品、药品、衣物、居所等，是维持人之生命的最重要的必需品。而其他的例如教育、体面的服装、自我发展的起步经费等等，对于维持人的生命来说，并不是非常迫切的需要。从"按需分配"原则中需要的三项主要内容来说，依据需要的迫切性，我们可以大致排出这样的优先等级：生物学需要优先于自我发展的需要，自我发展的需要优先于"体面生活"的需要。由此，当人们的生物学需要还没有得到满足的时候，应该首先满足人们的生物学需要，直至所有人的生物学需要都得到了满足，如果还有剩余的资源，再满足人们自我发展的需要和"体面生活"的需要。这种优先性的排序方式被米勒称为"严格的优先性"："按需分配首要考虑到最贫穷的人，帮助他们的需要不再比下一个群体的需要更为迫切，然后再考虑两个群体余下的需要，如此这般直到资源被用尽。"[1]举例来说，在有人还吃不饱饭的情况下，应该将资源优先用于满足人们对食物的基本需求，而不是优先发展教育，或是将资源用于满足人们对文化娱乐的需要。当一些人对某些基本药物的需要得不到满足、不得不忍受较低费用就可治愈的疾病的折磨时，应该优先满足人们对于基本药品的需要，而不是优先为人们的自我发展创造条件。

然而，"严格的优先性"的排序方式在一些具体情况中变得很复杂。这种复杂性集中体现在人们对"医疗服务"的需要上。由于健康状况的差异，人们对医疗服务的需要是非常不同的。为了维护健康的身体，一些人需要耗资巨大的医疗服务，例如一些慢性病患者，或者天生残疾的人；而另一些人身体健康，并不需要消耗巨大的医疗资源。人们对医疗服务的需要与对食物的需要有很大的区别。对于食物，人们的需要大体上是类似的：吃得再多的人，也不会几十上百倍地超出饭量小的人。而医疗费用的差别却非常巨大。由此，当我们面对人们同样迫切但花费各不相同的医疗服务需要时，应优先满足谁的需要呢？是先满足花费小的需要，还是以大量资源满足花费巨大的需要？比方说，人们共有的医疗经费足够治愈10个感冒患者或者1个哮喘病人，那么，应该将这笔经费花在10个感冒患者身上还是那1个哮喘病人身上呢？按照功利主义原则，

---

[1] 〔英〕戴维·米勒：《社会正义原则》，应奇译，第240页。

我们毫无疑问应该将有限的经费用于最大限度地减轻人们痛苦的总量，使更多的人获得健康。在这个例子中，我们应首先满足10个感冒病人的医疗需求，治愈10个感冒病人。但这样做，对那个哮喘病人公平吗？为什么他的迫切需求不能被满足呢？

在有限的资源不足以满足所有人的基本需要的情况下应该如何分配资源？在这个问题上，优先主义和充足主义的观点存在分歧。以英国哲学家德里克·帕菲特为代表的优先主义者认为，有限的资源应该优先分配给距离"门槛值"最远的社会成员，因为他们的需要具有某种"迫切性"，这是将资源优先分配给他们的道德理由。按照这种观点，在上述案例中，有限的医疗资源就应该优先分配给那个距离"门槛值"（健康）最远的哮喘病人，因为他忍受着比普通感冒更严重的病痛。相反，充足主义者认为，应该以有限的资源满足尽量多人的基本需要，最大可能地提高需要得到满足的总人数。如果是这样的话，在上述例子中，有限的医疗资源就应该分配给10个感冒病人，因为这能够使得尽量多的人的基本需要得到满足。理查德·阿内逊指出，充足主义的这一观点可能导致违背道德直觉的推论。[①]因为，我们甚至可以通过逆向的再分配而增加基本需要得到满足的人数。试想，如果有两个人的所得都在基本需要的"门槛值"以下，而如果将其中所得较少者的所得分给所得较多者一部分，则所得较多者就有可能达到基本需要的"门槛值"。但是，这样的逆向再分配[②]显然是有悖于分配正义的理想的。这一反证说明，充足主义单纯追求满足基本需要的人数总额的分配目标在某些情况下是不恰当的。

在具体操作层面，对于如何分配有限资源以更好地满足人们不同的基本需要的问题，我们还可以援引其他原则予以解决。在不同需要的优先性问题上，我们可以援引的补充性原则有程序正义的相关原则、民主原则以及功利主义原则等等。例如，在上述医疗资源分配的例子中，我

---

① 参见 Richard Arneson, "Egalitarianism and Responsibility", *The Journal of Ethics*, 1999, 3: 225-247。

② 逆向再分配指的是将贫困者的所得强制性地分配给富裕者。

们援引了功利主义原则来确定满足需要的优先性。当然，这种医疗资源的分配方式并不是所有人都会赞同，那些反对功利主义的人就会自然地反对优先救助花费资源少、治愈希望大的病人的救助方式，而支持功利主义的人则会支持这种分配方式。另外，我们也可以援引程序正义相关原则。例如，在稀缺医疗资源的分配问题上，通常是谁先挂到号，谁先享用相关的医疗资源（例如病床）。另外，我们还应注意到，"按需分配"仅仅是多种分配原则中的一种。在医疗资源分配的问题上，市场原则（即诺奇克所论证的持有正义的分配原则，依靠市场进行资源配置）也发挥着重要的作用。① 因此，那些花费巨大的慢性疾病的治疗还能通过市场供应的医疗资源，以及各种形式的医疗保险、慈善基金等得到相应的救助。

住房也是人们生物学需要的一项核心内容。为了满足低收入者对于住房的基本需要，国家有义务提供一定量的"保障性住房"。但是，这些保障性住房在大多数情况下并不能满足所有低收入者对于住房的迫切需要。那么，我们应该以什么样的优先顺序去确定应该首先满足哪些人的住房需要呢？最简单的方法就是"排队"，这也被大多数人看作是一种公平的方式。"排队"实际上是一种程序正义，这种程序正义被称为"先占原则"。这一原则在中西方的文化中都被看作具有一定的公平性。

当然，有人"排队"，就有人"加塞儿"。"加塞儿"通常会激起众怒，而这种愤怒的根源正是在于人们的正义感，是人们对于明显不正义的社会现象的愤怒。然而，并不是所有的"加塞儿"都会引发众怒。有时候，公众会一致同意让一些人"加塞儿"。例如，许多人排队上车，这时候有个老大娘排在队伍最后面，眼看上不了车了。她跑到队伍前面跟大家说她急着去学校接孩子，上不了车就不能及时地接到孩子，所以希望大家能让她先上车。于是，大家给她让出位置，让她先上车。人群里没有人表示明确的反对。那这种"加塞儿"就不是不正义的，因为它得到了大

---

① 对于医疗资源的分配，本书所持的基本观点是：基本医疗资源按需分配，超出基本需要的医疗资源通过自由市场进行分配。具体讨论可参见本书第十八章。

家的同意。实际上,在这种情况下,主导分配(分配乘车的机会)的优先性之原则已经从程序正义转变成了民主原则。由此看来,当仅凭"按需分配"原则很难做出优先性排序时,可援引其他原则以确定资源的最终分配。在不同的境况中,人们可能援引不同的确定优先性的原则,这其中包括功利主义原则、程序正义原则、民主原则,等等。

综上所述,满足需要的社会分配方案主张在基本需要的范围内应用"按需分配"原则,通过再分配等政策手段满足人们在衣、食、住、行、医疗、基础教育等各方面的基本生活需要。这一分配方案成功的关键在于通过公共讨论划定基本需要的范围,确定基本需要的内容。在实际的分配过程中,人们还可以借助优先原则、充足原则、程序正义原则、功利主义原则、民主原则等其他原则来确定资源分配的优先性。

# 第九章　奖励"优点"的社会分配

如果说"按需分配"原则主导着生活必需品的分配，那么超出生活必需品范畴的公共资源应该依据什么原则进行分配呢？社会分配中的"应得原则"主张依据人们在社会竞争中的"表现"进行分配，表现越优者，其分配份额越大。这一分配原则与人们的道德直觉相一致，是一条历史悠久的社会分配原则。早在两千多年前的古希腊，亚里士多德就曾经细致地讨论过这一分配原则。在英美当代政治哲学的讨论中，"应得原则"通常被表述为如下形式：基于人们的表现F，行为者P应得利益B。其中，行为者P在大多数情况下是个人，但也可能是一个集体，例如一支球队；B是某种社会分配过程中分配的资源，例如奖金、酬劳、机会等等；F是基于行为者的"有意识的努力"而表现出的某种有价值的特性，例如优良的品质、出类拔萃的考试成绩、适宜某项工作的相关能力等等。[1]"应得原则"强调，行为者P应该是在自愿的情况下，通过自己的努力而达到F。如果是被强迫或者完全凭运气而达到F，则不能应用"应得原则"。例如，银行职员被罪犯强迫打开保险箱，客观上协助了抢劫银行，但他并不"应得"相应的惩罚。因为，"抢银行"的行为并非源自他"有意识的努力"。[2]

在"应得原则"的三个变量中，F被称为"应得的基础"，是"应得

---

[1] Jeffrey Moriarty, "Desert-Based Justice", Serena Olsaretti(ed.), *The Oxford Handbook of Distributive Justice*, p. 153.

[2] "应得原则"也可以对称地应用于对惩罚的分配，所谓"罪有应得"，在当代分配正义研究中被称为"报应正义"或"惩罚正义"（retributive justice）。

原则"中最复杂的变量,也是引发各方争议的关键。关于"应得的基础"最有争议的问题是,人们基于"应得的基础"而获得奖励或酬劳,那么,"应得的基础"必然具有某种价值,符合某种价值观念。这样一来,在应用"应得原则"的过程中,政府或国家实际上就在主张某种价值观念,这与自由民主的多元社会理想相违背。本书试图提出一种新的"应得原则"的基本结构,并在此基础上指出,所谓"应得原则的基础"所具有的价值是针对各行业的最终发展目标来说的,并不适用于人类社会的所有领域。如此一来,"应得原则"的实践应用并不会危及多元社会的相关原则。与此同时,由于人类社会的分工日趋细化,各行各业的发展目标不尽相同;因此,"应得原则"的应用不仅不会对多元共存的社会造成伤害,还将推动人类社会朝着价值多元的方向发展。在重新规定应得原则的基本结构的基础上,本章还将讨论应得原则给出的社会分配方案,以及这一原则与"运气"和"运气平等主义"之间的关系。

## 第一节 应得原则的基本结构

社会分配中的"应得原则"广泛地存在于人们的生活之中,存在于人类社会各行各业对相关资源的分配当中。"应得"指的就是人们凭借相应的"表现"而理应得到的。那么,以什么为依据来判断人们应该得到什么呢?这一判断"应得"的依据即是各行各业的基本规范,是各行业的资深从业者(类似于学术界的"学术委员")依据该行业的发展目标而制定出的判断各从业者之"表现"(包括"能力"或"品质",已做出的"业绩"或"成就",等等)的标准。竞争者的相关"表现"越是符合某行业的发展目标,则说明该竞争者在该行业中越优秀,也就相应地分配到该行业越多的资源。"应得原则"并非以单一分配原则的形式规范所有领域的资源分配,而是以千千万万的"细分原则"的形式在各行各业发挥着重要的作用,推动着人类社会向更高、更快、更远、更好、更富有、更美丽、更道德、更和谐的方向发展。

与当代英美哲学所设定的"应得原则"之三元结构——基于人们的表现F，行为者P应得利益B——相比较，本章提出的"应得原则"实际上是一个"四元结构"：基于人们的表现F符合某行业的发展目标E，行为者P应得利益B。变量E（某行业的发展目标）的引入将人们的表现F的价值限定在某一行业内部，而使得人们的表现F仅在某一领域内适用，而不是对于所有社会分配领域都适用。例如，在歌唱比赛中，有些人的歌唱得很好听，这一"表现"具有价值。依据这一价值，这位参赛者在比赛中获得大奖，分配到比别人多的资源。但是，"歌唱得好听"这一事实的价值仅仅局限于唱歌这一领域中，在其他社会竞争领域并没有任何价值。所以，在歌唱比赛中获得大奖的人并不能因此而在其他领域也分配到更多的资源。在下面的分析中，我们将看到变量E（某行业的发展目标）所引入的限定决定了"应得原则"的实践应用在与价值多元兼容的同时，还将导向一个多元共存的社会。

在上述对"应得原则"的理解当中，存在着两个要点：第一，"应得原则"要求依据特定行业的发展目标来制定相应的评价规则；第二，"应得原则"的评价规则必须由相关行业的资深从业人员基于该行业的知识和经验，保持价值中立，通过商议讨论来制定。如此规定的"应得原则"具有传统伦理思想的"目的论"特征，亦即，首先设定一个目的，然后据此判断符合这一目的的就是善的、好的、应该得到奖励的，不符合这一目的的就是恶的、坏的、不应该得到奖励的。正因为"应得原则"是始自亚里士多德的一条非常古老的分配原则，所以带有传统伦理理论的特征。下面，我们具体分析一下应得原则的这两个理论要点：

第一，"应得原则"要求以人们的各种表现是否符合某一行业的"发展目标"为依据，分配该行业的各种资源，既包括财富和荣誉，也包括各种机会。在分工细化、繁荣发展的人类社会中，各种行业应运而生。人类社会中有着各式各样的职业和专业领域，而每种职业和每个领域的发展目标都不尽相同。例如，体育界的发展目标是在公平竞争的条件下"更快、更高、更强"；学术界的发展目标是在符合伦理规范的基础上追求真理；政界的发展目标是维护稳定而正义的社会秩序；商界的发展目标是财富的积累；教育界的发展目标是人们道德的进步、知识的增长和技能的提高；……如此种种。这些"发展目标"对各行业的从业者提出了具体的要求。对于一个职业跑步运动员来说，他的任务就是通过训练不断地提高自己的速度；对于一个求学的学生来说，他的任务就是通过学习增长知识和技能，找到实现自我的途径；对于一个工人来说，他的任务就是通过劳动生产出更多的合格产品；对于一个公职人员来说，他的任务就是借助各种制度和机构的设计协助维护一个公正稳定的社会秩序。

第二，为了促进各行各业的发展，"应得原则"要求人们制定出符合某行业"发展目标"的分配规则。这些制定规则的资深从业者必须对各种价值观念保持中立，仅凭自己的知识和经验来制定符合该行业"发展目标"的分配规则。举例来说，为了促进生产，在计算酬劳时本应"同工同酬"；然而，一个歧视女性的人就有可能制定出女性酬劳低于男性酬劳的分配规则，而这一规则并不符合促进生产的行业目标。因此，分配规则的制定者们需要不断地反思既定的分配规则与该行业的发展目标之间的关系，那些与发展目标无关的甚至相反的规则都应该被修正或否定。某行业的专业人士制定的分配规则在不断更新和完善的过程中固定下来，形成相应的制度。但值得注意的是，"应得"并不依赖于这些制度而存在。恰恰相反，"应得"是人们调整制度的依据。正如芬伯格（Feinberg）所言，应得某物，"一个人必须满足特定的价值条件，而这些条件并不记在任何法律或正式的规则中"[①]。换言之，"应得"是先于制度的，而不是受制度控制的。具体的分配制度要在人们关于"应得"的道德直觉的指引之下不断调整，而不是反过来由制度完全主导对稀缺资源的分配。

举例来说，竞技体育是最能体现"应得原则"对资源的分配的。如果说一百米跑步比赛的目的就是让人类跑出最快的速度，那么，在符合

---

① J. Feinberg (1999/1963), "Justice and Personal Desert", in L. P. Pojman and O. McLeod (eds.), *What Do We Deserve? A Reader on Justice and Desert*, New York: Oxford University Press, p. 71.

既定规则的条件下，谁跑出最好成绩，谁就应该得到第一名。在这一分配方案中，跑步比赛的规则是该行业的资深从业者们（在跑步竞赛中就是老运动员和教练们）相互商议而制定的，而跑步竞赛的目的就是跑出最快速度、推进人类的速度极限。因此，那些最符合相关竞赛规则并且赛出最好成绩的运动员将得到最高的奖赏，被给予该领域最多的资源。如果相应的比赛规则存在瑕疵，不能给予跑出最好成绩的运动员以相应的奖励，那么这样的规则就不符合"应得"的要求，就需要进行修改。所有以考试（包括笔试和面试）选拔人才的机制都是在应用"应得原则"对各式各样的"机会"进行社会分配。在拟出具体的试题之前，相关领域的专家学者会首先讨论确定该考试的"考试大纲"，这就为该考试的目的做出了规定。在这一目的的指导之下，这些资深的从业人员根据自己的学识和经验，给出具体的试题，并根据考生考分的高低来判断学生所掌握的知识和能力是否符合考试的标准。而那些考分最高的考生则被认为是最符合考试的最终目的的，应该得到该领域最优质的机会和资源。

基于"应得原则"的分配还广泛地存在于对各种"酬劳"的计算当中。例如，工厂里工人的工资，通常是以"计件"的方式计算的。这是因为，工厂生产产品，其目的是生产出尽量多的质量合格的产品，在这一目的的指引下，越能实现这一目的的工人将得到越多的酬劳。而产品质量是否合格的规范，则是由该行业的资深工人协商确定的。

一个国家的公职体系的设计是对于"权力"的分配方案。这种分配通常也是在"应得原则"的指导之下进行的。担任相应职位的人应该具有相应的才能。对于什么样的职位应该拥有什么样的才能，拥有多大的权力，每个国家的官职设计都有相应的晋升制度和评价体系。这种评价体系有时也体现为全国统一的考试制度：中国古代的科举制度，当代的各级公务员考试，都是在以"应得原则"对国家权力进行社会分配。

"应得原则"的应用不仅存在于千千万万既有的竞赛、考试、招聘、酬劳计算当中，还存在于不断涌现的各种奖项的设立和评比当中。举例来说，如果有人捐了一笔钱，组建了一个基金会，想要推进"女性写作"，并基于此而设立了"最有影响力的女性作家"奖。这时，通常的做法是，邀请一批资深的作家，依据"推进女性写作"这一目的，制定出评选"最有影响力的女性作家"的具体标准（例如，作者必须为女性的要求、对其作品发行量的考查、对其作品的社会评价的考查、其作品是否被拍摄成影视剧，等等），再依据这一标准对候选的女性作家进行评分，得分最高者即获胜。

## 第二节 应得原则与价值多元

在现代社会中，"应得原则"与各行各业复杂的社会分配相关，但并不与"道德"直接相关。在某种社会竞争中，优秀的竞争者将分到较多的资源，这并不一定是因为该竞争者比其他竞争者"更道德"。换句话说，决定人们获得相应的分配份额的"应得的基础"并不一定具有"道德价值"。然而，在古希腊最初的论述中，"应得原则"却与"道德应得"息息相关。

### 一、道德应得

两千多年前，古希腊的亚里士多德曾讨论过社会分配中的"应得原则"。在《尼各马可伦理学》一书中，亚里士多德将社会的正义分为三种：交换的正义、分配的正义和矫正的正义。其中，对于分配的正义，亚里士多德认为，应该分配给每个人符合其成就和优点的利益。亚里士多德论述道："人们都同意，分配的公正要基于某种配得，尽管他们所要（摆在第一位）的并不是同一种东西。民主制依据的是自由身份，寡头制依据的是财富，有时也依据高贵的出身，贵族制则依据德性（virtue）。所以，公正在于成比例。"（1131a25—30）[1]虽然亚里士多德没有表明自己对

---

[1]〔古希腊〕亚里士多德:《尼各马可伦理学》，廖申白译注，第135页。

于"何为成就和优点"的看法，但从他对贵族制的推崇来看[1]，他应该会同意贵族派的观点，将美德作为人们"应得"的标准。所以，亚里士多德所开启的应得原则也被称为道德应得。

根源于亚里士多德对"道德应得"的讨论，一些当代学者倾向于认为"应得原则"仅限于对某种道德倾向和某种形式的至善主义的鼓励。例如，罗尔斯认为"道德应得"的基础是"某种品质或行为的道德价值"[2]。特姆金则认为："人们应该准确地依据其道德应得的程度而受益，（应得原则）是人们的美德和道德特征的函数。"[3] 在这种阐释下，"应得原则"演变成一种道德化的分配正义原则。也就是说，"应得原则"主张对那些在道德上更优秀的人（例如更乐于助人的人、更大公无私的人等等）分配更多的社会资源，以推进某种道德原则或价值观念。然而，对"应得原则"的道德化的理解显然没有准确地表达"应得原则"的含义。因为，不论在古代还是现代，"应得原则"鼓励的并不都是具有道德价值的行为或品质。例如，在起源于古希腊的奥林匹克运动会中，跑步比赛的奖牌只会颁发给跑得最快的人，而绝不会颁发给最有道德的人；而"跑得快"所具有的价值也绝不是"道德价值"，因为，道德恶劣的人也可能跑得很快。"跑得快"之所以具有价值，是相对于"跑步竞赛"这一行业的最终目标来说的。这种价值一方面中立于各种道德学说，另一方面也仅限于跑步竞赛的范围内。

罗尔斯和特姆金将社会分配中的"应得原则"等同于"道德应得"，这一误解大概根源于从古至今"美德"一词之含义的巨大变化。在古希腊，"美德"一词并不直接等同于今天人们所理解的"道德"（morality），而更多地是指人们在某一方面的"卓越"（excellence）。例如，在奥林匹

---

[1] 参见亚里士多德在《政治学》中将君主制和贵族制作为"优良政体"的论述。（〔古希腊〕亚里士多德:《政治学》，吴寿彭译，第177、182页）

[2] John Rawls, *Justice as Fairness: A Restatement*, Cambridge, MA: Harvard University Press, 2001, p. 73.

[3] L. S. Temkin, "Justice, Equality, Fairness, Desert, Rights, Free Will, Responsibility, and Luck", in C. Knight and Z. Stemplowska (eds.), *Responsibility and Distributive Justice*, New York: Oxford University Press, 2011, p. 54. 着重号为原文所加。

克竞赛中跑得最快的人、跳得最远的人、跳得最高的人，等等，都会被认为是具有"美德"的人。亚里士多德认为，应该根据人们的"美德"来进行社会分配；实际上是说，应该根据人们在各自领域中的"卓越"来进行分配。至于何为"卓越"则是依据"应得"的道德直觉由各行业的资深从业人员依据各行业的发展目标而确定。如此一来，古希腊语境中的"道德应得"与当代政治哲学语境中的"应得原则"就没有什么根本的不同，指的都是对于各行业中相对于行业的最终发展目标来说具有价值的行为或品质的奖励，而并不限于对具有"道德价值"的行为和品质的奖励。当然，具有"道德价值"的行为和品质也时常在被奖励之列。例如，"感动中国"的评选活动，实际上就是对具有"道德价值"的行为和品质的鼓励和表彰。所以说，"应得原则"包含"道德应得"，但并不局限于"道德应得"。

## 二、价值中立

将"应得原则"阐释为"道德应得"的一个直接的后果就是，认为社会分配的"应得原则"与国家和政府应保持的价值中立相矛盾。如果"应得原则"仅仅奖励那些符合某种道德学说的行为和品质，那么当我们把"应得原则"应用到社会分配的各领域时，实际上就是在大力地推行某种道德学说或价值观念。这与多元共融的社会观念相矛盾。如上所述，将"应得原则"等同于"道德应得"实际上是一种误解；然而，即使解开了这一误会，"应得原则"与价值中立之间似乎仍然存在着某种紧张关系。

在应得原则的基本结构中，"应得之基础"F作为人们应得某种社会资源的理由，必然是"有价值的"。然而，在一个多元共存的社会中，人们对于一种"表现"是否有价值，却很难达成一致的意见。一些学者就此推论，"应得原则"的应用要求国家或政府推崇或向人们灌输某种特定的价值观念，而这与国家的"中立性"是相违背的。因此，"应得原则"并不是恰当的社会分配原则。例如，罗尔斯认为，"应得原则"与多元社会中人们的重叠共识（overlapping consensus）是相违背的。在这一问题上，S. L. 赫尔利（S. L. Hurley）表达了更为强烈的观点，她认为："不应该由社会来确定哪些努力是更应得、更少应得或同样应得的"，这样做要求"客观上的家长主义或至善主义"，而这两者都是一个"多元的自由民主社会"所不容的。[1]罗尔斯和赫尔利的观点被称为"反应得的中立性论证"[2]。

对于上述反对"应得原则"的观点，笔者认为，当我们在"应得原则"的基本结构中引入 E（某行业的发展目标）这一变量后，"应得原则"理论就可以很好地与中立性的自由民主国家兼容。因为，在这一限定下，"应得原则"的应用是通过各行各业的"细分原则"而实现的，这并不要求在全社会范围内主张任何一种既定的价值观念。各种"细分的"应得原则，将对人们的何种"表现"是否有价值之评判，限制在各具体行业的范围内——某种"表现"是有价值的、是应该得到奖励的，这样的判断只在某一专业领域有效，并非在所有社会分配领域有效。同时，"应得原则"所要求的价值判断也并非由国家或政府的政治权力所主导，而是由各专业领域的资深从业人员给出符合该领域发展目标的判断。某一领域的价值判断，到了其他领域就失去效力，不再具有决定其他领域社会分配的功能。例如，一个跑步冠军到了文艺界就不可能依据"应得原则"而获得较优的分配份额。"赢者通吃"的现象，在严格执行各种"细分的"应得原则的情况下是不会发生的。由此，价值判断的有限性使国家的中立性和社会的多元性得以维护。只要"应得原则"所要求的价值判断不超出其专业的界限，那么，这种判断就绝不会要求国家或政府向人们灌输任何特定的价值观念，而家长制或至善主义与"应得原则"的联合就不是必然的。

在这一问题上，"应得原则"的应用必须特别防止"权力"的应用超

---

[1] S. L. Hurley, *Justice, Luck, and Knowledge*, Cambridge, MA: Harvard University Press, 2003, pp. 201-203.

[2] Jeffrey Moriarty, "Desert-Based Justice", Serena Olsaretti(ed.), *The Oxford Handbook of Distributive Justice*, p. 168.

出其应有的范围。如前所述,一个国家的官职体系是一个以"应得原则"对"权力"进行社会分配的系统。在这一分配领域分配到更多资源的人,将就任较高的官职,拥有较大的"权力"。然而,这并不意味着,官职越高、权力越大的人在其他社会分配的领域中也应分配到更多资源,或拥有较大的发言权和决定权。官做得好就可以得到知识界的青睐,得到"名誉博士"之类的头衔;权力很大就可以左右体育比赛、文艺评奖;有权有势的学霸学阀瓜分学术领域的各种奖项……这些形形色色的"官本位"现象,都是"权力"的应用超出了其应有的范围的结果,是对"应得原则"的践踏。各种细分的"应得原则"要求,人类社会中各领域的分配规则应该由资深从业人员在客观正义的前提下,仅凭经验和学识予以制定。"权力"的指手画脚,外行指导内行,都将完全颠覆"应得原则"的分配逻辑。

"权力"的滥用不仅会瓦解各种细分的"应得原则",同时还会危及国家的中立性和社会的多元特征。当"权力"能够通吃各分配领域的所有社会资源时,实际上就是在整个社会分配中主导一种特定的价值观。符合权力之意志的行为和品质将分配到更多的资源,而不符合权力之意志的行为和表现则受到排挤和打压。所以说,并不是各种细分的"应得原则"的应用与多元社会相矛盾,而恰恰是各种细分的"应得原则"在"权力滥用"之下的瓦解将与多元社会相背离。

### 三、价值多元

"应得原则"在保证价值中立的同时,还将最大限度地促进人类社会朝着多元共存的方向发展。"应得原则"要求人们根据各自行业的"发展目标"来进行社会分配,但并没有对这一发展目标是什么做出具体的规定。"发展目标"因各自行业的特征和追求不同而不同,这一事实决定了"应得原则"的多元特征。"应得原则"必然与多元价值相容。这是因为,每个行业都有自己的目标追求和价值判断,这些不同的价值追求无法被统一到一种价值之中。像功利主义者所设定的"社会整体的利益最大化"

这类目标，并不能成为每个行业通用的发展目标。

人类社会中各行各业的发展目标代表着人们对于各种价值的追求。例如，运动员所追求的"更高、更快、更强"的目标并不一定带来"社会整体的利益最大化"，然而那却是人们进行体育运动确凿无疑的追求。科学研究的成果也不一定能为人类造福，但"求真"却是科学家矢志不渝的追求。选美比赛的举办并不一定能促进社会整体的福利增长，但是"求美"却是所有参与选美活动的人们的追求。实际上，各行各业的"发展目标"向人们展示的是该行业最重要的价值：求真、求善、求强、求美、求稳定、求富裕……这些不同的目的之间并不能像功利主义者所认为的那样，全都能通约成一个变量、一种价值，也很难像道义论者所认为的那样可以进行"词典式的排序"，它们构成了一个多种价值相互交织的网络。这一网络的意义在于：拥有不同才能的人们、做了不同努力和选择的人们、社会中奋斗在不同岗位的人们，能够因不同的理由而分配到不同的社会资源。

"应得原则"以各种"细分原则"的形式在各行各业的分配活动中发挥着重要的作用，而这些"细分原则"越多，则其中展现出的人类社会的发展方向越多，人类的价值体系也就越复杂、越多样化，人们的生活也就越丰富，可供选择的生活方式也就越多。"应得原则"的应用与功利主义将所有人类价值化约为"功利"一种价值的理论倾向是截然相反的。"应得原则"指向的是一个多元共存、复合平等的社会，而不是一个单极化、简单平等的社会。

然而，在社会分配的实践中，"应得原则"是极易受到其他因素干扰的分配原则。"金钱"、"权力"以及"裙带关系"都在模糊不同分配领域之间的界限，试图以某一领域的"价值"去非法地兑换其他领域的"价值"。例如，假球、黑哨，这里面包含着多少"金钱"对足球专业领域的腐蚀！与"金钱"类似，"权力"也可能造成对专业领域之"应得原则"的侵犯。如果权力没有被很好地限制，而是越出了自己的职权范围，对各行各业的评比指手画脚，或者，各领域的学者专家为了迎合权力的意见而主动逢迎，那么，那些掌握了权力的人将"通吃"各领域的资源，而社会也将朝着单极化以及愈加不平等的方向加快脚步。另外,"裙带关系"也常常腐蚀"应得原则"的中立性,如果参与社会竞争的人是那些主导分配的评判者的亲戚或朋友,这样的社会分配就很难是公平的。"应得原则"对社会资源的分配必须由对各方保持中立的评判者决定,而这就要求在应用"应得原则"时必须"避嫌"。"应得原则"的严格而正义的执行依赖于各行业人们的"职业操守",只有各行业的资深从业者不受到行业外其他因素的影响,仅凭良心和学识做出专业的判断,才能依据各行业的发展目标做出最有利于该行业发展的社会分配。然而,人性的"弱点"却经常被利用。在"金钱"、"权力"和"人际关系"面前,各行各业的专业人士,常常会守不住底线,丧失"职业操守",致使各种不正义的社会现象层出不穷。

综上所述,在当代政治哲学关于分配正义的讨论中,"应得原则"的基本结构被阐述为:基于人们的表现F,行为者P应得利益B。本节提出应在这一基本结构中加入各行业的发展目标E这一变量,将"应得原则"阐述为:基于人们的表现F符合某行业的发展目标E,行为者P应得利益B。E变量的引入,使得"应得原则"所要求的对于人们的某种"表现"的价值判断被限制在某一特定的分配领域内,亦即,人们的某种表现(品质、能力、业绩或成就)因符合该行业的发展目标而具有价值,应得到该领域相应份额的社会资源。对"应得原则"的这一限定保证了"应得原则"与价值多元的观念相容。与此同时,在这一限定之下,各行各业对于各种细分的"应得原则"的严格执行将在根本上促进人类社会朝着多元共荣的方向发展。

## 第三节 应得原则的正义观

"应得原则"强调,行为者P应该是在自愿的情况下,通过自己的努力而达到F。如果行为者P是被强迫或者完全凭运气而达到F,则不能应用"应得原则"。然而,在"应得原则"的应用中,"运气"的因素却或多或少地决定着人们在社会分配中的最终份额。每位竞争者所处的"社会境况"以及与生俱来的"自然禀赋"也都在不同程度上决定着人们在社会竞争中的最终位置。"应得原则"虽然赋予了每一个社会成员平等地参与社会竞争,并凭借自己较优的"表现"而获得相应的分配份额的平等权利;但是,却将自然或社会的偶然因素混杂在人们最终的所得之中。正如马克思在批判资产阶级权利时所言:"这种平等的权利,对不同的劳动者来说是不平等的权利。它不承认任何阶级差别,因为每个人都像其他人一样只是劳动者;但是它默认,劳动者的不同等的天赋,从而不同等的工作能力,是天然特权。"[①]

如何在社会分配中排除掉自然或社会的偶然因素——运气?在什么情形下"应得原则"的应用才是公平的?为了解决这一问题,笔者将首先讨论,在"运气"因素无法完全消除的情况下,"应得原则"是否是一种完善的程序正义;其次,在此基础上分析"运气平等主义"的"反应得"观点;最后,提出排除"运气"这一不公平因素的具体办法——通过"应得原则"与其他分配原则(按需分配和市场原则)的配合,在一定程度上消除不同的"社会境况"和"自然禀赋"对人们最终分配份额的影响。

## 一、"应得原则"与程序正义

在人类社会的分配实践中,"应得原则"以各种细分原则的形式支配着社会分配的各种领域:教育、就业、酬劳、各类竞赛……人类社会中的许多资源和机会都是通过"应得原则"进行分配的。可以说,各种细分的"应得原则"是对社会益品进行分配的重要程序,这些分配程序有其既定的目标,即某一行业的最终发展目标。例如,考试制度对于"机会"的分配就是为了选拔某方面的优秀人才;跑步竞赛对奖牌和奖金的分配就是要鼓励人们在符合相关要求的条件下跑出最好成绩;工厂里对

---

① 〔德〕卡尔·马克思:《哥达纲领批判》,中央编译局编译,人民出版社,2015年,第15页。

于酬劳的分配就是要鼓励工人们生产出最大数量的合格产品。依据不同行业的发展目标所设定的分配规则有可能实现其最终发展目标,也有可能无法完全实现其最终目标。依据罗尔斯对三种程序正义的分类,那些能够实现其最终分配目标的"应得原则"是完善的程序正义,而只能无限接近却无法最终实现其发展目标的"应得原则"则是不完善的程序正义。

罗尔斯在《正义论》中阐述了三种程序正义[①]:完善的程序正义、不完善的程序正义,以及纯粹程序正义。第一,在完善的程序正义中,对于分配的结果是否正当有独立的判断标准,而且我们有可能设计出一个程序来达到这一标准。例如,当孩子们分蛋糕时,假如我们设定平均分配是公平的分配,那么在每个人都想多得的情况下,我们设计"分蛋糕者最后拿蛋糕"的分配程序,就会达到平均分配的结果。第二,在不完善的程序正义中,人们虽然有判断正确结果的独立标准,却没有可以保证达到它的程序。罗尔斯以刑事审判作为不完善程序正义的例子。在刑事审判中总会有"冤假错案"存在,也就是说,无论我们怎么设计刑事审判的程序,都不可能达到"被告有罪就被宣判有罪、无罪即被宣判无罪"的目标。这样一来,人们虽然有判断结果是否正当的标准,却无法设计出保证达到这一结果的程序。这也是不完善的程序正义与完善的程序正义的根本区别。第三,所谓纯粹程序正义,指的是不存在判断结果是否正当的独立标准,只存在一种正确的或公平的程序。这种程序若被切实地执行,其结果也必然是正确的或公平的(不论其结果是什么)。罗尔斯以赌博作为纯粹程序正义的例子:"愿赌服输",只要赌博的程序是公平的,而参与者自愿参加,那就必须接受赌博的结果,无论其结果是输得精光还是一夜暴富。

依据罗尔斯对程序正义的分类,当"应得原则"是完善的程序正义,其指定的评选规则能够实现其设定的目的。例如,工厂里以"计件"方式计算酬劳,只要在计算数量和判断质量是否合格的环节不出错,这一

---

① John Rawls, *A Theory of Justice*, pp. 65-89.

分配程序能够很好地达到其分配目的——根据生产出合格产品的数量来分配酬劳。然而，在许多情况下，"应得原则"作为一种分配程序，都是不完善的。也就是说，其评价机制和相应的遴选规则并不能保证该行业的最终目标得以实现。

马拉多纳的"上帝之手"是"应得原则"作为不完善的程序正义的一个典型例证。足球比赛的目的是：在符合相关比赛规则的条件下进球多的一方获胜。足球界的资深从业者们在相互商议的基础上制定了统一的规则，而这一规则的实施最终由场上主裁判掌握。马拉多纳的进球是一个"手球"，理应被判作"犯规"，然而裁判并没有看见，却将其判作了"进球"。通过足球比赛这一程序，在符合相关比赛规则的条件下进球多的一方获胜——这一目的并没有实现。而且，在足球比赛中，不论规则如何制定，都有可能出现误判。在这样的情况下，基于"应得原则"而对足球比赛中的荣誉和奖金进行分配就变成了一种不完善的程序正义。

几乎所有的考试都有"不完善的程序正义"之嫌。考试的目的是选拔出适合特定"机会"的优秀人才。例如，"高考"是为了选拔出适合接受高等教育的人才，"求职面试"是为了选出适合特定职位的人才，"特长生"考试是为了选出适合建立文体社团的优秀人才。"考试"这一程序可能因为两个环节的设计而变得不完善：首先，对于什么是适合某一机会的特定"品质"，人们可能存在分歧。例如，对于选拔接受高等教育的适当人才，一些专家认为数学和英语科目最重要，另一些专家认为人文修养不仅对文科生重要，对理科生也同样重要，还有一些专家认为体育素质是必须考虑的因素，再有一些专家认为孝、悌、仁、义的道德修养可以一票否决……在众说纷纭的局面之下，很难制定出得到各方公认的考试目标。其次，即使各位教育界的资深学者们最终制定出了统一的考试目标——考试大纲，但是，依统一的考试大纲，各位具体的出题者又会有自己的偏好。可能出偏题、怪题、脑筋急转弯题……，而这样的考题是否能很好地体现考试大纲，这又是一个引发巨大争议的问题。

"应得原则"作为不完善的程序正义，在某些情况下，可以通过技术手段的进步去除掉相关"干扰因素"，从而使不完善的程序正义转变为完善的程序正义。例如,"上帝之手"的事件,在科技不断发展的背景下,借助赛场录像、电子裁判等先进的技术,误判、错判的情况有可能被完全杜绝,而使得体育竞赛真正地成为一种完善的程序正义。然而,像"考试"这样的淘汰机制则很难从不完善的程序正义转变为完善的程序正义。因为,即使人们对于考试大纲能达成一致意见,但对于具体应该考哪些试题、以什么方式考,还是会存在很大的不同意见。而且,对于这些不同意见,很难找到一个确定无疑的裁判方式。试题总会有偏重,有些考生恰巧复习到这道题、有些考生没有复习到这道题,有些考生擅长这种题,有些考生擅长面试……所以,对于挑选人才这个最终目的来说,考试制度是一项需要不断更新和改进的分配制度。

## 二、"应得原则"与运气

对各类竞赛和考试制度的探究将一个重要的影响因素带入我们的视野——运气。如前所述,"应得原则"的基本结构是:基于人们的表现F,行为者P应得利益B。在这一结构中,行为者P应该是在自愿的情况下,通过自己的努力而达到F。英国学者戴维·米勒认为,"应得原则"所做出的分配判断是基于"行为者有意识的个人努力"。[1]在这里,"有意识的"这一条件排除了行为者在被支配的状况下(例如催眠、强迫、药物作用等等)的表现。

如果说"应得原则"所要奖励的仅仅是"有意识的个人努力",那么,人们的"运气"能不能算在内呢?所谓"运气",指的是人们控制之外的随机事件。"运气"并非"行为者有意识的努力",是否应得相应的奖励或惩罚呢?如果"运气"不应该受到奖赏或惩罚的话,那又应该如何在"应得原则"的应用中排除掉呢?米勒在讨论"应得原则"与"运气"的

---

[1] 参见米勒对应得原则的定义:"为了基于P而应得B,我必须有意地去完成P,并且P的完成是充分地在我的控制之内的。"(〔英〕戴维·米勒:《社会正义原则》,应奇译,第147页)这一论述中使用的字母与本文略有不同,其中的P相当于本文使用的F。

关系时，举了一个例子：一个水平不高的弓箭手，幸运地射中三箭而赢得比赛。[1]米勒认为，连中三箭的表现，完全出于这一弓箭手的运气，这是一种"完全的运气"，不应该得到相应的奖赏。然而，弓箭比赛的规则设计却很难排除这样的情形。

"运气"的问题凸显了"应得原则"最大的弊端，并使其很难被设计成一种完善的程序正义。一方面，"应得原则"想要奖励的是"行为者有意识的个人努力"；另一方面，行为者的任何表现都或多或少地包含着"运气"的因素，而不可能完全出自行为者自身的努力。"应得原则"的初衷与人类社会现实之间的偏差，决定了"应得原则"只有在偶然的情况下才可能是完善的程序正义，也只有在偶然的情况下才在通常的意义上是完全公平的。

参加比赛的运动员可能偶遇交通事故，参加考试的学生可能突然感冒，比赛规则的设计有可能使每个选手遭遇强弱不同的对手，求职面试中的考官可能恰巧问了面试者熟悉的问题……谁也不知道上帝的幸运之手会帮助谁，而"应得原则"对于社会产品的分配却只能在人们已分配到的"运气"的基础上，依据人们通过"有意识的努力"而做出的成绩进行分配。因此，"应得原则"从一开始就带入了其后很难去除掉的不公平因素。

同时，"应得原则"这一天生的不足也指明了其改进的方向：各种细分的"应得原则"对于奖励、荣誉、财富和机会的分配，应该尽其所能地排除"运气"的成分，使应得原则从不完善的程序正义向完善的程序正义靠近。例如，射箭比赛应设计成多次成绩累加，取平均值或者最高值，这样可以排除某次运气特佳的偶然因素；球类比赛要交换场地，这样可以排除光照、风向、场地质量等问题所带来的运气因素；在招聘人才时，笔试、面试相结合，这样可以排除个人性格等因素带来的运气；升学考试，从一次考试改为多次考试取最佳值，排除单次考试中坏运气（例如考试期间生病）的影响；等等。总之，"运气"因素的存在决

---

[1]〔英〕戴维·米勒：《社会正义原则》，应奇译，第158页。

定了应得原则很难成为社会分配的一种完善的程序正义,尽量排除"运气"的影响,是各种细分的"应得原则"不断改进的方向。

## 三、"应得原则"与运气平等主义

上述讨论的是"应得原则"在实施过程中所包含的"运气"因素。然而,在"应得原则"实施之前,有一些同样属于"运气"的因素就已经在发挥作用了。假设,一场求职面试在公平、公开的程序下进行,以"前途向才能开放"为原则,为每位应聘者提供平等的机会。这样的招聘机制必然以人们是否具有相应的才能作为决定谁能获得相应职位的标准。在"应得原则"的这一具体应用中,一方面,要尽量设计出排除面试过程中的"运气"因素的面试程序;另一方面,有一些"运气"因素却是在这场面试开始之前就已经存在的。例如,这些面试者来自不同社会阶层的家庭,他们所受的初期教育水平不等,他们的自然禀赋(智商、身心健康状况等)也不尽相同。那些出生于贫寒之家、没有接受过良好教育、自然禀赋较差的竞争者,在面试中必然处于劣势;相反,那些出生于富裕家庭、接受过良好教育、自然禀赋较好的竞争者,则处于优势。而一个人的社会境况和自然禀赋显然也并非出于人们"有意识的个人努力",是人们控制之外的随机事件,也属于"运气"的因素。那么,对于这些"运气"在社会分配中所产生的重大影响,分配正义的原则应该如何对待呢?

如前所述,在当代分配正义的讨论中有一派学者被称为"运气平等主义者"。他们的核心主张是:应该按照人们有意识的努力和选择来进行分配,在社会分配中排除那些并非出自行为者自己之选择的因素,因为行为者只应对自己的努力和选择负责。这一观点起源于罗尔斯和罗纳德·德沃金共同支持的"反应得"观点。罗尔斯首先在《正义论》中表达了这一观点:"我们并不应得自己在自然天赋的分布中所占的地位,正如我们并不应得我们在社会中的最初出发点一样——认为我们应得勤奋努力的优越个性的断言同样是成问题的。"[①] 在这一论述中,"社会中的最

---

① John Rawls, *A Theory of Justice*, p. 89.

初出发点"指的是人们所处的经济状况、社会地位、可利用的社会关系，等等，德沃金在其"资源平等理论"中将这些因素称为"非人格资源"；"自然天赋"指的是人们的天赋才能和身心健康，这被德沃金称为"人格资源"。依据"反应得"观点，罗尔斯和德沃金共同认为，人们出身于其中的"社会境况"以及与生俱来的"自然禀赋"都是"不应得的"，因为，它们并非源自"有意识的个人努力"。社会分配应该去除或补偿"社会境况"和"自然禀赋"对于人们在社会竞争中所取得的结果的不良影响。将人们的"运气"均等化，只有这样的社会分配才是正义的。基于"反应得"观点，运气平等主义者反对"应得原则"在社会分配中的应用。因为，"应得原则"的应用无法排除掉这些"不应得"的运气因素。

然而，运气平等主义者的主张——仅仅依据人们的"个人努力和选择"而进行社会分配——在一些情况下却是与人们的道德直觉相违背的。美国学者L. S. 特姆金讨论过一个救落水者的例子[1]：一个人在经过河边的时候，有人落水呼救，而这个人不惜弄脏自己的衣服，并冒着生命危险，救起了落水者。如果按照运气平等主义者的理解，"应得原则"仅仅奖励或惩罚"个人努力和选择"，那么我们就应该下结论说，这个人的衣服被弄脏了，这源于他自己的选择，是他"应得的"。然而，这种说法显然与人们的道德直觉相违背。以运气平等主义对"应得原则"的理解，这种值得称赞但花费巨大的道德行为，是很难解释的。

运气平等主义的分配主张不仅在理论上存在着困难，在实际的操作中也几乎是不可能的。关键的问题是，离开一定的物质基础和身心条件，单纯的"个人努力和选择"显然是无法度量的。如上所述，"应得原则"虽然旨在鼓励那些"有意识的个人努力"；但是，在具体的分配过程中，"应得原则"不仅仅奖励了"有意识的个人努力"，还奖励了那些人们得以努力的基础——社会的基础和自然的基础。在这一点上，"应得原则"奖励的实际上是人们"通过有意识的个人努力而获得的成就"而不是单

---

[1] L. S. Temkin, "Justice, Equality, Fairness, Desert, Rights, Free Will, Responsibility, and Luck", in C. Knight and Z. Stemplowska (eds.), *Responsibility and Distributive Justice*, pp. 51-76.

纯的"有意识的个人努力"。"应得原则"之所以会这样，是因为在实际的社会分配过程中，单纯的"个人努力和选择"是无法度量的：我们不能仅仅通过学习时间的长短来度量人们为获得知识而付出的"努力"，也无法仅仅靠举重运动员所做的俯卧撑的个数来判断他为了获得冠军而做出的努力，更不能将文学大奖授予作品数量最多的作家。所以，即使应该奖励的是"有意识的个人努力"，在实际的操作过程中，人们设计出来的分配原则也只能是奖励人们"通过有意识的个人努力而获得的成就"。

如果我们将运气平等主义者的"反应得"观点贯彻到社会分配的实践当中，就会导出许多荒谬的结论。例如，在跑步竞赛中，按照"应得原则"本应奖励那个跑得最快的人。假设，我们考察参赛者的家庭背景，发现那个比赛中跑得最快的选手是一个"体二代"，他不仅继承了父母优良的身体素质，而且还从很小的时候就接受了专业而系统的训练，那么，依据"反应得"观点，这位运动员的这些"优势条件"都是不应得的。然而，如果我们就此认为，不应当将第一名的奖牌颁给这个跑得最快的人，而应该颁给经济状况和身体条件都较差的人，那么这就太荒谬了。将"反应得"观点贯彻到社会分配的实践当中，不仅会完全否定"应得原则"，还会使人类社会中的各种行业失去自身的发展目标，行业规则崩塌瘫痪。依据"反应得"的分配正义观，学习深造的机会不能给学习最优秀的人，而应该留给家庭最贫困或者智商较低的人；好的就业岗位不能给最能干的人，而应该给来自边远山区的应聘者；文学大奖要颁给天生写作能力较差的人……这些荒谬的分配方案不仅违背人们的道德直觉，也与各行各业的发展目标背道而驰。这将大大阻碍人类社会方方面面的发展，造成社会资源的巨大浪费。

既然不能将"反应得"的观点直接应用到社会分配当中，那么，我们应如何面对运气平等主义者所揭示的"应得原则"中所包含的"不公平因素"呢？笔者认为，可以通过下述两条途径应对"应得原则"所包含的社会境况和自然禀赋的不公平因素：第一，对于人们不平等的"社会境况"，我们应通过社会再分配机制，尽力补足较低的社会境况，尤其是对于人们获取机会来说至关重要的教育的不平衡状况。举例说明，在分配高等教育机会的考试中，我们不可能将优质的高等教育机会分配给成绩较差的考生；但是，在高考之前的教育过程中，我们可以尽量补足不同地区（城市与乡村）之间在教育质量上的差距，使尽可能多的孩子获得相对均衡的优质初等教育。而这就在一定程度上去除了"社会境况"对于考生在高考中之最终表现的影响。又比如，在文学竞赛的评比中，我们不可能将大奖授予天生写作能力较差的参赛者；但是，我们可以更广泛地普及写作课程，使尽量多的人获得写作方面的训练和辅导。因此，对于"社会境况"的补足，并不是在具体的"应得原则"的应用过程中，而是在应用"应得原则"之前。在人们进入各种具体的社会竞争之前，应该具备相对平衡的各项条件，并获得培养各种能力的机会。简言之，社会制度的安排应借社会之力为处于不同"社会境况"中的人们提供一定限度内的平等基础。

第二，对于"应得原则"所包含的自然禀赋的不公平因素，笔者认为，应借助每个人的明智选择而予以规避。人类社会充满着各种竞争，各种竞争基于人们不同的天赋才能。体育竞争要求优秀的身体素质，乐器大赛要求乐感、节奏感等音乐天赋，数理化的考试要求人们的逻辑思维能力，语言类的竞赛要求人们的语言天赋……因此，选择适合自己的竞争，这非常重要，有时候甚至是胜负的决定因素。身体素质不佳的人参加体育竞赛，在"应得原则"的分配下，当然得不到大奖。因此，所谓"不应得"的弱势——"自然禀赋"，在通常情况下，是可以通过"明智的选择"而规避掉的。选择适合自己的自然禀赋的"优势"竞争项目，这是在竞争中胜出的关键。在所有竞争者的自然禀赋大致平衡的竞争中，应得原则在实际应用中可能包含的"人们的自然禀赋不同"这一不公平因素，就在很大程度上被去除掉了。当然，有一些竞争是绝大多数人都必须参加的，例如高考。但即使是在高考这样"千军万马过独木桥"的竞争中，人们也可以有一定程度上的选择余地：文科还是理科，报考哪个专业、哪个学校，等等。报考适合自己禀赋才能的科目和专业，仍然是成功的关键。

另外，为了平衡拥有不同天赋人们之间的社会分配份额，在社会制度的安排中,应尽量多地"开发"基于不同天赋的各类竞赛。在各地的民俗中经常会有一些"新奇"的比赛,例如,滚啤酒桶比赛、背老婆比赛、吃饭大赛、各种趣味运动会……这些"新奇"的比赛不仅有助于平衡天资不同的人们之间的社会分配,还有利于增强各方面人才的自我价值感,减少因巨大的不平等而造成的妒忌等负面情绪。

综上所述,"应得原则"是社会中各行各业普遍适用的社会分配原则。其分配的依据是:各行业的资深从业人员依据该行业的发展目标,制定出的判断相关资源竞争者之"表现"(包括"能力"、"品质"、"业绩"、"成就",等等)的标准,越符合该行业发展目标的"表现"将获得越多的资源(包括财富、荣誉和各种机会)。这一分配原则在大多数情况下是不完善的程序正义,可能混入"运气"、"社会境况"、"自然禀赋"等不公平的因素。为最大限度地去除"应得原则"包含的各种不公平的因素,一方面,在人们的基本生活需要领域要严格依照"按需分配"原则满足所有社会成员的基本需要;另一方面,要防止教育、医疗等领域的过度市场化。同时,"应得原则"的公平应用还有赖于各专业领域从业人员坚守职业道德,抵御"金钱"、"权力"和"裙带关系"等因素对社会分配的不良影响。

# 第十章　复合平等的社会分配

前述各章讨论的分配正义学说都是单一分配原则主导的社会分配方案。然而，在当代分配正义研究中，有一派学者主张在不同领域中应用不同的分配原则，提出了一种多元分配方案。由此，一元分配正义与多元分配正义成为学者们争论的焦点之一。一元分配正义主张将所有的社会益品在统一的原则下进行分配。与此相对，多元分配正义主张对于不同的社会益品应依据不同的分配原则进行分配。迈克尔·沃尔泽和戴维·米勒对多元分配正义进行了论证。在他们看来，平等权利、按需分配、应得原则与市场交换这四种分配原则相互结合能构成一种可行的多元分配方案。

1971年，约翰·罗尔斯《正义论》出版，掀起了西方学术界五十多年来讨论分配正义及其相关问题的热潮。罗尔斯的正义理论延续了契约论的传统，以抽象推理的方式发展出一种一元论的分配正义原则。在此之后很长一段时间，学者们都追随罗尔斯的脚步，以一元论的方式来构想分配正义的原则。这其中包括罗伯特·诺奇克提出的持有正义理论、罗纳德·德沃金提出的资源平等理论、当代功利主义者理查德·阿内逊阐发的福利的机会平等理论、阿马蒂亚·森提出的能力平等理论，等等。这些理论的一个共同特征就是将所有种类的社会益品统一在一种原则下进行分配。1983年，迈克尔·沃尔泽出版《正义诸领域：为多元主义与平等一辩》，系统地批评了一元论的分配正义理论，并提出了与之相对的多元分配正义理论。沃尔泽认为："正义原则本身在形式上就是多元的；社会不同善应当基于不同的理由、依据不同的程序、通过不同的机构来分配；并且，所有这些不同都来自对社会诸善本身的不同理解——历史和文化特殊主义的必然产物。"[1] 社会分配的多元主义在学界引发了巨大的反响，激起了分配正义的"一元"与"多元"之争。本章将展现一元分配正义理论与多元分配正义理论之分歧，并深入分析多元分配的两个理由。

## 第一节　简单平等与复合平等

一元主义的分配正义学说主张将所有种类的社会益品在同一原则下进行分配。其理论目标是实现单一原则规定下的平等，这种平等被沃尔泽称为"简单平等"。多元主义的分配正义学说主张在社会分配的不同领域应用不同的分配原则，每个人因不同的理由在不同的领域得到不同份额的社会益品。沃尔泽将多元分配原则主导下的平等称为"复合平等"（complex equality）。

为了实现以单一原则分配所有社会益品的目标，一元主义的分配正义理论必须首先将所有的社会益品统一在一个可以进行社会分配的变量之下。例如，在罗尔斯的正义理论中，所有可供分配的物品被罗尔斯统一在"社会基本善"的概念之下。又如，在德沃金的资源平等理论中，所有与分配相关的社会益品被德沃金统一称为"资源"。再如，在福利平等理论中，要进行平等化分配的是"福利"，在福利平等主义者[2]看来所有社会益品都可以化约为人们的"福利"。然而，这种理论简化的方式不可避免地会给具体的社会分配造成困难。因为，不同的社会益品，其得来的方式以及分配的逻辑都可能有很大的差别，如果以单一的分配原则

---

[1]〔美〕迈克尔·沃尔泽：《正义诸领域：为多元主义与平等一辩》，褚松燕译，第4页。
[2] 福利经济学的理论源头是道德哲学中的功利主义。功利主义在其发展过程中，与经济学相结合，"功利"这一概念在经济学中演化成了"福利"的概念。在当代讨论中，"功利"和"福利"这两个概念指的都是"理性偏好的满足"。

对所有物品进行分配，会忽视许多与分配相关的理由。

举例说明，高速公路、铁路、港口、码头等等这些基础设施，如果是私营企业出资修建的，那么其修建的目的是要赢利，所以应遵从市场原则获取使用；如果是国家以税收为基础的财政拨款兴建的，那么这样的基础设施就应以较低价格满足所有公民的出行需求。又比如，优质的高等教育资源，其供给主要来自于国家的投资，而其目的是培养高素质人才，为整个社会谋福利。因此，其获取应遵循"择优录取"的应得原则，而不应简单地以严格平等主义原则进行分配，或者以差别原则的方式进行有利于弱势群体的分配。再比如，维持人们身体健康的基本药品，应该以很低的价格或无偿地提供给那些真正需要它们的人，而不是纵容市场投机，将救命药炒到"天价"。总之，不同的社会益品其背后隐含着不同的意义，要求以不同的逻辑进行分配，而人们处在不同的分配领域中，又因不同的分配原则而得到不同的分配份额。正是基于这些理解，沃尔泽反对一元分配原则，并构建了多元分配理论。

我们可以对比罗尔斯的正义理论和沃尔泽的正义理论，以发现一元分配正义与多元分配正义之间的根本区别。如前所述，罗尔斯从抽象的"原初状态"推导出来的分配原则是一种一元论的分配原则。罗尔斯的"作为公平的正义"之分配原则是对许多物品进行同一种分配的原则。这些被分配的物品被罗尔斯称为"基本善"，其含义是"一个理性的人无论他想要别的任何什么都需要的东西"[1]，亦即，任何人实现自己的人生理想都需要的一些必要条件。这样的"基本善"包括：健康、良好的身体素质、较好的智力、权利、财富、机会、社会地位、权力，等等。其中"健康、良好的身体素质和智力"是自然的基本善，而其余的则是社会的基本善。值得注意的是，罗尔斯的一元分配原则分配的是"社会基本善"，并不包括"自然基本善"。而分配这些社会基本善的一元分配原则正是差别原则：平等地分配所有社会基本善，除非社会与经济的不平等安排能最大限度改善"最小受惠者的前景"。由此看来，罗尔斯所构想

---

[1] John Rawls, *A Theory of Justice*, p. 79.

的社会分配不仅是对人们收入和财富的分配,还包括教育、职位、荣誉、权力,等等。然而,这种一元分配正义理论在现实的社会分配中却很难有效地维护共同体成员之间一定限度内的平等。

举例说明,对高等教育资源的分配就不可能完全依照"差别原则"进行向弱者倾斜的社会分配。教育的目的一方面是促进个人发展,帮助个人实现其理性生活计划;另一方面,教育也要促进人类社会的进步。所以,在与教育机会相关的竞争中,人们通常应用社会分配中的"应得原则",将优质的教育机会分配给学习成绩优秀的学生。尤其是在分配稀缺的优质高等教育资源时,世界各国都普遍采用"择优录取"的原则。然而,罗尔斯却从根本上反对"应得原则",认为"应得原则"使得社会分配混入了一些不公平的因素,例如,人们出生时就拥有的不同"天赋",以及不同家庭所处的社会境况,等等。由此,罗尔斯可能会认为应该依据"差别原则"对教育资源进行偏向于弱者的分配。然而,这种反对"应得原则"的分配方案,一方面会造成社会资源的巨大浪费,另一方面也会挫伤人们参与竞争的积极性,最终阻碍人类社会的发展。

沃尔泽在《正义诸领域》一书中深入地分析了一元分配正义为何无法消除垄断、实现平等的原因。沃尔泽认为,人类社会是人们联合起来进行生产、分配和交换的联合体。在这样的联合体中,人们不仅合作生产,也需要对许多物品进行分配:食物、药品、财富、职位、荣誉、权力、权利,甚至还有惩罚。而这些物品中的每一种都有自己的"场域",以及相应的分配逻辑。例如,药品应该优先分配给需要的人,而不是有钱购买却身体健康的人;职位应该分配给真正拥有相关能力的人,而不应被裙带关系所支配;荣誉应该授予才华出众的人,而不是锦上添花地授予有权有势者;助学金应该给予家庭贫困的学生,而不是给那些和老师关系好的学生;权利应该平等地赋予所有政治共同体成员,并维护每个人的权利不受任意地践踏;责任与权力相对应,权力有多大责任就有多重;惩罚的大小则因罪行的轻重而被确定。

与多样化的社会分配相伴而行的是:人们总是倾向于将自己在社会分配中得到的东西与其他人手里的东西进行交换。这些交换中有一些是合法的，例如用自己挣来的工资去购买所需要的食品、药品、衣物等等。然而，另一些交换却是非法的"越界交换"，例如卖官鬻爵、买卖人体器官、买卖人口、钱权交易、钱色交易、权色交易、贿选等等。在人类社会的发展历程中，各式各样的"黑市交易"层出不穷，其目的都是要打破某种物品的分配逻辑，最终以某种或某几种物品的分配支配其他物品的分配。

沃尔泽认为，一元的分配正义原则不可避免地会导致垄断。一方面，那些在某一领域分配到较多资源的社会成员，依据同一条分配原则，在别的分配领域也得到较大份额的分配，这必然会加剧不平等。比如，在一个社会的分配中，如果在收入方面采用"应得原则"，按"劳"分配或者按"贡献"分配，那么，那些能力较强、对社会贡献大的人将得到较高的收入；同时，如果在医疗保健领域仍然依据"应得原则"进行分配，那么能力较强的优势群体将进一步获得更多的医疗资源和较优的医疗服务。如此一来，那些在社会竞争中处于弱势的社会成员，在医疗保健方面反而要付出比优势群体更多的费用，出现富人看病少花钱，穷人看病多花钱的怪现象。这必然会加剧社会不同人群之间的不平等。

另一方面，在自愿交换无处不在的背景下，那些善于进行市场竞争的社会成员将会获得越来越多的资源。如果像罗尔斯所构想的那样，通过某种统一的分配，所有人得到同样多的财富、机会、权利等"社会基本善"，那么，极有可能的情况是：一些人比另一些人能更好地利用自己手里的财富和机会，通过交换获得更多的资源；而这些多于普通人的资源又可以使其更容易获得更多的财富和机会。如此往复，用不了多长时间就会形成一部分人对所有社会益品的垄断。而为了消除这种垄断、维护共同体成员之间一定限度内的平等，国家就不得不加大再分配的力度，以国家权力强行对社会益品进行再分配。而此时，权力就会集中在那些进行这种再分配的人手中，由此就形成一种新的垄断——一些人对权力的垄断。与此同时，权力这种"物品"还有越过边界，渗透到所有其他分配领域的倾向。用沃尔泽的话来说，权力是一种"支配性的善"——"如果拥有一种善的个人因为拥有这种善就能够支配大量别的物品的话，那么，我将称这种善是支配性的"①。也就是说，人们只要拥有了权力这种物品，其他的物品也都能得到。由此，一些人对权力的垄断不但不能减轻不平等，反而还有可能加剧不平等。因为，那些拥有权力的人，会得到更多其他的东西。权力的"支配性"使得财富、机会、荣誉等这些有价值的事物，通过各种"越界交易"向那些拥有权力的人靠拢。而整个社会的不平等状况只能是愈演愈烈。

基于上述分析，沃尔泽认为，实现平等的关键在于两点：第一，在不同的分配领域应用不同的分配原则，使人们在不同的领域获得不同份额的各种社会益品。例如，根据"按需分配"原则分配人们生活必需的药品和食物；应用"应得原则"分配奖励、酬金以及优质的教育资源；应用"市场原则"分配奢侈产品和特殊服务；等等。人们在不同的分配"场域"获得不同的社会益品，这避免了某些人在所有"场域"都得到的多，或者都得到的少的情况。这将有效地控制不同人群之间的贫富差距。第二，阻止物品之间的非法交易，限制"支配性的善"。在沃尔泽看来，如果所有的社会益品都可以毫无阻拦地相互交换的话，社会中很快就会形成某些人对于所有资源的垄断。例如，"钱权交易"将有钱人和有权者捆绑在一起，他们对资源的垄断将给社会带来巨大的不平等；再比如，如果学生的考分可以从老师那里买到，那么最有钱的学生将获得最高的得分，富人就将垄断优质的教育资源。因此，只有阻断非法交易，每个"场域"严格按照其内在逻辑进行分配，各领域专业人士秉承职业操守，才有可能维护各领域的分配正义，并最终维护整个社会的分配正义。对于阻断非法交易的可行性，也有学者提出了不同看法。例如戴维·米勒在评论沃尔泽的文章《复合平等》时指出："如果我们站在自由和（或）效率的立场上认为市场应在经济生活中发挥作用，那么我们就很难彻底地阻止金钱转化为其他的物品。……不同物品之间的转换是不可避免的，故而不同分配领域中的地位趋向于相互关联。"②但是，米

---

① 〔美〕迈克尔·沃尔泽：《正义诸领域：为多元主义与平等一辩》，褚松燕译，第10页。
② David Miller, "Complex Equality", in David Miller and Michael Walzer(eds.), *Pluralism, Justice, and Equality*, Oxford: Oxford University Press, 1995, p. 216. 中文翻译参见〔英〕

勒和沃尔泽都认为分配正义原则应该是多元的而不是一元的，只是在具体的可行性问题上存在分歧。

沃尔泽将自己的分配理想称为"复合平等"，这种平等追求的不是单一领域分配的平等，而是在各领域各种分配原则的独立作用之下得到的各种分配结果的集合。这种多元分配虽然不能保证人们在任何一个领域得到的一样多，却能保证人们因不同的原因在不同的领域得到各自应该得到的那一份。在沃尔泽看来，多种分配原则共同作用的结果，从整体来看就是一种正义的分配；与"简单平等"相比，"复合平等"是一种更准确地描述了人类社会现实的、更理想的平等目标。

## 第二节 "多元"之辩

沃尔泽的多元分配理论在学界引发了巨大的反响，戴维·米勒、艾米·古特曼（Amy Gutmann）、约瑟夫·H. 凯伦（Joseph H. Karen）、理查德·阿内逊、布莱恩·巴里（Brain Barry）、苏珊·穆勒·奥金、乔恩·埃尔斯特（Jon Elster）等人都参与到对多元分配正义的讨论当中。其中，古特曼和凯伦对沃尔泽的多元分配构想提出了尖锐的批评。沃尔泽认为，在某一具体的分配领域内，待分配的"益品"有着确定的社会意义，而这种社会意义将决定其独特的分配原则。多元分配格局实现的关键在于各分配原则在各自分配领域内的自主性。例如，"医疗资源"这种益品的社会意义就在于满足病患的需要，所以应以"按需分配"原则对其进行分配。古特曼从两方面对沃尔泽的这一观点进行了批评：第一，有一些分配原则是跨领域的，其应用并不局限于特定领域内特定益品的分配；第二，在一些具体的分配领域中，某些益品的分配原则并不是唯

---

（接上页）戴维·米勒、〔美〕迈克尔·沃尔泽编：《多元主义、正义和平等》，高建明译，江西人民出版社，2018年。

一的，人们可能应用多种分配原则对其进行分配。

首先，古特曼认为，在社会分配中，有一些符合人们道德直觉的考量因素是跨领域的，这样的原则包括"权利平等"、"人们应该对自己的行为负责"等等。古特曼认为，对这些原则的一贯的遵循会破坏多元分配方案。举例来说，多元分配要求对药品和医疗服务进行"按需分配"，而"人们应对自己的行为负责"这一原则却要求人们在分配医疗资源时考察人们患病的原因。如果是因为自己不节制的生活方式而导致的疾病，则应该由患者自己负担全部或一部分医疗费用。这种跨不同"场域"的道德考量就将破坏沃尔泽所构想的多元分配格局。古特曼论述道："收紧获得医保的途径，让甘冒不必要风险损害自己健康的人付出更多的成本难道不应该吗？"[1]当然，对于因自身不良生活习惯而患病者，我们可能并不会剥夺其所需要的医疗服务，而是会采取措施增加其生活成本。例如，人们通常并不会剥夺吸烟患病者获得基本医疗服务的权利，而是对烟草业进行高税收。但是，如此一来，我们就发现对于医疗资源的分配原则实际上并不是独立于其他领域的，而是与整个社会的经济制度安排息息相关。在是否存在跨领域的分配原则的问题上，米勒也表达了与古特曼相近的观点。米勒是支持多元分配正义的学者，他修正了沃尔泽的多元分配方案，将权利平等作为一个跨"场域"分配原则补充到多元分配方案中。

其次，古特曼认为，对于某些益品来说，其社会意义是含混的，人们可能应用多种分配原则对其进行分配。古特曼以对"工作"的分配为例：通常来说，"工作"不仅是人们谋生的手段，也是一种基本需要。对于失业的人，各国政府应依据"按需分配"原则尽力为其安排工作。与此同时，在对于较优的工作岗位的竞争当中，各行业均采用"应得原则"进行分配，唯才是举。另外，在一些特殊情景下，人们还以平等原则对工作进行分配，以对抗对特定人群的歧视。例如，为了消除对女性或有

---

[1] Amy Gutmann, "Justice Across the Spheres", in David Miller and Michael Walzer(eds.), *Pluralism, Justice, and Equality*, pp. 99-119. 中文翻译参见〔英〕戴维·米勒、〔美〕迈克尔·沃尔泽编：《多元主义、正义和平等》，高建明译，第五章。

色人种的歧视，一些工作机会的分配采用配额制。由此看来，对"工作"的分配可能应用按需分配、应得原则或平等原则三种分配原则，"工作"这一益品的社会意义并不能为其确定任何一种唯一的分配原则。在这一点上，阿内逊也赞同古特曼对"社会意义"这一概念的质疑，并且认为，沃尔泽所谓的复合平等实际上与简单平等是一回事。因为，沃尔泽的复合平等只有在每一种社会益品都根据其"社会意义"进行分配的情况下才能实现。但是，"根据社会意义进行分配的规范是一个空花瓶，任何东西都可以往里面装"[①]。

再次，凯伦在批评沃尔泽多元分配理论的文章中提出了一种四重分配原则的学说。[②]凯伦以一个四重的同心圆来演示不同层次的分配原则。他认为，第一，最外围一圈的分配原则涉及分配正义的底线标准，这样的分配原则可应用于所有现代国家，无论其历史、文化或政治制度多么特殊。例如，平等原则就属于这类的底层原则，是任何领域任何文化环境中的社会分配都应遵守的原则。第二，第二层次的分配原则在应用时可以不考虑特定国家的特定历史或文化。例如，对于"应得原则"的应用，不同国家或不同历史阶段的政治共同体都可能采用"唯才是举"的方式来分配相应的职位。第三，第三层次的分配标准是那些与某一国家对文化和历史的公共性理解偶然联系在一起的标准，例如各国的医保制度、考试制度，等等。第四，特定领域的小范围内的分配原则与特定政治共同体的历史和文化联系紧密，各式各样具体的分配政策都属于这一层次的分配规则，例如在一些大城市实行的机动车摇号制度。凯伦认为，在《正义诸领域》一书中，沃尔泽实际上讨论了四个层次的不同分配原则，例如，平等原则是第一层次分配原则，按需分配和应得原则是第二层次的分配原则，而针对"爱"与"神恩"等社会益品的分配原则是第三或第四层次的分配原则。然而，沃尔泽却没有对这些分配原则的不同层次

---

① Richard Arneson, "Against Complex Equality", *Public Affairs Quarterly*, 4(1990), 99-110, p. 107.
② 参见约瑟夫·H.凯伦：《复合正义、文化差别和政治共同体》，〔英〕戴维·米勒、〔美〕迈克尔·沃尔泽编：《多元主义、正义和平等》，高建明译，第二章。

进行区分，这是造成其理论"一元"与"多元"混乱，无法自圆其说的根本原因。

从某种意义上说，沃尔泽的多元分配正义学说是针对罗尔斯的一元正义学说而提出的挑战。那么，罗尔斯在建构一元分配正义学说的时候有没有考虑到各层次、各领域中不同的分配正义原则以及它们之间的相互关系呢？罗尔斯又是如何应对"多元"对"一元"的挑战的呢？罗尔斯在《正义论》一书的"正义的准则"一节中细致地讨论了这一问题。罗尔斯将"按需分配"、"按劳分配"等分配原则称为常识性准则。在罗尔斯看来，常识性准则之间时常相互矛盾，给出不同的分配结果，成为人们争论的焦点。罗尔斯以"工资"的设定为例，人们时常纠结于是应该按照人们的"努力"进行分配，还是按照人们的"贡献"进行分配。而这些准则自身却无法向人们提供任何评价的标准。罗尔斯引用密尔的观点，认为："只要一个人停留在常识性准则的水平上，那么这些正义准则的和谐就是不可能的。"[1]在罗尔斯看来，要评价不同的常识性准则并确定哪一种准则是最恰当的就需要上升到某个更高的标准，对社会的基本结构进行考察，而不是局限于某一具体的分配领域。罗尔斯论述道："某些更高的原则确实是必需的；但是除了功利原则之外，还存在着其他的选择对象。甚至可以把这些常识性准则中的一个或它们的组合，提高为一个第一原则，比方说，按需分配。从正义论的观点来看，两个正义原则制定了正确的更高标准。因此我们的问题是要考察：常识性的正义准则是否会在一个良序社会中产生，以及它们会得到何种方式的评价。"[2]

罗尔斯强调，常识性准则是从属性的而不是根本性的分配原则。他指出，常识性准则在人们的社会生活中占有显著的地位，是为人们所熟悉的。因此，人们也很容易将其误以为是根本性分配原则。但是，"没有一个准则有理由被提高到第一原则的水平。每一个准则大概都对应于一种与某些具体制度相联系的相应特征，这一特征只是某种具体制度的许多特征

---

[1] John Rawls, *A Theory of Justice*, p. 268.
[2] John Rawls, *A Theory of Justice*, p. 268.

中的一种，而这些制度也是特殊的制度。采纳其中一个准则作为第一原则必定导致忽略其他应该考虑的事情。而如果所有或许多准则都被当作第一原则的话，它们就会缺少明确的体系性。常识性准则的概括性是不恰当的。为了寻找恰当的第一原则，我们必须深入到这些准则的后面去"[1]。在罗尔斯看来，除非以某种更高的标准对社会的基本结构做出安排，否则人们并不能恰当地应用各种常识性准则。在罗尔斯的正义学说中，这种更高的分配正义的标准就是他从原初状态中推导出来的正义原则。可以说，通过将正义原则和分配正义的常识性准则置于不同的层次，罗尔斯事实上解决了分配正义原则的"一元"与"多元"的对立。

如何理解沃尔泽提出的"多元分配正义"与罗尔斯提出的"一元分配正义"之间的关系？这两种学说是否是对立的？从罗尔斯对正义原则和正义的常识性准则的处理来看，这两种学说并不是对立的，只是两类原则处于不同的层次而已。罗尔斯的正义原则是对社会基本结构的规定，是更高层次的正义原则，而沃尔泽所提出的按需分配、按贡献分配、按努力分配等分配原则属于罗尔斯所说的"常识性分配正义准则"。最高正义原则是一元的，而具体领域的分配原则却可能是多元的，这两种学说并不矛盾。

沃尔泽也表达了类似的观点。面对古特曼、凯伦、阿内逊等人的批评，沃尔泽也承认："一个分配领域发生的事情会影响到其他领域发生的事情，因此，我们最多只能期待（领域间的）相对自主。"[2]而且，他还同意米勒的看法，将平等原则当作是更高层次的分配原则。沃尔泽在回应学者们的批评时谈到了"一般道德"的作用。他论述道："我们需要一种人权理论（或其他文化中功能相同的对等物）设置基本的参照系，在其中进行分配。这样的理论自然来自对人的看法而非对他们制造的物品的看法，它将限定这些人如何被对待。"[3]沃尔泽在这里所说的设置基本参

---

[1] John Rawls, *A Theory of Justice*, pp. 270-271.

[2] Michael Walzer, *Spheres Of Justice: A Defense Of Pluralism And Equality*, New York Basic Books, 1983, p. 10.

[3] 〔英〕戴维·米勒、〔美〕迈克尔·沃尔泽编：《多元主义、正义和平等》，高建明译，第241页。

照系的一般道德,例如平等、权利、基本自由等,就是规定社会基本结构的道德基础,可以将其视为等同于罗尔斯所说的规定社会基本结构的正义原则。如果这样来理解沃尔泽的正义思想的话,多元分配正义与一元分配正义之间的对立也就不复存在了。此外,正像凯伦指出的,沃尔泽和罗尔斯之间的分歧可能更多地来自于他们哲学风格的不同,而不是来自于观点的对立。罗尔斯是严谨的哲学理论的建构者,而沃尔泽却是雄辩的文化评论家。这使得他们各自偏爱的语言有很大差异,即使他们试图描绘的是同样的东西,却给人留下极为不同的印象。凯伦对二者哲学风格的不同做出了精彩的描述:"罗尔斯,至少是身为《正义论》作者的罗尔斯,提供了政治理论范式,如同工程师手中的蓝图。他展示了事物是如何平地而起的,当然,也要有合适的建筑材料才行。每个原则和论点都要咬合在一起,就像建筑的横梁,精准分担彼此的重量,整个结构矗立在地基之上,地基对于工程的成功来说尤为重要。反之,沃尔泽的反思如同道德景观的印象派画作。他实际上是在说:'看看,是不是这样?'我不认为他只是在澄清人们的所思所想是对是错。"① 在凯伦看来,正是沃尔泽所信奉的道德多元主义导致了他的哲学风格,他不愿意给人们一个确定的答案,或者一幅精准的图像,而是给读者留下回旋和反思的余地,以其睿智给人们以启发。总之,在罗尔斯的一元分配正义与沃尔泽的多元分配正义之间可能并不存在根本性的矛盾,罗尔斯所说的"一元"对应于沃尔泽所说的基本参照系,而沃尔泽所说的"多元"则对应于罗尔斯所说的分配正义的各种"准则"。

---

① 〔英〕戴维·米勒、〔美〕迈克尔·沃尔泽编:《多元主义、正义和平等》,高建明译,第52页。

## 第三节　多元分配的两个理由

米勒是支持多元分配正义的学者，他一方面修正了沃尔泽的多元分配方案，将权利平等作为一个跨"场域"分配原则补充到多元分配方案中，另一方面还为沃尔泽的多元分配正义补充了相关的理由。结合沃尔泽和米勒两人的论述，我们可以总结出进行多元分配的两个理由：第一，不同社会益品包含着不同的价值和意义，这决定了应采用不同的分配原则对它们进行分配；第二，人与人之间的多元关系，决定了应采用不同的原则进行多层次的社会分配。

首先，社会益品的多样性和复杂性，以及其隐含的丰富的价值和意义要求人们构建一种多元的分配方案。人们从单个的人聚合在一起而形成政治共同体，通过不断细化的分工合作，不仅创造了巨大的物质财富，还创造了丰富的价值和意义。这些价值和意义凝结在社会益品之中，向社会分配提出不同的要求。沃尔泽主张，每一种物品都有其特定的"场域"。在该场域之中，物品应依据该场域特定的逻辑进行分配。

我们可以从"学校"这一微缩的竞争环境中考察沃尔泽关于"场域"的观点。一个小学生在学校里要学习语文、数学、英语等许多科目，还要参加体育、音乐、美术等各方面的活动。而每一个科目和活动都可以被看作是一个特定的"场域"，都有自己的评判标准：语文要求学生写字、认字、读课文；数学要求学生计算；科学要求学生度量和观察；美术要画画；音乐要唱歌或是演奏；体育要跑步和跳远；等等。而学生们因为天赋不同，必然有些科目学得好，有些科目表现平平。每个科目的老师都只能根据学生在这个科目上的表现，以及该科目的要求来给这个学生的这个科目做出评价，而不可能做出超出该"场域"的评价。因为某个学生的数学成绩好，而给他的体育也打高分，或者因为某个学生是班干部，而在各科成绩上都给他打高分，这些都是不合情理的。由此，每个学生虽然不可能在每一科目上都排在前面，成为各科成绩的"垄断者"，但总有某一方面能得到较高的评价。所以说，一种健康的竞争模式，并不是通过老师的权力而让所有学生在每一科目上都得到相对平等的评价和分值,维护一种形式上的"简单平等";而是让每个学生在每一科目的公平竞争中找到自己的位置——有处于领先地位的科目,也有落后的科目,最终在不同科目的不同位置中获得一种"复合平等"。当然,每个学校都会有某些"天才学生"在所有科目中都成为"垄断者",获得最高的评价。但是,即使我们假设,这样的学生在品德、艺术、劳动等其他方面也都非常优秀,我们也还应该看到,人生的复杂性要远远高于学校的竞争。在人类社会这个更为复杂的社会分配中,真正成功的人生并非只有学习成绩这一项评价标准,还有幸福、闲暇、品德、名誉等各种角度的评价。我们很难想象这样的特例:一个高智商、从小成绩好的人,同时情商也高,财商也高,颜值也很高,体育素质还出类拔萃……即使有这样的人,那也是小概率事件。而小概率事件不足以构成对多元分配正义理论的挑战。

在沃尔泽对多元分配正义的分析中,多元分配方案以及人们之间"复合平等"的实现,一方面依系于多元分配制度的确立,另一方面还依系于每一个领域内人们对于自身"职业操守"的遵从。实现人们之间"复合平等"的关键在于不同分配原则在各自领域内的自主性(autonomy),而各分配原则在各自领域内的自主性则依赖于各行业人员坚守自己的价值判断和标准。只有当各行各业的人们都坚持各自领域内的价值判断和价值追求,整个社会才能实现多元的社会分配,维护人们之间的"复合平等"。

其次,支持多元分配理论的英国学者米勒为多元分配正义提供了第二种理由。与沃尔泽不同,米勒认为,分配原则之所以应该是多元而不是一元,并不仅仅因为分配的社会益品不同,还因为在不同的分配"场域"中"人类关系的模式"(modes of human relationship)不同。简单来说,人们身份的多元决定了社会分配应该是多元而非一元。

米勒认为,与社会分配相关的人类关系模式有三种:"团结的社群"、"工具性联合体"和"公民身份"。[1] 第一,人类这一物种的延续和进化,

---

[1] 参见〔英〕戴维·米勒:《社会正义原则》,应奇译,第27页。

要求人们之间的团结。正如卢梭在推导出国家的产生时所言，人类凭单个人的力量，很难与大自然对抗。因此，人们联合起来形成社会和国家。人类社会中的每个人都是作为"团结的社群"中的一员而存在的。这种关系决定了在人们之间那些维持人们生存所需的东西应该遵循"按需分配"原则进行分配。这样才能满足这个团结社群中所有人的基本需要，以保证每一个成员都能健康安全地生活。第二，在充满竞争与合作的社会中，人们通常以功利的方式结合在一起，相互为用。当人们被彼此用作工具时，相应的社会资源应该遵循"应得原则"进行分配。亦即，人们通过满足他人和社会的需要而满足自己的需要，根据对他人贡献的多少而获得自己的份额。所以，工资、报酬、奖励、晋升机会等的分配应遵循"应得原则"。第三，从个人联合起来构建政治共同体的角度来说，每一个社会成员都是平等的，政治共同体中的所有人都是平等的公民。因此，对于公民权利的分配，应该遵循平等原则，不能将任何人排除在外。

我们可以通过家庭成员之间的复杂关系来理解米勒的观点。假设A与B是一个富裕家庭中的哥哥和弟弟。这种兄弟关系决定了他们在家庭中分配食物时，会相互关照，以满足家庭成员对食物的基本需要。与此同时，A与B还同为某一国的公民，所以他们都拥有该国法律赋予公民的平等权利。尽管A与B为兄弟，但这并不影响两兄弟合作开公司。而且，"亲兄弟也要明算账"，他们要忘掉亲情而确定他们之间公平的利益分配。因为，在合作开公司时，他们的关系体现为"工具性联合体"。

总之，从"物品"和"关系"两个角度，我们都能体察到人的生活和人类社会所具有的复杂性。一个人的成功与否、贫富得失，一个社会的正义与平等，等等，都很难依据某种单一原则进行度量和评价。就像人类社会中有许多"物品"可以进行分配一样，人们也可以在社会的不同领域去获得不同的东西，而人生也可以从不同的"关系"中进行不同的评价。一个各科成绩平平的小学生有可能是一个运动天才；一个大权在握的高官有可能婚姻不幸福；一个家财万贯的百万富翁有可能膝下无子……人生的复杂性和个别性并非可以仅仅通过收入和财富的多少去衡量，也很难以官职的大小去评价。真正的平等之道，不是以一元的分配原则去规定所有物品的平均分配，而是让多种分配原则在各自的领域内自主地发挥作用。同时，这种自主性因该领域的评判者们的独立性而得到坚持。因此，每种物品依据适合于此种物品和场域的逻辑和规则被分配。而"垄断"只要被限制在某一领域内，其实并不一定是平等的大敌。因为，在严格抵制不同物品之间非法的"越界交易"的情况下，不同领域的"垄断者"不可能总是同一批人。

# 第十一章　实现分配正义的构想

本书上篇前述各章讨论了当代政治哲学研究中学者们提出的各种分配理论，这些分配正义学说基于不同的道德直觉，提出了不同的分配原则和分配方案。分配原则是分配学说的核心组成部分。不同的分配正义学说采用的分配正义原则是不同的，差别原则、平等原则、需要原则、应得原则、充足原则、优先原则等都是当代分配正义研究中学者们提出的分配原则。本章将在总结和分析各种分配原则的基础上，结合中国社会的实际情况，尝试提出一种切实可行的多元分配方案，并从制度与道德的关系入手，讨论这一分配方案得以实现的伦理和制度保障。

## 第一节　分配正义诸原则

阿马蒂亚·森在《正义的理念》一书中讨论了"三个小孩和一支长笛"的著名例子。森让读者思考，安妮、鲍勃和卡拉三个孩子哪一个应该得到家里唯一的一支长笛：安妮说，她应该得到长笛，因为三个人中只有她会吹长笛；鲍勃说，他应该得到长笛，因为三个人中他是最贫穷的，他什么玩具也没有；卡拉说，她应该得到长笛，因为这支长笛是她费力做出来的。[①]森构造的这个思想实验充分展示了现实生活中资源分配的困境。人们可能提出五花八门的理由，以不同的原则来分配同样的

---

① 参见〔印度〕阿马蒂亚·森:《正义的理念》，王磊、李航译，第10—11页。

东西。在这三个孩子中,安妮表达的是应得原则,鲍勃表达了优先原则,而卡拉表达的则是按劳分配原则。我们甚至可以在三个孩子后面再加上其他孩子的申辩,添加其他的理由和其他的原则。例如,朵拉可能会说,只有一支长笛,无法使每个人分到平等的份额,那我们还不如将这支长笛毁掉,以保证所有人的平等,这种主张体现了社会分配的平等原则;而艾娃可能会说,谁获得这支长笛会感受到最大的幸福,那就将这支长笛分给谁,这体现的是功利主义原则;等等。

如何系统地理解五花八门的分配正义原则?美国学者诺奇克站在自由至上主义的学术立场,对不同的分配正义原则进行了卓有成效的分类。诺奇克从"时间"和"模式化"两个维度对分配正义原则进行了两种分类。诺奇克认为,从时间维度,我们可以把分配正义的原则分为分配正义的历史原则和分配正义的即时原则(current time-slice principle),其中即时原则也可称为目的—结果原则(end-result principle)或最终—状态原则(end-state principle)。分配正义的历史原则认为:一种分配是否是正义的,依赖于它是如何发生的。过去的状态和人们的行为能够产生对事物的不同资格和不同应得。例如,大米是农民通过自己的劳动种出来的,那么通过追述这一历史过程,就能知道大米理应属于农民。再比如,强盗手里的东西是通过抢夺而得到的,这一获取过程是不正义的。因此,强盗抢来的东西就不属于他。相反,分配正义的即时原则认为,分配正义是由东西如何分配决定的,是由某种正义分配的结构决定的。基于这一观点,任何两种结构上相同的分配都是同等正义的。[①]举例来说,古典功利主义的分配原则就是一种典型的"即时原则"。这一分配原则只考虑其最终分配状态是否能使得社会整体的功利总和达到最大值,而不考虑人们手中得到的资源和机会是怎么得来的,其获取过程是否正当,也不考虑在使社会整体福利达到最大值的分配中,哪些人获利较多,哪些人获利较少,而这背后的原因又是什么。再比如,罗尔斯正义学说中的差别原则也是一条即时原则。这条原则只关心社会中弱势群体的生活前景是否

---

[①] 参见〔美〕罗伯特·诺奇克:《无政府、国家和乌托邦》,姚大志译,第七章。

得到最大可能地增进，并不深入探究这些处于弱势地位的社会成员落入困境的原因、过程以及他们自己应负什么样的责任。分配正义的历史原则和即时原则之间最大的不同就在于：历史原则要求对人们获取资源的过程进行考察，要求程序性的正义；而即时原则仅仅考虑人们在社会分配中的各自份额是否符合某种判断标准。

除了从时间维度讨论分配正义的不同原则，诺奇克还讨论了模式化（patterned）的分配原则和非模式化（un-patterned）的分配原则。模式化的分配原则认为，社会分配由人们的某种自然维度、自然维度的权重总和或自然维度的辞典式排序而决定。这里所说的自然维度有可能是"需要"、"学历"、"劳动量"等等。例如，"按需分配"就是一种模式化的分配原则，这种原则要求根据人们的"需要"来分配社会资源。结合对分配原则的历史维度的考察，诺奇克又将模式化的分配原则分为模式化的历史原则和模式化的非历史原则。举例来说，按劳分配，就是一种模式化的历史原则，"劳动"是据以分配的自然维度，"劳动"的量越大，分配到的资源越多。同时，对"劳动"这一自然维度的度量是需要考虑资源获取的过程的。类似的，按"贡献"分配也属于模式化的历史原则。而另一些模式化的分配原则，例如按需分配、根据"职位"进行分配、根据"学历"的高低进行分配……，则无须考虑获取的历史，只需对"需要"、"职位"或者"学历"进行度量。所以，这些分配原则是模式化的非历史原则。基于对分配正义原则的两种区分，诺奇克在批评分配正义的即时原则和模式化原则的基础上，建构了自己的"持有正义"原则，这是一种非模式化的历史原则。我们可以将诺奇克对各种分配正义原则的分类表示在表2中：

表2　不同类型的分配正义原则

| 分配原则 | 历史原则 | 即时原则 |
| --- | --- | --- |
| 模式化的 | 按劳分配、按功绩分配 | 学历、需求、职位 |
| 非模式化的 | 资格原则（诺奇克） | 差别原则（罗尔斯） |

除了诺奇克对分配正义原则的分类外，抓住"平等"这一分配正义

的重要价值,也能够对当代分配正义的诸种学说有一种系统性的理解。当代分配正义研究的热潮伴随着平等主义的兴起。正像亚里士多德所言,正义这一理念中天然包含着"平等"的含义。或者,用科恩的话来说,正义要求人们具有均等数量的某种东西。[①]可见,正义和平等这两种政治价值之间存在着深刻的关联。一些当代学者甚至认为,正义就是平等。例如,克里斯托弗·阿克(Christopher Ake)断言:"作为一个整体的社会中的正义应该被理解为:那个社会中的每个成员的利益与负担的总体水平的完全平等。"[②]然而,严格平均的社会分配存在着许多显著的弊端,例如效率低下,无法激发人们的劳动积极性和创造性,造成资源浪费,等等。由此,从严格平均的社会分配出发,学者们构想出了各种不同的改良方案。学者们或者从原则入手,对平等这一分配原则进行改良;或者对"分配项",亦即对"平等项"进行重新定义。

具体说来,从原则入手对严格平等分配进行改良的有下述五种原则。第一,功利主义的分配原则,将效率与经济增长当作社会分配的主要目标。第二,罗尔斯提出的差别原则,这是一种坚持平均分配,把社会和经济的不平等安排限制在最小受惠者生活前景能够改善的范围内的分配原则。第三,优先原则,主张优先补助生活在平均水平以下的社会成员。第四,按需分配原则,主张社会分配应首先满足每个社会成员的基本需要。第五,主张"按劳(贡献、较优表现)分配"的应得原则,其理论基础是同等贡献(努力、表现)得到同等的回报。另外,也有一些学者从"平等项"入手,调整平等化的内容,对严格平均的社会分配进行改良。例如,德沃金提出"资源平等"理论,将人们的自然禀赋和社会境况也算作是资源,甚至提出"运气平等化"的社会分配目标;又如,阿马蒂亚·森等能力主义者提出"能力平等理论",认为应该平等化的不是物质性的资源,而是人们的"可行能力";还有,理查德·阿内逊提出的"福利机会的平等"理论,将"福利机会"作为应该被平等化的变量。

---

① G. A. Cohen, "On the Currency of Egalitarian Justice", *Ethics*, 1989, 99(4): 906-944. 着重号为笔者所加。

② Christopher Ake, "Justice as Equality", *Philosophy and Public Affairs*, 1975, 5: 71.

可以说，自罗尔斯以来的当代分配正义研究正是围绕着平等这一政治理想展开的。正如国内学者姚大志在评价罗尔斯时所说："罗尔斯把正义视为现代政治哲学的主题，并认为正义就意味着平等，从而将政治哲学的主题由自由变为平等。……罗尔斯的历史地位和重要意义就在于他完成了西方政治哲学主题的转换。"[①] 在当代分配正义的众多研究者中大概只有一个例外，这就是诺奇克。他的正义学说立足于自由，立足于人们之间不受干涉的自愿交换，完全不向平等妥协，他是当之无愧的自由至上主义者的代表。

纵观当代西方学界提出的各类分配学说，这些学说大多凸显了"平等"这一主题，这标志着人类社会进入了一个平等主义盛行的时代。这一时代的思想源头当属罗尔斯的《正义论》，正是在罗尔斯的引领下，除了极个别学者外，当代学者纷纷转向"平等"这一政治价值，并设计出相应的分配正义学说以实现平等理想。西方学术的平等主义转向是值得中国学者借鉴的。平等和公正是社会主义核心价值观。如何通过社会分配制度的安排缩小人们之间的贫富差距，满足所有社会成员的基本需要，保障不同阶层社会成员的机会平等？笔者尝试在沃尔泽提出的多元分配正义的基础上，应用"按需分配"原则、应得原则、市场原则以及差别原则设计出适合中国国情的分配正义方案。

## 第二节　一个可行的多元分配方案

如前所述，对于应该应用一条分配原则还是多条分配原则对不同的社会益品进行分配，学术界存在着不同看法。以罗尔斯为代表的一元论者认为，对于不同的社会益品应以同一条分配原则进行分配。与之相反，以沃尔泽和米勒为代表的多元论者认为，对于不同的社会益品应该以不

---

① 姚大志:《何谓正义：当代西方政治哲学研究》，第22页。

同的分配原则进行分配。沃尔泽和米勒分别给出了采用多元分配的理由：一方面，不同的社会益品有不同的分配逻辑；另一方面，人类关系的多样性决定了在不同的关系场域应该采用不同的分配方案。基于以上陈述的多元分配之理由，本节试图构建一种切实可行的多元分配方案。该分配方案包括下述五条原则：(1)公民权利平等分配；(2)基本需要"按需分配"；(3)超出"基本需要"的资源由自由市场进行分配；(4)超出"基本需要"的机会根据"应得原则"进行分配；(5)以"差别原则"控制贫富差距，通过再分配机制保证社会中的最小受惠者的生活前景持续变好。下面，我们将具体讨论每一条原则的含义。

第一，社会中的每一个人都是政治共同体平等的公民，这一点在现代国家中是确定无疑的。因此，对于公民权利必须平均分配，以保障每个公民拥有法律所赋予的平等权利。在"权利"问题上，如果存在高下之分，就将形成"特权"，或者使一些人被贬为"二等公民"。这与现代政治的基本原则是相违背的。

第二，社会中的每一个公民同时也是"团结的社群"中的一员。社会中的所有人有义务尽自己的努力保全自己和他人的生命。因此，对于那些维持人们的基本生存所必需的东西应采用"按需分配"的原则进行分配。问题是，如何确定哪些东西是人们的基本生存所必需的？或者说，哪些东西和条件可以算作人们的"基本需要"呢？在这个问题上，不同文化传统、历史背景以及处在不同经济发展水平上的人们会得出不同的答案。但是，对于某一特定时期的特定社会来说（比如中国当下的社会），人们能够通过公共讨论在某种程度上就何谓"基本需要"达成共识。

我们可以这样来思考这个问题：既然所有人都是"团结的社群"中的一员，那么社会中的每一个成员都应被给予相应的条件，维持生命的延续，并能够自我发展，同时过上一种最低限度的"体面生活"。因此，所谓的"基本需要"至少包括下述三个部分："生物学需要"、"自我发展的需要"以及"体面生活的需要"。由此，"基本需要"的具体内容应包括：首先，生物学需要——干净的饮用水、充足的食品和衣物、基本的医疗保健、周期性的休息、免于人身侵犯的安全；其次，自我发展的需要——基础教育、培养各种能力的机会、创业的相关支持，等等；再次，体面生活的需要——维护自尊所需的物质条件、必要的社会交往所需的资源（例如探亲路费）、特殊人群的特殊需要（例如失能老人的照料费用）。当然，这只是一个大致列出的清单，许多项目的具体内容还要结合具体情况详细讨论。"按需分配"原则要求通过社会再分配，满足所有社会成员的"基本需要"，甚至不惜举全社会之力。如果某些社会成员的基本需要得不到满足，那么，就会有社会成员生活于困顿之中，饥寒交迫、流离失所、没钱看病、孩子没钱上学，等等。这些现象有悖于人类社会作为"团结的社群"的基本理念。

第三，对于超出"基本需要"的资源由自由市场进行调节。基于供需关系的市场对于社会资源的配置有着天然的优势。对于超出"基本需要"的资源，可以通过人们的自愿交换进行分配。以教育为例：普遍供给的义务教育满足的是人们对教育的"基本需要"；在超出义务教育之外，人们还可能有各种特殊的教育需求，如特长、培优、补习等，这些需求中的大部分可以通过市场得到最适当的满足。医疗领域也是类似的：除了救命治病的"基本需要"，人们还可能有美容、塑形等医疗需要，那么这些需要也应由个人通过市场购买，而不应通过再分配由集体负担。当然，对于如何划定"按需分配"和"市场调节"的界限，人们可能会有多种不同意见。例如，对于某种技能，比方说英语，有人会认为是人人都应具备的基本技能，应属于义务教育的范围；而另一些人却认为是特殊技能，不应包含在义务教育当中。那么"英语教育"是否是教育领域的"基本需要"呢？一种病可以用很贵的药，也可以用便宜的药，那么"基本需要"中包含的是哪种药呢？某种救命的药可能价格非常昂贵（例如，治疗白血病的格列卫），那么这种药是否应该包括在"基本需要"之列，由集体负担呢？对于这些复杂的具体问题，应广泛听取各方意见，通过充分的公众讨论而确定"基本需要"的清单，为"按需分配"和"市场调节"划定界限。

第四，对于超出"基本需要"的机会，由"应得原则"进行分配。超出"基本需要"的各种机会和资源，人们有时可以从市场上买到，例如上面提到的学习各种特长的课程；但如果所有超出"基本需要"的机会都可以在市场上买到的话，就失去了竞争和择优的功能，例如教育选拔人才的功能，而穷人家的子弟也会失去晋升的机会，因而有一些优质教育资源并不能从市场上购买，而必须通过竞争者的"较优"表现而获取。在教育领域，最典型的例子就是"高考"。目前，"高等教育"还不能算作是人们的"基本需要"。上大学的机会，尤其是上好大学的机会仍然是一种通过竞争获取的稀缺资源。对于这种稀缺资源的分配，应该严格依据申请者在统一的评价体系（高考）中的表现进行分配；表现越"优秀"，则获得优质教育资源的机会越多。"应得原则"在社会分配的其他领域也有广泛的应用：较优的就业岗位、竞争激烈的晋升机会、国内国际的各种奖项，等等。人们应该遵循"应得原则"，将这些社会益品分配给那些拥有相应才能的人。对于优质的教育资源、晋升机会、酬劳、奖金等的分配，"平均分配"、"按需分配"和"市场原则"都是不合适的。因为，这些分配机制并不能很好地鼓励人类最优秀的能力和智慧，无法使个人发展和社会进步协调一致。"应得原则"的应用，一方面符合人们的道德直觉，另一方面也有利于引导人们将自己的才能用于推进各行各业的发展，并最终推动整个人类社会的进步。

"应得原则"以人们的较优表现为依据分配稀缺机会，这与人们通常理解的"唯才是举"的机会平等是一致的。罗尔斯在讨论机会平等问题时反对"应得原则"，其根本原因在于，他认为应得原则所主张的"唯才是举"[①]的机会平等仅仅是形式上的机会平等，没有实现实质的机会平等。在罗尔斯看来，"应得原则"在分配优质机会时没有排除社会境况和自然禀赋的影响。但是，如果在一个社会中，人们的各种基本需要都得到了满足，那么就在很大程度上排除了社会境况的差异。以高等教育资源的分配来说，如果依据按需分配原则分配义务教育资源，无论是城市小孩还是农村小孩都享有质量相当的初等和中等教育，杜绝各类私立培训的影响，那么在高考的竞争中采用"唯才是举"的方式，他们之间的社会境况就不再有根本性的区别，也不会因此而导致高等教育资源分配不公。

---

① 在西方语境中表述为"前途向才能开放"。

从这个意义上来说，在以按需分配原则保证人们自我发展的基本需要的同时，应用"应得原则"对稀缺教育资源进行社会分配，就能够保证实质性的机会平等。

第五，罗尔斯提出的"差别原则"是着眼于分配结果的调节原则，对激烈的市场竞争起到遏制作用。自由市场是最有效率的资源配置机制，但由于自由市场总是偏向于议价能力较强的一方，所以可能会出现富者越富、穷者越穷的马太效应。为了保证在一个社会中，随着经济增长，最小受惠者的生活前景持续变好，有必要以"差别原则"对社会竞争的结果进行调控。因此，在所有社会成员的基本需要得到满足，稀缺资源保证机会平等，以及自由市场对资源配置发挥积极作用的同时，还应将贫富差距控制在一定范围内，并保证一种持续提升的最低生活标准。

在上述多元分配方案下，每个社会成员最终分配到的东西都有不同的来源：一些东西是通过"按需分配"得到的，以确保人们能过上人之为人的"体面生活"；一些东西是通过自由市场得到的——通过自愿交换，人们用自己所拥有的东西换取自己想要的东西，实现资源的有效配置；还有一些东西是通过"才艺大比拼"的竞争方式得到的。"按需分配"的东西可以消除人们的后顾之忧，市场交换能使人们在有利于他人的同时有利于自身，而"应得原则"则是对人们优秀的天赋、能力的鼓励和奖赏。在自由市场主导的分配中，那些有市场竞争力（例如，拥有资本、核心技术、管理才能等）的社会成员获利较多；在应得原则主导的社会分配中，各方面表现优秀（例如，拥有艺术或体育特长，拥有文学才华，在科学研究方面做出突出贡献，等等）的社会成员获利较多；而在上述两方面都获利较少的社会成员则可以通过"按需分配"原则保证其体面生活。如此分配，才真正符合人类社会的复杂性和人们生活的多样性，也才能使得个人发展与社会进步协调一致。人们虽然没有在任何单一原则下实现完全平均的分配，却能在不同领域得到应该属于自己的东西，实现一种多领域相互平衡的"复合平等"。

与此同时，"权利平等"、"按需分配"、"应得原则"和"市场交换"相互结合的多元分配方案还可以有效地限制各领域的过度市场化。就像

"金钱"是一种支配性的善一样,市场也总有超出应有的边界入侵其他分配领域的倾向。例如,本应通过"应得原则"而分配的奖项,一些人总希望通过贿赂而获得。类似的情形还有卖官鬻爵、贿赂高校招生部门以获得入学资格,等等。市场原则对其他分配原则的"入侵"会带来很严重的社会问题,加剧人们之间的不平等状况,致使一些与人们道德直觉相违背的现象不断发生。试想,如果取消"按需分配"原则,完全由市场来主导"基本需要"分配,那么,在医疗领域,有钱没钱的差别就会演变为"生"与"死"的不同命运;在教育领域,穷人与富人的差别会变成读得起书与读不起书的天壤之别;在社会保障领域,有钱与没钱的区别则将决定一个人是有房住还是没房住,甚至是能不能满足温饱活下来的区别。再有,如果取消"应得原则",完全由市场来主导奖励和机会的分配,亦即一切优质机会和各种奖项都能通过金钱买到,那么,人类社会复杂多元的价值体系就将化约为金钱的多少,有钱人将"通吃"一切领域的优质资源,而所有评奖、评优的人类活动最终都变成比谁钱多的游戏。社会上只有富人和穷人的区别,人类社会的不平等将不断加剧。除了"应得原则"和"按需分配"两种分配原则的应用外,"差别原则"对贫富差距的控制也能够有效地遏制放任自由市场带来的弊端。罗尔斯提出的"差别原则"旨在控制社会和经济的不平等程度,并保证在一个经济持续增长的社会中,最小受惠者的生活前景持续变好。因此,在以"按需分配"原则分配必需品,以"应得原则"分配优质机会的同时,还应以"差别原则"控制贫富差距。

综上所述,人类社会通过社会合作和分工,创造琳琅满目的社会益品。如何对这些属于整个社会的财富进行公平而有效的分配?是应用单一原则对所有社会益品进行分配,还是应用多种原则对不同领域的社会益品进行不同的分配?对于这个问题,一元分配正义论和多元分配正义论存在着巨大的分歧。主张多元分配正义的沃尔泽和米勒分别从社会分配的不同"场域"以及社会分配中人们的不同"关系"入手,为多元分配正义进行了论证。对于中国社会的分配现实来说,一种基于平等权利、按需分配、应得原则和自由市场的多元分配方案将有利于维护分配正义,兼顾效率和平等，促进社会朝着共享发展、共同富裕的方向迈进。按需分配、应得原则、市场原则、差别原则这四种主要的分配原则被应用于对不同领域的社会资源进行分配，共同实现分配正义。本节提出了多元分配方案的大致思路，本书下篇将对具体的分配制度和政策进行讨论，进一步细化和补充该分配方案的具体内容。下面先讨论一下与该多元分配方案相关的公民美德。

## 第三节　制度正义与公民美德

任何制度能否在现实中发挥效力、切实约束人们的行为，都取决于人们是否具有相应的品德。在这一点上，社会分配的各项规则也不例外。具体说来，社会分配与各行各业的职业活动息息相关。如果各行业的从业人员能坚守职业道德，抵制"金钱"、"权力"、"裙带关系"等因素对社会分配诸原则的侵蚀，那么公共资源就能在很大程度上得到公平正义的分配。从这个意义上来说，职业操守是维护多元分配正义的关键。

所谓"职业道德"，指的是"从业人员在职业活动中应当遵循的道德规范和必须具备的道德品质。如医务道德、商业道德、体育道德、教师道德、军人道德、演员道德、记者道德、编辑道德、司法道德等"[1]。职业道德因行业不同而不同。不同行业对从业者的行为有不同的规范和要求。每个行业对从业者行为的规范和要求与该行业的发展目标以及更大范围内社会成员的公共福利相关。那些能够促进行业发展，并最终促进公共利益的行为将得到鼓励，而那些有损于行业发展、有损于公共利益的行为将受到惩罚。

职业道德的性质决定了每个行业都有自己的道德标准和价值追求：医疗行业的目的是治病救人；科研事业是为了追求真理；教育行业旨在

---

[1] 朱贻庭主编：《伦理学大辞典》，上海辞书出版社，2011年，第249页。

提高国民素养，选拔优秀人才；运动员追求更高、更快、更强……这些价值追求为每个行业的从业者提出了具体的道德要求。那些符合行业价值追求的行为，就是符合该行业之职业道德的行为；反之，则是违反该行业职业道德的行为。

在社会合作日益紧密、分工日益精细化的今天，各行各业的从业人员深刻地介入到对各种公共资源的分配当中，例如，教育行业的从业者左右着教育资源的分配，医疗行业从业者影响着医疗资源的分配，体育文化事业的从业者主导着对各种奖项和荣誉的分配，等等。如果在深刻介入社会分配的过程中，各行业从业者不能严格地遵守各行业的行为规范，那必将妨碍公共资源的正义分配，甚至加深人们之间的不平等，造成人为的不公平。本节将以职业道德与社会分配的关系为切入点，分析社会分配中的"需要原则"、"应得原则"和"市场原则"与职业道德的深刻联系，并在此基础上讨论职业操守对于维护多元分配正义的重要意义。

## 一、按需分配与职业道德

在社会分配中，"按需分配"原则的目的是保障每一个社会成员的基本生活。依据"按需分配"原则进行分配的社会资源通常是医疗资源、义务教育资源、保障性住房、失业救济，等等。对这些公共资源的分配要求相关政策实施人员首先制定出评价和考查人们获取这些资源之资格的标准。例如，对于医疗资源的分配，政策相关人员必须依据"按需分配"原则制定出医疗报销的相关额度；对于保障性住房的分配，政策相关人员也应制定出获得保障性住房的人员的收入和财产应在一定金额以下，以及相应的考查办法；等等。在这些标准制定出来之后，相关从业人员就必须按照相关要求规范自己的职业活动，遵守职业道德，以保证基于"需要原则"的社会分配能够顺利进行。

以医疗保健事业为例，医疗的目的是治病救人，相关医疗资源应该分配给真正需要的人。由此，医生应该遵循下述标准为病人诊治：在能够治愈相关疾病的前提下，花费最少。然而，如果医生不遵守职业规范，为了自己的工资提成而给病人多开药、开高价药、做不必要的检查，那么不仅会损害病人的利益和健康，而且还会破坏医疗资源的公平分配。一方面，浪费医疗资源，增加病人负担；另一方面，使那些付不起高昂费用的病人得不到应有的医治。当然，这里涉及的"过度医疗"问题不仅与医疗从业人员的职业道德相关，还与其工资制度的设计相关。医生的工资与医院的收入挂钩，在这样的制度中，医生为了追求自己的私利，就容易违背病人的利益。可以说，制度的不合理因素，成为道德败坏的催化剂。

保障性住房的正义分配也有赖于相关从业人员坚守职业道德。设立保障性住房政策的目的是为了满足人们生活的基本需求，使得人人都有房住，尤其是那些生活在贫困线以下的人们。由此，政策制定者必须构建一套判断人们收入及财产水平的标准，并依据该标准对保障性住房进行合理的分配。然而，如果在这一分配过程中，相关人员并不参考制定出来的标准进行分配，而是徇私舞弊，将保障性住房分配给自己的亲戚朋友，或者是向自己行贿的人，那么这种违背职业道德的行为，不仅会损害社会中贫困者的利益，还将严重破坏社会分配的正义。其他类似的社会保障政策也都具有上述特征，其正义分配依赖于从业者的职业操守。

值得一提的是，与社会保障相关的各种分配过程，通常是由国家公务员主导进行的。因此，国家公务员是否能严格遵守相关规范、照章办事，就成为社会正义能否得到维护的关键。如果主导分配的国家公务员徇私舞弊、偏袒自己的亲戚朋友，或者收受贿赂做出不公平的分配，那么社会正义将得不到维护，甚至会引发公众的不满。2022年1月16日，央视综合频道播出的《零容忍》第二集《打虎拍蝇》，揭露了甘肃省永登县民政局低保办主任贪污救助资金、收受索要贿赂等罪行。这正是公职人员道德沦丧、没有将应该"按需分配"的资源分配到真正需要的人手中的典型案例。[1]

---

[1] 视频链接：https://tv.cctv.com/2022/01/20/VIDE4zauRZWz1UZDTOWnBhft220120.shtml，访问时间：2023年4月23日。

## 二、应得原则与职业道德

社会分配中的"应得原则"主张依据人们在社会竞争中的"表现"进行分配，表现越优者，其分配份额越大。这就要求与该竞争相关的资深从业人员在充分商议的基础上，制定出判断竞争者表现之优劣的"标准"，以及相应的分配方案。同时，在制定出该标准及其分配方案之后，该行业的每一个从业人员都必须严格地按照该标准衡量不同竞争者的表现，并给予相应的奖励或机会。因此，在应得原则的应用过程中，每一个从业者是否坚守职业道德就成了相关资源是否能够被正义地分配的关键。

举例说明：高考是对高等教育资源进行公平分配的程序。在理想的情况下，学业越优秀的竞争者获得优质高等教育的机会越大。在这一过程中，如何考查每一个竞争者的学业水平，就成为是否能公平地分配教育资源的关键。因此，与这一分配程序相关的高考试题、评分标准以及各高校的录取程序等都应在各方教育工作者的商议下确定。这些具体细节一旦确定，各环节的从业人员就必须严格按照相关要求规范自己的行为。在这一过程中，出题者、判卷者、招生老师等各环节的从业人员，如果没有能够坚守职业道德，因为金钱或权势等其他原因而有意违规操作，就将严重影响对于高等教育资源的分配，破坏社会的公平正义。招生老师接受贿赂，录取考分较低的考生，判卷者为自己的亲戚打高分，出题者漏题，这些都是严重违反职业道德，破坏分配正义的行为。

与教育资源的分配类似，人类社会中的各类竞赛也都遵循应得原则。例如，足球比赛的规则在资深从业人员商议的基础上确定，裁判员与球员都必须严格遵守这些规则。任何违规行为都将影响到对奖励的最终分配。踢假球、吹黑哨，这些在金钱和权力腐蚀之下出现的败坏职业道德的违规行为，不仅将破坏奖励和荣誉的公平分配，而且还会从根本上解构足球这项运动，使其沦为权力与金钱的游戏。

另外，各行业内部对晋升机会的分配也遵循应得原则，必须根据人们的较优"业绩"进行分配。但是，如果评审委员会的评委们没有职业操守，不严格根据人们的"业绩"对竞争者做出评价，而是论资排辈、拉帮结派，这就背离了该行业的发展目标，既不利于人才的发展，也不利于整个行业的进步。

从上述例证中我们看到，职业操守不仅对于应得原则的严格执行起着至关重要的作用，而且还能有效地防止金钱和权力对于社会分配的腐蚀。

## 三、自由市场与商业道德

自由市场是人类社会进行资源配置的最有效的程序，为了保证这个程序能够无差错地平稳运行，处于这一程序中的所有人，无论是买方还是卖方，无论是企业、员工、消费者、投资者还是商家，都应遵循一定的道德规范。在市场经济中，与商业行为有关的道德规范被称为**商业道德**[①]。在商业社会中，人人都要进行商业活动，所以人人都应遵守商业道德。

自由市场的基础是自愿交换，这种交换基于双方的自愿。然而，人们的意愿并非一成不变。由于各种条件的改变，人们的意愿有可能随着时间而改变：以前想买的东西，现在不想买了，或者以前想卖的东西，现在又不想卖了。而且，并非所有交易都是"一手交钱、一手交货"的即时交易，一些交易要持续很长时间（例如房屋的买卖），交易是否成功在很大程度上取决于双方的诚信。因此，为了自由市场能够正常运行，"诚信"就成为第一重要的商业道德。

所谓"诚信"就是诚实、守信，就是遵守承诺。是否"诚信"往往关涉到买卖双方的"信誉"。"诚信"这一美德使得交易双方能够做出准确的预期，将交易的风险降到最小。因此，任何成功的商人，都将"信誉"视如生命。

---

[①] 参见李利萍：《社会主义市场经济条件下的商业伦理新探》，《文史博览（理论）》2008年7月。文中对狭义的商业伦理与广义的商业伦理进行了定义，本书中采用的是广义的商业伦理的解释。

中国古人很早就认识到了"诚信"在人际交往中的重要意义。"信"是儒家所倡导的五种道德"仁、义、礼、智、信"中的重要一种。孔子对"信"曾有多次论述,例如"与朋友交,言而有信"(《论语·学而》)、"人而无信,不知其可也"(《论语·为政》)、"言必信,行必果"(《论语·子路》),等等。

在商业社会中,"诚信"这一美德还衍生出为人称道的"契约精神"。为了保证交易能够按照预期的方式进行,人们以相应的制度设计来约束交易双方的意愿,让人们必须"诚信"。这就是买卖双方签订的"合同"。所谓"合同",就是契约,是买卖双方在自愿条件下对于商品的价格、质量、付款方式等内容签订的契约。商业活动的正常运行依赖于"契约"的履行。由此,市场经济的正常运作也就依赖于人们的"契约精神"。遵守承诺,这是商业社会中人们应该具备的基本素质。与"契约精神"相关,商业社会还发展出"黑名单"这样的制度,使得那些不讲诚信的人得为自己的行为付出巨大代价。

自亚里士多德以来,人们一直认为,所谓公平交易就是"等价交换"。虽然所谓"等价交换"的"价"的含义还不甚明确,但是,这并不影响我们以这一标准来规范人们的交易行为。鉴于"价"的复杂含义,我们暂且绕开"价值"和"价格"之间的鸿沟[①],将"等价交换"中的"价"理解为"市场价格"。亦即,人们以"市场价格"进行交换,这样的交换是符合自由市场的程序正义之要求的。如果某人以高于同种商品的"市场价格"将自己的商品卖给别人,那么,我们通常认为这其中包含着"欺诈"。由此,"不要欺诈"也是自由市场中一种重要的商业道德。买卖双方信息不对等,这常常是形成"欺诈"的主要原因。自由市场中的自愿交换要求买卖双方充分了解与交易相关的信息,并且在自愿平等的条件下进行交易,最大限度地杜绝"欺诈"。然而,一些"欺诈"行为,并不那么容易被发现。由于商品的"市场价格"取决于市场中的供需关系,所以,在某种程度上,人们可以通过操控供需关系而达到控制市场价格

---

① 本书第十三章将深入讨论自由市场中"价格"与"价值"的区别与关联。

的目的。"囤积居奇"就是奸商惯用的手法。通过大量买进或抛售，扰乱市场价格，达到获利的目的。这种不正当的竞争手段还经常出现在金融市场中，被用来对股市、期货市场等进行操控。

在网络技术飞速发展的今天，市场交易以各种方式在网上进行。这一方面提升了交易的效率，另一方面也给各种商业欺诈和不正当竞争行为提供了可乘之机。例如流量劫持、竞价排名、抓取数据、屏蔽广告、产品不兼容等网络交易中可能出现的问题，都涉及市场交易中的"欺诈"或"不正当竞争"。就拿"竞价排名"来说，其含义是：搜索引擎按照广告主付费的高低按降序进行排名。如果一种搜索引擎采用"竞价排名"原则，那么用户首先搜索到的将是那些付费最高的广告主，而不一定是真实有效的商家的信息。这会在很大程度上误导消费者。2016年4月，21岁的大学生魏则西由于受百度搜索引擎"竞价排名"的医疗信息误导，耽误了治疗时机，最终导致人财两空。这一事件激起了人们对于"竞价排名"方式的广泛质疑。

市场经济中的"不正当竞争"行为不仅要受到道德的谴责，还要受到法律的制裁。我国于1993年12月1日开始实施《反不正当竞争法》，并于2017年和2019年两次对该法律进行了修订。依据2019年修订的《反不正当竞争法》，下述行为属于商业活动中的不正当竞争：（1）擅自使用其他商品、企业或社会组织的名称、标志或包装，以混淆自己的产品与其他商品之间的关系，误导消费者；（2）贿赂或以职权影响交易相对方的工作人员（例如，在竞标过程中投标方贿赂招标方工作人员）；（3）对商品进行虚假宣传；（4）以不正当手段盗取商业机密；（5）在有奖销售中制定模糊不清的兑奖规则、误导消费者，或者内定获奖人员；（6）编造虚假信息污蔑商业竞争对手。另外，对于网络环境下的生产经营活动，《反不正当竞争法》所规定的不正当竞争行为包括：（1）未经其他经营者同意，在其合法提供的网络产品中插入链接或强制进行目标跳转；（2）误导、欺骗、强迫用户修改、关闭、卸载其他经营者合法提供的网络产品或者服务；（3）恶意对其他经营者合法提供的网络产品或者服务实施不兼容；等等。

总之，自由市场对资源的有效配置依赖于商业活动中的每一个人遵守相应的商业道德。诚信、不欺诈、不囤积居奇、抵制不正当竞争,这些都是一个成熟的商业社会对人们提出的道德要求。

### 四、多元分配与职业操守

结合上述三部分的讨论我们看到,国家公务人员遵守职业道德、各行各业的专业人士遵守职业道德,以及在自由市场中进行自愿交换的所有人都遵守商业道德,只有在这样的条件下,社会分配中的三种重要原则——需要原则、应得原则和市场原则——才能得到严格的执行。同时,社会分配才能有效地抵制"金钱"、"权力"、"裙带关系"等因素的负面影响。此外,需要原则、应得原则和市场原则的严格执行还有助于多元分配格局的形成,对于维护社会正义起着至关重要的作用。

人类社会生产出不同的社会益品,不同的社会益品蕴含着不同的价值和意义。为了人类的真、善、美等各种价值都能有各自发挥作用的领域,一方面应确立多元价值基础上的多元分配体制;另一方面社会中不同行业的人们都应坚守自己行业的道德底线,秉持自己行业的道德操守,执着于各自行业的价值追求。在沃尔泽对多元分配正义的分析中,多元分配方案的实现,依系于每一个领域内人们对于自身"职业操守"的遵从。实现人们之间的公平正义的关键在于不同分配原则在各自领域内的自主性,而各分配原则在各自领域内的自主性则依赖于各行业人员坚守自己的价值判断和标准。只有当各行各业的人们都坚持各自领域内的价值判断和价值追求,整个社会才能实现多元的社会分配。

如果各行各业的社会成员都能秉持自己的价值判断、执着于自己行业的价值追求——科学家追求真理、艺术家追求美、教师以教书育人为本、政治领导以增进公共利益为己任、运动员拼尽全力创造最好成绩、医生竭尽所能挽救生命⋯⋯,那么,社会就像被划分成了一个一个的小格子,每个人都在自己的格子里做到最好,每种分配原则都在自己的小格子里发挥作用。同时,这些格子也给每种职业的权力划出了界限。教师的职权不能超出教书育人的范围,例如,不应让学生帮忙干与学习无关的事情；政治官员的职权不能超出公共利益的范围，例如，不应干涉人们的私人生活；科学家的职权不能超出科学研究的范围，例如，不能将科研经费挪为他用；医生的职权不能超出治病救人的范围，例如，不能将病人的隐私泄露给不相干的人，不能向病人推销与治病无关的药品、化妆品；等等。若能如此，则不同权力之间就能形成有效的相互制约。[①]而人们生活在多元价值交织的网络中，才有立足之地。所谓"立足之地"，即是自己的职业所秉承的价值追求。同时，各种"限权"的规章制度也才能发挥实际的效力。

我们可以设想各种价值可以随意交换的情况：如果体育比赛中的输赢可以用钱来交换——第一名多少钱，第二名多少钱……，那么体育比赛这个行业就失去了其追求更高、更快、更强的内在意义，完全变成了金钱的附庸，而人们最终也会对没有内在追求的体育比赛失去兴趣。又比如，如果考生被录取的机会可以用"钱"或"权"来交换，那么高官和富商的子弟就将霸占所有优质的教育资源；长此以往，优质的教育资源也就不再"优质"，而相关学校和老师也将丧尽尊严。再比如，如果科学家和人文知识分子的判断可以用钱买到，谁权力大就为谁说话，那么人类社会将没有"真理"可言。另外，如果不同行业所追求的不同价值之间可以进行交换的话，就会自然而然地产生一种"通用货币"，以使交换更加便利。这种通用货币通常不是"钱"就是"权"，而这两种价值最终将扼杀人类社会其他美好的、值得追求的东西。因此，只有阻断那些通过"通用货币"而进行的非法交易，才能维护每一种分配原则在特定"场域"内的自主，才能依据每一种社会益品的内在逻辑进行合理的分配。而"阻断"这些非法交易的关键一环则是各行业的从业人员对职业操守的坚持。

人类社会以分工合作为基础，如果各行各业的人们不能坚守自己行业的道德底线，不能执着于自己行业的价值追求，反而绞尽脑汁地将自己的价值与"钱"和"权"相交换，那么当所有的价值都可以转化成"钱"

---

[①] 沃尔泽将这称为"自由主义的分权艺术"（liberal art of separation）。参见Michael Walzer, "Liberalism and the Art of Separation", *Political Theory*, 1984, 12: 315-330。

或"权",而官商又相互勾结的时候,社会就演变成"一家独大"的单极社会。在这样的单极社会中,谁最有钱、最有权,谁就将垄断一切。这样的社会对于普通百姓来说,将再无公平可言。

人们常常诟病社会中的"官本位"和"金本位"现象。从不同价值之间的关系来说,"官本位"就是将一切价值都隶属于"政治权力":社会生活中的各个领域都要以政治权力的意见为准。如此这般,则"政治权力"将不受任何限制,无法被关进笼子里。另一方面,"金本位"所隐含的则是,一切价值都可以和"钱"相交换,钱可以买到一切。尤其是当官商勾结,钱权交易,权力有效地转化为经济利益时,有钱的商人变得有权有势,而大权在握的高官也赚得盆满钵满。那时,人类社会就离专制统治的奴隶社会不远了。

为了一个更加公平的社会,为了人类的真、善、美等各种价值都能有各自发挥作用的领域,社会中不同行业的人们都应坚守自己行业的道德底线,秉持自己行业的道德操守,执着于各自行业的价值追求。最终,将金钱和权力限制在应有的范围之内。相反,如果各行各业的从业人员都因为一己私利而随意践踏各自行业的职业规范,破坏公共资源的正义分配,长此以往,将从根本上动摇人们对于社会正义的信念,造成人人自危,甚至是陷入拼底线、比谁更无耻的"囚徒困境"。

以感激回报恩情,以高分回报勤奋,以真理回报孜孜不倦地求索,以爱戴回报正义的权力,以利润回报有良心的企业……如果各行业的人们都能执着于自己的价值追求,那么这个世界就是多极的,各种价值相互制约而达到公平。反之,如果所有的价值都可以相互交换,行业之间的界限被随意僭越,真、善、美被"权力"和"金钱"买断,那么,等待人们的必然是一个单极的、极度不平等的世界。

道德心理学的研究揭示,人类在3岁之前的幼年时期就能感知到公平,并且倾向于与维护公平分配的人交往。[①]因此,维护公平是符合人们

---

[①] 笔者在写作本书期间看到CCTV-9的一个纪录片《婴儿眼中的世界(1)》(2023年3月17日晚9:00),讲述了对2岁儿童进行的公平感实验,在该实验中所有被试都倾向于公平分配。

的道德直觉的，美德与正义相辅相成：一方面，如果处在社会分配各领域的从业人员都能站好自己的一班岗，执着于自己行业的价值追求，坚守自己行业的职业道德，那么，社会生活各领域的公共资源就能得到正义的分配，整个社会的公平正义就将指日可待。另一方面，如果社会能有效地维护一种正义的秩序，人们将获得足够的安全感，能够安心地通过自己的努力奋斗，诚实守法地追求美好生活。因此，美德通常与正义同行。在一个正义的社会中，贪婪、欺诈、溜须拍马、巧取豪夺等所有的恶行都将事与愿违、自寻死路，而勇敢、谨慎、忠诚、信义、仁慈等种种美德都将得到应有的回报。

# 下篇 分配正义制度研究

# 第十二章　自由市场与分配正义

如本书上篇所述，市场原则是资源配置的重要原则，也是本书提出的多元分配方案的核心原则之一。现代国家的社会分配都是以自由市场为主体的，自由市场是现代国家的主要分配制度。本书下篇聚焦主要的社会分配制度，就从自由市场的相关问题开始讨论。在自由市场是否应该受到政府的管控和限制的问题上，一些支持放任自由市场的学者认为，自由市场是一种罗尔斯意义上的纯粹程序正义，不应受到任何干涉和限制。弗里德利希·奥古斯特·冯·哈耶克（Friedrich August von Hayek）和罗伯特·诺奇克是持这种观点的两个代表人物。哈耶克认为，自由市场这一程序之所以具有正当性，是因为它是在人们自由选择的基础上自发形成的秩序，是"优胜劣汰"的胜出者。诺奇克认为，自由市场是对资源进行配置的纯粹程序正义，人们没有理由根据社会正义观念对市场竞争的结果进行调整。哈耶克和诺奇克的观点与支持分配正义的学者背道而驰。例如，罗尔斯将"正义"看作是社会制度的首要美德，并且认为，作为其他所有政策、法规、命令之基础的社会基本结构应该建构在社会正义观念之上。罗尔斯的正义理论将社会正义观念作为决定社会基本结构的核心因素，并且主张，基于对正义观念的理解，可以对人们自愿行为的结果进行人为的调整。在具体政策上，社会正义的理论建构要求对自由市场的运行结果以税收等再分配手段进行修正。罗尔斯的社会正义理论及其隐含的制度设计，受到了主张放任市场的经济学家和政治哲学家的极力反对。在他们看来，社会正义是一种形而上学的建构，是社会契约论者不切实际的想象。正义的实现基于人们不受干涉的自由选择，在不侵犯权利的约束下，人们自愿交换的累积结果具有天然的合法性。所谓正义，就是在坚持所有权的基础上严格执行"自愿交换"这一程序，充分发挥自由市场对资源的配置功能。本章将讨论市场与正义之间的复杂关系，具体分析哈耶克的自发秩序理论和诺奇克的"持有正义"理论，并指出，将自由市场作为资源配置的纯粹程序正义，在理论上存在困难。作为资源配置的重要程序，自由市场需要受到"底线约束"和"公平约束"两方面的限制："底线约束"要求禁止所有可能侵犯人们权利的自愿交换；"公平约束"要求以人们达成共识的社会正义观念为基础，通过社会再分配手段对市场竞争的结果进行调节。

## 第一节　哈耶克论自发秩序

在西方政治思想史上，哈耶克继承了约翰·斯图亚特·密尔的自由主义思想，非常强调"个人自由"的价值。他不仅赞同密尔的观点，将个人自由看作是整个人类社会之进步的必要条件，而且还在此基础上发展出了一种关于"自发秩序"的思想。在哈耶克看来，不仅个人的发展是在个人自由的基础上得以实现的，而且，人类社会生产方式的改进和制度的进步，也是在自由竞争的方式下才能够实现。人类社会组织结构的改进以及制度和秩序的形成，是一个自发的（spontaneous）过程，不是通过任何人的"理性设计"而实现的。

哈耶克主张将达尔文的进化学说应用到人类社会的演化之中，他论述道："优胜劣汰所依凭的竞争，必须从最为宽泛的意义上去理解。它不仅涉及有组织的群体与无组织的群体间的竞争，而且还涉及个人间的竞争。……群际关系是否成功，同样也是在以不同方式组织起来的群体间的竞争中证明其有效性的。与之相关的界分并不在于对个人行动与群体行动的区分，而在于对下述两种境况的界分：在一种情况下，以不同的观点或惯例为基础的种种可供替代的方法可以为人们所尝试；而另一种情况中，某个机构拥有排他性权利或权力，阻止他人进行这类尝试。"[1]

我们可以这样来理解哈耶克的观点：假设，在某一特定区域内同时存在着采用不同组织形式的群体。这些不同群体之间有着各种各样的合作和竞争。通过"优胜劣汰"的进化过程，采用某一组织规则的群体最终在竞争中胜出，而这一群体的组织方式以及他们的价值观念将扩展到全社会。正如哈耶克所言："在任何特定社会中，特定群体的兴衰，都取决于他们所追求的目的亦即他们所遵循的行为准则。而且获得成功的群体的目的，将趋于成为社会全体成员的目的。"[2]哈耶克所构想的群体之间的"优胜劣汰"不仅适用于某一政治共同体内部的不同群体之间，也适用于全球范围内的不同群体之间。在哈耶克看来，在国内社会中，采用不同组织形式的群体之间相互竞争，而那种最有效、最有生命力的组织形式最终将成为规定整个社会的制度规则。在全球范围内，采用不同政治制度的国家之间也存在着"优胜劣汰"的竞争，而最有竞争力的国家必然是采用最先进的政治制度的国家，而其他国家则会纷纷效仿这一国的政治制度。

基于对"自发秩序"的理解，哈耶克深入地批评了通过理性设计来构建正义的社会制度的企图。哈耶克认为，唯理主义者（rationalist）[3]的观点——"一种正义的社会制度可以通过理性的计划而建构"——必将遏制人们的自由，把各种新尝试的企图扼杀在襁褓之中。因为，这种理性的设计只能通过某种排他性的（exclusive）权力而得以实现，而这种排他性权力的存在必将侵犯人们的基本自由，阻碍人们个性的发展。同时，这种排他性的权力及其机构的存在，还将阻碍采用不同组织形式的不同群体之间的自由竞争，并最终阻碍整个人类社会的进步和发展。哈耶克总结道："一种文明之所以停滞不前，并不是因为进一步发展的各种可能性已被完全试尽，而是因为人们根据其现有的知识成功地控制了其

---

[1] 〔英〕弗里德利希·冯·哈耶克：《自由秩序原理》，邓正来译，第38页。
[2] 〔英〕弗里德利希·冯·哈耶克：《自由秩序原理》，邓正来译，第37—38页。
[3] 此处可参考邓正来对rationalist之翻译的论述。〔英〕弗里德利希·冯·哈耶克：《自由秩序原理》，邓正来译，第40页。

所有的行动及其当下的境势，以致完全扼杀了新知识出现的机会。"①

哈耶克的推理看似合理：个人自由促进新知识的产生、引发"优胜劣汰"的自由竞争；自由竞争奖励在竞争中胜出的优秀个人，同时指引人们发展的方向；另一方面，自由竞争还使得采用先进组织形式的群体得以保存和壮大，完成人们对不同政治制度的比较和选择。然而，这里面却有一个难以解决的疑问：怎么保证那些在竞争中胜出的个人是"有道德的"？怎么保证在竞争中胜出的社会制度是"正义的"？如果我们简单地将达尔文"优胜劣汰"的进化学说应用于人类社会，我们就很难否认人与人之间"弱肉强食"的竞争关系。而在社会制度层面，我们也无法确知竞争胜出的社会制度在何种意义上是"正当的"。因为，我们通过一个"自由竞争"的程序仅仅能判断一种行为、一种生活方式、一种群体组织方式或者一种社会制度能否胜出，而无法判断这种行为、生活方式、群体组织方式以及社会制度是否"正当"。后者要求我们做出独立于"自由竞争"之程序的、实质性的价值判断，而罗尔斯提出的"社会正义"之原则，正是试图为我们提供这样的价值标准。

哈耶克的自发秩序理论将"自由竞争"之程序作为判断正当、善、正义等价值的唯一标准，实际上是将正当、善、正义等价值统统定义为"优胜劣汰"之结果。这样的论证逻辑悬置了价值判断的基础，必将导致一些荒谬的价值判断。例如，对于资本主义生产方式的胜出，哈耶克就有可能得出这样的结论："圈地运动"以及资本主义发展初期的各种"强占"行为都是正当的，因为采取这些行为的人们最终在竞争中胜出，而机器化大生产也最终取代了牧民们在牧场上自由放牧的生产方式。

哈耶克的自发秩序理论的另一个薄弱之处在于：以个人之间的竞争模式，推论群体间的竞争模式。在英国学者戴维·米勒看来，个人竞争模式与群体间的竞争模式并不能简单等同。米勒以"黑手党"为例说明这个问题："一个群体可能以寄生的方式繁荣兴盛，而这将使整个社会遭殃——'黑手党'是一个明显的例子。这样的群体是寄生虫：他们的成功依靠的

---

① 〔英〕弗里德利希·冯·哈耶克：《自由秩序原理》，邓正来译，第39页。

是采用其他组织规则的群体的存在。这样的群体没有理由通过吸引人们加入而扩张自己。实际上，个人加入这样的群体将会增进他们自己的利益，即使每一次成功的成员增加都会带来社会损失。"[1]也就是说，"黑手党"的胜出依赖于采用其他组织形式的群体的存在。因此，一方面，"黑手党"的胜出绝不会出现哈耶克所构想的其组织形式会最终成为整个社会的组织形式——那样将会使"黑手党"失去寄生的环境。另一方面，我们不能说"黑手党"这一群体的胜出证明了其组织形式是正义的，因为其胜出是以整个社会的损失为代价的。换句话说，在"优胜劣汰"的自由竞争中胜出，并不能为"黑手党"的组织形式提供"正当性证明"。

总之，哈耶克的自发秩序理论将"优胜劣汰"的自由竞争当作筛选好的行为、好的生产方式、好的制度的唯一正当程序，作为价值判断的正当性基础。其论证逻辑的症结在于：以自由竞争的程序定义道德的正当，同时赋予自由竞争的程序以道德正当性。这种论证逻辑无可救药地陷入循环。事实上，排斥"社会正义"的观念，必将使得人类的道德选择和道德追求泯灭在混沌的自然选择过程之中。

## 第二节　诺奇克论自由市场

如果说哈耶克的自发秩序理论是从制度演化的外部观点确定了放任自由市场作为人类联合体之组织形式的正当性，那么，罗伯特·诺奇克的持有正义学说就是从程序本身出发，将人们之间的自愿交换或馈赠作为为对社会产品进行分配的唯一合法程序。

与哈耶克一样，诺奇克也非常反感社会正义的相关理论。他最重要的政治哲学著作《无政府、国家和乌托邦》出版于1974年（《正义论》

---

[1] David Miller, *Market, State and Community: Theoretical Foundations of Market Socialism*, Oxford: Clarendon Press, 1989, p. 66.

出版之后三年），就是为了系统地批评罗尔斯而作。诺奇克甚至反对"分配正义"这一术语，他认为这一术语隐含着一个支配性的分配机构，而这个分配机构的存在必然会侵犯人们的权利和自由。诺奇克论述道："'分配正义'这个词不是中性词。听到'分配'这个词，大部分人想到的是，某种事物或机制使用某种原则或标准来分发一些东西。一旦进入这种分配份额的过程，某些错误可能就溜进来了。"[①] 由此，诺奇克反对任何强制再分配政策。在诺奇克看来，社会中不同的人对不同的资源拥有"资格"，这种资格就是"私有权"。人们通过自愿的交换，以自己所拥有的东西满足别人的需要，并换来自己所需要的东西，通过市场调节和价格机制达到对资源的最佳配置；而市场之外的任何再分配政策（例如税收、强制保险、补贴）都将是对个人自由和权利的侵犯。

在政治层面，诺奇克支持"最小国家理论"。诺奇克借用亚当·斯密"看不见的手"的学说，从自然状态中推导出功能最小的国家。其国家学说的起点虽然与社会契约论者一样，也是自然状态；但是，诺奇克反对社会契约论，认为契约论者所构想的所有人缔结社会契约的过程是一种形而上学的构建，并不可信。诺奇克认为，在自然状态下，人们为了安全会自发地组织起来保护自身，形成保护性社团。接着，会有一些人通过出售保护服务而维持生计。同时，"保护"这种商品的特殊性，使得不同保护性社团之间的竞争变成一种"你死我活"的竞争。在竞争中失利的保护性社团不仅不能保护自己的客户，甚至自身也难以为继。所以，在某个区域内最终只会有一个支配性的保护性社团生存下来。这个支配性的保护性社团再经过两个步骤而形成国家：第一，支配性的保护性社团通过禁止没有交保护费的个人强行正义（私自使用暴力），以实现对暴力的垄断，并形成超低限度国家（ultra minimal state）；第二，垄断暴力的超低限度国家通过为被禁止强行正义的个人进行赔偿（以为其提供免费保护的方式），而形成最低限度国家（minimal state）。在诺奇克看来，国家的本质即是对暴力的合法垄断。超低限度国家实现了对暴力的垄断，

---

① 〔美〕罗伯特·诺奇克：《无政府、国家和乌托邦》，姚大志译，第179页。

而最低限度国家则通过"赔偿"被禁止强行正义的个人,使这种垄断获得"合法性"。

在诺奇克看来,从自然状态中衍生出最小国家的过程是自发的。这一过程并非如社会契约论者所设想的那样,出自理性的设计。而且,在这一过程中也没有发生任何侵犯权利的严重事件。因此,"最小国家"是优于"无政府状态"的合法国家。但是,任何超出最小国家的保护功能的国家(例如,通过税收而为人们提供社会保障和福利的国家),都将造成对人们权利的侵犯,都是不合法的。所以说,最小功能的国家就是最理想的国家,是乌托邦。这也正是诺奇克的著作《无政府、国家和乌托邦》标题的由来。在经济层面,诺奇克认为,自由市场是进行资源配置的纯粹程序正义。所谓"纯粹程序正义",指的是其程序本身就足以保证结果的正当性,无须依据独立于程序的标准对结果进行二次修正。[1]用诺奇克的话来说:"通过正义的步骤从正义的状态中产生的任何东西都是正义的。"[2]诺奇克认为,人们自愿交换的累积结果具有天然的正当性,应该无条件地接受。人们无须扩大国家的功能,对市场交换的结果做任何修正,也不应对人们的自愿交换进行任何限制。在保证人们最初获取之正当性(即对某物之所有权)的前提下,累积多次"自愿交换"的结果也必然是正当的。也就是说,当每个人手里的东西——"持有"——都是通过正义的程序而得到的,那么每个人的"持有"就都是正当的;这时,从社会整体的角度来看,社会的"分配"也就是正义的。这就是诺奇克"持有正义"理论的核心思想。

诺奇克将"持有正义"归结为三个原则:(1)获取的正义原则;(2)转让的正义原则;(3)对违反前两个原则的矫正原则。诺奇克认为,从真的前提可以推出真的结果。因此,如果某人对某物的获取和转让都是正义的,那么他对其持有就是有资格的,他的持有就是正义的;如果每个人的持有都是正义的,那么持有的总体(亦即分配)就是正义的。

---

[1] 关于程序正义的分类,可参见本书第九章第三节的讨论。
[2] 〔美〕罗伯特·诺奇克:《无政府、国家和乌托邦》,姚大志译,第181页。

总之，诺奇克将自由市场当作资源配置的纯粹程序正义，并在此基础上发展出"持有正义"理论。"持有正义"理论包括"获取的正义"和"转让的正义"两个部分。第一，"获取的正义"之基础是"劳动获取理论"。洛克曾为"劳动获取"提供了两种阐释——"劳动掺入说"和"劳动价值论"，这两种阐释都受到了诺奇克的质疑。第二，"转让的正义"之关键在于对"自愿交换"的定义。诺奇克以"他人不侵犯其权利"定义"行为者的自愿行为"，这一定义以"权利"概念为基础定义"自愿"，而诺奇克对"权利"概念的理解又依赖于"自愿的同意"，使得"自愿"概念的定义最终陷入循环。上述两方面的理论困难，使得我们很难赞同诺奇克的观点——把自由市场当作资源配置的纯粹程序正义。

## 第三节　自由市场的两种限制

将自由市场作为资源配置的纯粹程序正义，这在政策上要求全面的市场化，要求取消各种调节贫富差距的再分配政策和福利政策。这样的策略思路不仅在论证逻辑上存在问题，而且在社会现实中也会引发许多与人们的道德直觉相违背的社会现象。实际上，与自由市场相伴而生的种种丑恶现象时时在提醒人们，自由市场不论是在其运行的程序上，还是其运行的结果上都必须受到限制和规范。资本炒作，钱权交易，涉及毒品、性、暴力的黑市交易，赤贫者的绝望交易，人口买卖……这些都是源于"自愿交换"的罪恶，却很难说有任何正当性。

美国学者迈克尔·沃尔泽在《正义诸领域》一书中阐述了13种应该被禁止的交易：人口买卖，钱权交易，涉及刑事司法的交易，涉及言论、新闻、宗教、集会之自由的交易，婚姻和生育权交易，离开政治共同体之权利的交易，免于公共服务之义务的交易，涉及政治职位的交易，涉及基本福利和基础教育的交易，绝望交易，涉及奖励和荣誉的交易，涉及神的恩宠的交易，涉及爱和友谊的交易。[1]

沃尔泽认为，社会中的每一种"善"都有其自己的"场域"和分配规则。人们在不同的"场域"，因为不同的理由而分配到不同的资源。人们在一定范围内可以将自己在某一场域中获得的东西与其他场域分配的物品进行交换。在这些自愿的交换中有一些是合法的。例如，人们在工作这一场域依据"应得原则"获得酬劳，然后用自己获得的工资到自由市场上去购买各种生活必需品。然而，不同场域物品之间的某些交换却并不合法。例如，一些人借助社会救济机制领取了免费的生活必需品，但实际上自己并不需要这些多余的食物或衣物，于是便在市场上将这些免费领取的物品卖掉。这样的交换就不合法，有侵犯那些应该得到救助却没有领到救济品的人们之权利的嫌疑。涉及"公租房"、"廉租房"等保障性住房的黑市交易，也属于这种性质的非法交易。再比如，在权力分配的领域，能力较强的人位高权重。如果这些人将自己手里的权力出卖给那些拥有大量资本的人，进行钱权交易，那么这样的"自愿交换"也是不合法的，有侵犯作为权力授予者的普通公民之权利的嫌疑。沃尔泽指出，在社会分配中，有一些善是"支配性的"（dominant）：只要拥有这种"善"，就很容易通过各种非法交易获得其他社会资源。通常，"金钱"和"权力"就是这样的"支配性的善"，拥有"金钱"或者"权力"的人，总是可以很容易地用"金钱"或"权力"兑换其他东西——荣誉、特权，等等。与此同时，"金钱"与"权力"之间也在进行各种非法的交换，官商勾结、贿选、腐败，如此种种都是非法的交易。

通过列举出13种应该被禁止的交易，沃尔泽对自由市场的运行进行了限制。从根本上来说，自由市场的运行是以人们的"权利"为界限的。上述被禁止的交易都有侵犯人们基本权利的嫌疑。例如，人口买卖涉及人们的生命权，钱权交易涉及交易双方对于第三方的义务以及公民的政治权利，付费的言论自由涉及言论自由权，付费的福利和基础教育涉及

---

[1] 〔美〕迈克尔·沃尔泽：《正义诸领域：为多元主义与平等一辩》，褚松燕译，第113—116页。

公民的福利权利，绝望交易涉及生命权和自由权，等等。自由市场作为资源配置的重要程序，其运行过程应受的限制就是：侵犯人们基本权利的自愿交换都必须被禁止。

当然，诺奇克也非常赞同以"权利"约束自由市场的运作。他将这称为"边界约束"（side constraints），并认为这"反映了康德主义的根本原则：个人是目的，而不仅仅是手段"。[①]然而，诺奇克对"权利"的过于宽泛的理解——通过"自愿的同意"或者"赔偿"，人们可以跨越"权利"的界限——却为自由市场中许多与人们的道德直觉相悖的现象打开了大门。这其中包括卖身为奴、绝望交易、卖淫嫖娼、毒品交易，等等。其实，在自由主义的思想史上并不止诺奇克一个人如此扩展自由贸易的界限。哈耶克最为看重的自由主义者约翰·斯图亚特·密尔，也曾在《论自由》一书中为毒品、毒药交易辩护，甚至为英国向中国贩卖鸦片的行为辩护。密尔论述道："一些干涉贸易的问题在本质上就是自由问题，像上文提到的梅恩省禁酒法，像禁止对中国输入鸦片，像禁止出售毒药，总之，凡目标在于使人们不可能得到或难于得到某一货物的干涉都属于这一类。这类干涉可以反对之处，不在它们侵犯了生产者或销售者的自由，而在它们侵犯了购买者的自由。"[②]可见，支持放任自由市场的理论家会以"个人自由"之名，大大放宽贸易自由的界限，甚至伤及社会整体的利益。以"权利"划定自由市场的界限，但同时允许通过"自愿行为"或者"经济利益的补偿"跨越权利的界限，这恰恰是诺奇克在讨论自由市场之限制时的矛盾之处。因此，在支持以自由市场作为主要的资源配置程序的同时，应该坚守"权利"底线，禁止所有侵犯人们权利的黑市交易。

在社会正义的理论框架下，人们不仅应该对自由市场运行的程序进行限制，还必须对自由市场运行的结果进行限制。如前所述，自由市场并不能充当资源配置的纯粹程序正义。人们不应该无条件地接受自由市

---

① 〔美〕罗伯特·诺奇克:《无政府、国家和乌托邦》，姚大志译，第35页。
② 〔英〕约翰·密尔:《论自由》，许宝骙译，第114页。

场的分配结果,而应该根据人们达成共识的社会正义观念对"自愿交换"的累积结果进行修正。所以说,对于自由市场的限制有两种:一种是"底线约束",这种约束体现为对于人们"权利"的维护,那些可能侵犯人们权利的交易是被严令禁止的;另一种是"公平约束",这种约束是依据人们达成共识的社会正义观念对自由竞争之结果进行调节。

自由市场中的激烈竞争往往带来巨大的贫富差距,而且,既有的不平等状况容易导致更深程度的不平等。所谓"富者愈富,穷者愈穷"的马太效应,其原因在于:手中拥有较多资源的社会成员处于进一步获取更多社会资源的有利地位。例如,富裕家庭的孩子拥有更好的初期教育和生活条件,这将有助于他们在成年之后获得更大的社会成功。然而,贫富差距过大,即使是通过以"权利"为限制的自由竞争而得到的,也是不正当的。因为,自由市场中的竞争本身就可能是不公平的。自由竞争是通过双方博弈而达成的。因此,议价能力较强的一方在这种博弈中获利较多,相反,议价能力较弱的一方则获利较少。通常来说,那些拥有巨额资本或核心技术的竞争者的议价能力较强,他们将在自由市场的竞争中获得巨大利益。所以,对于一个本身并不一定公平的竞争过程,人们应该对其竞争结果进行调节。其具体的调节手段通常是税收。而税收制度之所以具有正当性,就在于其"劫富济贫"的本质:以再分配的手段将人与人之间的不平等控制在一定范围内,不至于产生恶劣的社会影响,缓解社会的分层和对立。

当然,依据不同的分配正义理论,人们可能设计出不同的再分配政策。例如,马克思首先提出并得到当代学者哈里·法兰克福等学者支持的"按需分配"理论,要求通过社会再分配平等地满足所有社会成员的"基本需要";罗尔斯的分配正义理论要求社会分配尽可能地改善社会中"最小受惠者"的生活前景;阿马蒂亚·森的"能力平等"理论要求通过再分配使每个社会成员获得同等的"能力";德里克·帕菲特的优先主义分配理论要求社会分配优先满足社会中某一贫困线以下社会成员的基本需要;罗纳德·德沃金的"敏于志向,钝于禀赋"的平等理论要求通过再分配拉平社会成员之间在社会和自然方面的偶然因素,使得每个社会成员仅凭自己的努力而竞争资源；……如此种种，不一而足。20世纪70年代以来的当代政治哲学发展，正是在罗尔斯重申分配正义观念的基础上，对于各种分配方案的探索。关切复杂的社会现实，探索更公平的分配方案，当代学者可谓各显神通、百家争鸣，学术成果蔚为壮观。

综上所述，自由市场是对社会产品进行资源配置的重要程序，但它并不是唯一合法的程序。哈耶克的"自发秩序"理论和诺奇克的"持有正义"理论暴露出的核心问题是：将自由市场作为资源配置的纯粹程序正义在理论上存在困难。自由竞争的结果并不具有天然的正当性，必须依据分配正义观念对自由市场进行限制和调节，从"放任市场"转向"有限市场"。具体来说，自由市场需要受到"底线约束"和"公平约束"两方面的限制："底线约束"要求禁止所有可能侵犯人们权利的自愿交换；"公平约束"要求以人们达成共识的分配正义观念为基础，通过社会再分配手段对市场竞争的结果进行调节。分配正义的观念指引着人们在市场竞争的基础上，通过社会分配建立覆盖全民的社会保障体系、优质的公立教育体系，缩小贫富差距，促进社会朝着平等共荣的方向发展。

# 第十三章　公平交换与定价政策

对于自由市场的限制，除了税收等再分配政策外，还有限价和定价政策。这些政策的制定与人们对于公平交换的理解相关。市场经济是经济发展的核心动力，也是实现共同富裕的必要条件。市场经济以人们的自愿交换为基础，"自愿"使得自由市场具有了正当性。然而，"自愿交换"并不一定都是公平交换。什么是"公平交换"（fair exchange），如何判断"公平交换"，这是市场经济中的核心道德问题。一个商品在市场上卖多少钱才合适？为什么人们有时候会抱怨东西卖得太贵，交易不公平？我们以什么为依据来判断一个交换是公平的？在不公平的交换中是否包含剥削？人们是否可以据此而对"自愿交换"进行相应的限制？自从人类开始进行贸易以来，上述问题就一直困扰着人们。就像市场上的吆喝声和讨价还价的争吵声一样，关于公平与不公平的各种争论喋喋不休、不绝于耳。这种对"公平交换"和"公平价格"的讨论，涉及社会分配的公平正义。英国学者希尔·斯坦纳将"价值相等"作为公平交换的标准。但是，客观价值论、主观价值论以及人际价值论都很难确定交换双方物品的价值是否相等。约翰·罗尔斯和露丝·桑普分别将差别原则和"满足基本需要"作为公平交换的判断标准。他们的理论为推行市场经济的同时，实施"最低工资"、"最长工作时间"、"最低支持价格"以及"必需品的最高价格"等限价和定价政策做出了论证。

## 第一节　何谓公平交换

在人类的社会生活中存在着许多种类的物品或服务的转移。这些转移有些是单向的，例如馈赠、捐款捐物、盗窃或抢劫；而大部分则是双向的，双向的物品转移就是交换。在形形色色的物品和劳动的转移中，构成人们社会生活的核心部分的是自由市场中的自愿交换（voluntary exchange）。相比于其他类型的物品或劳动的转移，自愿交换的特征是：首先，它是双向的，不是单方面的。这一点与馈赠、捐款捐物以及盗窃抢劫不同。在自愿交换的过程中，双方都将有所失，同时也有所得。其次，自愿交换是以"自利"为目的的，而不是以"利他"为目的的。在有一些物品或劳动的交换中，人们的目的是利他的。例如，参加义务劳动的人领取小礼品，而这个小礼物的价值一定远远低于行为者所付出的劳动。因此，人们在参加义务劳动时考虑的并不是自身的利益，而是如何增进他人的利益。市场里的买卖行为却完全不是这样。在自由市场中，买卖双方都以增进自身利益为目的，而不是以增进对方利益为目的。

除了双向、自利这两个特征之外，自愿交换还有一个重要特征，这就是"自愿"。自由市场中的买卖是自愿发生的。买卖双方都没有受到强制，任何形式的强买强卖都是不正当的。在"自愿"的条件下，不论价格高低，买卖双方通过特定交易都能增大自己的福利，否则，交易就不会发生。值得注意的是，这里应用的是"主观福利概念"，亦即，在自愿交换中，行为者自己认为自己的福利增加了，自己的理性偏好得到了满足。当然，在自由市场中某些"自愿交换"可能被判定为"非理性消费"。那是从客观的意义上来说的，其含义是：旁观者认为通过交易，行为者的客观福利没有增加反而减少了。比如，一个人以很高的价格买了一幅不知名画家的画，这桩交易中虽然不存在欺诈，但是旁观者可能会认为买家的行为是不理性的。但是，即使在"非理性消费"中，行为者的主观福利也是增加的，否则他就不会"自愿"进行交易。因此，基于主观福利概念，任何"自愿交换"都意味着交易双方的福利同时增加。交易双方的福利都增加，这符合"帕累托优化"[1],是一种效率得到增进的过程。正是由于构成自由市场的所有自愿交换都符合帕累托提出的效率原则,所以自由市场才成为了最有效率的资源配置机制。由此,我们可以总结出"自愿交换"的三个特征:双向、自利、自愿(符合帕累托优化)。

那么,是否所有的"自愿交换"都应该被允许呢?是否所有的"自愿交换"都是公平的呢?如上一章所述,自由市场应受到两种限制:权利限制和公平限制。所谓"权利限制"指的是,所有的"自愿交换"都不能侵犯交易双方以及相关的第三方的权利。这一限制将许多非法交易排除在被允许的交易之外,例如人口交易、器官交易、毒品交易、武器交易、卖淫嫖娼、权钱交易、权色交易,等等。这些交易可能会侵犯人们的人身自由、生命安全、公民权利等相关基本权利,是应严令禁止的"自愿交换"。此外,"自愿交换"应该受到的第二种限制是"公平限制"。也就是说,有一些"自愿交易"虽然并没有侵犯人们的权利,但是对于交易双方来说却可能是不公平的。这方面最典型的例子就是"血汗工厂"。人们通常认为"血汗工厂"是不道德的:一无所有的劳动工人以极低的价格出卖自己的劳动力,还不得不忍受恶劣的工作条件和超长的工作时间。在"血汗工厂"中,即使工人是"自愿"受雇于企业主,人们仍然认为这种交易中有某种"不公平"的因素,而这种不公平因素被马克思称为"剥削"。

马克思在一百多年前曾经讨论过的"剥削"问题并没有过时,它仍然是当代政治经济学的核心问题之一。而且,在当代学者的讨论中,"剥削"问题不仅仅事关资本家和无产者之间的雇佣关系,还扩展到整个自由市场之中,是事关所有"自愿交换"的核心问题。为了厘清"剥削"概念,当代学者对何谓"公平交换"进行了深入的讨论。英国学者希尔·斯坦纳是当代"剥削"问题的重要著述者之一,他认为公平交换应具备四个条件:双向、自利、自愿以及"等价"。斯坦纳所说的"等价"

---

[1] 帕累托优化,也称为效率原则,指的是从一种状态到另一种状态的变化中,在没有使任何人境况变坏的前提下,使得至少一个人变得更好。效率原则在经济学及相关学科中被广泛应用,是意大利经济学家维弗雷多·帕累托最先提出的。

是指"价值相等",也就是说,所谓"公平交换"必须是"等价值"(equal value)的自愿交换,交换双方所转移的物品或劳动应该具有同等的价值。

从斯坦纳所规定的"公平交换"的条件来看,判断一个自愿交换是否为公平交换的关键在于判断双方用以交换的物品或劳动是否具有同等的价值。如果双方交换的物品或劳动的价值不相等,那么这样的交换就是不公平的,包含不正义的因素,存在剥削。事实上,早在两千多年前,古希腊的亚里士多德就曾经讨论过交换正义的问题。他在《尼各马可伦理学》一书中论述,人们之间出于自愿的交换应该遵循一定的比例关系。例如,一个造房子的人以自己的房子和一个鞋匠做出来的鞋进行交换,要保证这个交换是正义的,就必须以统一的尺度对房子和鞋子进行度量。亚里士多德认为,正是为了进行这种统一的度量,人们才发明了货币。亚里士多德论述道:"货币是一种中介物。它是一切事物的尺度,也是衡量较多与较少的尺度;它确定着多少双鞋相当于一所房子或一定数量的食物。"(1133a20—25)[1]因此,房子和鞋子就应该依据各自所值的货币量来进行交换,否则就是不正义的。由此看来,在亚里士多德的解释中,所谓"公平交换"是"等货币量"的交换,或者说"等价格"的交换,不同于斯坦纳的解释。那么,现在的问题是,"公平交换"是"等价值的交换",还是"等价格的交换"呢?这两种表述是一回事吗?上述难题涉及经济学中对于"价值"的两种不同理论:客观价值论和主观价值论。

## 第二节 客观价值论与主观价值论

客观价值论的主要观点是,在自由市场中交换的物品,其价值可以独立于市场而得到确定。同时,物品的这种独立于自由市场的价值正是判断相关交换是否公平的标准。马克思主义政治经济学中的"劳动价值论"就是一种最重要的客观价值论。在马克思看来,商品的价值是由劳

---

[1]〔古希腊〕亚里士多德:《尼各马可伦理学》,廖申白译注,第141页。

动创造的。人们可以通过"无差别的人类劳动时间"来度量劳动所创造的物品的价值。马克思的剥削理论正是以劳动价值论为基础的。正是在肯定"商品的价值是凝结在商品中的社会必要劳动时间"这一命题的基础上,马克思得出推论:工人在为资本家劳动的过程中不仅创造了自己的劳动力价值,而且还为资本家创造了剩余价值。工人所创造的剩余价值是资本家利润的来源,正是资本家对剩余价值的无偿占有使得劳动者受到了剥削。换句话说,在资本家和工人产生雇佣关系时,他们之间的交换虽然可能是自愿的,但却是"不等价"的:资本家付给工人的工资小于工人的劳动所创造的价值,而这两者的差值正是"剩余价值"。在马克思看来,资本家正是因为无偿占有了剩余价值才为自己赢得了利润,这是利用工人的弱势地位而进行的一桩不公平的交易。

马克思的剥削理论完美地解释了价值不等的交易为何是"不公平"的,以及资本家如何通过占有剩余价值而剥削工人。然而,这一理论的核心部分——"劳动价值论"——在具体的应用过程中却可能遇到许多现实的困难。其中最重要的是劳动同质化的困难。不同个体的劳动,不同精细度、不同知识含量的劳动,脑力、体力、艺术创作等这些劳动很难以某种统一的标准进行量化。因此,也就很难单纯从劳动时间来确定每个商品的价值。劳动同质化的困难使得人们很难对不同商品的价值进行客观的量化比较。也就是说,虽然价值的来源是客观的人类劳动,但是由于无法找到统一的标准对不同种类的人类劳动进行量化处理,所以我们仍然无法独立于商品交易而确定每一商品的价值到底是多少。事实上,其他类型的客观价值论也遭遇到类似的问题。例如,一些客观价值论者主张以生产某一商品的原材料的价值和工人所需的必需品的价值来确定某一商品的价值,但是,原材料和必需品这些物品同样是商品,它们的价值之确定同样需要借助市场而不是独立于市场。

客观价值论的理论困境催生了新古典经济学中的主观价值论。19世纪后半叶,奥地利经济学家卡尔·门格尔(Carl Menger)、英国经济学家威廉·斯坦利·杰文斯(W. S. Jevons)以及侨居瑞士的法裔经济学家瓦尔拉斯(L. Walras)先后独立提出了"边际效用价值论"。其后继者进一步发展这种价值理论,并提出了边际生产力论以及相应的分配学说,这在经济学说史上被称为"边际革命"。

"边际效用价值论"是一种主观价值论。这种理论认为,所谓价值在于物品对于人的意义,而这种意义是由物品对人的主观欲望的满足而决定的。因此,并不存在任何客观属性可以决定物品的价值。"边际效用价值论"将效用和稀缺性结合起来确定物品的价值。简单来说,如果一个物品不能满足某人的某种主观欲望,那么这个物品就没有价值;如果一个物品可以满足某人的主观欲望,但是其供应量大大超过满足某人欲望的需求量(例如水和空气),那么该物品也没有价值。这是因为,人们对某种物品的欲求会随着这种物品拥有量的增加而减小:一个面包对于一个饥饿的人就远远比对于一个已经吃了两个面包的人来说更有价值。当一种物品的供应量超出满足人们需求的量之后,就不再有价值。所以说,"'边际革命'最根本的内容就是把价值归结为主观评价的边际效用,即价值决定于商品的边际效用,从而颠覆了价值实体的客观性"[1]。

按照这种理解,在商品交易时交易双方会认为对方的东西是自己更想要的,其价值至少不低于自己手中的东西。用门格尔的话来说,交易在这样的界限中发生:"当二人中一人所拥有的某财货的一定量对他的价值,比之于第二人所拥有的另一财货的一定量对他的价值不再较小,同时,第二人对这两种财货则作相反评价的时候,这个界限就达到了。"[2]

主观价值论可以很好地避免客观价值论所遭遇的"劳动同质化难题",因为这一理论将对价值和价格的度量交给了主观判断的边际效用,而不是客观的劳动量。主观价值论不要求对劳动进行同质化的量化处理,每个人就是一个价值的尺度,并不需要一个独立于个人的客观的价值尺度。然而,主观价值论并非无懈可击。这一理论面对的最大的挑战就是"循环论证"的质疑。德国马克思主义经济学家保罗·马蒂克(Paul Mattick)指出,"主观价值论"最根本的困难在于:"虽然它(边际效用

---

[1] 管德华、孔小红:《西方价值理论的演进》,中国经济出版社,2013年,第101页。
[2] 〔奥地利〕卡尔·门格尔:《国民经济学原理》,刘絜敖译,上海人民出版社,2001年,第149页。

理论）尽力想要解释价格，而价格对于解释边际效用来说，却是必需的。"[1]在自由市场中，购买商品的一方根据对方商品能满足自己主观欲望的大小以及自己需为此付出的代价来决定是否购买该商品。边际效用理论认为，购买者主观的评价以及双方的讨价还价将最终确定该商品的价格。然而，不可否认的是，当购买方权衡该商品是否能在合理代价的范围内满足自己的主观欲望时，必须首先知道该商品的价格是多少。由此，边际效用对于价格的讨论陷入循环之中，而这一循环论证很难通过其理论自身的改进而得到解决。

事实上，当我们判断一个交换是否是"公平交换"时，如果对"等价值"的解释采用主观价值论，那么我们只能得出所有"自愿交换"都是等价值的交换。因为，所谓"价值"是由交易双方的边际效用决定的，当一方自愿与另一方进行交易时，他一定认为将要交换的东西的价值至少不小于自己手里东西的价值。而且，交换双方都这么认为。如此一来，"等价值"就等同于帕累托优化，也就等同于"自愿"这一条件了。所以，当以主观价值论来解释"等价值"的交换时，并没有为"自愿交换"增添任何新的限制。也正是出于这个原因，主张放任自由市场的经济学家通常认为"自愿交换"就是"公平交换"，或者认为"公平交换"以及相应的"公平价格"等概念都是多余的概念，具有误导性。

## 第三节　人际价值论

为了解决价值和价格之间的复杂关系，笔者尝试提出一种"人际价值论"，其基本观点如下：第一，"价值"是一种"个人化"（personal）的概念，"价值"与"物"对人的"意义"相关。同一个物品之所以对于不同的人其"价值"是不同的，是因为其"意义"不同。而且，这种"价

---

[1] Paul Mattick, *Economics, Politics and the Age of Inflation*, London: Routledge, 1977, Chapter 3.

值"很难在不同人之间进行比较。第二,"价格"是由特定区域内的供需关系决定的,是一个"人际"(interpersonal)概念。虽然,供需关系是由每个具体交易中人们的边际效用函数决定的,但任何个别交易都无法单独决定某一时空内(某一市场中)某种商品的价格。人们通常所说的"市场价格"是由市场内所有交易者的边际函数共同决定的。区别于客观价值论和主观价值论,我将上述有关价值和价格的观点称为"人际价值论"。我们可以从"价值"的来源和价格与价值的关系两方面来深入理解这一理论。

首先,价值产生于"人"与"物"的特殊关系,而这种关系有可能是物在人的意义体系中占据重要位置(例如,吉祥号码);也有可能是通过创造,人将自己的意志体现为物(例如,艺术作品或者劳动者制造的产品);也有可能是物满足了人的某种具体的需要。所以说,不论是"劳动创造价值",还是"效用与稀缺性产生价值",都只是价值的一种来源,而不是价值的唯一来源。

劳动之所以能够创造价值,是因为通过劳动,"物"与"人"之间产生了一种特定的联系。而这种联系正是价值的源泉。通过劳动,"物"被人改变,旧的物消失了,新的物被创造出来。而人也在这一过程中,与物产生了某种特殊的联系。这种联系使得物对于其"创造者"来说具有了特殊的意义。这种意义被这种特定关系所决定,无法与其他的意义和关系进行比较。因此,由这种特殊关系所决定的价值,也必然是"独一无二"的,无法与其他关系所决定的其他价值进行比较。"价值"难以进行"人际比较"和量化,这一结论还可以通过对人类劳动的分析得出来。劳动创造价值,然而,每个人的劳动对于其自身来说是独一无二的。某人的劳动就是其身体活动的一部分,是其生命的一部分。正因为如此,劳动才能创造价值,这种价值是其创造物对其自身生命之意义所在。这就像艺术家的作品,不同艺术家的作品千差万别,除非是机器复制,否则不可能得到一模一样的产品。从这个意义上来说,劳动很难被"同质化"。即使是同一种类的劳动,每个人做同样的工作、造同样的东西,但每个人造出来的都各不相同,而这种不同就带着各自生命的特征,在各自生命之中,特定的境况之下，而对其自身具有意义和价值。人们常说，买东西要靠缘分，就与这种劳动创造的独特性相关。正是"创造者"与其"创造物"之间的特殊关系打动了某人，他（她）才会愿意为此付出相应的代价。当然，在机器化大生产的背景下，人的独特性不再体现在每一个商品中，而此时可以从量化的劳动时间来推知其"价值"，这也是"劳动价值论"在机器化大生产的语境下成立的原因。

其次，价值无法量化，但价格是必须量化的。因为，在自愿交换的公共场域中，必须有具体的数值，以便人们进行交换。一个商品的价格由"供需关系"决定。以某艺术家的画作为例，一位很受欢迎的艺术家，其画作在市场上有比较好的售价，尤其是其原作能卖到很高的价格。这一价格是由供需关系决定的：想收藏其画作的人越多，其画作越贵。如果这位艺术家为了满足更多的需求，将自己的画作进行一定数量的复印，那么其复印画作的价格会随着复印量的增加而降低。在这一例子中我们可以看到：虽然价值不能量化，但价格可以而且必须量化，而供需关系是决定价格之具体数值的直接因素。值得注意的是，价格并不直接与价值产生联系，一件物品即使制造它的人花费了很大的力气，而且对其制造者来说意义重大，如果不被人需要，它仍然卖不出价钱来，或者说"有价无市"，这里的"价"是"价值"而不是"价格"。像爱迪生的小板凳、艺术家的处女作，都可能是这样的例子。除非在市场上，真的有人想要买这件物品，这件物品才能获得其价格。所以说，价值取决于"人"与"物"的特殊关系，是无法进行人际比较也无法量化的；而价格是物品交换时供需关系的反映，是"人际比较"的指标，其数值由具体的供需关系所决定。由此看来，"价值"与"价格"之间确实存在着不可逾越的鸿沟。价值是"个人化"的，而价格则是"人际的"。

如果我们将"价格"看作是一个"人际指标"，而不是"主观指标"，那么我们就可以解决"主观价值论"所遭遇的"循环论证"问题。作为"人际指标"的价格，并不是由每一个具体个人的边际效用函数所决定的，而是由在特定市场中所有进行同种商品交换的相关个人的边际效用函数共同决定的。也就是说，在某一时空中的某一市场中（当然，在网络时代,这一市场并不一定存在于具体的时空中),所有进行同类商品交易的人们的讨价还价会共同决定这一商品的"市场价"。而这一市场价又会反过来成为人们讨价还价时的考虑因素。同时,购买双方通过考量自己的边际效用而最终确定的一个具体价格又会进一步影响这一商品在该市场中的"市场价格"。因此,商品的价格不是由一个个微观的议价过程和每个人具体的边际效用函数确定的,而是由某市场中所有参与该商品交换的人的议价和边际效用函数共同确定的。如此一来,"边际效用价格论"所遭遇的"循环论证"问题就得到了解决。

在引入了"人际价值论"之后,我们应该如何理解"公平交换"的条件呢?在"人际价值论"的框架内,"价值"作为一个"个人化"的概念,不再具有评价人际交易公平性的功能。实际上,如果采用"人际价值论"来理解价值问题,自由市场中只可能存在两种不同的自愿交换:"符合市场价格的自愿交换"以及"不符合市场价格的自愿交换"。通常情况下,如果一个人购买某商品的价格高于"市场价格",那么人们会认为相关的交易中可能存在"欺诈",或者称卖方"敲竹杠"。反之亦然,如果某人不得不以低于市场价格的价格出卖自己的商品,那么同样存在"欺诈"或者"敲竹杠"。如此看来,在那些"不符合市场价格"的自愿交易中(在双方都以自利为目的情况下),存在着"欺诈",是"敲竹杠"的行为。反之,"符合市场价格"的自愿交换中不包含"欺诈",不是"敲竹杠"的交易行为。

然而,"符合市场价格的自愿交换"并不一定都是"公平交换"[①]。以"血汗工厂"为例,企业主可能联合起来共同压低工人的工资,使得工人工资的"市场价格"低到甚至都无法维持工人们最基本的生活。这时,企业主与工人之间的交易虽然符合市场价格,却仍然可能被人们认为是"不公平"的,存在着剥削。那么,在类似"血汗工厂"这样的交易中,到底是什么构成了其中的不公平因素呢?

---

[①] 依据前文所讨论的亚里士多德的观点,"符合市场价格的自愿交换"就是正义的交换。在这一点上,笔者与亚里士多德的观点存在分歧。

## 第四节　剥削与定价

罗尔斯的正义理论可以给我们探讨剥削问题带来一些启发。罗尔斯认为，人类社会是一个合作冒险体系。这种合作是普遍的社会合作，是禀赋较好者和禀赋较差者[1]之间的合作。在这种普遍的社会合作中，人们既有利益的一致，也有利益的冲突。因此，人们需要以某种原则来确定利益和负担的分配。在罗尔斯构建的正义理论中，正义的两个原则中的差别原则正是人们社会合作的公平条件。也就是说，在一个合作中，只有当禀赋较差者的期望达到最大值时，这个合作才是公平的。然而，罗尔斯的论敌罗伯特·诺奇克却认为，差别原则在禀赋较好者和禀赋较差者之间并不是中立的，没有同等程度地增进双方的利益，而将"差别原则"作为社会合作的公平条件，有"偏袒"禀赋较差者一方的嫌疑。[2]

罗尔斯对差别原则与公平合作的关系进行了深入的论证。罗尔斯认为，差别原则表达了一种"互惠"的观念（a conception of reciprocity）。在一种合作机制中，当一些人的所得以另一些人的损失为代价的时候，这个合作就不再是"互惠"的，也就不再是正义的了。所以，当"最小受惠者"的期望达到最大值的时候，合作中的经济和社会不平等就不应该再加剧。如果不平等程度继续加深，最小受惠者的所得开始减少，人们之间的互惠关系就会被破坏，而合作就变得不正义了。当然，罗尔斯也同意，在一种合作关系中，合作中的优势方（禀赋较好者）和弱势方（禀赋较差者）有着平等的权利要求期望的最大值，这似乎意味着社会合作的公平条件是"最大化两种期望的一个加权均值"。然而，罗尔斯却认为，如果将合作的公平条件设定为"最大化两种期望的一个加权均值"而不是"弱势方的最大期望值"，就不恰当地给予了优势方某种重视，这将再次优惠在自然禀

---

[1] 罗尔斯所说的"禀赋较好"指的是那些使得人们在社会中能获得较好的经济利益和较优的社会地位的自然因素或社会因素，例如较高的智商、较好的家庭出身、拥有大量资本或核心技术，等等。"禀赋较差"则是与"禀赋较好"相对的概念。
[2] 参见〔美〕罗伯特·诺奇克：《无政府、国家和乌托邦》，姚大志译，第231页。

赋和社会境况方面已经受惠的一方。因此，差别原则才是互惠的社会合作的公平条件，而不是"双方期望的加权均值最大化"。[1]

如果以罗尔斯的公平合作理论来解释自由市场中广泛存在的"自愿交换"[2]，那么，在自愿进行的交易中也存在着禀赋较好者和禀赋较差者的力量对比，这可能给自愿交换带入不公平的因素。例如，在企业主雇佣普通工人这一交易中，企业主（禀赋较好的一方）拥有更强的议价能力，而普通工人（禀赋较弱的一方）的议价能力较弱。这种力量对比在自由市场中普遍存在。亚当·斯密在讨论劳动力市场上雇主与工人之间的工资博弈时曾写道："在一般情况下，要预知劳资两方谁占有利地位，谁能迫使对方接受自己提出的条件，决非难事。雇主的人数少，团结较易。加之，他们的结合为法律所公认，至少不受法律禁止。但劳动者的结合却为法律所禁止。有许多议会的法令取缔为提高劳动价格而结合的团体，但没有一个法令取缔为减低劳动价格而结合的组织。况且，在争议当中，雇主总比劳动者较能持久。地主、农业家、制造者或商人，纵使不雇佣一个劳动者，亦往往能靠既经蓄得的资本维持一两年生活；失业劳动者，能支持一年的简直没有。就长期说，雇主需要劳动者的程度，也许和劳动者需要雇主的程度相同，但雇主的需要没有劳动者那样迫切。"[3] 可见，资本家由于对生产资料的占有，在与劳动者的议价中处于绝对的优势。在罗尔斯看来，这种由所有权关系决定的议价过程中存在着不公平因素，需要进行人为的调整。正是基于这一判断，罗尔斯将差别原则作为自愿合作（交换）的公平条件。这意味着，在人们的自愿交换中，弱势一方的期望应达到可能的最大值，否则这样的交换就是不公平的，就包含着剥削[4]。虽然确如诺奇克所言，差别原则对于交易中议价能力较强一方和

---

[1] 参见 John Rawls, *A Theory of Justice*, p. 88。
[2] 从广义上说，"自愿交换"也是一种分工合作。一个人擅长做家具，他就专门做家具；而另一个人擅长做鞋，他就专门做鞋。当他们都需要对方制造的东西时，自愿交换就发生了。可以说，他们之间的分工合作正是通过"自愿交换"而完成的。
[3] 〔英〕亚当·斯密：《国民财富的性质和原因的研究》（上卷），郭大力、王亚南译，商务印书馆，1974年，第60—61页。
[4] 罗尔斯在《正义论》一书中只有一处讨论了"剥削"问题。在讨论这一问题时，罗

较弱一方并不是中立的，明显偏向于弱势一方。然而，这种"偏袒"却是在对交换中既有的不公平因素进行矫正，是实现分配正义的必要步骤。

依据罗尔斯的社会合作理论，对于某些双方议价能力极为悬殊的自愿交易就可以进行人为的定价，而并不是完全依赖于供需关系所决定的市场价格。这类自愿交易包括企业主雇佣不熟练工人、大超市大量收购农民的农产品，等等。由此，"最低工资"、"最长劳动时间"、"最低支持价格"（minimum support prices）等定价政策就得到了论证。然而，支持放任自由市场的学者们却反对任何"定价"政策。他们认为，一方面，从经济层面来说，"最低工资"的设立将降低整个自由市场的效率。由于"最低工资"的设立，一些企业主会减少雇佣员工，而一些劳动者也会因此而失去工作。这对于双方的利益都有伤害。因此，"最低工资"政策是与"帕累托优化"相反的过程，是效率降低的过程。另一方面，从政治层面来说，"最低工资标准"的设立有可能阻止人们的自愿交易。这种对"自愿行为"的干涉是对人们权利的侵犯。然而，从罗尔斯的公平合作理论出发，这两方面的反驳都是站不住脚的。第一，罗尔斯认为正义是优先于效率的，不可能为了效率而牺牲正义。第二，自愿交换并不一定能保护人们的权利，在那种议价能力悬殊的交易中，恰当的定价政策恰恰是人们权利的有力保障。

除了"最低工资"这样的定价政策之外，在社会生活中还经常出现对某些生活必需品的定价政策，例如对家家户户都需要的粮食、油、盐及一些必备的药物的定价和价格平抑政策。其实，这类定价政策也能从相关的剥削理论中找到论证的依据。当代学者露丝·桑普尔（Ruth Sample）提出了一种以"基本需要"是否得到满足为判断标准的剥削理论。[1]她认为，当剥削发生的时候，交易弱势一方的"内在价值"（intrinsic

---

（接上页）尔斯应用的是马克思的"剥削"概念，并且认为，如果采用主观价值论的话，就很难判断任何自愿交易中存在着剥削。但是，我们可以从他所阐述的社会合作的"公平条件"中推测出他对"剥削"问题的深入看法，本节试图做的正是这样的工作。参见 John Rawls, *A Theory of Justice*, p. 272。

[1] 参见 R. Sample, *Exploitation: What It Is and Why It's Wrong*, Boulder, CO: Rowman and Littlefield, 2003。

value）受到了威胁。亦即，交易弱势方的人之为人的尊严和权利受到了威胁。这种威胁通常体现为交易弱势方的"基本需求"得不到满足。例如，食不果腹的人将自己的劳动力以很低的价格出卖给"血汗工厂"的企业主。在这样的交易中，交易弱势方的"基本需要"没有得到满足，正是这一因素使"自愿交易"成为包含剥削的不公平交易。桑普尔的剥削理论使得"必需品"的定价政策得到了论证。在自由市场中，如果不对生活"必需品"的价格进行一定的限制，那么一些商人可能为了获利而抬高必需品的价格。这会导致一些低收入阶层无法满足基本需要，从而使得整个社会合作体系混入不公平的因素。在桑普尔看来，交易弱势方的基本需要得不到满足的"自愿交换"是不公平的，包含着剥削，理应受到限制。

综上所述，"何谓公平交换"是市场经济中的核心道德问题，包含不公平因素的交换中存在着剥削，应通过相应的政策进行矫正或调整。斯坦纳以"价值相等"作为"公平交换"的条件。但是，客观价值论和主观价值论都无法很好地规定"价值相等"这一标准。而笔者提出的"人际间价值理论"只能判断市场中是否存在"欺诈"，无法判断交换是否"公平"。罗尔斯和桑普尔分别将差别原则和"满足基本需要"作为"公平交换"判断标准。他们的剥削理论为"最低工资"、"最长工作时间"、"最低支持价格"以及"必需品的最高价格"等定价政策提供了论证理由。

# 第十四章　共同富裕与税收公平

税收是一个国家得以延续的命脉，税收制度是重要的社会分配制度。税收和慈善是两种不同的再分配机制。税收是强制性的再分配，慈善则是自愿的再分配。税收被称为二次分配，而慈善则被称为三次分配。当然，大部分公民都是自愿交税的。所谓税收的"强制性"指的是，如果某人不交税的话就会受到相应的惩罚。我们构建共同富裕的社会要同时借助二次分配和三次分配，但主要依赖于二次分配。原因有三点：第一，构建完善的社会保障体系和优质的公立教育需要持续的资金投入。慈善取决于捐助者的意愿、能力以及相关企业的营业状况等因素，大多是一次性或短期行为，很难保证持续的捐赠。相比之下，税收由于是强制性的，通常能够提供稳定的资金来源。第二，慈善捐助者并不一定能够将财物捐赠给最需要的人，捐赠者可能为了名誉而做锦上添花的事情。例如，英美最知名的高校也是接受慈善捐赠最多的高校，但这些高校并不比其他高校更需要这些资金。[1] 与慈善不同，税款的使用则是通过国家的财政支出统筹安排，能够更好地促进社会保障体系和优质公立教育的建构。第三，慈善是由资本主导的，捐赠者捐助的财物越多，对社会的影响力越大。但资本的意志并不一定能够体现全体社会成员的意志。慈善业过于发达可能会左右政府的决策，有将政府演变为富人政府的危险。相反，税收体现的是政府的意志，是全体社会成员的共同意志，能够更好地限制资本，而实现社会的公平。基于上述三方面的理由，笔者认为，要实现共同富裕，维护税收公平、加强税制改革是至关重要的制度建设。

---

[1] 参见〔美〕保罗·维勒里：《慈善的真相》，《中外文摘》2011年第11期。

共同富裕是社会主义的本质特征，也是中国特色社会主义新时代的发展目标。共同富裕的目标包括建构完善的社会保障体系和优质的公立教育。而这些制度的确立依赖于稳定的税收来源。由此，优良的税收制度是实现共同富裕的制度保证。效率[①]和公平是评价税收制度的两个重要价值。对于一个国家的税收制度来说，公平是不可或缺的价值。无论一种税收制度如何有助于社会整体福利的增长、如何有助于提高经济运行的效率，如果这种税收制度是不公平的，人在相应的税收安排中没有得到平等的对待，那么这种税收制度就是需要改进的。正是由于公平对于税收制度的重要意义，在税收理论建构之初，税收公平问题就进入了研究者们的视野。在何谓"税收公平"的问题上，亚当·斯密和罗尔斯存在分歧。亚当·斯密认为，税收公平就是依据人们的财富状况同比例地征税。罗尔斯的公平合作理论将合作的公平条件定为最小受惠者的期望最大化，支持累进制的税收体制。在现实层面，税收制度受到效率的影响，往往偏离税收公平。为实现公平优先于效率，税收制度的设计应优先考虑税收的公平性。如何设计出优良的税制，在市场分配的基础上缩小贫富差距，这是我们实现共同富裕的关键。本章聚焦于税收制度的公平性问题，讨论在税制设计中效率与公平之间的紧张关系，以期对我国的税制设计提出具体的建议。

## 第一节　亚当·斯密论税收公平

17世纪中叶，在西方经济学创立之初，人们就已经开始探讨税收公平的问题。英国古典经济学创始人威廉·配第（William Petty）在《赋税论》和《政治算术》等著作中阐述了自己对税收公平的看法。威廉·配

---

[①] 本章中使用的"效率"概念并非对应于帕累托的效率原则，而是广义的效率概念，指的是能够更好地促进经济增长，与功利主义的目标"效用最大化"的含义一致。

第认为，所谓"公平"就是税收要对任何人、任何东西"无所偏袒"，应根据纳税人的不同能力征收数量不同的税，而且税负也不能过量。亚当·斯密继承了配第的思想，在《国富论》中进一步阐发了税收公平的含义。在亚当·斯密看来，税收应该由所有国民共同承担，他反对贵族的免税特权。而且，税收应该由地租、利润和工资三种个人收入共同负担。在具体的税收额度上，应该按照自然形成的社会财富分配情况，按同比例税率征税。亚当·斯密将自己关于税收公平的理论总结为平等原则，并将其作为四种税收原则的第一种原则。他论述道："一国的国民，都须在可能的范围内，按照各自能力的比例，缴纳国赋，维持政府。一个大国的各个人必须缴纳政府费用，正如一个大地产的公共租地者须按照各自在该地产上所收益的比例提供他的管理费用一样。所谓的税负的平等或不平等，就看对这种原则是尊重还是忽视。"[1]

亚当·斯密对税收平等原则的规定一直延续到当代讨论之中。当代学者将亚当·斯密的税收公平思想总结为横向公平和纵向公平。横向公平指的是，条件相同的人应缴纳相同的税；纵向公平指的是，条件不同的人应缴纳不同的税。[2]然而，横向公平和纵向公平的说法是含混不清的，这两条公平原则只是大概指出了支付能力强、在经济活动中处于优势的公民应该承担较多的税负，而支付能力弱、在经济活动中处于劣势的公民应承担较少的税负。至于这种多、少是绝对差值还是比例差值，收入极低社会成员是否可以不承担税负等具体问题，都没有得到明确的规定。然而，这些细节在具体的制度设计中都将成为有关税收是否公平的焦点问题。因此，本节试图回到亚当·斯密本人，探究他是否对税收公平给出了具体的、可量化的规定。

亚当·斯密在讨论税收的平等原则时，对于何谓"公平"进行了确

---

[1]〔英〕亚当·斯密:《国家财富的性质和原因的研究》(下卷)，郭大力、王亚南译，商务印书馆，1974年，第384页。
[2] 参见谷彦芳、宋凤轩编著:《税收理论与制度》(第二版)，人民邮电出版社，2020年，第25页。

切地规定：在具体的税收额度上，应该按照自然形成的社会财富分配情况①，按同比例税率征税。这是一个非常精确的规定。依据这一论述，税收制度应该在搞清楚社会财富分配状况（亦即，每个社会成员的收入＋财产）的前提下，按照同样的比例对所有人征税。例如，如果A所拥有的财富总量是1万元，而B所拥有的财富总量是100万元；那么，按照同样的比例征税，假设税率为3%，A就应该缴税300元税款，而B则应缴税3万元税款。

亚当·斯密如此设计税收公平原则，有两个论证理由：第一，亚当·斯密认为，人们联合起来形成国家和政府，所有人都从这一政治结构中获益，所以人们有义务共同承担维持这一政府的各种费用。在亚当·斯密著书立说的时代，社会契约论正流行于西欧各国，亚当·斯密深受这一思潮的影响。因此，他对税收公平的讨论与社会契约论对国家和政府的理解是一致的。依据社会契约论的观点，人们放弃一部分自然权利、缔结契约组成国家，其目的就是要获得国家的保护，而这种保护不仅包括对人们生命的保护，还包括对人们财产的保护。②同时，对人们生命的保护意味着国家和社会有责任以集体之力为人们生命的延续提供各种必需品。正是为了筹集资金为每个社会成员提供保护和必需的生活条件，税收制度才成为一种必要的、合法的政治制度。依据这一推理，在确定谁应该缴纳多少税款的问题上，公民从国家获得的保护越多、受益越多，应该缴纳的税款就越多；而公民的财产越多得到的保护就越大。所以，正如亚当·斯密所言，应该按照财富的自然分布状况，向所有公民同比例地收取税款。这种对税收的解释也被称为税收制度的"利益说"，与社会契约论的国家学说一脉相承，霍布斯、亚当·斯密、卢梭等思想家都曾阐述过这种理论。

---

① 所谓"自然形成的社会财富分配情况"指的是，通过自由市场的初次分配而形成的财富分配状况，这一财富分配是在没有政府干预的情况下形成的。
② 例如，在约翰·洛克的社会契约论中，保护生命、财产和自由三项基本权利是人们缔结社会契约的直接目的，也是国家和政府的根本任务。参见〔英〕约翰·洛克：《政府论》（下篇），叶启芳、翟菊农译，第五章。

第二，亚当·斯密提出，税收平等原则依据人们所占有的财富征收同比例的税收，这一原则没有偏袒任何社会成员，是一个中立原则。人们通常认为，一种规则如果没有偏袒任何一方参与者，那么它就是一种公平的规则。亚当·斯密给出的税收方案正是这样，这一方案将依据人们的财富状况以同等比例收取税款，无论人们财富的多寡，都缴纳同样比例的税收。从绝对数值来看，富裕者缴纳的税款多，贫穷者缴纳的税款少，但比例是一样的，这就是一视同仁。更重要的是，这样的税收方案不会改变社会财富的自然分配状况以及贫富之间的力量对比。因此，同比例税收的方案是最尊重自由市场的税收方案，同时也就是最尊重人们自由的税收方案。可以说，在亚当·斯密建议的税收方案中，"平等"和"自由"两种政治价值都得到了很好的体现。

从上述两方面来看，亚当·斯密的税收平等原则确实带有平等待人的"公平"特征。然而，出于两个方面原因，亚当·斯密最初给出的税收公平方案却是欠公平的。下面，我将结合罗尔斯的公平合作理论具体分析亚当·斯密的税收公平理论的两个问题。

## 第二节　罗尔斯论公平合作

亚当·斯密的税收平等原则要求依据社会财富的自然分配情况，同比例地征税。出于下述两个原因，这一原则有可能偏离真正的公平：一是，对于非常穷困的社会成员来说，缴纳税款可能意味着他们的基本生活需要得不到满足；二是，中立的税收制度是否公平依赖于市场的初次分配是否公平，而后者的公平性在现实生活中往往难以保证。

第一，如果对所有公民依据其所拥有的财富（收入+财产）同比例地征税，那么，对于一些挣扎在生存线上的公民来说，这样的税收就会危及他们生命的延续。假设，一个刚参加工作的不熟练工人，其每月收入都必须用于养家糊口，这时如果政府还要从其微薄的收入中收取一部分税款,那他就会被逼迫到崩溃的边缘。依据社会契约论的理解,如果一个人通过一份全职的工作,其税后收入还不足以维持一种体面的生活,那么这就违背了人们最初缔结社会契约的初衷。保证每个公民获取足够的生活必需品,这是国家和政府的责任,而不应该被看作完全是公民自己的事。如果一个社会不能为其社会成员提供生活下去的必需品,那么人们就没有理由缔结社会契约进入社会,也就不再对他人和社会负有任何义务,相应地,也就不应再缴纳任何税收。正如美国学者迈克尔·沃尔泽所说,对于社会契约的准确解释是:"它是一个对成员的资源进行再分配的协议,它依据的是成员们对其需要的共识,随具体的政治决定而变化。"[1] 也就是说,社会契约是一个关于如何分配公共产品和公共资源的约定。在共同体成员对何谓"需要"达成共识的情况下,社会分配必须首先满足每一个政治共同体成员的必需。因此,如果一种税收制度危及某些人的基本生活需求,那么这样的制度就丧失了合法性,就是不道德的。

实际上,所谓同比例的税收对于财富量不等的社会成员来说,其影响是有很大不同的。对于拥有的财富量越少的社会成员,其影响越大。例如,在中国的语境下,对于一个月收入10万的白领来说,上缴其收入的10%作为税款,并不会对其生活质量产生多大的影响。但是,对于一个月收入低于1000元的工人来说,上缴其收入的10%的税收就将对其生活造成实质性的影响。[2] 由此看来,亚当·斯密所说的税收平等原则并没有做到真正的公平。税收制度不能危及人们对生活必需品的获取,不能毁掉穷苦者的生活。因此,在亚当·斯密所说的平等原则的基础上,至少应该加上一个"起征点"的限制,亦即,个人所拥有的财富(收入+财产)在某一起征点之下的社会成员应该免除税负。而且,从同比例税收对于财富拥有量不同的社会成员的福利会产生程度不同的影响的角度来看,真正公平的税收应该是累进性质的,而不是同比例的。

---

[1] 〔美〕迈克尔·沃尔泽:《正义诸领域:为多元主义与平等一辩》,褚松燕译,第92页。
[2] 例证中的数据可参见网页:http://news.youth.cn/gn/202006/t20200615_12369767.htm,访问时间:2021年4月16日。

第二,亚当·斯密的税收公平理论的显著特征"中立性"并不一定意味着公平性。税收制度在富人和穷人之间保持中立,这是亚当·斯密对公平性的阐释,体现了他对自由市场和个人自由的尊重。然而,将"中立性"等同于"公平性"的必要前提是:自由市场对财富的初次分配是"公平的"。因为,只有当自由市场对社会财富的初次分配是公平的,按照社会财富的自然分配同比例征税才可能是公平的。如果自由市场对社会财富的分配本身就混入了不公平的因素,那么对自由市场的尊重并不能维护社会合作的"公平性"。然而,自由市场对社会财富的分配却往往并非公平。政治哲学家约翰·罗尔斯对社会合作的分析向我们展示了这一点。

罗尔斯将包括生产、销售、分配等各个环节在内的自由市场看作是一种普遍的人类合作形式。在这种合作中一些人获利多,一些人获利少。罗尔斯将获利较多的一方称为"禀赋较好者",这些人通常有较多的财富、权力,以及较高的社会地位。较好的"禀赋"使得他们在社会合作的议价过程中处于优势地位,能迫使社会合作的条件偏向自己一方。相反,在社会合作中一些人获利较少,这源于他们较低的议价能力,这些人所拥有的财富少、权力小,社会地位不高,在议价过程中处于劣势。事实上,亚当·斯密对于自由市场中广泛存在的议价能力不对等的问题也有论述。[1]在市场竞争中,企业主由于占有生产资料,所以在议价过程中占有相对的优势,能够将付给工人的工资压得足够低。因此,从不对等的议价能力来看,自由市场对社会财富的最初分配并不总是公平的。自由市场的游戏规则总是倾向于议价能力较强的一方,其结果总是将更多的社会财富分配给既有财富较多的人。从罗尔斯关于公平合作的观点来看,亚当·斯密的平等原则在穷人和富人之间保持中立,这并不意味着税收"公平",真正的公平应该是站在穷人(禀赋较差者)一方,向富人(禀赋较好者)一方提出合作的条件,而这种社会合作的公平条

---

[1] 参见〔英〕亚当·斯密:《国民财富的性质和原因的研究》(上卷),郭大力、王亚南译,第60—61页。

件就是罗尔斯正义学说中的"差别原则"。

差别原则主张社会和经济的不平等安排应使得最小受惠者的前景达到可能的最大值。在罗尔斯看来,差别原则表达了一种"互惠"的观念(a conception of reciprocity)。在一种合作机制中,当一些人的所得以另一些人的损失为代价的时候,这个合作就不再是"互惠"的,也就不再是正义的了。所以,当"最小受惠者"的利益达到最大值的时候,社会中经济和社会不平等就不应该再加剧。如果不平等程度继续加深,人们之间的互惠关系就会被破坏,而社会分配就是不正义的了,社会合作也就不公平了。当然,罗尔斯也同意,在一种合作关系中,合作中的优势方(禀赋较好的一方)和弱势方(禀赋较差的一方)有着平等的权利要求期望的最大值,这似乎意味着合作的公平条件是"最大化两种期望的一个加权均值"。然而,罗尔斯却认为,如果将合作的公平条件设定为"最大化两种期望的一个加权均值"而不是"弱势方的最大期望值",就不恰当地给予了优势方某种重视,这将再次优惠在禀赋方面已经受惠的一方。而这种禀赋上的"优势"无论是自然的(例如较高的智商),还是社会的(例如继承了一大笔遗产),都与行为者个人的努力无关,都是"不应得"的。因此,一种公平的社会合作,其合作条件应该偏向禀赋较差的一方,而不是在禀赋较好者和禀赋较差者之间保持中立。由此,罗尔斯认为差别原则才是互惠的社会合作的公平条件,而不是"双方期望的加权均值最大化"。[①]

罗尔斯的公平合作理论为我们讨论税收公平提供了新的思路。按照罗尔斯的理解,自由市场对社会财富的初次分配并不能保证公平,因此,可以借助税收等政府手段主动调节社会财富的分配,也就是进行"再分配"。通过税收等再分配手段对社会财富分配进行调节,缩小贫富差距,其最终的目的是使得社会合作中的"最小受惠者"的期望达到最大值。具体说来,罗尔斯的公平合作理论主张对禀赋不同的社会成员收取不同比例的税款。相比于禀赋较差者,禀赋较好者应承担更多税负,这样才

---

① 参见 John Rawls, *A Theory of Justice*, p. 88。

能矫正自由市场的初次分配所带来的不公平。所以，罗尔斯的公平合作理论支持的是累进性质的税收制度而不是等比例的税收制度。

对比亚当·斯密的税收平等原则和罗尔斯的公平合作理论，我们可以看到，亚当·斯密的平等原则所规定的税收制度只具有为社会的公共部门筹集资金的功能，而以罗尔斯的公平合作理论为基础的税收体制则具备了再分配的功能，能够改变禀赋较好者和禀赋较差者之间的博弈格局。亦即，通过税收制度增进社会中最小受惠者利益的期望值，调节自由市场中"禀赋较好者"和"禀赋较差者"之间的力量对比，保证在强者与弱者的合作中，弱者的利益达到可能的最大值。

## 第三节 公平与效率之间的张力

通过上述讨论我们看到，一种公平的税收制度应该是针对人们在初次分配之中所获得的财富，设定一个起征点的、累进性的税收制度。然而，在具体的制度设计中，税收制度往往会偏离这个目标。在笔者看来，其根本原因在于公平与效率原则之间的紧张关系。对于税收制度来说，如果一种税收制度能够最大限度地增进社会整体利益、促进经济增长，那么这种税收制度就是有效率的。与政治哲学强调公平不同，效率往往是经济学最看重的制度价值。

结合亚当·斯密对税收公平的讨论，我们可以依据下述思路来探讨税收制度的效率问题。亚当·斯密认为应该依据人们所拥有的财富量来征税。然而，在具体的社会现实中，这些财富的成分非常复杂，有增量也有存量，包括从各种来源获得的收入，例如地租、利润、工资等。为了突出税收与效率的关系，本节从财富之用途的角度将人们所拥有的所有财富分为两类：用于投资的财富和用于消费的财富。人们手里的财富，无论其来源如何、性质如何，其用途只能有两种，一是投资，二是消费。① 相应地,税收也可以被分为针对这两种用途的财富而征收的税种:本节将针对人们用于投资的财富而征收的税种称为"投资税",包括人们通常所说的资本税、增值税、房产税等等②;将针对人们用于消费的财富而征收的税种称为"消费税"。下面,将从"投资税"和"消费税"两方面分析税收制度偏离公平原则的根本原因。

第一,任何针对人们用于或打算用于投资之财富的税收都将打击人们投资的积极性,都将减少投资的总量。而如果投资总量变少了,那么社会财富的增长就会变慢,经济活动的效率就会降低。正是出于这一原因,各国政府都致力于刺激和吸引投资,增大投资总量,而减税则是最重要的政策之一。税收与投资总量的关系很早就被经济学家们注意到了,为了促进经济增长,从古至今的经济学家们纷纷主张减少与投资相关的税收。例如,活跃于19世纪初的法国经济学家西斯蒙第认为,税收不可侵蚀税本。也就是说,人们用于投资的财富是经济增长的"基础",所以不能对这部分财富征税。如果对资本或者潜在的资本征税,那将侵蚀经济增长的根基。又如,与西斯蒙第同时期的另一位法国经济学家、庸俗政治经济学派的创始人让·巴蒂斯特·萨伊认为,税收制度应该遵循"最低程度地妨碍再生产"原则。这是在主张最大限度减少对人们用于投资之财富的税收。再有,19世纪末德国经济学家瓦格纳认为,在税种的选择上,如果将资本和财产作为税源,将危害资本,阻碍经济增长。亚当·斯密也反对向资本和财产征税,他认为这样会导致资本向国外流动:"一国税收如有驱逐国内资本的倾向,那么,资本被驱逐出去多少,君主及社会两方面的收入源泉就要枯竭多少。资本向外移动,不但资本利润,就是土地地租和劳动工资,亦必因而缩减。"③ 可以预见的是,在当今全球

---

① 当然,人们也可以将自己的财富用作慈善的目的,但用作慈善的财富最终也会被受助者用于消费。所以,在本节中笔者将财富的用途抽象地区分为"投资"和"消费"两种。
② 企业的利润常常被用作扩大再生产的投资,所以笔者将针对利润、地租、房租等的税收也算作"投资税"。
③ 〔英〕亚当·斯密:《国民财富的性质和原因的研究》(上卷),郭大力、王亚南译,第408页。

化的背景之下，如果一国增加对投资的税收，那么该国资本就很有可能转移到税收较低的其他国家，而该国的经济增长就会受到严重打击。法国经济学家托马斯·皮凯蒂（Thomas Piketty）构想了一种全球资本税来解决这个问题，但是，在目前的国际关系状况下，这一制度设计还只能是空中楼阁。

从上述讨论中我们看到，为了最大限度地增进社会总体福利，税收制度应该减少"投资税"而增加"消费税"。然而，这样的税收制度显然是与税收公平背道而驰的。人们拥有的财富量不同，财富较多者用于投资的财富比例必然大于财富较少者。因为，对于财富较少者来说，其大部分财富都必须用于购买必需品，维持基本生活。特别是对于较低收入阶层的社会成员来说，他们或许倾其所有才能维持基本的生活，根本没有"闲钱"来投资。因此，如果一种税收制度减少"投资税"而增加"消费税"，那么就是间接地减少针对富人的税收而增大对穷人的税收。这种"累退"性质的税收违背了税收公平的基本理念。对于税收制度的设计，要追求公平就应增加"投资税"，而要追求效率就应该减少"投资税"，那么在公平和效率之间，应如何取舍呢？用于投资的财富与用于消费的财富之间应该保持什么样的比例呢？罗尔斯提出的公平机会的平等原则对这一问题给出了具体的答案。

"公平机会的平等原则"（equality of fair opportunity）是罗尔斯第二条正义原则的第二部分。这一原则力图保证"在社会的所有部分，对每个具有相似动机和禀赋的人来说，都应当有大致平等的教育和成就前景"[1]。这是一种实质性的机会平等观念，要求通过社会分配的调整确保社会中处于不同社会境况中的人们拥有获得相应才能的同等机会，是一种试图"补偿"一些人较差的社会境况的平等理想。在罗尔斯的正义学说中，"公平机会的平等原则"是处于第二优先地位的正义原则。罗尔斯认为，在设计正义的社会制度时，首先要保证人们的基本自由，其次要保证人们的机会平等（亦即，公平机会的平等原则所规定的机会平等），

---

[1] John Rawls, *A Theory of Justice*, p. 63.

再次是让最小受惠者的期望达到可能的最大值（差别原则），最后才考虑经济活动的效率以及社会财富总量最大化。因此，在罗尔斯看来，公平机会的平等是优先于社会合作的效率的。换句话说，为了人们之间实质性的机会平等，可以牺牲经济活动的效率。

一个正义的社会应该拿出多少财富来投资再生产，以多少财富向人们提供公共产品并保证人们之间的机会平等？为了解答这个问题，罗尔斯提出了"正义的存储"这一观念。罗尔斯认为，正义的存储不仅向人们提出了为了下一代的利益而进行存储的要求，而且也给出了积累率的上限，即这种积累不能破坏人们之间的公平机会的平等。由此，罗尔斯对社会财富之存储率的限度给出了更为精准的阐述：一种过高的存储率必须最终减轻承受这一重负的人们的负担。[1]也就是说，如果一个社会决定增加存储率（亦即，增加投资，人们存在银行里的钱最终也用于投资），那么这部分增大的投资应该最终使得那些为此而承担重负的人们获益，而且不能影响到维持人们之间机会平等的公共产品的供应。这里应注意的是，对投资征税，实际上是将一部分本来用于存储的财富用于消费。因为，税收的目的是提供公共产品，筹集到的财富最终将被消耗掉。所以，如果增加"投资税"就降低了社会财富的存储率，而减少"投资税"则增加了社会财富的存储率。

在罗尔斯的分析中，一个社会的存储率是通过税收制度调节的，而存储率又与人们之间的机会平等直接相关。举例说明，一个社会如果降低了针对投资的税收，筹集的公共基金就会减少，那么在教育、医疗等领域提供的公共产品就会减少，或者质量变差，而这将直接影响到人们之间的机会平等。那些出身贫寒、社会地位不高的社会成员就很难获取到高质量的教育和医疗服务，这会影响到他们才能的培养，并最终使得他们在争夺资源的社会竞争中处于劣势。因此，罗尔斯的观点即是，我们如何确定对于社会财富的存储率，要以保证机会平等为限，对投资减税的程度要看减税是否最终危及不同社会成员之间的机会平等。在增大投资和维护平等的两

---

[1] John Rawls, *A Theory of Justice*, p. 267.

难问题上，罗尔斯批评了凯恩斯的观点。凯恩斯认为，财富分配的不平等有助于资本的急剧增加，较高的积累率使得社会整体利益的快速增长成为可能。[1]然而，罗尔斯认为，财富分配不平等的加剧会危害公平机会的平等原则。相比于社会财富的增长，以及一般生活水平的提高，各阶层人们的公平机会的平等具有更大的道德意义，是更为重要的。

第二，我们再来看看针对消费的税收是如何偏离税收公平原则的。对人们将用于消费的财富征税，这在制度设计中是通过征收消费税，即对消费品征税而实现的。对消费品征税，将导致消费品价格升高，税负最终通常由消费者承担。如果对所有消费品征收同比例的税收，那么消费品之间的相对价格就不会改变，税收就不会改变人们的消费结构。相反，如果对一些消费品征收较高的税，而对另一些消费品征收较低的税，人们就会倾向于购买税收比例较低的商品，就有可能改变人们的消费结构。如果征税引起市场相对价格的改变，干扰人们的选择，导致市场机制扭曲，这将带来经济福利的损失，这种损失被称为"税收超额负担"。[2]相反，不改变社会的消费结构、不改变市场相对价格的税收满足"中性原则"[3]，从效率的角度看是更为有效的税收策略。因此，如何最低限度地影响商品的市场相对价格，最大程度地减少税收超额负担就成为提高税收效率的关键。

对于不同的商品，人们的需求弹性是不同的。例如，对于生活必需品，人们的需求弹性非常小，可以说是"刚性需求"。也就是说，无论其价格多高，生活必需品都是要购买的。因此，如果对生活必需品征税，导致生活必需品的价格上涨，并不会使得人们对必需品的需求减少。相反，对于奢侈品，人们的需求弹性很大，如果对奢侈品征税，则很有可

---

[1] 参见 J. M. Keynes, *The Economic Consequences of the Peace*, London: Macmillan, 1919, pp. 18-22。
[2] 参见谷彦芳、宋凤轩编著：《税收理论与制度》（第二版），第27—28页。
[3] 税收"中性原则"与税收"中立原则"不同。"中性原则"指的是税收不改变市场经济结构，不改变市场中的供需关系；"中立原则"指的是税收在穷人和富人之间保持中立，无论财富多寡皆同比例地征税。

能导致需求减少，扭曲原有的市场结构，产生税收超额负担。因此，从提高税收效率的角度考虑，为了最大限度地减少税收超额负担，应该对奢侈品减税而对必需品增税。显而易见，上述针对消费品的税收方案是不公平的。生活必需品是每个人都要消费的，而奢侈品则仅仅是少数富人的消费品。而且，对于财富总量较少的人来说，对必需品的消费占其消费总量的比例远远大于奢侈品消费所占的比例。于是，再一次，一种有效率的对消费品征税的方案是"累退"性质的，穷人多交税而富人少交税，而这完全背离了税收公平的原则。

第三，税收公平原则不仅在制度设计的过程中处处受阻，而且在具体的实施过程中也很难实现。本节仅从"税收转嫁"的角度讨论实现税收公平的困难。在具体的税收制度中，累进制的个人所得税通常被认为能够很好地发挥税收的再分配功能，实现税收公平。然而，由于税收转嫁的存在，这一制度在某些情况下反而会起到相反的作用。举例如下：通常来说，在经济活动中，垄断行业（例如金融业）从业人员的收入会比较高，而充分竞争行业（例如农、林、牧、渔等行业）的收入则相对较低。为了缩小人们之间收入的不平等，国家征收累进制的个人所得税。按理说，高收入行业的人员多交税，而低收入行业的人员少交税。然而，对于垄断行业来说，由于消费者没有别的选择，行业从业人员可以轻易地将税负转嫁给消费者，并由此而保证其税后收入不变。相反，充分竞争行业却无法很好地转嫁税收，必须从自己的所得中扣除税收。所以，累进制的个人所得税制度可能会适得其反，不仅没有缩小贫富差距，反而增大了贫富差距。[1]可见，通过税收制度的设计和实施而改变社会财富的分配结构、缩小贫富差距、维护公平正义有多困难。

综上所述，为了增大社会财富的总量，一种旨在提高效率的税收制度主张对人们用于消费的财富收税，而不是对人们用于投资的财富收税，并且主张对需求弹性较低的必需品征税，而不是对需求弹性较高的奢侈品征税。在这样的税收制度中，税负将完全由财富拥有量较少的社

---

[1] 参见张书慧：《税收公平的经济分析及路径选择》，《地方财政研究》2018年第8期。

会成员承担。因为，他们几乎没有可用于投资的财富，而且也没有用于购买奢侈品的财富。他们的财富大部分用于购买必需品等需求弹性较小的商品，而这部分商品则是主要的税源。由此看来，在税收制度的设计中，效用最大化往往与公平原则背道而驰，效率与公平二者不可兼得。在维护公平还是提高效率的问题上，正如罗尔斯所说，公平是优先于效率的。只有在保证公平的前提条件下，才能考虑效率问题；必要的时候，可以牺牲效率而保证公平。因此，在实现共同富裕的道路上，我们的税制改革一定要优先考虑公平性问题，加大资源税、房产税、遗产税、资本税等直接税的征收力度，同时避免向必需品征税，并努力将财产和收入都纳入征税的范围。另外，除了如何收税的问题之外，税款怎么使用的问题也与税收制度的公平性息息相关。就实现共同富裕的发展目标来说，税款的使用除了维持政府运转所需的必要资金外，其余的资金应该主要用于建设社会保障体系和优质的公立教育。只有当税款真正取之于民、用之于民，切实保障所有社会成员的基本生活，促进不同社会成员之间的机会平等，这样的税收制度才可能得到人们的认同，才可能体现公平原则，并成为人们实现共同富裕的制度保障。

# 第十五章　公平保险与社会保障体系

公平正义的分配制度是实现共同富裕发展目标的制度保障。共同富裕不仅意味着所有社会成员的财富均衡增长，还意味着在全社会范围内建成不同阶层社会成员公平分担风险的机制。在风险社会的背景之下，人们面对着环境污染、气候变化、核威胁、瘟疫传播、经济衰退等多种风险。由于经济能力不同，富裕阶层和贫困阶层抵御风险的能力存在巨大差异。以集体之力化解个人所面对的各种风险，这是实现共同富裕发展目标的重要保障。美国哲学家罗纳德·德沃金设想了一种"公平保险"，试图在经济能力不同、遭遇风险概率不同的人们之间建构一种分担风险的机制。"公平保险"的构想为社会保险制度的改进指出了方向。商业保险对人们的经济能力和风险概率都是敏感的，不符合"公平保险"的构想。现行的社会保险制度对人们的经济能力敏感、对具体的风险概率不敏感，能够在风险概率不同的人们之间建构风险分担机制，但却很难在经济能力不同的人们之间建立风险分担机制。本章首先探讨抽象的"公平保险"模型，并以这一模型对商业保险机制和社会保险机制进行分析，最后提出如何提升社会保险之公平性的建议。

## 第一节　风险社会中的穷人与富人

德国著名社会学家乌尔里希·贝克（Ulrich Beck）在1986年出版了《风险社会》一书。这部著作深刻地影响了人们对现代社会的看法。贝克在书中第一次提出"风险社会"这一概念，宣告了风险社会的到来。贝克认为，科学技术的全面发展给人类的生存带来了许多新的威胁。这些威胁包括：核威胁、环境污染、气候变化、瘟疫传播，等等。与传统社会的风险不同，这些威胁始于人们对自然的掠夺和改造，是全人类共同面对的风险。例如，农药的发明和广泛使用使得人们的日常食物含有一定量的农药残留，而普通人缺乏相应的检测设备及相关知识，很难有效地抵御这样的风险。

在贝克所描述的风险社会的背景下，传统的阶级社会与风险社会的叠加使得人们抵御风险的能力产生了巨大差异。由于知识、能力或财富的缺乏，一个社会中的贫困阶层比富裕阶层面临着更高的风险。然而，在自由市场主导的现代社会中，贫困者抵御风险的机制却很难建立起来。第一，由于知识的缺乏，穷人比富人面临更高的风险。贝克在《风险社会》一书中描述了斯里兰卡人徒手喷洒DDT的案例[1]，这些人显然不清楚杀虫剂会给人的身体带来什么样的危害。又比如，高压线有辐射，长期居住在高压线附近会对身体造成严重危害。然而，很多人由于缺乏这方面的知识，没有对自己居住的环境保持应有的警惕。第二，能力的缺乏也使贫困者面对更高风险。这方面最突出的就是失业风险。一个熟练工人比一个不熟练工人面对的失业风险要低很多。贫困家庭的孩子很难在其生命的早期接受良好的教育，这会加大他成年之后遭遇失业的风险。尤其是在瘟疫、自然灾害来临之时，贫困阶层的失业风险将大大增加。例如，在2019年以来的新冠疫情中，中国流动人口的失业率大幅提升。根据2020年11月的统计数据，农民工作为流动人口的主体，失业率为5.3%，高于全国总体从业者失业率的4.4%。[2]第三，财富的缺乏本身也会加大贫困阶层所面对的风险。通常来说，居住环境的好坏与房价的高低是直接相关的。房价越高的区域环境越好，而房价越低的区域环境

---

[1]〔德〕乌尔里希·贝克：《风险社会：新的现代性之路》，张文杰、何博闻译，译林出版社，2018年，第36页。

[2] 参见臧微：《新冠疫情期间中国超大城市流动人口失业风险研究》，《城市发展研究》2022年第3期。

越糟糕。在一些国家,贫困者居住的区域有可能就在垃圾填埋场附近,或者是由过去的垃圾填埋场改建而成。这些潜在的威胁大大加剧了贫困阶层所面对的健康、生育等风险。

与风险社会相伴的是,避免风险正在成为一桩生意。在自由市场逐利动机的推动下,许多新的避免风险的产品出现在市场上。第一,在食品安全领域,超市里的蔬菜被分为价格不等的各种级别。食材的价格与其安全级别直接对应。大量使用农药和化肥种植出的蔬菜是最便宜的,而贴上"绿色食品"标签的食品则价格不菲。这些蔬菜水果没有或者少量使用农药和化肥,这意味着更高的人力成本,以及更贵的价格。人们则根据自己的经济状况去选择食用什么安全级别的食品。显然,这将进一步加大富人与穷人之间抵御风险之能力的差异。第二,保险是人们计算和抵御风险的一种金融机制。通过购买保险产品,人们以较少的代价换取小概率不幸事件的巨大赔偿。随着风险社会的到来,保险业迎来了自己的春天,各种保险产品如雨后春笋般涌入自由市场。购买保险产品并不能从根本上消除风险,但却可以将风险发生之后的损失降到足够低。例如,如果企业职工购买了工伤保险,这并不意味着他不会在工作环境中受伤,但如果他在工作环境中受伤则会得到相应的补偿。因此,购买保险能够大大加强人们抵御风险的能力。然而,购买保险的前提是人们除了维持基本生活开支外,还有富余的资金。这一点对于贫困阶层来说却很难做到。由此看来,琳琅满目的保险产品并不能有效地增强贫困阶层抵御风险的能力。

贝克特别强调了在现代社会中风险的"回旋镖效应"。贝克论述道:"风险在扩散的过程中展现出具有社会意义的回旋镖效应:就算是豪门富户,也难逃风险的侵害。先前的'潜在副作用',甚至会回击自己的生产中心。现代化的执行者作为危险的释放者和受益者,也被深深卷入了这危险的漩涡。"[①]在风险社会中,富裕阶层想尽各种办法规避风险,尽力维护自己生活的小环境不受各种有害物质的污染。他们购买贴有"绿色

---

① 〔德〕乌尔里希·贝克:《风险社会:新的现代性之路》,张文杰、何博闻译,第29页。

食品"、"非转基因"等标签的蔬菜水果,居住在环境优雅的居民区。但这仍然无法避免许多有害物质随着食物链而最终回到自己的餐桌上。人们可以保证自己不吃转基因食品,但却无法保证产生自己所吃猪肉的那头猪的饲料里没有转基因的成分。经济条件允许的话,人们可以保证自己不生活在塑料垃圾满天飞的居民区,但却无法保证自己餐桌上的鱼肉里不含塑料微粒。更重要的是,在贫困阶层面对巨大风险的社会环境中,社会流动性缺乏,阶层固化,这给婚姻、家庭和职业都带来进一步的风险。而如果贫困阶层的生活崩溃了,那将引发一系列的连锁反应,市场溃败、资本贬值以及法律程序和威信丧失等风险都将深刻危及现代社会的安全与发展。总之,在风险社会中,人类面对的风险是整个生态系统和经济体制的风险,任何人(即使拥有巨大财富)也不可能独善其身。事实上,在环境污染、气候变化、失业、通货膨胀等问题上,所有人的命运是联系在一起的。对于一个社会来说,只有改善整个生态环境、减小贫富差距,才有可能减少风险的发生。

## 第二节 作为公平保险的正义

在风险社会的背景下,如何提高人们共同抵御风险的能力?如何让富裕阶层和贫困阶层公平地分担风险?美国当代政治哲学家罗纳德·德沃金将国家看作是一个巨大的保险公司,认为国家的作用就是借集体之力帮助人们分担风险,保证不同阶层的人们有大致相当的风险抵御能力。在德沃金看来,风险分担不仅是人类社会进步的标志,也是事关社会是否正义的判断标准。如果在一个社会中一些人能够借助手中的资源很好地抵御各种风险,而另一些人却时时暴露在各种风险中,那么这样的社会其制度很难说是正义的。正义要求人们公平地分担风险,因为避免风险、保障安全和自由正是人们签订社会契约进入政治社会的初衷。德沃金从公平分担风险的角度考虑社会分配问题,他在《至上的美德》一书中阐述了一种公平保险学说。

德沃金认为,一个人一生中就可能遭遇许多风险:天生残疾的风险、家境贫困的风险、找不到工作的风险、生病的风险,等等。在这些风险中,有一些是可以通过人们的理性行为避免的,例如找不到工作的风险。如果一个人从小努力学习各种技能,那他就可以在很大程度上避免这一风险。相反,有一些风险却是人们无法"合理地"避免的,例如天生残疾的风险、出生于贫困家庭的风险。这些风险与个人的努力没有任何关系,对于一些人来说,他们生来就遭受这些厄运。"保险"是经济学家处理不确定情况下的风险的一种方法:"当用很小的成本购买针对不太可能发生但十分严重的损失的赔偿时,就出现了保险问题。"① 德沃金的学说考虑的主要是人们该如何公平地分担那些无法合理规避的风险,例如天生残疾的风险。德沃金假设:"大家都有遭遇使自己致残的灾祸的平等风险,而且大家大体上知道其概率,并且有充分的机会参与保险。"② 德沃金认为,在这样的情况下,所有人曾经有平等的机会购买针对残障的保险。因此,如果一些人没有购买针对残障的保险,而最终不幸致残,他们就没有资格要求任何补偿,因为他们曾经拥有消除这一风险的平等的机会。这被德沃金称为"公平保险测试"(fair insurance test)。德沃金认为,一个正义的社会应该是一个奖励个人努力的社会,而不应该是奖励那些在自然禀赋或社会境况方面一出生就很幸运的人的社会。因此,从遭遇风险的角度来说,对于那些与个人努力无关的风险就应该举社会之力进行补偿,而那些本来可以避免却由于个人的懒惰或疏忽而引发的风险则应由个人承担。

德沃金通过区分两种"运气"来分析两种不同的风险。③ 在德沃金看来,个人的命运以及最终获取的资源会受到各种"运气"的影响。这些"运气"中有一些是可以预测和掌控的,而另一些则完全在个人的控制之外。德沃金将那些无法预测和掌控的运气称为"原生运气"(brute luck),

---

① 〔美〕罗纳德·德沃金:《至上的美德》,冯克利译,第93页。
② 〔美〕罗纳德·德沃金:《至上的美德》,冯克利译,第74页。
③ 〔美〕罗纳德·德沃金:《至上的美德》,冯克利译,第70页。

将个人可预测和掌控的运气称为"选择运气"(option luck)。在德沃金看来,选择的运气是一个自觉的和经过计算的赌博问题,例如买股票;而原生运气则是完全不可控的,例如被流星击中。因此,要求个人对自己的行为负责的社会分配方案应尽力抹平原生运气对人们生活造成的影响,而突出选择运气的作用。

基于对两种风险以及两种运气的划分,德沃金构想了一种保险机制,其作用正是将"原生运气"转变为"选择运气"。德沃金举例说,如果有两个工程师A和B,他们两个人曾经有同样的机会为自己购买工伤保险,A没有购买工伤保险,而B购买了工伤保险。假如A和B遭遇了类似的工伤,那么A没有得到赔偿而B得到了赔偿。在这一案例中,"工伤"这一风险本来属于原生运气,是人们不可控制的风险,与个人的努力没有关系。但是,通过一个保险机制,人们对这一风险拥有了相当的掌控能力。得益于保险机制提供的赔付,当风险发生时,人们在经济上将得到补偿。因此,德沃金认为,如果在风险发生之前为所有人提供一个购买保险的机会,那么,就可以将所有的原生运气转变为选择运气,而对于选择运气,人们就应该自己负责,而不是由国家或者政府买单。

当然,有人会反驳说,有些人不买保险不是因为他们不想买,而是他们的经济条件不允许。由此,德沃金构想了一种公平条件下的"虚拟保险"。德沃金将"相同经济条件"和"无知之幕"作为这一保险机制的公平条件。亦即,一方面,假设人们拥有相同的经济能力;另一方面,假设人们不知道自己遭遇某种风险的具体概率有多大。对于"无知之幕"的设计,德沃金借鉴了罗尔斯在《正义论》一书中阐发的思想。罗尔斯认为,人们只有在不知道与自己利益相关的具体信息的情况下,才可能制定出对各方公平的分配原则。因此,罗尔斯设想人们在一个"无知之幕"后面讨论公共资源的分配问题。所有人都不知道自己的社会地位、阶级出身、天生资质、自然能力的程度、理智和力量的情况、理性生活计划,甚至不知道自己的心理特征,如讨厌冒险、乐观或悲观,等等。[1]在这样的假想状

---

[1] 参见 John Rawls, *A Theory of Justice*, p. 118。

态下，人们达成共识的社会分配原则将是正义的。罗尔斯的"无知之幕"在当代政治哲学讨论中受到诸多批评，有学者认为，罗尔斯设定的"无知之幕"太厚了，屏蔽掉了太多的信息，使得人们无法做出任何选择。因此，德沃金在讨论"虚拟保险"时采用了一种较"薄"的"无知之幕"。德沃金的"虚拟保险"思想实验并没有屏蔽掉与当事人有关的所有信息，只是屏蔽掉了当事人遭遇特定风险的具体概率信息。打个比方，大家聚在一起讨论如何管控患癌风险的问题，这时"无知之幕"将屏蔽掉与每个人患上癌症的具体概率相关的信息（例如是否有家族遗传病史、年龄、饮食习惯，等等），但不会屏蔽掉在全国人口中有多少癌症患者，以及治疗癌症的平均费用是多少等信息。德沃金认为，这种较"薄"的"无知之幕"足够保证人们做出公平的选择，而不会偏袒任何一方。在"虚拟保险"的思想实验中，拥有"相同的经济能力"的人们在"无知之幕"的遮蔽下考虑应以多少经费来购买针对癌症的保险，人们付出的保费将成为应对这一风险的公共基金。当某人确实遭遇相应的厄运时，则取用这一公共基金的平等份额。

德沃金所构想的"虚拟保险"不仅针对人们出生之后可能出现的生病、失业、工伤等各种风险，还针对人们与生俱来的各种风险，例如天生残障、出生在穷困的家庭，等等。在德沃金看来，如果人们在进入市场竞争之前，有一个购买"公平保险"的机会，能避免自己在市场竞争中处于不利地位，那么这样的社会分配制度就是正义的。也就是说，附加了"公平保险"的市场竞争就是公平的，人们就应当接受其竞争结果。

德沃金所构想的保险机制对于人们的"经济能力"和"风险概率"是不敏感的。这种"公平保险"的目的是在经济能力不同、遭遇风险的概率不同的人们之间建构起一种风险分担的机制。也就是说，通过"公平保险"机制，人们以集体之力为经济能力不同、风险概率不同的所有社会成员购买了相同的一份保险，使得人们具备了同等的抵御风险的能力。然而，在现实社会中并不存在哲学家构想的"公平保险"，人们也没有这样的机会在出生之前就购买这种保证公平的保险。一些人在出生之时就已经遭遇了残障、贫困等一系列风险。而在人们的生命历程中，即使有购买针对患病、失业等各种保险的机会，不同人之间的购买能力也存在巨大差异。那么，德沃金的"作为公平保险的正义"学说的意义何在呢？在现实社会中，人们采用什么样的保险制度才能体现出"公平保险"的精神呢？下面，我将分别讨论商业保险和社会保险这两种保险机制与"公平保险"之间的关系。

## 第三节 商业保险的风险分担机制

在保险制度的设计中存在着两种保险形式：商业保险和社会保险。这两种保险的机制不同。商业保险基于自由市场逻辑，人们自愿购买；相反，社会保险是强制缴费，目的是让人们共担风险，尤其是提升贫困阶层抵御风险的能力。商业保险是市场经济中的一种特殊商品。它使得人们可以付出较小的代价以换取小概率不幸事件的较高赔付。提供商业保险产品的一方其目的在于营利，而购买保险产品的一方其目的在于当风险发生时获得赔付。一款商业保险是否能够赢利取决于风险发生的概率、保险产品的售价、销售量以及赔付的金额。例如，一款保险产品，经过广泛的调查和精确的计算，风险发生的概率确定为1%，产品售价为2000元，卖出100份，赔付金额为15万元。那么，当这100个购买保险的人里有一个人遭遇了风险，出售保险产品的公司赔付15万元，则净利润为5万元。另一种情况，如果这款保险产品只卖出了20份，而在这20个购买保险的人中就可能发生相关风险。因此，从商业保险的机制来看，出售保险产品的商家为了增大利润，一方面要吸引顾客，尽量多地售出产品，降低赔付款占总销售款的比例；另一方面则是要尽可能精确地计算风险发生的概率。一款保险产品要吸引顾客，可以通过两个策略：一是降低产品的价格，二是提高给付的金额。例如，在上述例子中将产品价格降至1900元，或者将给付金额提升至16万元，这都能吸引更多人来购买这款产品。然而，这些做法却会减少保险产品的利润。所以，出售保险产品的商家并不会一味地降低产品的价格或提高风险发生时的赔付金额。一款保险产品是否能够赢利，除了提升销售量外，还有一个重要因素在于出售这款产品的商家是否能精确地计算出风险发生的概率。在这一问题上顾客和保险公司之间存在着复杂的博弈。

在购买或出售一款保险产品时，顾客和商家都希望能够确知风险发生的概率，因为这关系到他们的预期收益。对于顾客来说，一个人如果知道自己遭遇某一风险的概率比较大，他就倾向于购买针对这一风险的保险；相反，对于商家来说，商家如果知道某人遭遇某一风险的概率比较大，就倾向于不向他出售保险产品，或者将保险产品的购买价格提高、赔付金额降低。由此看来，准确计算风险发生的概率成为双方提升收益的关键。商家要比顾客更准确地计算出风险发生的概率才可能赚到钱，而顾客要比商家更准确地测算出风险发生的概率，才可能通过保险产品而提升自己的收益。可想而知，在这样的博弈局面下，顾客和商家之间一定会展开对于风险概率预测的竞争。

在这种对概率测算的竞争中，顾客和商家各有各的优势。一方面，顾客对自己的情况更加清楚，例如，是否有某种疾病家族史、生活习惯是否健康、是否遵守交通规则，等等。这使得顾客在购买针对疾病、交通事故等保险产品时，具有天然的信息优势。另一方面，保险公司也可以通过各种技术手段获取到他们需要的信息。例如，在购买针对某种疾病的保险时，购买者通常被要求填写调查问卷，说明自己的相关具体情况。这些调查问卷一方面可以帮助保险公司测算某种风险发生的概率，另一方面也成为一种预设的证据。当风险真正发生时，如果保险公司能够找到证据证明购买者在调查问卷中说谎，那么他们就有理由不赔偿。目前，在人工智能、大数据等技术手段的帮助下，有时候商家甚至能比购买者更加清楚地知道与风险发生概率相关的数据和信息。例如，保险公司建议一些想要购买针对心血管疾病保险的顾客带上可穿戴检测设备，这样可以实时监测顾客的健康数据，并准确测算出顾客患病的概率。[1]目前,"越来越多的保险公司正考虑给投保人提供以下选择:如果你同意穿戴一个设备来监控自身健康,比如你的睡眠质量和运动量,每天走路的步数,每日摄入的卡路里等,并同意将这些信息发送给健康保险公司,就会获得保费上的优惠"。[2]有了这些高科技手段,保险公司甚至能比当事人更了解他们的身体状况,这确保了相关保险产品的利润。

从商业保险中顾客和商家的博弈来看,买卖双方都想确知风险发生的概率,这是他们提升收益的关键。基于这一特征,商业保险一定不是德沃金所构想的"无知之幕"遮蔽的"公平保险"。恰恰相反,人们在购买或者出售保险产品的过程中,都尽力地想要扯开这张"无知之幕",谁看得越清楚,谁就越能获利。因此,商业保险并不能在遭遇风险概率不同的社会成员之间建构一种分担风险的机制。它总是向那些风险度低的顾客推荐性价比高的产品,而向风险度高的顾客推荐性价比低的产品。商业保险产品虽然能在一定程度上减轻风险对人们生活的影响,但它并没有抹平人们在抵御风险能力上的差别。在商业保险的逻辑中,一个有患心脏病高风险的人想要购买针对心脏病的保险,需要付出比其他人更多的资金(或者获得较少的赔付)。通过买保险,他抵御心脏病这一风险的能力确实增强了。但是,由于他付出了比别人更多的资金,他抵御其他风险的能力就被削弱了。

商业保险不仅在"无知之幕"的问题上与"公平保险"相背离,在"相同经济能力"这一假设上也不符合公平保险的构想。德沃金构想的"公平保险"假设人们有相同的经济能力,在这样的条件下人们来考虑是否购买保险的问题。然而,在现实生活中,人们的经济能力从来都是高低不同的,商业保险出售的是价格不等、品质不同的商品,只能为有相应经济能力的人群提供服务,提升他们抵御风险的能力。保险公司的赔付机制通常是将同一类产品的销售资金用于该类产品顾客遭遇风险时的

---

[1] 参见邓澍辉、黄立强:《可穿戴设备对健康保险的机遇与挑战》,《金融科技时代》2021年第5期。

[2] 〔德〕克劳斯·施瓦布:《第四次工业革命》,李菁译,中信出版社,第106页。

赔付金。由此，商业保险实际上为购买同类产品的人们构建了共担风险的机制，而购买同一类产品的人们通常具有相似的经济能力。例如，购买每年缴费200元的健康险的所有人，他们的收入水平可能是大致相当的。另外，从购买意愿上来说，通常购买同一类保险产品的人们遭遇相关风险的概率也是大致相当的。由此看来，商业保险确实提供了一种人们共担风险的机制，但并不是经济能力不同的人们之间共担风险，而是具有相似的经济能力，以及特定风险发生概率相当的人们之间共担风险。这与德沃金构想的经济能力不同、风险概率不同的人们之间共担风险的"公平保险"相距甚远。

## 第四节　社会保险的风险分担机制

19世纪末，德国出现了一种新的社会保障制度。人们试图通过保险机制保障劳动力的再生产。1883—1889年间，在首相俾斯麦的推动下，德国分别颁布了《疾病社会保险法》、《意外伤害保险法》和《伤残老年保险法》，这标志着现代社会保险制度的诞生。在一个多世纪的发展中，社会保险制度被世界大部分国家普遍采纳，其涵盖的人群和风险种类都在逐步扩展。目前，我国的社会保险主要包括养老保险、医疗保险、失业保险、工伤保险、生育保险五个方面，涵盖的人群从城镇职工向城镇居民和农村居民扩展。

与商业保险相比，社会保险在缴费机制、赔付金额、保障水平等方面都有很大的不同。第一，社会保险并非基于自由市场的自愿购买原则，社会保险的缴费机制是强制性的，通常从人们的工资里直接扣除。因此，人们缴纳的保险费用与每个人遭受相关风险的概率无关。例如，即使一个人身体非常好，患病的风险很低，他也必须按照相关规定缴纳与其他人同样的医保费用。第二，在制度设计中，社会保险的缴费金额通常与人们缴费能力相关，经济能力强的社会成员缴费金额较高，经济能力弱的缴费较低。例如，我国城镇职工基本医疗保险费由用人单位和职工共同缴纳。用人单位缴费率为职工工资总额的6%左右，职工缴费率一般为本人工资收入的2%，缴费总额与相关人员的收入直接相关。[①]第三，在遭遇风险时，人们所享受的赔付与缴费金额相关，缴费金额越高的人享受的赔付也就越高。例如，在我国的医保制度中，筹集到的资金量最大的是针对城镇职工的医疗保险；相应地，这一人群享受的医疗服务也是最好的，报销比例最高。第四，社会保险为人们提供的是"最低限度"的保险，赔付金额仅限于维持人们的基本生活。从社会保险制度的起源来看，其初衷是保证劳动力的再生产。因此，这一保险制度的目的并不在于给予人们任何获利的机会，而在于保证人们基本的生存和延续。社会保险只为人们的生活提供基本保障，例如，工伤保险为人们提供医治伤痛的医疗费用以及修养期间的生活费用，医疗保险为人们提供医治疾病和恢复健康的费用，等等。

从社会保险的特征来看，一方面，社会保险具有德沃金所说的"无知之幕"的特征。因为，社会保险是强制性的，所有人无论其遭遇风险的具体概率是多大都必须购买。这一制度没有为人们留下针对自己遭遇相关风险的概率来选择保险产品的政策空间。另一方面，社会保险与商业保险又有类似之处，它对人们不同的经济能力是敏感的。在社会保险制度中，缴费的多少与人们的经济能力正相关，而人们所享有的赔付又与人们所交的费用正相关。以我国的医疗保险为例，不同阶层的人享受的医疗服务是不同的，在医疗报销比例上存在巨大差异。例如，对某市三甲医院的医药报销情况所做的研究指出："汇总C市某三甲医院2018年1—12月住院患者医保结算后的报销数据，城镇职工基本医疗保险住院患者次均报销费用14900.64元，住院费用的报销比例为76.8%；公务员住院患者次均报销费用18562.04元，住院费用的报销比例为89.8%；城乡居民基本医疗保险住院患者次均报销费用7536.44元，住院费用报销比

---

[①] 参见《国务院关于建立城镇职工基本医疗保险制度的决定》（国发［1998］44号），http://www.npc.gov.cn/zgrdw/npc/ztxw/tctjcxsbtxjs/2014-05/20/content_1863725.htm，访问时间：2022年7月3日。

例39.63%。"[1]由此看来，现有的医疗保险并没能在经济能力不同的社会成员之间建构平等的风险分担机制。这一结论还可以从更大规模的调查数据中得到印证。西南财经大学中国家庭金融调查与研究中心的CHFS（China Household Finance Survey，CHFS）数据[2]显示，"医疗保险报销在一定程度上缩小了医疗支出之后扩大的收入差距，但是医疗支出和医疗保险报销的差值，即自付支出则显著扩大了不同收入群体之间的收入差距"[3]。由此看来，中国现有的医疗保险是向经济能力较强的社会阶层倾斜的。这使得经济能力较强的阶层，能够更好地抵御疾病风险。因此，在社会保险这一风险抵御机制中，收入和财富较多的社会成员抵御风险的能力要比收入和财富较少的社会成员更强。最能突出这一点的是许多国家的养老保险和医疗保险中存在的"个人账户"制度。这一制度将每个人缴纳的保险费用仅用于赔付个人所遭遇的风险，而不是用于赔付其他人所遭受的风险。这样一来，富裕阶层与贫困阶层之间抵御风险的能力差距就不会有任何改变。

从上述两方面的特征来看，社会保险是对风险概率不敏感而对经济能力敏感的一种保险制度。这一制度处于商业保险和德沃金所构想的"公平保险"之间。商业保险对风险概率和经济能力都敏感，因此无法为不同经济能力、不同风险概率的人们构建共担风险的机制；社会保险对经济能力敏感，对个别人遭遇风险的概率不敏感，因此可以在遭遇风险概率不同的人们之间建立共担风险的机制，但并不能在经济能力不同的人们之间建立共担风险的机制。德沃金所构想的是对风险概率和经济能

---

[1] 蒋洁：《全民医保过程中的不公平现象及防治研究》，河南大学硕士学位论文，2019年，第18页。

[2] CHFS采用了分层、三阶段和与人口规模成比例（PPS）的抽样设计方法，于2011年实施第一轮访问，随后每两年进行一次，其中2013年数据涵盖了全国29个省/自治区/直辖市，262个县/市/区，1048个村/居委会，共28141户家庭，97906个个体的微观信息，包含个体拥有的最主要的一种社会医疗保险类型（单选题，可以区分三项基本医疗保险制度）、年度治疗性医疗费用和最主要的一种社会医疗保险报销金额。

[3] 廖藏宜、于洁：《中国基本医疗保险制度的收入再分配效应研究——基于中国家庭金融调查数据的经验分析》，《财经问题研究》2021年第7期。

力都不敏感的"公平保险",只有这样的制度才能在所有社会成员之间建构起平等分担风险的机制。

对何谓"公平保险"的分析可以帮助我们逐步改进现有的社会保险制度。从起源上来看,社会保险制度最开始的目的是保障工业化劳动生产的延续。因此,其最先考虑的也是城市里的工人的保障问题。随着社会和经济的发展以及人们观念的改变,社会保险制度才逐步扩展到所有社会成员。我国医疗保险制度的发展正是这样:我国于2001年建成城镇职工基本医疗保险制度,覆盖辖区所有党政群机关、企事业单位;2005年建成新型农村合作医疗制度,覆盖辖区农业人口(含外出务工人员);2007年建成城镇居民基本医疗保险制度,覆盖辖区未纳入城镇职工基本医疗保险的非农业户口城镇居民。扩展社会保险制度的目的正是要在经济能力不同的社会成员之间建立起分担风险的机制。依据"公平保险"的构想,这一机制应该赋予人们相同的抵御风险的能力,无论其经济能力如何。因此,社会保险的改革方向就应该是逐步均等化人们享有的风险赔付额度。举例说明,对于我国的医疗保险制度来说,在现有的缴费机制的基础上,应逐步取消人们在取得医疗资源方面的身份差别。因为,无论是城镇职工、城镇居民还是农村居民,当他们生病的时候都是病人,都有资格获取治疗和恢复所需的基本医疗资源。每个人拥有平等的健康权,与他们缴纳了多少医保费用无关。社会保险的均等化与本书提出的必需品按需分配的分配目标是一致的。社会保障制度的基本目标就是要满足所有人的基本生活需要。平等地满足所有人的基本需要,这是一种正义的分配制度所要求的。

在社会保险制度产生以来的这一个多世纪中,社会保险制度的理论基础发生了微妙的转变。在制度诞生之初,社会保险的直接目的是保障劳动力的再生产,尤其是工业领域劳动工人劳动力的再生产。随着人们观念的进步,社会保险的覆盖面逐步扩大,社会保险制度的目的也逐渐转变为保障所有社会成员的基本生活。这就要求社会保险制度以"按需分配"为根本的分配原则,将保障人们基本生活的物质基础分配给那些真正需要它们的人。而正是那些经济能力较差的社会成员,他们的基本生活是最没有保障的，是最需要社会保险制度给予援助的。因此，一种更理想的社会保险制度不仅应该对人们遭遇风险的概率不敏感，而且要对人们的经济能力也不敏感。在经济能力不同、风险概率不同的人们之间建构平等分担风险的机制，这应该成为社会保险制度改革的方向。我们可以构想这样的制度是合理的：依据人们的经济能力以累进制的方式缴纳保险费用，当某人遭遇风险的时候则支取社会保险金的平等份额。当然，有些人会认为这样的保险并不公平，因为收入高的人缴纳的保险费高，而在保险金赔付方面却与其他人是平等的。但是，出于两个理由，这种再分配安排可以得到论证。一是，社会保险仅仅为人们提供"基本生活保障"，因此，再分配的水平不会太高。通常来说，社会保险费用不会高于人们收入的10%。二是，这一低水平再分配的目的是保障所有人的基本生活，而这是一个正义的社会应该做到的，是一个社会由之建立的原始契约的内容。[1]换句话说，如果一个社会连人们的基本生活都无法保障，那么人们就没有理由进入这个社会。总之，一种累进缴费而平等赔付的社会保险制度体现了"公平保险"的特征，是一个正义社会所要求的。

党的十九大报告指出，坚持在发展中保障和改善民生。增进民生福祉是发展的根本目的。必须多谋民生之利、多解民生之忧，在发展中补齐民生短板、促进社会公平正义，在幼有所育、学有所教、劳有所得、病有所医、老有所养、住有所居、弱有所扶上不断取得新进展。所谓"幼有所育、学有所教、劳有所得、病有所医、老有所养、住有所居、弱有所扶"指的就是要建构覆盖全民的社会保障体系，着眼于低收入人群，为他们编织一张社会安全网，使得人们无论多么不幸都不会落入食不果腹、衣不蔽体、没钱看病、没钱上学的境地。值得庆幸的是，从2022年开始，我国企业职工基本养老保险实行全国统筹[2]，这将进一步增强不同

---

[1] 参见〔美〕迈克尔·沃尔泽：《正义诸领域：为多元主义与平等一辩》，褚松燕译，第89页。
[2] 参见财政部：《关于2021年中央和地方预算执行情况与2022年中央和地方预算草案的报告》，http://www.gov.cn/xinwen/2022-03/05/content_5677392.htm，访问时间：2022年7月3日。

地区、不同经济能力人群之间共同分担风险的能力。通过社会分配制度的安排，建构覆盖全民的均质的社会保障体系，在不同的社会成员之间建立公平分担风险的机制，这是实现共同富裕的重要一步。

# 第十六章 慈善、公益与商业

慈善和公益是社会分配的重要组成部分,也是实现共同富裕的重要途径。慈善活动是一种出于自由的利他行为。这种行为的道德心理基础在于"爱"和"同情"。"爱"要求人们将增进他人的利益当作自己行为的目的,"同情"使得人们把这种利他行为扩展到陌生人之间。由此,慈善是可能的,但慈善并不是必需的。慈善既不是法律义务,也不是道德义务,不被制度和舆论所要求。在市场经济蓬勃发展的背景下,慈善活动逐步转变为能够吸纳更多资源的公益活动。公益活动的目的在于推进公共利益,通常要求中介组织的参与。公益活动也要讲求效率和持续性,但公益活动与商业活动之间仍然有着根本性的区别。而处在公益和商业之间的组织形式——社会企业,其含义应得到严格界定,否则就为一些组织以"公益"之名行"利己"之事开了方便之门。

慈善、公益与商业都是人类社会自发的社会活动。这三种社会活动之间既有联系又有区别。从人们行为的目的来说,慈善活动和公益活动是利他行为,亦即,以增进他人或者社会的利益为目的。相反,商业活动的目的则是利己的,是为了推进行为者自身的利益。[1]然而,从形式上来看,慈善活动和公益活动又经常借助商业模式(例如义卖)以提高效率和持久性。现代经济学将人性设定为"自我利益最大化",这使得人们对出于自由的利他行为之可能性产生了怀疑。随着市场经济的发展,传统的慈善转变为公益事业。在公益界和学术界甚至有人主张,将公益

---

[1] 参见康晓光:《义利之辨:基于人性的关于公益与商业关系的理论思考》,《公共管理与政策评论》2018年3月第3期。

活动和自由市场结合起来。慈善活动的这些新的动向和发展向人们提出了一系列问题。出于自由的利他行为是否可能？慈善是否是一种义务？慈善与公益的区别和联系是什么？公益活动是否可以和商业结合起来？本章试图从中西方道德哲学传统中探索慈善活动的心理基础，讨论慈善是否是人们应尽的义务，并结合公益活动的最新发展分析慈善活动、公益活动与商业活动之间的复杂关系。

## 第一节 什么是慈善

慈善一词的英语是"philanthropy"[①]。在希腊神话里，这是对普罗米修斯的另一种称呼。普罗米修斯不仅创造了人类，而且还从天神宙斯那里盗取了火种送给人类。宙斯为了惩罚普罗米修斯，将他绑在高加索山的一块大岩石上，任由老鹰日日啄食其肝脏。普罗米修斯虽然受尽折磨却毫不屈服。普罗米修斯创造了人类，还不畏艰险保护人类。因此，他得到"philanthropy"的称呼，其含义就是"爱人类"。由此看来，慈善源自于对于人类的无差别的爱，是对于人类痛苦的普遍关怀，它是人们想要以一己之力改善受苦者状况的愿望。

美国学者罗伯特·佩滕（Robert Payton）和麦克·姆迪（Michael Moody）将慈善定义为"推进公共利益的自愿行为"[②]。这一定义指明了慈善的两个重要特征：自愿和推进公共利益。这两个特征使得慈善与强制性的税收和以"自利"为目的的商业行为区分开来。下面，我将具体阐述慈善与税收和商业的区别分别是什么。

---

[①] 长久以来，描述慈善的英语单词是charity，但是1967年出版的《国际社科百科全书》正式以philanthropy一词取而代之。从词义上来说，charity指的是临时性的短期援助，而philanthropy指的是长期关注受助者生活状况的根本性改善的援助行为。

[②] Robert L. Payton, Michael P. Moody, *Understanding Philanthropy: Its Meaning and Mission*, Bloomington: Indiana University Press, 2008, p. 58.

## 一、慈善不是税收

慈善与税收的根本区别在于非强制性。所有的慈善行为都是自愿的，这其中包括三种形式的自愿给予：自愿给予财物、自愿进行的服务，以及自愿进行的组织工作。所以，不仅捐款捐物是慈善，而且做志愿者、参加各种不计报酬的组织工作也是慈善。

第一，慈善与税收之间的根本区别是由这两种制度设计的不同性质决定的。税收是政治共同体之基本结构的一部分。为了维持国家的基本功能，人们必须拿出一部分公共资源以组建军队、警察、政府部门等权力机关，并以强制性的权力规范公共秩序。同时，税收还是社会分配制度的一部分。在人类社会中，人们通过分工合作而形成一个利益共同体。在这个利益共同体中，人们之间既有利益的一致，也有利益的纷争，需要以某种正义原则来决定利益和负担的分配。而这种原则一旦得到大多数人的认同被确定下来，就必须强制实行。因此，正是税收制度的性质决定了税收是强制性的。这意味着，无论人们是否自愿，都必须依法纳税。当然，许多公民都是自愿纳税的，但税收的"强制性"特征并不会因此而改变。从根本上来说，纳税是每个公民应尽的义务，而不是人们自愿的选择。

由此看来，慈善与税收这两种制度在性质上有着根本区别。慈善并不是国家基本制度的必要组成部分。可以说，在通常情况下，如果没有慈善，国家的基本功能和社会分配的正义都不会受到影响。当然，在突发自然灾害或瘟疫的情况下，国家满足公民各项基本需求的功能可能暂时受损，而此时慈善就应凸显其重要作用。但在常规情况下，慈善并不是一个政治共同体得以运行和维护正义所必需的一项制度。慈善制度的性质决定了慈善的非强制性特征。是否做出慈善行为是人们的自由选择，不是强制性的法律义务。是否捐助、捐助多少，都出自人们的自愿。基于此，慈善行业强调"善行不论大小、善款不论多少"，慈善机构欢迎人们捐助，而并不提出任何强制性的要求。

第二，慈善和税收的道德基础是不同的。慈善的道德基础是仁爱（benevolence），而税收的道德基础是正义（justice）。美国哲学家罗尔斯在《正义论》一书中将"正义"作为社会制度的首要美德。但是,这一观点受到了社群主义者迈克尔·桑德尔的质疑。桑德尔认为罗尔斯对正义的偏爱可能会导致人与人之间关系的疏离,使原本相爱的人们变得斤斤计较、自私自利,破坏相互关爱的共同体。在桑德尔看来,比正义更重要的美德是仁爱。仁爱与正义是两种不同的价值规范。仁爱以对方为目的,为对方利益着想;而正义是以自身利益为基础,划出自身利益不受他人侵犯的范围。罗尔斯和桑德尔关于仁爱和正义的争论[1]恰恰体现了慈善与税收的不同道德预设。慈善的道德基础是仁爱,受助者利益的增进是捐助者的初衷和目的;而税收的目的则是维护社会的正义,为每个人的自由和福利划出应有的界限。道德预设的不同也能够解释慈善区别于税收的非强制性。因为,"仁爱",尤其是对陌生人的"仁爱"并不是每个人必须尽到的道德义务,而毋宁是一种道德选择;而自觉地维护"公平正义",则是政治共同体对每一个成员提出的要求。

第三,慈善与税收的实施方式有"官方"和"非官方"的区别。一些西方学者在研究中将慈善组织归结为"非政府组织"(NGOs),或者"非营利组织"(NPOs),将慈善当作不同于政府和商业的第三部门(third sector)。[2]慈善虽然涉及公共事务,却并非政府的一个分支部门。由于慈善都是自愿行为,所以大多以民间捐助的方式进行。当然,政府会出台相关的法律对人们的慈善行为进行规范,但这并不意味着慈善是政府职能必不可少的部分,慈善机构也并非是政府职能部门的延伸。

第四,除了"非强制性"的特征之外,慈善与税收在出资人权利的问题上也有着根本区别。慈善和税收的目的虽然都是推进公共利益,但是在具体目标上会有不同。慈善是个人自愿行为,所以其具体目标依捐助人的意愿而定。各国的慈善法对于"捐助人权利"都有明确的规定,

---

[1] 关于这一争论的深入讨论可参见拙作《正义与仁爱:罗尔斯和桑德尔的分歧》,《伦理学研究》2015年第8期。
[2] 参见 Adil Najam, "Understanding the Third Sector: Revisiting the Prince, the Merchant, and the Citizen", *Nonprofit Management and Leadership*, 1996, 7(2): 208。

捐助人拥有指定所捐财物的用途以及受益人的权利。例如,《中华人民共和国慈善法》第四十二条规定:"捐赠人有权查询、复制其捐赠财产管理使用的有关资料,慈善组织应当及时主动向捐赠人反馈有关情况。慈善组织违反捐赠协议约定的用途,滥用捐赠财产的,捐赠人有权要求其改正;拒不改正的,捐赠人可以向民政部门投诉、举报或者向人民法院提起诉讼。"依据我国慈善法的相关规定,捐助人有下述四方面的权利:(1)要求签订书面捐赠协议的权利;(2)约定捐赠财产的用途和受益人的权利;(3)知情权;(4)监督权。税收作为国家财政资金的来源,其用途主要在于维持国家运转的基本功能、满足公民的基本需求,并通过对社会分配的调节以维护社会的公平正义。因此,税收的用途并不是每一个纳税人可以按照自己的意愿指定的。当然,纳税人并非不能对每一笔税收的用途发表意见。但是,从民意的上达到最终决定税收用途,这其中要经过一个由宪法规定的、包括选举代表、代表提出提案、对提案进行表决等步骤在内的复杂程序。在这一点上,纳税人并不像捐助人那样,可以指定相关款项的用途或受益人。究其根本,慈善涉及的是个人决策,而税收则是一种集体决策。

## 二、慈善不是商业

如上所述,慈善是自愿行为。但是,慈善却不同于人类社会中广泛存在的另一种自愿行为——商业行为。简单来说,慈善是利他的自愿行动,而商业则是利己的自愿行动。虽然都是自愿行为,但慈善的出发点是为了增进他人的利益;而商业行为的着眼点则是增进行为者自身的利益。在商业行为中,交易双方相互利用,各取所得;而慈善行为则是单方面的,是一方为另一方所用。

在一些西方学者的研究中,慈善组织也被称为非营利组织。其含义并不是说慈善组织完全不营利,而是指慈善组织不以营利为目的。例如,西方国家普遍存在的慈善店,将人们捐赠的旧衣物卖掉,再以卖得的钱用于各种慈善项目。这样的慈善店实际上是营利的,但其目的却并非营利，而是筹集资金救助处于困难中的人们。

慈善与商业都能达到配置资源的功能，但其分配公共产品的逻辑是不同的。慈善业在很大程度上依据的是"按需分配"原则。慈善行为通常是为了满足人们的基本需要，绝不是为了锦上添花。只有当人们在衣、食、住、行、基础教育、基本药品等方面的需要得不到满足的情况下，慈善才显得尤为必要。特别是在突如其来的灾难中，常规的社会制度体系无法在短时间内满足人们某一方面的基本需要（例如，2019年以来新冠疫情中人们对于口罩、退烧药、呼吸机等医药物资的需要），这时慈善的作用才凸显出来。

然而，商业进行资源配置的逻辑是不同的。在自由市场上，各种资源并不会分配给最需要这种资源的人，而只会被卖给出价最高的人。如此一来，人们之间财富的悬殊就大大影响了人们获得各种资源的机会。当然，如果人们对某种资源的获取并不会对人们的基本生活造成太大影响，那么我们并没有很好的理由对市场上的商业行为进行干涉。例如，奢侈品很昂贵，但并不是人们生活的必需品，所以没有理由对奢侈品的价格进行制度性干预。但是，如果某种资源是人们的基本需要，例如营养丰富的食物、必要的药品、遮风避雨的居所等等，那么社会就应借助市场以外的其他手段调节社会分配，以满足人们对这些资源的获取：或者通过税收，在富裕者和贫困者之间进行财富转移，或者借助私人的慈善行动以满足受助人的基本需要，维持基本生活。

从社会分配的角度来说，以市场经济为中心的商业行为通常被称为"一次分配"，而以税收为主对社会分配的强制性调节被称为"二次分配"或者"再分配"，而慈善，作为一次分配和二次分配的补充，是自愿进行的财富转移，则被称为"三次分配"。

## 第二节　慈善的人性基础

慈善是人类社会古已有之的一种利他行为。这种人类活动形式的存在对人类社会的延续发挥了巨大的作用。慈善是一种出于自由的利他行为。这一概念中有两个关键词："出于自由"和"利他"。其中，"出于自由"指的是相关行为并非法律所要求，行为者可以做也可以不做；"利他"指的是，行为者做出相关行为的目的是帮助他人，而不是为了增进自己的利益。通常来说，人们出于自由的行为都是以"自利"为目的的，是为了增进自己的快乐。因此，有人会质疑慈善的人性基础，人们出于本性是否会进行慈善活动？那些以增进他人利益为目的的行为是否只能在强制的条件下才可能发生？然而，如果我们回顾人类发展的历史就会发现，出于自由的利他行为是存在的。美国人类学家玛格丽特·米德（Margaret Mead）认为，人类文明的最初标志是一根一万五千年前愈合的大腿骨。在米德看来，在人类社会诞生之初，人们并没有将一个大腿骨骨折、不能自己寻找食物的人遗弃，而是给予他足够的食物，使其能够康复。这充分证明了人类是有利他精神的，而这正是人类文明的内核。[①]事实上，在人类的亲密关系中，出于自由的利他行为比比皆是：母亲对自己孩子无微不至的照顾、恋人之间的相互关爱、兄弟姐妹之间手足情深……甚至可以说，没有这些行为，人类就无法延续。当然，与亲密关系中存在的利他行为不同，慈善指的是关系不那么亲密，或者完全陌生的人们之间的利他行为。虽然亲人之爱与慈善有着根本性的区别，但是，从亲密关系的利他行为中，我们仍然可以找到慈善的第一个人性基础，这就是"爱"。

在西方人眼中，人是一种理性存在（rational being）。这意味着人能够找到恰当的方式实现自己的目的、增进自己的利益。而"爱"则要求人们将被爱对象的目的作为自己行为的目的。从这个意义上来说，"爱"是真

---

[①] 参见张帆：《人类学与社会心理学的结合：玛格丽特·米德之文化决定论综述》，《社会科学评论》2007年第3期。

正使得人们能够走出自我，接纳和欣赏他者的一种心理机制。如果一个人心中有"爱"，他就不会仅仅拘泥于自己的利益和目标，而是会为他人着想，甚至将他人的目的和利益当作是自己的目标来实现。从这个意义上来说，爱是一种将自我扩展到他者的心理能量。当然，与"爱"相反的"恨"也是指向他者的一种心理机制，而"恨"不是希望他人能够幸福，反而是希望他人遭受痛苦，并且因自己所恨之人的痛苦而感到快乐。

大卫·休谟是英国著名的经验主义哲学家，他对什么是"爱"和"恨"进行了深入的阐释。在休谟看来，爱和恨指向的是人们以外的存在者，"爱和恨不但有一个刺激起它们的原因（快乐和痛苦），和它们所指向的对象（一个人或有思想的存在者），而且还有希望达到的目的，即希望我们所爱的人或所恨的人能够得到幸福或苦难。依照这个体系，爱就成了希望别人幸福的一种欲望，恨就成了希望别人遭受苦难的一种欲望。欲望和厌恶就构成了爱和恨的本性"[1]。也就是说，爱能够激起人们为自己所爱的人谋幸福的欲望，甚至激发人们为自己所爱之人的幸福而努力的行动。在家庭生活中，这样的情形是很常见的：父母爱孩子，希望通过自己的努力而增进孩子的利益，希望自己能够帮助孩子实现目标和理想。当孩子的利益得到增进、目标达成并感到快乐时，父母也会感到非常幸福。所以说，"爱"并不是单纯的"利他"——放弃自己的快乐，让他人快乐；而是当被爱的人感到快乐时，自己更快乐。

当然，人们可能会产生这样的质疑：人们在帮助他人实现他们的目的时，自己也感到快乐，所以归根结底还是"利己"而不是"利他"。例如，创建"希望工程"的慈善家徐永光就曾质疑母亲对子女的爱，认为母亲在爱子女的时候，仍然是"利己"的。[2]这种说法，是将人们行为的目的和目的达成时人们心里的感受混淆了。母亲爱子女，其目的是让子女快乐和幸福，这就足以将其行为判定为"利他行为"。至于母亲在子女

---

[1] 〔英〕大卫·休谟：《人性论》，关文运译，商务印书馆，2016年，第二卷第二章第六节：论慈善与愤怒。
[2] 徐永光：《公益向右，商业向左》，中信出版社，2017年，第26页。

幸福时自己也很快乐,这是母亲的利他目的达成时其内心的感受,并非证明母亲爱子女这一行为本身的目的就是"利己"的。因此,并非所有的人类行为都能化约为利己行为。人类有可能出于自由而利他。爱是人的本能,没有"爱",人类是无法延续下去的。老、幼、病、残者无法依靠自己的能力满足自身的需要,无法在人类社会中独自生活。他们只能依靠他人的"爱"而生存下去。

在东方的思想传统中,爱的道德意义也一贯受到重视。子曰,仁者爱人。(《论语·颜渊》)其含义是:"仁"是人之为人的根本,而所谓"仁"就是"爱"。"仁"是儒家所倡导的诸种道德之首,也是所有道德行为的根源。在孔子看来,爱人,为他人着想,自愿增进他人的利益,是人之为人的根本特征。然而,基于血缘关系和私人关系的爱是狭隘的,还不足以构成更大范围的利他行为。要将"爱"扩展到陌生人,才可能产生真正的道德行为。私人的爱要扩展到更广阔的陌生人领域才能构成慈善行为。正是基于这一点,儒家学说非常强调将亲密关系中的"爱"推广到更广泛的人际关系之中。孟子说"老吾老以及人之老,幼吾幼以及人之幼"(《孟子·梁惠王上》),就鲜明地表达了这一观点。

中西传统中的其他道德学说也非常重视"爱"的扩展,例如,诸子百家中的墨家就主张"兼相爱、交相利"。墨子曰:"视人之国,若视其国;视人之家,若视其家;视人之身,若视其身。"(《墨子·兼爱中》)也就是说,对待他人要像对待自己一样,对待别人的家庭要像对待自己的家庭一样,这样人们之间的利益才会协调,才不会引发纷争。儒家和墨家将爱扩展到陌生人的思路有着细微的差别。对于儒家来说,人们之间的伦理关系是存在亲疏远近的,对不同人的爱的程度是不一样的。对越亲密的人的爱越深,而对关系较远的人的爱自然就平淡许多。这被称为"爱有差等"。相反,墨家则主张对所有人给予同样的爱。但不管怎样,儒家和墨家都主张将爱扩展到整个社会。西方基督教传统也非常强调对陌生人的爱。圣经教导人们要"爱邻如己"(《旧约·利未记》)。邻居,就是一个随机地生活在自己身边的陌生人。基督教要求人们爱自己的邻居,就是要求人们将爱扩展至陌生人。

那么，人们有没有可能将亲密关系中的爱延伸到陌生人之间呢？从人性基础的角度来看，这是可能的。从"爱"到"慈善"，从小圈子里的利他行为，到陌生人之间的利他行为，这其中的人性基础是"同情"，即对他人的疾苦感同身受。对"同情"这种道德情感的经典描述可参照孟子所说的"不忍人之心"：不忍心看到别人受苦。孟子曰："人皆有不忍人之心……今人乍见孺子将入于井，皆有怵惕恻隐之心；非所以内交于孺子之父母也，非所以要誉于乡党朋友也，非恶其声而然也。由是观之，无恻隐之心，非人也。"（《孟子·公孙丑上》）路人看见有小孩落井，就会主动救助。在孟子看来，这是人性使然，并不是任何外在利益的推动。由此看来，"同情"——对他人的痛苦感同身受——是将利他行为从亲密关系扩展到陌生人之间的重要心理基础。

西方的道德学说也非常重视"同情"这种道德情感。休谟在《人性论》中讨论了"怜悯"（sympathy）[①]。休谟认为，同情是一种因爱而希望他人得到幸福的情感。怜悯是对他人苦难的一种关切。因为，别人的痛苦会以生动的方式刺激我们，使人产生要解救对方的冲动。[②]休谟是一个功利主义者，他关于"同情"和"怜悯"的论述为功利主义提供了很好的论证基础。功利主义是西方道德学说中的重要派别。功利主义的论证起点是"每个人都是趋利避害的"。从这一论证起点出发，功利主义者得出结论认为，国家和社会的制度设计要以增进所有人的功利总和为目标，而且，人们的行为也应该以这一目标为判断标准。违反这一目标的行为就是不道德的，促进这一目标之实现的行为就是道德的，值得提倡。那么，普通人为什么要关心全社会所有成员的功利总和呢？或者说，人们为什么要关心其他人的快乐和痛苦呢？这其中的道德心理基础就是"同情"。

总之，从东西方经典文献对人性的描述来看，"爱"和"同情"这两种心理机制是内在于人性之中的，是人们与生俱来的心理机能。正是在"爱"和"同情"的基础上，人们才有可能走出封闭的自我，才有可

---

[①] 从词根来看，sympathy更准确的翻译是"同情"。《人性论》的中文译本将其翻译为"怜悯"。
[②] 参见〔英〕大卫·休谟：《人性论》，关文运译，第二卷第二章第七节：怜悯。

能欣赏他人、为他人着想,甚至为他人的幸福和快乐而努力。"爱"使得人们将他人的幸福和快乐当作自己的行动目标,而"同情"则让这种"爱"走得更远,超出血缘和友情的范围,扩展到陌生人之间,甚至扩展到人和动物之间(当动物遭受痛苦时,人们同样会有不忍,同样会想要解救)。正是在"爱"和"同情"的基础上,人类社会存在着许多出于自由的利他行为,甚至是长时段、连续的利他行为,而这正是慈善。所以说,"爱"和"同情"是慈善的人性根基。

## 第三节 慈善是否是一种义务?

坚实的人性基础奠定了慈善活动的"可能性",但这是否意味着慈善是"必需的"呢?换句话说,慈善是否是一种义务呢?是一种法律义务,还是一种道德义务呢?下面,我将结合美国哲学家约翰·罗尔斯的观点来讨论这个问题。

我们首先应该明确的是,慈善一定不是一种法律义务。因为,如果慈善是一种法律义务,那么我们就可以通过立法强制执行。而如果我们以法律手段强制人们捐款捐物,那么人们的这类行为就不再是"出于自由的利他行为",这就从根本上背离了慈善的内涵。所以,将慈善作为一种法律义务是自我挫败(self-defeating)的。在这一点上,税收和慈善有着根本性的区别。人们缴纳赋税通常也是利他行为,但是,这种利他行为并不是出于自由的而是强制性的。人们即使自愿交税,也并非出于自由。因为,法律要求他们这样做,没有给予他们不交税的自由。[①]相反,慈善是出于自由的利他行为,这意味着人们不做慈善也不会受到法律的惩罚。因此,如果我们将慈善作为一种法律义务的话,就会从根本上消解慈善的概念,将其等同于税收。

---

① 这里应用的自由概念是"霍菲尔德式"自由概念,亦即,自由意味着法律上允许。

此外，美国哲学家罗尔斯还为"慈善不是一种法律义务"做出了更为直接的论证。罗尔斯以社会契约论来构建自己的正义学说。原初状态下，理性的订约者将选出对社会财富进行分配的基本原则。罗尔斯对这些订约者的人性有一个基本的假设："相互冷淡"（Mutual Disinterestedness），亦即，人们只对自己利益的绝对数值感兴趣，想要最大限度地增加自己的利益，而对于自己利益与他人利益的比较并不感兴趣。如此假设的人是既没有"妒忌心"也没有"仁爱心"的，他既不特别希望别人得到的比自己少，也不愿为了别人而牺牲自己的利益。[①]罗尔斯反对将"仁爱"设定为制度建构的心理基础。在罗尔斯的构想中，规范陌生人关系的社会制度框架是在人们是"相互冷淡"的基础上建立的，这样的制度不会对人们提出过高的道德要求。当然，人们在现实生活中是处处有爱的，但这种"爱"的表达并不是社会制度要求的，而是人们出于自由的行为。

慈善不是法律义务，那么慈善是否是一种道德义务呢？所谓"道德义务"指的是，人们应该将相应的道德原则内化为一种自律原则，并按照其要求去做。人们如果不按照相应的道德原则去行动，不仅会自责，而且还会受到公共舆论的谴责。罗尔斯虽然没有将"仁爱"作为制度建构的人性基础，但他仍然论证了三种有限的道德义务。罗尔斯认为，在任何良序社会中人们都负有三种自然义务：支持和发展正义制度的义务、相互尊重的义务以及相互帮助的义务。其中，相互帮助的义务似乎与我们所说的慈善活动相关。罗尔斯论述道："在对行为者来说牺牲和危险并不很大的情况下，去做对另一个人来说是非常好的，尤其是使他免于巨大危害或伤害的行为，是一个由互助原则所要求的自然义务。"[②]罗尔斯援引了康德的观点来论证相互帮助的道德义务。在康德看来，互助义务的根据在于可能会出现我们需要其他人帮助的情况，所以不承认这个原则就是剥夺我们从其他人那里获得帮助的权利。

---

① 参见 John Rawls, *A Theory of Justice*, p. 12。

② John Rawls, *A Theory of Justice*, p. 385.

然而，罗尔斯并不认为人们之间相互帮助的义务要求人们进行慈善活动。在罗尔斯看来，善行和慈善是超出人们道德义务范围的，是完全出于自由的利他行为。罗尔斯讨论了"善行"、"慈善"以及"分外行为"之间的关系。第一，所谓"善行"（benevolent act）指的是：出于自由而同时有利于他人的行为。罗尔斯认为，"善行"并不是自然义务或职责要求人们必须做的行为，而是人们可以做也可以不做的行为。同时，这样的行为能够发展或倾向于发展另一个人的善（适合其理性生活计划）。举例说明，人们遵守交通规则，这一行为虽然同时有利于他人，但却是人们的自然义务所要求的，并不能算作是善行。第二，"慈善"（benevolent action）指的是：为另一个人的善而做出的行为，是出于另一个人应当获得这种善的欲望而做出的行为。"善行"和"慈善"之间的区分在于：前者通常是一两次偶然性的行动，而后者则是长期的、有意为之的、以增进他人利益为目的的一系列行动。第三，"分外行为"（supererogatory act）指的是：某种善行能给对方带来很大的益处，同时行动者可准确估计该行为会给自己带来巨大的损失或风险。罗尔斯区分了自然义务所要求的"相互帮助"与"分外行为"之间的不同，前者是在自身损失不大的情况下做出的，而后者则可能给行为者带来巨大损失或危险。所以，像"见义勇为"这样的道德行为就应该属于"分外行为"，而"扶起路边摔倒的老人"在通常情况下则是自然义务对人们提出的要求。

从罗尔斯的论述来看，在一个良序社会中，人们虽然肩负着"相互帮助"的义务，但这种道德义务并不要求人们进行慈善活动。无论是一次、两次的"善行"，还是长时期的有计划的"慈善"，都是超出了人们的道德义务的、纯粹出于自由的利他行为。"相互帮助"与"慈善"之间的根本区别在于：前者是"互惠"的，而后者则纯粹是利他的。例如，"扶起路边摔倒的老人"是相互帮助的道德义务所要求的。因为，任何人都有老去、可能摔倒的一天。在人们之间建立起一种"相互帮助"的信任，使得人们在帮助他人的时候确信自己如果遇到类似的困难也会得到相应的帮助，这对于提升社会成员的安全感、维护良好的社会秩序有重要意义。但是，"相互帮助"的义务并不要求每个人都为"希望工程"捐款。因为，后一种行为并不是互惠的，捐款的人并不需要也不期待自己某一天也得到同样的捐助。也就是说，一个人如果在损失很小的情况下也不愿意帮助急需帮助的人，那么他就没有尽到自己的道德义务，要受到舆论的谴责。但是，一个人没有"善行"或"慈善"的义务，即使他家财万贯但从未捐款捐物，也不应该给予他道德上的谴责。当然，"善行"、"慈善"和"分外行为"都是具有道德价值的行为，是应该受到赞扬的。

## 第四节 慈善与公益的异同

在经济发展、技术进步的大背景下，人类社会中的慈善活动也发生了很大的变化，甚至其目的都发生了微妙的改变。这就是从"慈善"到"公益"的转变。从概念上来说，"慈善"与"公益"的区别在于："慈善"是出于自由的利他行为，而"公益"则是出于自由的推进"公共利益"（public welfare）的行为。两者都是出于自由，这没有什么不同，但公益活动的目标可能更为广泛，环保、女性、儿童、多元文化等都可能成为公益活动的主题。而且，公益活动通常包含相关"中介组织"的参与，能够吸纳更多的人力、财力和物力。下面，我将从目的、作用、形式和时间四个方面对"慈善"和"公益"进行比较。

第一，慈善与公益的目的并非完全一致。慈善活动的目的是利他，是救助那些自己能够感同身受的人们的疾苦，其实施程度通常仅限于满足受助者的基本生活需要。而公益活动的目的则是从各个方面推进公共利益，不仅包括救助具体的"他者"，还包括以各种可能的方式推动社会的进步。因此，相比于慈善，公益活动的广度和深度都更上一层。例如，在帮助贫困者时，公益活动不仅"授人以鱼"，还强调要"授人以渔"，帮助贫困者能够自食其力。从具体目标上来说，慈善活动所救助的对象相对具体，通常是捐赠者能够通过各种直接或间接的途径接触到的具体对象，例如邻家的小孩、自己出生的乡村等等。而对于公益活动来说，由于人们对何谓"公共利益"的理解不同，所以可能产生非常不同的具体目标。公益活动的目的有可能是救助濒危的动植物，增加地球生物的多样性；有可能是提高女性在家庭关系中的地位，促进性别平等；有可能是反对化石燃料的过度使用，保护自然环境；有可能是推进同性恋婚姻立法，反对歧视；等等。名目繁多，不一而足。

第二，由于慈善和公益的目的不尽相同，它们在社会生活中所发挥的作用也非常不同。慈善的目的是救人于水火之中，是为了解除人们的痛苦，协助人们满足基本生活需要。事实上，在一个建构了完善的社会保障制度的国家，满足人们基本需要的任务主要是由国家和政府承担的。食不果腹、衣不蔽体、流落街头，这样的情况通常发生在社会保障体系不够完善的国家。那么，在一个理想的、拥有完善的社会保障体系的国家，慈善是不是就派不上用场了呢？并非如此，慈善的一个重要功能是在各种突如其来的灾难中临时替代国家的社会保障体系而满足人们的基本生活需要。社会保障体系的运行是通过国家的再分配制度筹集资金，再为所有社会成员提供平等的公共服务，例如医疗保险、义务教育、保障性住房、养老保险、失业保险，等等。但是，当遭遇突如其来的灾难时，国家惯常的再分配制度并不能在短时间内提供足够的资金而保证受灾人群的基本生活需要。此时，慈善捐助就发挥了重要的作用，以人们的捐款捐物来满足受灾人群的基本需要，维持他们的生存。这是源于"爱"和"同情"的慈善活动的主要功能。人们常说的"救急不救穷"就是这个道理。另一方面，公益活动由于其目标的多样化，并不仅限于在突发的灾难中发挥作用，而是随时随地都在推动着社会朝更好的方向发展。而且，由于不同的人关注的"公益"的侧重点不同，人们自发组织的公益活动还能增加人类社会的多样性。多样化的公益活动能够提醒人们注意到被忽视的群体，或者是地球受到的各种威胁。例如，一些帮助农民工子弟学习的公益活动，让人们注意到农民工子弟上学难的问题；一项救助农村女孩上学的公益项目，让人们关注农村女童的失学问题；而保护珍稀鸟类的公益活动则帮助人们意识到环境保护的重要意义。因此，从发挥的作用来看，公益是比慈善范围更广，更能推进社会向善发展的自发活动。公益活动不仅能够增进公共利益，还可以推动多元价值和多元文化，维护社会的多样性与和谐发展。

第三，从活动的形式来看，慈善活动较为直接，捐赠者直接向受助者捐款、捐物。而公益则通常包含中介组织的参与，出资者将资金投给公益组织，再由公益组织统一管理和分发，或者提供产品和服务。另外，在互联网兴起的背景下，公益活动与互联网相结合，形成了许多"公益平台"，充当出资者与受助者之间的中介机构。由于中介组织的大量涌现，现代公益活动有斩断捐赠者与受助者之间联系的倾向，他们之间可能从来不知道对方。这一方面有助于保护双方的隐私，但另一方面也削弱了人们捐款、捐物，做志愿者的热情，出现"志愿失灵"的情况。

第四，从时间维度来看，慈善是古已有之的，出现在古老的人类文明之中。可以说，慈善是相伴着人类社会而产生的，是人类得以延续的必要条件。相反，"公益"是更为现代的自发组织活动，19世纪在美国兴起的"科学的公益"是现代公益活动的开端。[1] 从那以后，公益活动日益规模化，吸纳了越来越多的社会资源，发展出各种形式的公益组织，例如"基金会"、"慈善店"、"捐款平台"、"非营利组织"、"社会企业"等等，而救助的对象也逐步从熟人之间走向陌生人社会。由此看来，慈善与公益之间并不是相互矛盾的关系，而毋宁是一种传承关系。公益事业是传统慈善活动的现代版、扩展版和升级版。

## 第五节　公益事业是否可以商业化？

2017年，著名公益活动家徐永光出版了一部总结和展望中国公益事业发展的著作《公益向右，商业向左》。这本书分析了大量公益活动的案例以佐证作者强烈的个人观点：公益事业应该与商业活动结合起来，这样才能提高效率、持续发展。这本书在学术界和公益界都产生了极大的

---

[1] 参见汪亦兵：《慈善与公益之辨》，《中国慈善家》2020年第3期。

影响,有人赞同徐永光的观点,也有人极力反对。其中,反对将公益活动商业化的学术代表是中国人民大学中国公益创新研究院院长康晓光。康晓光撰写了《驳"永光谬论"——评徐永光〈公益向右商业向左〉》[①]等多篇文章,系统批驳徐永光的观点。两人之间的争论被称为"两光之争"。这一争论引发了学术界和公益界关于公益是否可以商业化,是否应该商业化的大讨论。

众所周知,商业能带来繁荣,能给人们带来自由和财富。商业是人们出于自由的自利行为,亦即,人们进行商业活动的目的是为了能够增进自己的利益。从这一特征来看,商业与公益有着根本性的区别。这两种活动虽然都是出于自由,但其目的是完全不同的。商业的目的是利己,而公益的目的则是直接利他,或者推进公共利益。将公益和商业混为一谈,就好像说一个人做事的目的既利己又利他。当然,人们完全可以在追求自己利益的同时增进他人的利益,这恰恰是商业活动的特征。但是,这里说的"利己"或"利他"是针对行为者的目的来说的。也就是说,区分公益和商业的关键在于行为者主观上"利己"还是"利他"。如果行为者主观上"利己",那么他所进行的活动就是商业活动,即使他的行为客观上也为其他人提供了便利;相反,如果行为者主观上"利他",那么他所进行的就是公益活动。因此,从概念上来说,公益活动和商业活动是泾渭分明、不容混淆的。

如前所述,公益活动与慈善活动的一个重要区别在于公益活动通常要通过中介组织,不是由捐赠者直接救助受助者。如此一来,如何判断一个包含投资方、中介组织和受助者三方的复杂活动是否是公益活动,就变得愈加困难。而处于核心地位的"中介组织"的性质也变得越来越模糊。例如,2017年,"摩拜单车"以社会企业的身份入围"中国社会企业奖",虽最终未获得奖项,但仍然引发巨大争议,争论焦点集中在"摩拜单车"是否能够被认定为社会企业。从这一事例来看,在公益活动和

---

① 康晓光:《驳"永光谬论"——评徐永光〈公益向右商业向左〉》,《社会与公益》2017年第10期。

商业相结合的过程中，中介组织的性质变得含混不清。下面，笔者将尝试从投资方和中介组织的主观目的是"利己"还是"利他"的角度对相关活动的性质做出区分。

表3  出资人、中介组织的主观目的与活动类型的关系

| 中介 | 出资人 ||
| --- | --- | --- |
|  | 利己 | 利他 |
| 利己 | 企业进行的商业活动 | 慈善家购买服务或商品 |
| 利他 | 不常见 | 慈善家与公益组织合作的公益活动 |

如表3所示，第一，如果出资人和中介组织都以"利己"为目的，那么相关的活动就是典型的商业活动。出资人是股东，而中介组织则是企业。他们共同的目的都是最大限度地赢利。在这样的组织中，人们可以在协商的基础上通过分红、工资等形式对利润进行分配。第二，如果出资人和中介组织都以"利他"为目的，那么相关的活动就是公益活动。出资人是慈善家，捐款、捐物；而中介组织是"非营利"的慈善组织，他们通常收取很低的报酬，甚至分文不取，完全是志愿劳动，协助慈善家达成相应的公益目的。第三，如果出资人的目的是"利他"而中介组织的目的是"利己"，那么相关的活动就是慈善家购买商品或服务赠予受助人。慈善家进行的是公益活动，而中介组织进行的则是商业活动。第四，出资人的目的是"利己"，而中介组织的目的是"利他"。从理论上来说，这样的情况不太可能出现。因为，如果出资人的目的是"利己"，他大概率不会将资金投向公益组织，而是会投向能帮助其营利的企业。但是，在现实中有许多组织以"公益"之名，行"利己"之事，所以也会有人将资金投给所谓的"公益组织"，并由此而享受税收优惠，获取更高利润。

从上述分析中我们看到，公益与商业之间的根本区别在于相关活动的目的是"利他"还是"利己"。这一区分之所以会模糊不清，关键在于人们对下述问题持不同意见：参与公益活动的出资人和中介组织是否可

以通过相关活动获取利益？如果我们认为，出资人和中介组织不应该从公益活动中获利，那么公益和慈善的界限就仍然是泾渭分明的。出资人纯粹捐赠，中介组织也不从出资人捐赠的财物中提取一分钱，完全是志愿服务（免费劳动）。相反，如果我们认为出资人和中介组织，虽然其目的是为了推进公共利益，但是他们仍然可以从相关活动中获利以维持相关活动的持续进行以及相关人员的基本生活，那么，公益和商业的界限就变得非常模糊。

徐永光认为，公益和商业的界限就应该是模糊的。那种让出资人和中介组织"白白奉献"的公益活动是不能长久的。人们一定要在"利他"的同时"利己"，公益才能长久地做下去。在徐永光设想的光谱中，从左到右，对应着人们从"利他"到"利己"的逐步变化："公益向右，从布施钱财到注重投入产出效益；再向右，强调资金投入是否有效解决社会问题，产生影响力；再向右，公共服务可以收费，比如教育、医疗、养老服务，与商业很相似，但商业分配利润，公益组织的收入不分配利润，故成为'非营利性组织'；再向右，公益转变为商业模式，成为社会企业。商业向左，从追求利润最大化到在商业活动中努力承担社会责任，兼顾股东、消费者、环境和国家利益；再向左，从企业社会责任升级到企业战略公益，把公益渗透于产业链的每一个环节；信息技术革命带来的共享经济令商业争先恐后向左；再向左，用影响力投资于社会企业，有效解决社会问题。社会企业以社会利益为先，把赚钱放在第二位。"[①] 如果我们把这个光谱画下来，就是这样：

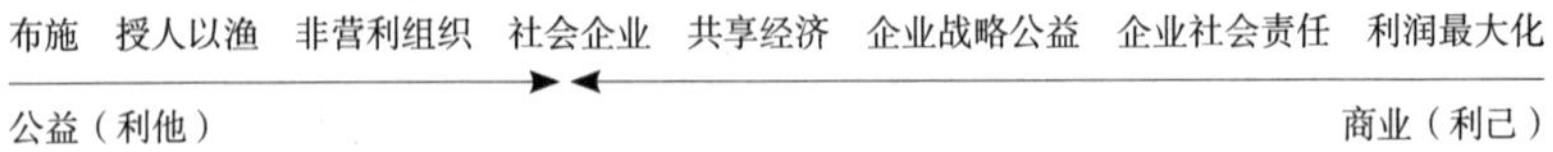

| 布施 | 授人以渔 | 非营利组织 | 社会企业 | 共享经济 | 企业战略公益 | 企业社会责任 | 利润最大化 |
公益（利他） ←――――――――→ 商业（利己）

图3　公益与商业的关系图

如图3所示，处于左端的以"利他"为目的的公益活动，如果不断

---

① 徐永光：《公益向右，商业向左》，第3—4页。

向右，就会逐步转变为商业，而处于右端的以"利己"为目的的商业活动如果不断向左就演变为公益活动。这两种活动交汇于"社会企业"，而这正是徐永光认为的最有效率最能持久的公益模式。在徐永光看来，公益和商业之间的区别是模糊的，而"这个模糊地带正是社会创新的精妙之处：活力空间，混沌所在"[1]。徐永光的上述观点也给"社会企业"造成了一种含混不清的面目，到底什么是社会企业，是公益组织还是追求自身利益最大化的企业？笔者认为，商业和公益的区分是不容模糊的，社会企业的性质必须得到清晰的界定。因为，如果模糊了商业和公益的界限，模糊了"利己"和"利他"的区别，那么就可能导致一些人或组织以"利他"之名而行"利己"之事，这将从根本上破坏人们参与公益活动的积极性。

如何严格地区分商业和公益？如何严格界定什么是"社会企业"？我们还是应该从进行相关活动的目的入手来进行鉴别。出资人和中介组织如果真的是想要做公益，就应该将其资金及利润的绝大部分用于公益的目的，而不是用于增进自己的利益。当然，出资人和中介组织在做公益的时候并不是一定要分文不取，但他们的主观目的一定是"公益"而不是"自利"。换句话说，在公益活动中人们可以"有限自利"，以维持自身的生存和组织的发展，但绝不能以"自利"取代"公益"。依据这一标准，我们可以认为对社会企业的下述要求是合理的：第一，出资人在捐出资金之后，就不再对资金拥有完全的所有权，也部分地失去了分享利润的权利，即使可以分享利润，也是在达成公益目的之后分享剩余的利润。第二，对于中介组织来说，如果他们是在进行公益活动，就应该将其获得的资金及利润的绝大部分用于公益的目的，而不是用于提高自己的收入。第三，由于社会企业的相关活动有助于实现公益目标，所以可以享受税收优惠，但其缴纳的税款和捐出资金的加和不应少于其本应缴纳的税款。这三条要求依据"公益目的"分别对出资人、中介组织的获利进行了限制，也打消了某些人通过公益活动来避税的幻想。社会企

---

[1] 徐永光：《公益向右，商业向左》，第4页。

业是以商业手段达成公益目的的组织形式。它可以借助融资、贷款、市场营销等商业手段，但出资人和中介组织的目的一定是为了推进公共利益。其终极目标是"公益"而不是"利己"，正是这一点将社会企业与普通的商业性企业区分开来。在具体法规上，我们应该在资金及利润的分配和用途上对社会企业的相关活动进行严格的规定。

英国是公益活动非常活跃的国家。在鼓励各种公益组织充分发挥作用的同时，英国也制定了明确的社会企业认证标准，这一标准对资金及其利润的用途做出了明确的规定。那些通过商业活动筹集资金的企业，至少有50%的利润用于社会和环境目标才能被认证为社会企业。除此而外，英国还确立了资产锁定（asset lock）规则和股利上限（dividend cap）规则。该项规则规定：除非满足明确规定的条件，社会企业不得随意转让、分配其资产；而股东可分配的红利必须在社会企业将规定的可分配利润用于社会利益再投资后才有条件获得。[1]另外，在对资产和利润进行监控的基础上，英国政府还要求社会企业公开其财务报告。英国于2005年颁布的《社区利益公司条例》第二十六条至第二十八条明确规定社区利益公司需要就报告的内容、公司分红以及公司债券向社会公众披露。[2]目前，我国对社会企业的认证还没有严格从资金和利润的用途上做出规定。例如，《北京市社会企业认证方法（试行）》[3]虽然对企业的收入来源、社会效益和服务覆盖面做出了描述，但并没有对企业产生之利润的用途、是否能分红等问题做出具体规定，这从客观上模糊了公益和商业的界限，不利于公益事业的发展。

从慈善到公益，是人类"爱"和"同情"的扩展。人们生活在世界上，不仅关心自己的利益，还关注整个社会的进步和发展。在现代社会，这

---

[1] 参见韩君：《英国社会企业的发展现状与认证标准》，《中国第三部门研究》2013年第2期。

[2] 参见P. Tracey and N. Phillips, "The Distinctive Challenge of Educating Social Entrepreneurs: A Postscript and Rejoinder to the Special Issue on Entrepreneurship Education", *Academy of Management Learning and Education*, 2007, 6(2): 264-271.

[3] 参见《公益时报》网页：http://www.gongyishibao.com/html/xinwen/14585.html，访问时间：2023年4月7日。

种"大爱"借助商业的力量得到进一步的扩展，深入到人们生活的方方面面。尤其是在万物互联的背景下，当今社会甚至形成了全民公益、无时不公益、无处不公益的局面。然而，不论走多远，人们也不应该忘记自己的初心。公益活动的初心并非是增进自己的利益，而是推动公共利益。如果在公益的掩护下，追求自己的利益，不仅做不了公益，还会大大削弱人们参与公益活动的意愿。公益可以借助商业手段而更高效、更长久。但是，模糊公益和商业的界限，只能为那些以"公益"之名行"利己"之事的人大开方便之门。因此，明确地区分"利己"和"利他"，清晰地界定社会企业，相信并鼓励人们的利他行为，这才是发展公益事业的正道。

# 第十七章　建构代际正义的第三条路径

人类与地球的关系是怎么样的？人类是永远地占有了地球吗？当代人与后代人之间应该如何分配资源？后代人有权利要求当代人考虑他们未来可能的利益吗？当我们从长时间段和整个宇宙的角度来定位当代人的时候，这些问题就自然地出现在人们面前。在自然环境恶化、资源耗尽、全球变暖等现实问题的压迫下，当代政治哲学试图建构代际正义理论以解决人与自然以及当代人与后代人的关系问题。代际正义的学术建构通常借助功利主义和权利论两种经典的政治学说。然而，这两条路径都存在着无法克服的理论困难。功利主义的代际正义学说或者主张人口爆炸的未来世界，或者限制生活水平低于平均值的人们生养后代。权利论的代际正义学说试图论证未来世代的权利。但是，无论依据权利的"利益说"还是"意志说"都很难证成未来世代的权利。本章将指出功利主义和权利论代际正义的理论问题，并在此基础上提出建构代际正义的第三条路径，亦即，通过论证当代人权利的有限性，为自然界的其他生物以及未来人类节省资源、留出生存空间，最终实现人类社会的可持续发展以及人与自然的和谐共处。

党的二十大报告指出，中国式现代化是全体人民共同富裕的现代化，是人与自然和谐共生的现代化。共同富裕的发展目标为我们理解当代人与未来世代的关系提供了新的视角。要实现共同富裕的发展目标就需要考虑当代人与未来人类之间的资源分配问题。笔者认为，建构代际正义理论的关键是限制当代人的权利而不是论证未来世代的权利。正是当代人权利的有限性和时效性决定了当代人在制定政策时必须保护环境、节约资源，为未来世代和其他物种留出生存空间。需要明确的是，本章所讨论的未来世代指的是远世代（far future generation），不包括当代人的子孙辈，指的是当代人的重孙辈之后的世代，是那些不会与当代人产生任何直接的利益交换的未来人类。

## 第一节　人口数量与功利计算

在功利主义学说中，功利是至高的价值追求，所有社会制度的设计和政策的实施都应该以增大社会总体功利为目标。所谓社会总体功利就是社会中每个人功利的总和。如果某社会中的总人口数为n，其中每个人的功利水平分别是$U_1$、$U_2$、$U_3$、$U_4$……$U_n$，那么该社会的效用总额就是$\Sigma U$。功利原则的宗旨就是调整社会制度的安排，使得$\Sigma U$达到最大值。这被功利主义的鼻祖边沁称为"最大多数人的最大幸福"[①]。依据这一功利原理，社会制度和人们的行为都应该尽可能地增进$\Sigma U$。如果是在同一世代内讨论功利最大化的问题，不会涉及人口的巨大变化，社会功利最大化主要关注的就是如何使每个人的功利值达到最大。然而，当我们将这一功利原则应用到不同世代之间，计算长时间段，几百年甚至上千年内社会的总功利值时，情况就变得很复杂，甚至会推导出违背道德直觉的荒谬结论。

在长时间段来考虑增大社会功利总和的问题时，人口数量是一个不能忽视的因素。从公式$\Sigma U$来看，社会总功利的增加既可以通过增加人口

---

① 关于"最大多数人的最大幸福"的确切含义，学术界有许多争论。例如，简·纳维森（Jan Narveson）认为"最大多数人的最大幸福"并不意味着应该有尽量多的人诞生，而是每个人都享有最大的快乐。但是，从边沁和密尔对功利原理的经典论述来看，他们在提出功利主义学说时并没有指明，应该是人数最多还是每个人享有的幸福量最大，他们关心的只是所有人感受到的幸福量的加和达到最大。参见 Jan Narveson, "Utilitarianism and New Generations", *Mind*, 1967, 76(301): 62-63, 70。

数量实现，也可以通过增大每个人的功利值实现。所以，如果在某一个世代人口数量激增，即使由于资源耗尽、环境恶化等因素而使得在那个世代每个人的功利水平很低，但其社会功利总和仍可能很高，而从追求社会总体功利最大化的角度看来，这样的社会仍然是值得追求的。正如约翰·罗尔斯所言:"古典原则要求：就制度影响着家庭的大小、结婚的年龄等等而言，它们应当安排得使功利总额能够达到最大值。由此得出只要每个人的平均功利在人数增加时足够慢地降低，就应当无限定地鼓励人口的增长，而不管平均功利降得如何低。"[①]在罗尔斯看来，功利主义追求社会功利总和最大化的倾向将导向一个人口爆炸的社会，而这无疑是荒谬的。德里克·帕菲特也尖锐地指出了这一点。帕菲特在《理与人》一书中提出了"更多的人生存就更好吗"这样的疑问，并且指出，按照功利主义的推理，如果一个人生下的孩子其人生是值得过的（功利水平为正值），那么这个人就有义务生下他。然而，这显然给个人施加了过重的道德义务，因为是否生养孩子原本是每个人的自由。

为了避免无限增大人口这一荒谬的结论，一些功利主义者将功利主义的最终目标修正为平均功利最大化，亦即，将社会功利总和除以人口数量，再求平均功利 $\Sigma U/n$ 的最大值。然而，平均功利原则也会导致许多与道德直觉相违背的政策建议。为了增进平均功利值，一个最直接的办法就是减少人口数量，尤其是减少那些其功利水平低于平均功利值的人口数量。依据平均功利原则，那些患有遗传性疾病的人最好就不要生育，因为，其后代的功利水平大概率会低于平均功利值。而那些生活水平极低、生活在贫民窟里的居民也不要生育，因为他们后代的预期生活水平也很低。按照这样的推理，如果人们不能给自己的后代带来优渥的生活（高于平均功利水平），就没有权利生养孩子。或者，如果一个孩子的出生可能会使得其周围人们的生活水平降低，那他（她）就不该出生。正如纳维森所说:"要是生育新的孩子会给他们带来痛苦，或者导致其他人的幸福大幅度下降，则不生育他们是一个人的义务。譬如，如果一个人

---

① John Rawls, *A Theory of Justice*, p. 140.

的孩子会成为公众的负担,那么在我看来,这个人没有权利生育他。"[1]这样的道德要求显然是武断而无理的。因为,每个人都有生育的权利,即使人们不能保证给自己的孩子带来高于平均功利水平的生活,即使他们孩子的出生可能会累及他人、拉低整个社会的平均功利水平。由此看来,不论是总体功利最大化还是平均功利最大化,在应用功利原则来处理代际关系时,在人口数量的问题上,都会引申出荒谬的结论。

在不同世代之间应用功利主义原理,不仅要遭遇人口数量变动的问题,还会遇到不同世代的权重问题。是当代人的幸福重要,还是未来世代人们的幸福重要呢?在时间权重的问题上,功利主义试图延续边沁所开创的平等主义传统,保持"时间中立"。边沁的名言——"每个人只能算作一个,没有人能够算得更多。"[2]——赋予了人们平等的道德立场,要求人们在计算社会整体功利值时给予每个人同样的权重。边沁将每个人算作"一"的平等主义理念在引入代际关系后演变为一种"时间中立"的观点。所谓"时间中立"指的是,在对功利总和的计算中,当代人的幸福和未来世代人们的幸福是同等重要的,两者应该被给予同等的权重。然而,这种计算方法却可能使得那些人数众多的世代得到不恰当的重视。由于无论一个人处于哪一个世代,都只能算作一,所以哪个世代的人口数量大,那个世代的功利总和就有可能更大。打个比方,如果未来世代的人口数量将远远超过当今世代,那么为了使得在长时间段内社会功利总和达到最大值,就有可能要求当代人为了人口数量更大的未来世代做出牺牲。相反,如果未来世代的人口数量大大小于当代,那么功利主义又会要求未来世代为当代人做出牺牲。让人口数量少的世代为人口数量多的世代做出牺牲,这种道德要求显然是武断的,没有平等地对待不同世代的人们。功利主义从"人人平等"的道德立场出发,将每个人(无论其处于哪个世代)看作"一",却得出偏袒人口数量众多之世代的结论,

---

[1] Jan Narveson, "Utilitarianism and New Generations", *Mind*, 1967, 76(301): 72.
[2] 这句话可参见密尔的转述:"边沁的名言提供了这样的条件:'人人平等,没有人高于他人';边沁的这句话可以写在功利原则的下面,作为说明的注释。"(〔英〕约翰·密尔:《功利主义》,刘富胜译,第89页)

这揭示了功利主义在处理代际关系时的理论困境。

为了解决不同世代之间的"歧视"问题,一些功利主义者放弃了"时间中立"的立场,提出以"折扣"的方式计算未来世代的功利值。将未来世代人们的功利值"打折",这一计算方法的理论基础在于边沁对快乐的界定。边沁在最初讨论"快乐"时指出,快乐和痛苦的多少,可依据下述七个因素来确定:强度、持续时间、确定性或不确定性、临近或偏远、丰度、纯度、广度(痛苦或快乐所波及的人数)。① 其中,"临近或偏远"这个指标与不同世代人们的功利孰轻孰重相关。通常来说,距离越近的快乐人们的感受会越强,这为当代人更多地考虑当代人而非未来世代的利益得失提供了理由。当然,未来世代的利益得失也是相关的,只是他们的利益与当代人的利益相比没有那么重要。例如,将年折扣率设为5%,就意味着明年100块钱所产生的功利值相当于今年95块钱产生的功利值。而人们在考虑会对未来人利益产生影响的政策时,只需将未来人类的功利值通过折扣计算之后,再与当代人的功利值进行比较并做出决策。例如,如果现在投入100块钱种树,10年后其产生了1000块钱的功利值,通过折扣计算 $1000 \times 0.95^{10} = 630 > 100$,那么现在投入100块钱种树就是正确的决定。这种计算功利并做出决策的方法被称为成本—收益分析方法。然而,这种将未来人类的功利值打折计算的方法却有"歧视"未来世代的嫌疑。如加巴(J. M. Gaba)指出:"这会导致一个结论:在今天解救一个人要比一百年以后解救十亿个人有更大的利益。比如,以一种5%的折扣率,在今天挽救一个生命比在450年以后挽救3亿个生命还要重要。因此,如果对当代人需要付出的成本超出一个生存的生命的价值之外的话,成本—收益分析将表明这3亿个生命能够被合理地牺牲。"② 由此看来,将未来世代的利益"打折"计算,这又构成功利主义代际正义学说的一个硬伤。

---

① 〔英〕边沁:《道德与立法原理导论》,时殷弘译,商务印书馆,2000年,第87页。
② J. M. Gaba, "Enviromental Ethics and Our Moral Relationship to Future Generations: Future Rights and Present Virtue", *Columbia Journal of Environmental Law*, 1999, 24(2): 249-288.

除了"人口数量"和"代际权重"这两方面的问题外,功利主义在处理代际关系时,还存在一个根本性的理论困难,这就是:如何以当代人的价值观念为基础计算未来世代的功利值?无可否认,当代人在计算未来世代的功利值时依据的是当代人的价值观念和生活方式。问题是,当代人并不清楚未来人类的价值观念是什么,他们喜欢什么、讨厌什么,流行的生活方式是什么。因此,从根本上来说,由于不知道未来人类的偏好,他们的功利值是无法计算的。如果确实是这样,那么应用功利主义学说来规范当代人与未来世代的关系就失去了理论基础。我们不能依据当代人的喜好而臆测未来人类的利益所在,并在此基础上制定相应的政策,这是对功利主义代际正义的根本性拒斥。正是在功利主义遭遇诸多理论难题的情况下,许多当代学者转向以权利概念为基础的政治理论,试图通过论证未来世代的权利来建构当代人与未来人类的正义关系。

## 第二节 未来世代权利的论证困难

未来世代的人们是否拥有权利?他们的权利是否意味着当代人的义务?未来世代的权利是否能够成为当代人做出决策的依据?应用权利学说构建代际正义理论的关键之点在于对未来世代权利的论证。

对于"权利"的本质是什么,长久以来在学术界存在着两种对立的观点:"利益说"和"意志说"。支持"利益说"的学者认为,所谓"权利"指的是权利拥有者的"利益"受到保护,所以只有拥有"利益"的个体才可能拥有权利。例如,人们不会认为桌子拥有权利,因为桌子不会感觉到痛,即使人们把它劈成两半,桌子也没有"伤痛",也就不存在利益受到伤害的问题。乔尔·芬伯格(Joel Feinberg)是权利"利益说"的代表学者,他论述道:"如果一个人成为一个逻辑上拥有权利的恰当主体,那么他必须拥有利益。"[1] 关于权利的另一种学说是"意志说",也被称为

---

[1] J. Feinberg, *Justice, and the Bounds of Liberty*, New Jersey: Princeton University Press, 1980, p. 165.

"选择说"。支持"意志说"的学者认为，权利的实质是对人们依据自己的意志而做出的选择的保护。例如，如果说一个人拥有言论自由，其含义就是：这个人可以依据自己的意志说出自己想说的话，而他周围的人有义务允许他表达自己的意见。当然，这个人也可以选择不说话。相应地，他周围的人也要尊重他"不说话"的选择，而不能强迫他发表意见。依据这一理解，所谓权利就是对人们的自主选择的保护，而只有那些能够做出自主选择的个体才拥有权利。希尔·斯坦纳是权利"意志说"的代表学者，他否认那些不能做出选择的人拥有权利，例如植物人、胎儿。他还认为逝去的人也没有权利，人们死去之后，其财产重新变为公有。[①]权利的"意志说"近年来引发了很大的争议。因为，按照这一说法，不仅逝去的人没有权利，而且胎儿、植物人等无法做出自主选择的个体都没有权利。而后一结论对于许多人来说是违背道德直觉的。例如，我们不可能主张将植物人杀死，即使他们无法做出自主选择，但他们仍然有"利益"。因此，依据权利的"利益说"，他们依然拥有权利。

对于未来人类是否有权利的问题，权利的"意志说"直接给出了否定的回答：未来世代还不存在，他们当然无法做出任何选择，也没有任何"意志"，因此未来人类是没有权利的。当然，他们将来会存在，也会有自己的意志和选择，但是"现在"他们是没有权利的。当代人在制定政策、取用资源的时候，不必考虑未来人类的权利问题，因为不存在任何与未来人类之权利相对应的义务。换句话说，代际正义不能建立在未来人权利的基础上，因为他们根本就没有权利。支持权利"意志说"的当代学者斯坦纳论述道："拥有权利就意味着拥有免除或要求执行与权利相对应之义务的权力。当然，拥有权利并不一定意味着权利拥有者自己就能够实施其权力，亦即，以一己之力运用所需的武力；他可能将其授予其他人（例如国家）并授权他们来实施。但是，拥有权利确实意味：他实施这一权力或授权其他人来实施，这一点并不违背逻辑，也并非不可思议。值得指出的是，这种权力授予——授权其他人来实施——只能

---

[①] 参见斯坦纳否认遗产权的讨论：Hill Steiner, *An Essay on Rights*, pp. 249-258。

是由权利拥有者自己来进行。"[1]在斯坦纳看来,如果一个"授权者"不存在,或者免除他人义务的主体不存在的话,就不存在所谓的权利。未来世代无法授权任何人,也无法免除与权利相对应的义务;所以,未来人类没有权利。

下面,我们来考察一下,权利的"利益说"是否能证成未来人类的权利。在"利益说"的框架中,未来人类此刻还不存在,没有利益。但是,未来人类在未来的利益与人们现在做出的决策息息相关,这决定了当代人在做出决策时必须将未来人类的利益纳入考虑范围之中。正如斯坦纳所说:"在给定的时刻t,那些以后肯定会存在并拥有利益的人们拥有权利,因为他们未来的利益会受到在t时刻人们所做的事情的影响。"[2]这就像一个人在一片空地上埋了两个定时炸弹,当时并没有人从那里走过,但当炸弹爆炸时恰巧有人经过并被炸伤。在这样的案例中,我们会认为伤者的权利受到了侵犯,而埋炸弹的人该为此负责。类似的,如果当代人在可预料的情况下做出某项有损于未来人类利益的事情,那么当代人就侵犯了未来人类的权利。

然而,要在"利益说"中证成未来世代的权利还需要解决两个理论难题。第一个是,在当代人决策与后代人利益之间必须存在清晰的因果链条。如果没有这一清晰的因果链条,那么我们就很难下结论说当代人有义务保护未来人类的利益。因为,人们并不知道什么样的决策会导致未来人类怎样的利益。例如,从目前的情形来看,如果当代人将石油这种资源耗尽了,那么未来世代的利益会受到严重损害,权利受到侵犯。但是,如果未来人类发现了更好的替代能源呢?我们今天节省石油保护后代人权利(利益)的决策还有意义吗?所以说,除非人们能够给出清晰的当代人行为和后代人利益之间的因果链条,否则,即使我们能够从理论上论证当代人有义务保护后代人利益,也没有充分的道德理由要求

---

[1] Hillel Steiner, *An Essay on Rights*, p. 260.
[2] Hillel Steiner and Peter Vallentyne, "Libertarian Theories of Intergenerational Justice", in Axel Gosseries and Lukas Meyer (eds.), *Justice Between Generations*, Oxford: Oxford University Press, 2007.

当代人做出目前看来能够保护后代人利益的决策。

未来世代权利的"利益说"遭遇的第二个理论难题是帕菲特提出的"非同一性"问题,即当代人的不同决策会导致不同的后代人出生。帕菲特以下述例子来说明这一问题。一个14岁的未婚妈妈准备生下她的孩子。这时,人们可能会这样劝她:你现在没有能力为他(她)提供很好的生活,你的孩子有权利拥有更好的生活。但是,这一说法是站不住脚的。因为,如果这位未婚妈妈听从了人们的劝告,十年之后再生下她的孩子,而那个孩子就不是现在这个孩子了。从现在这个孩子的角度来说,出生比不出生对他(她)来说会更好。虽然他(她)没有很高的人生起点,但他(她)有了生命,有了值得过的人生。所以,他妈妈如果决定生下孩子并不会损害孩子的利益,反而是增加了其利益,维护了其生命权。[1]帕菲特特意指出,他所说的例子并不是完全假想的。曾经有政治家在《泰晤士报》上撰文,称赞英国青少年怀孕事件有减少的趋势,却遭到一位中年男子的抗议。因为,这位中年男子的妈妈就是在14岁的时候生下他的,而他觉得自己的人生是值得过的,他感谢妈妈赋予了他生命。[2]

帕菲特提出的"非同一性"问题影响着所有以权利为基础的代际正义学说,这其中就包括罗尔斯的代际正义理论。罗尔斯试图为未来世代取用资源的权利进行一种契约式论证。他构想了一个不同世代的代表参与讨论资源分配问题的"原初状态"。在每个世代可以取用多少地球资源的问题上,罗尔斯认为,"人们应当通过指明他们认为自己有权向他们的父亲与祖父要求什么,来确定他们该为他们的子孙留存多少"[3]。以这样的方式,人们能够确定应该将多大比例的社会资源用于储存,这被称为正义的储存原则:"即每一代都从前面的世代获得好处,而又为后面的世代尽其公平的一份职责。"[4]由此,罗尔斯以代际契约的方式推导出未来人类取用自然资源的权利。然而,代际契约的一个关键问题就是,在罗

---

[1] 参见〔英〕德里克·帕菲特:《理与人》,王新生译,上海译文出版社,2005年,第511—516页。
[2] 参见〔英〕德里克·帕菲特:《理与人》,王新生译,第521页。
[3] John Rawls, *A Theory of Justice*, p. 256.
[4] John Rawls, *A Theory of Justice*, p. 254.

尔斯所构想的原初状态中,未来人类的代表与当代人的代表有着根本区别,他们是"虚拟代表"。因为,他们是谁、他们有多少人、他们会不会出生,这些都是不确定的。罗尔斯的代际正义学说遭遇了帕菲特所说的"同一性"问题。事实上,当代人(真实代表)与未来人类(虚拟代表)之间是无法订立契约的。因为,那个虚拟代表的身份不确定,他们是否有利益、利益是什么也不确定。因此,我们无法在未来世代与当代人之间建构一种互惠互利的契约关系。

帕菲特所说的"非同一性"问题揭示了未来人类权利之"利益说"的理论困境。如果我们认为当代人的行为会影响未来人类的利益,因此当代人负有保护未来人类利益的义务的话,我们就不可能回避"谁"的利益这个问题。但是,如果顺着因果链条追踪当代人的行为会影响"谁"的利益的话,我们会发现当代人的任何行为都不会损害未来某个人的利益。虽然当代人使得那些人的生活质量不高,但是如果人们改变政策的话,那些人可能根本就不会出生。在这里,我们可以尝试借用罗伯特·诺奇克提出的"权利的功利主义"来解决帕菲特展现的困境。诺奇克在《无政府、国家和乌托邦》一书中构想了一种以侵犯权利的总量最小化代替幸福总量最大化的功利主义。[①]这一理论的目标是通过社会制度的调节,使得权利受到侵犯的事件尽量少地发生。"权利的功利主义"能够很好地解释人们对于青少年怀孕的通常立场:对于一个14岁的未婚妈妈来说,如果她现在生下孩子,就给予了孩子生命权以及受损的生活质量;如果十年之后再生孩子,那她将给予另一个孩子生命权以及较高的生活质量。两相比较,她应该十年之后再生下孩子,这样她能更好地维护孩子的权利,无论这个孩子是谁。正如弗莱切特(Frechette)对帕菲特的反驳:"未来世代的成员是谁,不应该影响我们针对他们的行为的道德评价。"[②]

然而,诉诸"权利的功利主义"并不能完美地解决未来人类的权利论证问题。因为,作为功利主义的变种,"权利的功利主义"也必然遭遇功

---

① 参见〔美〕罗伯特·诺奇克:《无政府、国家和乌托邦》,姚大志译,第34页。
② K. Frechette, *Environmental Justice: Creating Equality, Reclaiming Democracy*, Oxford: Oxford University Press, 2002, p. 101.

利主义的理论困境。试想，如果我们为了提高后代人的生活质量实行一项政策而使得出生人口比没有这项政策减少了几百万，那么从"权利的功利主义"的立场来看，我们应该如何评价这项政策呢？如果没有这项政策，几百万人的生命权得到维护，但生活质量不高；如果实行这项政策，几百万人的生命权被剥夺。显然，从"权利的功利主义"的角度来看，没有这项政策会更好，这样能够保护更多人的权利。但是，这样的推理不是又将人们带入了总体功利主义"人越多越好"的怪圈了吗？由此看来，帕菲特指出的"同一性"问题是对未来人权利之"利益说"的一个根本性反驳，不是可以忽略的问题。在帕菲特看来，当代人的决策不可能损害任何后代人的利益，也不可能增进任何后代人的利益。因为，如果他们为了后代人的利益而改变决策，特定的后代人就不存在了。另一方面，当代人在做决策的时候也不可能征求任何后代人的同意。因为，后代人没有意志，无法做出选择。所以，无论从"利益说"还是"意志说"出发，未来世代权利的论证都是失败的。那么，我们是否可以换一种思考方式，舍弃对未来世代的权利论证，通过限制当代人权利而保护未来世代可能的利益呢？

## 第三节　当代人权利的有限性

本节对当代人权利的阐释基于权利的"意志说"。从权利的"意志说"来看，逝去的人和未来人类的权利都很难论证。因为，他们不存在，无法表达自己的意志、无法做出选择；相应地，当代人也就不可能负有保护其选择的义务。既然人在死去之后和未出生之前都没有权利，那么所谓"权利"就不是永恒的而是有期限的。这个期限就是每个人的"一生"。举例说明，某人通过合法劳动赚到钱购买了一部手机，那么他对这部手机就拥有"权利"。但是，这种权利并不是永恒的，当这个人去世的时候这种权利就终止了。这里可以参考斯坦纳否认遗产权的论证。在斯坦纳看来，当人去世的时候，他无法再表达自己的意志，由此也就失去了对自己过去所拥有的东西的权利。而他过去所拥有的东西则重新成为无主物，属于所有人共有。他的亲属如果想要回他以前的所有物，就只能买回去，所付的钱就是"遗产税"。正是基于这一推理，斯坦纳主张征收100%的遗产税。[①] 依据上述推理，当代人的权利当然也不是永恒的，而是有期限的，这个期限就是当代人这"一代"。在当代人逝去的时候，他们的权利就消失了。

如果说人们对某种物品的权利仅仅延续其一生，而不是一种永恒的权利，那么这种权利就不是永远"占有"的权利而是一种近似于"永久使用权"的权利，即，某人在其有生之年可以一直支配、使用某物，或以某物牟取利益的权利。"永久使用权"与"占有"之间的根本区别在于："永久使用权"没有赋予人们毁坏某样东西的权利，而"占有"则意味着人们可以毁掉自己所拥有的东西。例如，如果一本书是完全属于我的，那么我不仅可以阅读这本书、将这本书借给别人、通过售卖或租借这本书的方式获取利益，也可以将这本书烧掉。而"永久使用权"仅赋予人们有限的权利。例如，在相关法律条文的规定中，针对房屋或土地的"永久使用权"通常只赋予人们居住的权利，而没有赋予人们租售、毁坏等其他权利。例如，我国《民法典》对宅基地使用权的规定就没有赋予宅基地的所有者自由买卖宅基地的权利。[②] 在笔者看来，当代人对地球资源所拥有的权利是介于"占有"和"永久使用权"之间的一种权利，这种权利赋予当代人使用、租售、馈赠属于自己的东西的权利，但并没有赋予人们破坏地球环境或耗尽地球资源的权利。

当代人对地球资源的所有是具有时效性的，这一点让我们认识到所有权并不意味着永久性的占有，而更像是一种长时段的使用权。这意味着，人们没有破坏自己目前所拥有的东西的权利。不仅如此，人们还有义务维护自己手里的财物的完整性、减少其耗损，并在自己生命结束之时，将其转交给自己的后代子孙。当代人从上一辈人手中接受了地球及

---

① Hill Steiner, *An Essay on Rights*, pp. 249-258.
② 参见《中华人民共和国民法典》第三百六十二条至三百六十五条。

其自然资源，当代人有权利在有生之年使用这些自然资源以维持自身的生存和发展。这种权利源自人的自然权利，是自然法所赋予的。自然法允许人们为了自身的生存而享用地球资源。然而，这种权利也意味着当代人负有相应的义务，这就是：不使其所居住的地球环境变差。每一代人都像地球的租客一样，他们出生在地球这套公寓中，当他们走的时候，他们有义务不使这套公寓的环境和设施变差。[①]这是一个文明租客应尽的义务。即使当代人并不知道在自己离开之后会有谁住进来，有多少人，他们的喜好是什么；当代人也仍然没有权利将这座公寓毁掉，或者使其变得很糟糕。我们甚至可以构想这样的极端情形：假如所有人都选择不生育[②]，那么在当代人离开之后可能不会再有人住进来。即使这样，当代人依然没有权利毁掉地球环境。毕竟，地球上还有其他生物，其他生物的后代子孙还要在地球这套公寓里繁衍生息。

  所以说，当代人权利的有限性决定了其责任和义务。既然当代人对地球的权利是有限的，类似于"永久使用权"，不包含将其毁掉的权利，那么当代人就有义务将地球这套公寓完好如初地传递给下一代的租客，无论下一代租客是谁，无论他们是动植物还是人类。在这一论证路径下，代际正义的根基就不在于未来世代的权利，而在于当代人权利的有限性。论证策略的转变不仅很好地避免了功利主义代际正义理论遭遇的未来人口数量问题，也绕过了权利论代际正义学说遭遇的"因果性"和"非同一性"问题。因为，在讨论当代人权利的有限性问题时，不需要引入未来世代的人口，也不用探究未来世代都由什么人组成，甚至也无须证明当代人的决策是否会给未来世代的利益带来某种影响这样的因果关系。因为，在新的论证路径下，我们并不需要证明当代人有义务增进未来世代的利益。当代人的义务仅仅是：保证地球——这个人类和其他生物赖以生存的星球——的自然环境不变差。当代人权利的有限性意味着当代

---

[①] 当然，随着技术的发展，人类可能移居其他星球，但这里的讨论仍然适用。可以认为，人类只是宇宙的租客，而并非对宇宙占有。

[②] 如前所述，生养孩子是每个人的自由。因此，从理论上说，可能会出现所有人都不生养孩子的情况。

人的一系列具体的义务。他们的所作所为、他们的政策决定不能使地球的环境变差、资源耗尽,因为他们没有权利这么做。

值得注意的是,上述论证与一种流行的互惠性论证是不同的。一些当代学者试图将当代人与未来世代之间的权利义务建立在一种"互惠关系"上。大卫·施米茨(David Schmidtz)提出了一种传递的互惠性(transitive reciprocity)[①],亦即,当代人B从上一代人A得到恩惠,B可以将这种恩惠传递给下一代人C。在笔者看来,这种传递的互惠关系是不成立的。因为,B从A得到恩惠,只能回报A,而不能通过回报C来回报A。如果A不能从与B的关系中得到恩惠,那么就不存在"互惠关系",而只能是单方面的恩惠。因此,当代人与未来人类之间不存在"互惠关系",当代人保护环境的义务很难从"互惠关系"中得到解释,而只能从当代人权利的时效性和有限性得到论证。

## 第四节　自我所有权的有限性

如本书第五章第二节所述,"自我所有权论"强调人们对自己身体的所有。然而,默许自残、自杀等行为,这一点构成了"自我所有权论"的硬伤,也是自由至上主义理论无法回避的理论难题。本章尝试以下述思路解决"自我所有权论"所遭遇的这一问题。如前文所述,我们应该将当代人所拥有的对地球资源的权利理解为一种"永久使用权",而不是完全的占有。相应地,我们也应该将人们对自己身体的权利阐释为一种"永久使用权",而不是完全的占有。对自己身体的"占有"和"永久使用权"这两者的根本区别在于人们是否可以毁坏自己的身体。如果"自我所有权"仅仅意味着人们被允许在有生之年"使用"自己的身体,那么,他(她)就没有权利毁坏自己的身体。当然,这里还涉及人们是否有权利以自己的"身体"牟取利益?在这个问题上,持不同道德立场的

---

① David Schmidtz, *Elements of Justice*, Cambridge: Cambridge University Press, 2006.

人会有不同的观点。在那些支持卖淫、卖器官、卖血等活动的人看来，人们有权利以自己的身体牟利；而反对这些活动的人则认为在有损人的内在价值的情况下，人们没有以自己的身体牟取利益的权利。但不管怎样，如果我们否认个人有毁坏自己身体的权利，将人们对自己身体的权利理解为"永久使用权"，那么"自我所有权论"的理论难题就可以得到解决。经过修正之后的"自我所有权"不再默许自杀、自残等违背道德直觉的行为。通过以上的分析我们看到，人们对于自己所拥有的东西的权利是有限的，不毁坏那些有价值的事物，包括自己的生命，这应该成为所有人行为的底线。

综上所述，处理代际正义问题的关键在于明确当代人权利的界限。当代人应该谦虚而谨慎地认识到，自己只是地球的"租客"而不是永久的占有者。当代人对地球资源的权利被限制在一定的时间和空间之内，这决定了他们有义务留给其他"地球租客"——动植物和未来人类——一个完好无损的地球。"不使地球环境变差"是当代人应尽的义务。无论在哪个国家，当代人在制定政策、做出决定的时候都必须以此为限。

# 第十八章　全民免费医疗计划

一个实现了共同富裕的社会一定不是有人因为贫困而看不起病的社会。所有人拥有平等的健康权，这决定了每个公民都应该享有同等质量的医疗保险服务。医疗服务不适合作为商品，不应完全由自由市场进行资源配置。对于病人来说，药品和治疗是"必需品"，这部分资源的分配应该以"按需分配"原则为基础，通过合理的医保制度向每个人提供必需的基本医疗服务。在医疗资源的分配中，医生和医院发挥了至关重要的作用，基于他们的学识和经验，医疗资源才能够公平而准确地分配给真正需要它们的人。因此，医生的薪酬制度不应与医院卖出了多少药、做了多少检查"挂钩"，而应该相对固定，由国家财政统一支出。"过度医疗"是目前医疗服务领域普遍存在的现象。"过度医疗"会加剧医疗资源的分配不均，造成国家和社会医疗资源的巨大浪费，危害广大患者的身体健康。"过度医疗"的根本原因在于：医生的薪酬和医院的发展与市场利润挂钩。这使得市场逻辑成为医疗资源分配的主导因素。本章从目前我国医疗资源配置中存在的"过度医疗"问题出发，指出应以"按需分配"为基本原则设计医疗资源的分配制度，批驳主张将医疗服务全面市场化的看法，并在此基础上，结合我国的具体国情构想一种可行的全民医保计划。

## 第一节 "过度医疗"及其原因

改革开放四十多年来,我国的医疗服务水平有了长足的发展,建立了覆盖绝大部分人口的医疗保险制度。然而,我国目前的医疗资源分配机制仍然存在着不够完善之处。这些不足之处催生了医疗服务领域的"过度医疗"现象,激化了医患矛盾,引发了一系列社会问题。

所谓"过度医疗",是指"超过疾病实际需要的诊断和治疗的医疗行为或医疗过程,这种超过实际需要的诊断和治疗不仅对该疾病是无用的,甚至是有害的"。[1] 改革开放四十多年以来,在医疗卫生行业逐步市场化的过程中,我国人民的健康水平得到了大幅提高,人均预期寿命从改革开放初期的67.77岁(1981年数据)增加到2012年的78.2岁。[2] 然而,与医疗服务的市场化相伴而生的"过度医疗"现象则屡禁不止,甚至有愈演愈烈的势头。据国家统计局的数据,在1979—2017年间,我国城镇居民和农村居民的保健医疗费用均以年均16.7%的速度增长[3],而同期GDP年均增长速度则为9.3%[4]。医疗费用的增长速度大概是GDP增长速度的两倍。这一方面体现了国家和政府对于医疗卫生行业的巨大投入;但不可否认的是,"过度医疗"也是一个重要原因。

"过度医疗"的情况普遍存在于人们求医问药的各个环节。概括起来,大概有下面三个环节可能产生"过度医疗"。第一,挂号就诊环节。有些病本来一次可以看好,医生却故意拖延,让患者多次挂号看病。出现这种现象的原因在于:医生的绩效薪酬往往与其诊疗病人的人次挂钩。在增进自我利益的推动之下,医生倾向于夸大病人的病情和复杂程度,让病人多

---

[1] 杜治政:《过度医疗、适度医疗与诊疗最优化》,《医学与哲学》2005年第7期。
[2] 参见网页:https://baijiahao.baidu.com/s?id=1743389730587880746&wfr=spider&for=pc,访问时间:2023年4月18日。
[3] 参见网页:http://news.10jqka.com.cn/20180831/c606888484.shtml,访问时间:2023年4月18日。
[4] 参见网页:http://finance.sina.com.cn/roll/2018-08-27/doc-ihifuvph9590158.shtml,访问时间:2023年4月18日。

次挂号看病,以此增加收入。第二,各项检查环节。目前的情况常常是,一个小病要进行全身上下各处检查,而各种检查都人满为患、价格不菲。有时,还没有排上队做检查,病已经自愈了。造成这种现象有两方面的原因:一方面,在医患关系紧张的情况下,医生为了撇清责任,不愿仅凭自己的经验和判断进行诊疗,情愿让患者花费大量的时间、精力和金钱,穷尽一切检查,并在此基础上做出诊断。表面上是为了避免"误诊",实则是为了最大限度地规避责任。另一方面,医院的各种检查设备大多由医院自行购买。因此,为了最快地收回成本,医院倾向于最大限度地使用这些检查设备。第三,治疗环节,尤其是在"开处方"时。由于医院以及医生的收入与"卖出"了多少药直接相关,因此,不少医生倾向于多开药、开贵的药,最大限度地增加医院的利润,而这些利润又会体现在每个医生的奖金、津贴里。这就导致一种小病往往要开大量不必要的药品,甚至是有害无益的药。更有甚者,有些医生在听说患者是"公费医疗"的情况后,更加毫无顾忌地多开药。这样一来,病人多得药,而医生多赚钱,两者形成对国家医疗资源不正当侵占的利益链条。

过度医疗现象在各地医院的普遍存在给国家、社会和个人带来极大的危害,腐蚀医务人员的道德、扰乱医疗服务行业的秩序、浪费国家资源、危害个人健康。具体说来,过度医疗带来下述三方面的直接危害:第一,医疗资源的巨大浪费。过度医疗意味着过度检查和过度用药,这些都会造成医疗资源的巨大浪费。目前,我国的医疗资源主要集中在发达地区的城市公立医院,而这些医院都存在不同程度的过度医疗。医疗资源分配不均再加上过度医疗造成的资源浪费,将大大侵占不发达地区农村贫困人口接受基本医疗服务的平等机会。长此以往将加剧不同阶层人们之间的隔阂,加剧身份和待遇不平等。第二,过度用药和过度检查将对患者造成身体上的伤害。事实上,为了治好一种病而进行的各种检查和服用的各种药物本身就会有副作用,尤其是在过度用药的情况下,药物作用往往会打破人体自身的平衡和自愈能力。所以,人们经常是小病没看好,反而看出其他病了,病越看越多。第三,"过度医疗"还有可能侵占一些真正需要救治的病人的医疗资源。在过度医疗的背景下,医疗资源丰富的各大医院人满为患,挂号、检查都需要排队等待很长时间。由此,一些真正急需做检查得到救治的病人,反而得不到及时而必要的救治,拖延了病情。"过度医疗"使得人们无法将有限的医疗资源及时地分配给真正需要救治的病人。医疗资源配置的结构性问题,最终使得病人的权益受到极大的伤害。

"过度医疗"的很大原因在于公立医院医生的薪酬制度。目前,我国的医疗资源仍主要集中在公立医院。而公立医院由于国家拨款不足,无法负担所有医务人员的薪酬和先进医疗设备的购置,所以必须以医院的收入作为医院维持和发展的资金来源。同时,为了增加医院的收入,鼓励每一个医生对医院收入做出贡献,各大医院长期以来普遍采用了"挂钩"的薪酬制度设计:将医生及其他医疗服务人员的工资薪酬与医院的收入"挂钩"。也就是说,医院卖出去的药越多、做的检查越多,医院的整体收入就越高,每个医生及其他人员的收入也就越高。正是这一"利益驱动"机制最终造成了"过度医疗"的乱象。近年医改政策推行后,挂钩的薪酬制度被禁止,但在个别地区的具体落实中仍存在问题。

"过度医疗"不仅造成了国家财富的巨大浪费,给个人带来巨大的经济负担,并造成不必要的身体伤害,而且彻底腐蚀了医疗卫生行业从业人员的"职业道德"。在医疗服务的问题上,不论是东方传统还是西方传统,都明确指出医生的职责在于"治病救人"而不是聚敛财富,不是以"赚钱"为目的。同时,医院的职责在于为尽量多的病人提供有效的救治,而不在于利润的增长。为全世界医务人员所熟知的《希波克拉底誓言》这样宣誓:"我将首先考虑病人的健康和幸福……我要保持对人类生命的最大尊重。"这是任何一个医务人员都应遵守的诺言。然而,将医生薪酬与医院收入挂钩的制度,导致医生在具体诊疗过程中,更多考虑的是如何增进医院和自己的利益,而不是如何在合理用药的条件下最大限度地增进病人的健康。

当然,每个人都有"私心",在制度允许的范围内,合法地增进自己的利益,这无可厚非。这里,应该调整的是制度,而不是医务人员和医院的"私心"。好的制度能将制度中每个人的"私利"和公共利益结合起来,使得每个人在增进自己利益的同时,也有利于他人,有利于国家和社会。相反,坏的制度则将"私利"和公共利益对立起来,当每个人追求"私利最大化"时，其他人的利益就会受损，社会和国家的利益也会受到伤害。从这个意义上来说，医生薪酬与医院收入挂钩的制度，就是坏的制度。它割裂了医生和患者的利益，将双方对立起来。这也是近年来医患关系日趋紧张、医患之间矛盾丛生、"医闹"不断的根本原因。2021年9月27日，国家卫健委等八部门联合印发《关于推进医院安全秩序管理工作的指导意见》，全力加强各大医院的安全保卫工作。从那时起，许多医院都加设了安检设备并增加了安保人员，这些现象也从侧面反映了医患关系日趋紧张，凸显相关制度改革的紧迫性。

医生收入与医院利润挂钩的薪酬制度所凸显的问题不仅在中国存在，在世界上其他国家也普遍存在。例如，美国著名的梅奥医学中心（Mayo Clinic）就是察觉到挂钩薪酬制的种种弊端而将其薪酬制度从收入分成制改成纯薪金制。目前，梅奥医学中心付给所有临床员工的薪水都依据薪金制。这种制度类似于美国联邦最高法院法官的薪酬规定："美国联邦法院大法官，只要忠于职守，可终身任职，非经国会弹劾不得免职；薪水不能被裁减。"固定的高薪酬是医务人员能够仅凭经验和专业知识做出有利于病人的判断的制度保证。在这样的薪酬制度下，医务人员能够抛开杂念，完全站在病人的角度为其健康和生命着想，而不用操心医院的利润和自己的经济收入。类似地，在美国的公立医院中，医务人员的收入也不与医院的经济收入挂钩，而是与服务质量和病人满意度相关。同样，在英国的公立医院中，医护人员的工资是由医疗委员会与政府协商确定的，并不受医院业务收入的影响；加拿大的公立医院实行固定工资制；澳大利亚的公立医院实行年薪制，支持按项目收费，同时不同级别医护人员的年收入相差较大。另外，挪威、德国和法国等国家的公立医院也都实行固定工资、年薪制或类似于国家公务员的薪酬制度。[①]总之，在许多发达国家，医务人员的薪酬并不与医院的经济收入挂钩，而且医生的收入都普遍高于社会平均收入2—3倍以上。实践证明，有保障的高薪酬

---

[①] 参见刘颖、梁立波等：《公立医院薪酬激励的国际经验及对我国的启示》，《中国医院管理》2015年第6期。

是杜绝"过度医疗"的制度保障。

总之,杜绝"过度医疗",改善医患关系,必须从制度设计入手。以"按需分配"原则替代"市场原则"主导医疗资源的分配,从根本上消除医生和医院以病人牟利的动机。下面,我将从"健康生活理念"出发,尝试提出一种可行的全民免费医疗体制。

## 第二节 医疗资源分配的公平理念

要推进所有社会成员的健康水平,将有限的公共医疗资源进行有效的配置和公平分配,我们必须首先确立下述三方面的理念:一、医疗服务不适合作为商品,医疗资源的分配不能完全市场化;二、"按需分配"不是平均分配;三、公共医疗资源的筹集和取用规则应以人们的共识为基础,其目的不是不惜一切代价延续生命,而是促进更多人的健康生活。下面,我将详细讨论这三方面的内容。

### 一、医疗服务不适合作为商品

医疗服务是人们维持生命的一种基本需要。满足基本医疗的资源应该依据"按需分配"原则由国家和政府通过再分配的相关政策予以提供。在医疗资源的配置问题上,中外学界一直存在着"全盘市场化"的呼声。然而,在笔者看来,市场化并不能带来医疗资源的有效配置,反而会造成资源浪费、过度医疗、医患关系紧张等严重的社会问题。医疗资源的过度市场化之所以会造成各种社会问题,其根本原因在于"医疗服务"不适合作为商品,尤其是保证人们的基本医疗需要的药品和治疗不适合以自由市场的方式进行资源配置,而应该依据"按需分配"原则满足每个人的基本医疗需要。出于下述三方面的原因,基本医疗服务不适合作为商品:第一,医疗服务与其他"必需品"不同,消费者对药品和治疗的相关信息不了解,必须以医生为中介进行消费,容易出现非理性消费。第二,为了促进销售,供给方会刺激消费,制造需求。这间接地导致了过度医疗,造成医疗资源的浪费,也不利于人们的健康。第三,如果将医疗服务纯粹当作一种商品,那么医疗服务的供应将向富人倾斜。药品和治疗都针对富人易患的疾病来研发和销售,这对穷人是不公平的,侵害了人们平等的健康权。

第一,医疗服务与市场上大部分商品有着根本性的区别:消费者(患者)对于自己需要购买的药品以及需要做的检查知之甚少,其消费行为极有可能是非理性的。普通商品的销售只涉及卖家和买家两方,买家可以依据自己获得的信息以及自己的需要挑选自己心仪的商品。例如,对于食品的选购,买卖双方即使有信息不对等的情况,这种不对等通常也不会导致消费者完全无从选择。然而,在药品和医疗服务的买卖问题上,买家(患者)虽然有紧迫的需求,但是对如何满足自己的需要、应购买什么样的药品和治疗却一无所知。由此,医疗服务的交易通常是三方关系;医生处在买方和卖方之间,其职责是为买家(患者)提供准确的信息,引导其做出理性的选择。在这种三方关系中,卖家的利益在于销售尽量多的药品和治疗,而买家的利益则在于以尽量少的(或便宜的)药品和治疗重获健康。在买卖双方都清楚地掌握药品和治疗的相关信息的情况下,买方和卖方能够站在各自的立场形成有效的价格博弈和牵制。但是,如果卖方和作为买方代理人的医生相勾结,让本该站在买方立场的医生站在卖方立场,那么,医生就倾向于向患者推销更多、更贵的药品和治疗以增进卖方的利益。而医生薪酬制度中与"挂钩"相关的规定会将医生推向卖方一边,将医生、医院的利益与药品和治疗的销售联系在一起,这将违背医生作为代理人的初衷,而买卖双方的价格博弈也就不存在了。

第二,如果医疗资源通过市场机制进行配置,那么医院就变成了一个大超市。由于消费者的盲目以及医生和供应方之间的利益勾结,医生、医院在卖方追逐利润的动机之下,很有可能造成对患者的过度医疗。基于医生的专业判断,患者会心甘情愿地多消费、多买药。医疗服务的市场化间接导致过度医疗,市场化的程度越高,过度医疗的程度也会相应升高。已有的一些实证研究证明了医疗市场化与过度医疗之间的密切关系。例如，于晓燕的文章《医疗市场化与抗生素在云南村镇的滥用》以对云南乡村医生的人类学调查材料为依据，揭示医疗市场化进程与抗生素治疗泛滥之间的关系。[1] 当然，医疗服务市场化并不是过度医疗的唯一原因，我国的医保体制在一段时期内实行了"个人账户"政策，这也是催生过度医疗的另一个重要原因，本章第三节将深入分析。过度医疗对于个人和社会都有重大危害。对于个人来说，过度医疗不利于患者的健康，由此而可能加剧医生和患者的紧张关系，激化医患矛盾；对于社会来说，过度医疗将造成医疗资源的巨大浪费和分配不均。

第三，众所周知，药品和治疗方法的开发及批量生产需要投入巨大的人力和物力。如果医疗资源的配置完全是市场化的，那么，新药的研发和生产就将倾向于为有钱人服务，因为他们有足够的购买力。相反，穷人即使有病也买不起药，所以药物的研发和生产不会将他们作为目标人群。于是，我们可能看到这样的情况：一方面，许多国家的穷困人口易患的疟疾、痢疾等疾病的药物时常短缺；另一方面，发达国家的先进制药公司投入大笔资金研发针对富人的高血压、秃顶等疾病药物。也就是说，从药物的研发环节开始，医疗资源的分配就是不平等的，而这正是市场逻辑将导致的不公平现象。中国有句古话："医院大门八字开，有病无钱莫进来。"这句话揭示了在市场逻辑下医疗资源分配的不平等。医疗服务是人类维持健康生命的"必需品"。无论是有钱还是没钱，只要是患者就有相应的医疗需求。金钱，并不能成为剥夺人们平等健康权的理由。药品、治疗、医生和医院不应该成为有钱人的专享之物。

综合上述三方面的理由，医疗服务不适合作为商品，不应完全通过自由市场进行资源配置。

---

[1] 于晓燕：《医疗市场化与抗生素在云南村镇的滥用》，载于2011年《中国人类学民族学年会论文集》。

## 二、"按需分配"不是平均分配

维持人们健康而有意义的生活所需的医疗服务应该"按需分配",这并不意味着应该分配给每一个社会成员一样多的医疗资源。医疗资源的独特性在于:它对于没有患特定疾病的人来说是没有用的,甚至是有害的。由此,医疗资源应该依据人们的患病情况分配给那些真正需要它们的人。医生在这一分配过程中发挥着至关重要的作用。他们必须依据自己的学识和经验给出准确的判断:患者到底需要什么样的检查、什么样的药品、什么样的治疗。可以说,医生正是医疗资源分配的决策者。

将医疗资源依据"按需分配"原则进行分配,有些人可能会认为"不公平"。因为,在覆盖所有社会成员的医保制度下,患病的人和没有患病的人可能缴纳了同样多的医保费用,而患病的人使用的医保费用,其总额可能超出自己所缴纳的费用;相反,没患病的人却没有能够使用医保费用。如此一来,一些人缴纳的费用被用于治疗其他人的疾病,这是否公平呢?

如果我们从运气平等主义的立场出发,患病还是不患病这在很大程度上属于"原生运气",是行为者自己无法完全决定的事情。那些并非由于自己的原因(例如不良生活习惯)而患上某种耗资巨大的疾病的人,实际上是原生运气很差的社会成员。因此,如果我们认为人们只应对那些自己有能力改变的事情负责的话,个人就不应为自己的病痛负完全的责任。从这个意义上来说,社会中的其他人有义务为患病者提供某种帮助,以补偿其在身体健康方面的厄运,而这种帮助的形式就是医保覆盖的基本医疗服务。

由此看来,如果我们认同运气平等主义的立场,那么,将一些人缴纳的医保费用用于医治其他人的疾病,就并没有什么不公平。从社会的角度来说,这样做是为了以集体的力量缓解某些人遭遇的"厄运";而从个人的角度说,谁愿意"患病"而消耗公共的医疗资源呢?与取用平等份额的公共医疗资源相比,"不患病"不是更好吗?难道会有人认为,不生病就划不来了吗?谁不愿意"舍财免灾"呢?如果有一个人一生都不曾生病,那他可能从未取用公共医疗资源。他虽然为此付出了其收入的一部分,但不论以什么观点来看,他仍然是极为幸运的人。医疗资源的

"按需分配"将社会成员之间一定程度的"互助"当成一种义务。按需分配,并不意味着人们从公共医疗资源中获取平等的份额,也不是将每个人缴纳的医保费用仅用于自身,而是将筹集来的公共医疗资源分配给那些真正需要它们的人。所有患病者都能获取自己所需要的医疗资源,在这个意义上人们是平等的。

"按需分配"原则是配置公共医疗资源的最有效的分配原则,它将使得有限的医疗资源被给予真正需要它们的人,从而最大限度地推进更多人的健康生活。然而,医疗资源"按需分配"的实现不仅与制度设计相关,还与人们对药品和治疗的理性认知息息相关。在医保体制中,医疗资源是一种公共资源。对于公共资源的取用,人们总有一种多拿多得的倾向,生怕拿少了会吃亏。但是,在医疗资源的取用问题上,个人过多占用医疗资源不仅没有好处,反而有害。从促进个人健康的角度来说,人们必须明确一个道理:并不是"吃药越多越健康"。只有明确了这一点,才有可能从患者一方杜绝过度医疗。

各类药品和治疗对于不同的患者来说并不是罗尔斯意义上的"基本善"[1],不是保持健康生活所需要的必要条件。特定的药对有相关病症的人来说是"必需品",但对于没有该病症的人来说是没有任何价值的,吃多了只会对身体造成伤害。因此,患者不应该希望或诱导医生给自己多开药、开贵药;而是应该"对症下药",尽量选用经过长时间验证的基本药物。患者应该树立这样的健康观念:少吃药并不亏,反而对自己身体有好处。与此同时,医疗卫生行业应努力确定真正有效的药物,将一些仅具有心理安慰且价值昂贵的药物从医保覆盖的药品清单中去除。医务人员有责任也有动力揭开药物的真面目,减少盲目的医疗消费。医药领域的"双盲实验"[2]是证明药物是否有效的合理手段。可能的话,应在药物上注明是

---

[1] 这里借用罗尔斯的术语"基本善",罗尔斯将"基本善"定义为:不论一个人的合理生活计划是什么都对其有用的东西。参见John Rawls, *A Theory of Justice*, p. 79。

[2] "双盲实验"是指被试和实验者都不知道哪些被试接受哪一处理的实验技术。这种实验方法用于防止研究结果受到安慰剂效应(placebo effect)或者观察者偏爱(observer bias)影响。例如,为了验证某种药物是否真正有效,可以将患者分成三组。第一组不用药,第二组使用安慰剂,第三组用药。同时,医生和患者都不知

否通过"双盲实验"证明有效，给予患者选择药物的主动权。

健康的维护在于合理的饮食、有规律的生活节奏、有益的生活习惯、平和的心态以及适当的运动。对于保持"健康"来说，个人应尽力养成良好的生活习惯，医疗服务行业在提供基本的医疗服务的同时，还应通过各种渠道普及必要的卫生知识。而预防性的知识普及、必要的前期检查和保健，将大大降低人们患病的概率，大幅度减少医疗服务支出。"吃药""做手术"以及各种治疗只是对于"健康失衡"的补救。任何"药物"都有副作用，打破人体自身的平衡，削弱人体自身的抵抗力和自愈能力。这些不应该是医疗服务的主要支出方向。

## 三、公共医疗资源应促进更多人的健康生活

人们通常将"生命至上"作为一条颠扑不破的真理。然而，在公共医疗资源取用的问题上，这条"真理"却可能受到深刻的质疑。最富争议性的案例就是：是否要耗费巨大的公共医疗资源延续植物人的生命？对于这个极富争议性的问题，不同人的答案可能是不同的。一些人认为，只要有一丝苏醒的希望都应该不惜一切代价延续植物人的生命；而另一些人则认为，单纯的生命延续是没有意义的，生活质量更重要。如果一个人活着而全无知觉，或者只剩下痛苦，这时就没有必要耗费公共资源去延续其生命了。不同人对这一问题的看法可能千差万别，不能强求统一，每个人都可以有自己对生命意义的理解。然而，在公共医疗资源的取用这一问题上，人们却必须设计出一个统一的标准。也就是说，所有社会成员必须在达成共识的基础上建立某种取用公共医疗资源的规则。

站在"不惜一切代价延续生命"的立场来设计医保制度，这是否意味着延续人们生命所需的一切药品和治疗都必须包含在国家提供的医疗保险之中，都应该通过国家的再分配机制予以提供呢？这一结论显然得

---

（接上页）道哪一组是被如何对待的。这样就排除了测试者和被试者两方面的主观因素，能够客观地判断该药物对相应的病症是否有效。

不到大多数人的赞同。一方面，公共医疗资源有限，应将其用于救助尽量多的人，尽可能地增进大多数人的健康；另一方面，在许多情况下（例如植物人、脑死亡的情况），耗巨资延续生命，对于患者及其家属来说都是一种痛苦。

那么，我们应如何来思考这个有关生死的悖论性问题，并设计出合理的医保制度，划定医药报销的恰当范围呢？美国哲学家罗纳德·德沃金讨论过"虚拟保险"的思想实验，或许能对我们有所启发。所谓"虚拟保险"，指的是人们在不知道自己遭遇某种风险的具体概率的情况下，愿意出钱购买针对这一风险的保险，遂以所有人付出的保费当作应对这一风险的公共基金。当某人遭遇相应的厄运时，则取用这一公共基金。在德沃金对"虚拟保险"的设计中，有一个较薄的"无知之幕"，亦即，这一思想实验没有屏蔽掉与当事人有关的所有信息，只是屏蔽掉了当事人遭遇特定风险的具体概率信息，例如，是否有家族遗传病史，性别对特定疾病的影响，等等。"无知之幕"的设定在于促成人们之间的共识，以人们的共识为基础确定对不幸者的补助数额，防止对某类厄运补助耗费过多的公共资源，变成一个无底洞。

我们可以借用"虚拟保险"解决为延续植物人的生命，医保系统应承担多少医疗费用的问题。假设，人们不知道自己变成植物人的风险有多大，只知道在全国人口中遭遇植物人的概率为 0.1%[①]，那么人们愿意以多少钱购买针对植物人延续生命所需医疗费用的保险呢？假设，人们愿意以每月 5 元的费用购买此保险。那么医保制度就将从每个人手里筹集到的这笔经费用于作为所有植物人延续生命所需的医疗费用。而当这笔费用耗尽时，医保系统就不再承担进一步的治疗费用。这时，那些希望能继续治疗的家庭就必须自己承担这笔费用。如此一来，通过"虚拟保险"的思想实验，以人们在一种很薄的"无知之幕"背后的"意愿"为

---

[①] 我国每年新增植物人约 10 万，且十年前就有约 40 万，保守估计目前中国植物人在 100 万左右，若按照涉及的家庭规模，则人口比例约达到 0.1%。参见网页：https://www.51ldb.com/shsldb/ms/content/01760d0338d6c00134c587f8f563fc62.html，访问时间：2023 年 4 月 19 日。

基础，医保覆盖的范围得以划定。

实际上，德沃金提出的"虚拟保险"的思想实验可以用于确定任何疾病的医疗报销额度。例如，对于"心脏病"，人们在不知道自己患心脏病的具体概率，但知道全国人口患心脏病概率的条件下，通过"虚拟保险"对应付出多少钱买保险达成共识，而这一保费就是每个人将为心脏病缴纳的医保费用，也正是用于治疗心脏病的费用。所有患心脏病的患者都能平等地取用这笔费用，而当这笔费用耗尽时，患者就应自己承担进一步的治疗费用。总之，通过"虚拟保险"的思想实验，国家得以确定应向人们收取多少医保费用，并由此而确定医保覆盖的范围——哪些药品和治疗项目应由国家出资负担、哪些不应该，等等。

在现实生活中，医保范围的确定往往成为人们争论的焦点。哪些药该纳入医保、哪些治疗项目该纳入医保，人们往往众说纷纭、难以达成一致。这是因为，每个人的利益不同，意见也就不同。比如，对于患心脏病的人来说，他当然希望对于心脏病的所有治疗费用都划入医保范围。然而，对于没有患心脏病的人来说，要求他从工资里取出很大一部分来治疗别人的心脏病，他当然是不愿意的。所以，"虚拟保险"的意义正是在于消除人们之间的争端，促成各方达成共识。"虚拟保险"以一种较薄的"无知之幕"屏蔽掉人们患病的具体信息，以此确定缴纳的医保费用以及医保覆盖的范围。在人们达成共识的基础上，形成一种公平的对公共医疗资源的筹集和取用规则，实现对医疗资源的有效而平等的配置。如本书第十五章所述，只有屏蔽掉人们遭遇风险的概率信息，才可能建构公平的风险分担机制。

值得注意的是，虽然医保范围不可能覆盖所有疾病的所有治疗费用，但这并不意味着人们没有尽一切努力延续自己生命的权利。"延续生命"是每个人不可剥夺的权利和自由。然而，人们应该为自己的决定付出一定的代价。也就是说，在某一范围之外的医疗费用须由个人承担，而不是由所有社会成员通过公共医疗资源的筹集来承担。在理论上，医保覆盖的范围可以通过"虚拟保险"的思想实验来确定。在实践中，这一范围由公共讨论以及专家商议决定。而对于超出医保范围的医疗服务则由市场提供，个人依据自己的能力购买，而不再由国家通过全民医保体系提供。

应该明确的是，对于由国家提供的全民医疗保险来说，单纯的"延续生命"不是终极目标。其目标应该是有效地配置医疗资源，让尽量多的人能够拥有健康的身体，并有效预防各类疾病。"虚拟保险"为全民医保应覆盖哪些疾病、哪些药品，以及哪些治疗项目提供了一个思考的视角。通过"虚拟保险"，人们能够根据患病概率的不同站在不同人的角度思考医保范围的问题。以此设计出来的医保制度能够更好地兼顾各方的利益，获得更多人的认同。

## 第三节　全民免费医保制度设计

药品和治疗对于患者来说是维持生命的必需品，对于必需品应按需分配而不是平均分配，也不能完全借助自由市场进行分配。基于这一基本原则，我们可以设计出以下可行的全民免费医保制度：1. 从社会每一个公民的收入中扣除一部分作为提供医疗保险的经费。2. 由专业人士结合药品和治疗的必要性及所筹公共医疗资源的总量确定医疗保险覆盖的范围，制定《医保药品和治疗目录》。3. 以公共医疗经费为每一位患者支付《医保药品和治疗目录》内的药品和治疗。4. 以公共医疗经费支付医生的薪酬和医院的日常开销。5. 医生的薪酬相对固定，不与医院的收入挂钩，医生的收入与其开出的药方和治疗方案无关。6.《医保药品和治疗目录》内的药品和所需的医疗器械由国家统一集中购买。7.《医保药品和治疗目录》之外的医疗费用由患者自己承担。下面，我将从医保资金的筹集、医保资金的支出、医保目录的制定、医生的薪酬制度、新制度方案的优势等五个方面详细讨论上述全民医保制度设计。

## 一、医保资金的筹集

公共资源必然是取之于民用之于民，这一点对于医保资金的筹集来说也是一样的。即使医疗资金的来源是财政拨款，其款项也来自于各社会成员上缴的税收，归根结底还是来自于社会成员。在本节设计的全民医保制度中，医保基金的来源是全体社会成员，亦即，国家从每个社会成员的收入中扣除一部分费用作为社会统筹的医保基金。那么，这笔医保费用应该如何收取呢？如果从"人人平等"的立场出发，国家应该从每个社会成员的收入中扣除同等比例的医保费用。例如，假设在全国范围内医疗服务开支占国民生产总值的6.5%，那么就以个人收入的6.5%作为每人每年应上缴的医保费用。[1] 按照这种缴费方式，虽然高收入人群缴纳的费用要大于低收入人群所缴纳的费用，似乎照顾到了低收入人群在社会中所处的不利地位。但是，这种整齐划一的收费方式仍然可能使一些贫困人口的生活雪上加霜。尤其是对于挣扎在贫困线上的社会成员来说，从他们微薄的收入中抽取6.5%，可能会加剧他们生活的窘迫。因此，对于医保费用的扣除应采用某种形式的累进制。收入多者扣除比例较高，收入少者扣除比例较低，收入极少者不扣除。例如，我国目前的贫困线定为年收入3000元，那么，相应的医保费用的扣除规则可制定为：年收入在3000元及以下的社会成员不用缴纳医保费用，年收入在3000—5000元的社会成员缴纳收入的1%作为医保费用，年收入在5000—10000元的社会成员缴纳收入的2%作为医保费用……如此种种，逐步递增；只要保证最终筹集到的医保费用与预期要支付的医保费用相符即可。[2] 累进制的缴费机制将惠及贫困人口及低收入人群，使得医疗服务对于他们来说成为一种福利，而不是额外的经济负担。

---

[1] 依据国家卫健委发布的《2021年我国卫生健康事业发展统计公报》，2021年我国医疗卫生支出占GDP的6.5%。参见网页：http://www.gov.cn/xinwen/2022-07/12/content_5700670.htm，访问时间：2023年4月19日。

[2] 医保费用是一种强制性的社会保险，属于强制性再分配。因此，其制度逻辑与税收是一致的，采取某一起征点以上的累进制。具体论证可参考本书第十四章对税收公平的讨论。

我国医保制度包括职工医保和居民医保两部分。这两种医保制度基本覆盖了所有城乡人口，满足了所有社会成员对于基本医疗服务的需求。据中新网2019年5月6日的消息，在5月6日发改委召开的专题新闻发布会上，发改委规划司司长陈亚军介绍，截至2018年底，城乡居民基本医保覆盖13.5亿人。[①] 然而，两种医保制度的并行也存在着明显的问题：两种制度下筹集到的医疗资源总量不同，使得不同人群享受的医疗服务不同。例如，城镇职工收入较高、所缴医保费用较多，其医疗保障就会更好；而对于农村居民和非从业城镇居民来说，由于收入低、不稳定，缴纳的医保费用少，筹集到的医疗费用也较少，他们能够享受的医疗保障也就较差。所以，最理想的全民医保制度应该是所有社会成员不论其所处农村还是城市、无论其有无固定的工作、无论其应缴的医保费用是多是少……，当其患病时都能享受到同等的医疗服务。只有这样才能真正保障每一个公民平等的健康权利。当然，医保制度的改革并不是一朝一夕的事情，因时制宜、因地制宜都是必须采用的策略。在现有医保体制的基础上，逐步朝全社会一体化的医保制度迈进，有效应用全社会的力量向那些真正需要药品和治疗的社会成员提供帮助，逐步消除不同社会成员之间的待遇鸿沟、身份鸿沟，这应该是医保制度进一步改革的方向。

## 二、医保资金的支出

在医疗经费的支出方面，本节所设计的医保制度做如下安排：第一，《医保药品和治疗目录》中所包含的药品和治疗费用完全由社会统筹的医疗经费支付。一些常见普通病症的患者甚至可以不带钱去医院，医生开好处方之后，直接去拿药就行。不论是医院的药房还是市场上的药店，只要是《医保药品和治疗目录》上的药品，在有医生列处方的情况下都可以免费获取。如此一来，医院、医生和患者之间不再有现金转

---

① 参见网页：http://www.chinanews.com/gn/2019/05-06/8828504.shtml，访问时间：2023年4月19日。

移，医院不再是营利部门，医生和医院也不可能将病人作为牟利的对象。这将大大有助于医患关系的缓解，并从根本上杜绝过度医疗现象。第二，对于超出清单部分的治疗（例如美容）和药品（例如美白、生发等药物），则由私立医院和药店依据市场原则提供。在这一问题上，医保覆盖的医疗服务与市场提供的医疗服务必须"泾渭分明"。换句话说，公立医院和私立医疗服务机构必须严格分开，以不同的机制运行。如果公立医院也提供医保范围之外的医疗服务，医生和医院就有可能为了营利而向病人"推销"需个人付费的额外的医疗服务，间接导致对病人的过度医疗。相反，如果私立医疗机构和公立医院严格分开，公立医院只提供医保覆盖的基本医疗服务，私立医疗机构和药店提供医保覆盖之外的医疗资源，那么，公立医院的医生就不会有动机去"推销"任何额外的医疗服务，而是依据自身的知识和经验为病人提供准确的判断。而病人则可以依据自己的喜好和支付能力对市场提供的医疗服务进行选择。值得注意的是，即使是私立的医疗机构，其医生的薪酬也不应与其推销出了多少药、让病人做了多少检查、为医院赚了多少钱挂钩，因为这种类似分成的薪酬制度极易诱发过度医疗，给患者造成不必要的经济负担和身体负担。

自1994年以来，我国城镇职工基本医疗保险采用了"个人账户"和"统筹基金账户"相结合的制度，即为每一个参保职工建立个人账户，个人缴费（一般占工资额的2%）的全额和用人单位缴费（一般占工资额的6%）的30%计入个人账户，单位缴费的70%进入社会统筹医保基金。其中，个人账户可支付以下费用：1.定点零售药店购药费用，门诊、急诊医疗费用；2.用于本人购买商业保险、意外伤害保险等；3.基本医疗保险统筹基金起付标准以下的医疗费用；4.超过基本医疗保险统筹基金起付标准，按照比例承担个人应付费用；5.个人账户不足支付部分由本人支付。统筹基金账户主要支付以下费用：1.住院治疗的医疗费用；2.恶性肿瘤放射治疗、肾透析、肾移植后服抗排异药的门诊医疗费用；3.急诊抢救后住院治疗的病人，其住院前留观七日内的医疗费用。

在城镇职工基本医疗保险制度中设立个人账户的初衷是为了激励人们参保，保证每个参保者有较为充足的医疗资源。如该制度建立之初的设想:"一是制约、激励功能,既增加个人自我约束意识,节约医疗费用,也增加个人对单位按时足额缴费的监督;二是积累功能,为人口老龄化带来的疾病医疗费用的压力预筹资金。"[1]然而,个人账户的设立却显现出诸多弊端:第一,个人账户的设立与医疗资源应遵循的"按需分配"原则背道而驰,无法使有限的医疗资源得到最佳配置。显然,一些人收入高、单位效益好,个人账户中的医疗经费充足;但这些人并不一定需要大量的医疗资源,其个人账户中的医疗资源就得不到有效利用。相反,一些人收入低、单位效益不好,却可能生重病,其所需的医疗资源大大超出个人账户能够支付的范围,即使可以启用统筹基金账户中的资源,也是捉襟见肘、难以应对。第二,个人账户的设立可能催生过度医疗。一些患者为了充分利用自己个人账户中的资金,倾向于让医生多给自己开药。而这一方面是对公共医疗资源的浪费,另一方面对自己的身体也没有好处。在一些省份,个人账户中的资金甚至可以用来购买基本医疗服务之外的保健品、公园年票等,或者是自行取出,而这些政策更是加剧了对公共医疗资源的浪费。第三,个人账户的设立没有体现社会成员之间的互助义务。如前所述,基本医疗资源对于患者来说是"必需品",应依据"按需分配"原则进行分配。这是因为,社会成员之间有义务为彼此提供生存所需的必需品。然而,个人账户的设立,实际上否定了社会成员之间普遍存在的互助义务,而是以个人和单位的力量各自提供所需的医疗资源。这种公共医疗资源的分配方式对于收入低、单位效益不好的职工,以及非从业城镇居民和农村居民来说是不公平的。"根据现行制度,隔年筹集的医疗保险基金有近一半计入个人所有的个人账户,这部分医保资金完全由个人支配使用,造成医保制度整体丧失了近一半的统筹保障功能。"[2]鉴于个人账户制度的种种弊端,笔者认为,应逐步取消个人账户,将筹集到的医疗资源严格依据"按需分配"原则进行资源

---

[1] 劳动和社会保障部医疗保险司编:《中国医疗保险制度改革政策与管理》,中国劳动社会保障出版社,1999年,第52页。
[2] 华颖:《从医保个人账户兴衰看中国社会保障改革理性回归》,《学术研究》2020年第4期。

配置，对症下药，将相关药品无条件地分配给急需的病人。2019年5月，国家医疗保障局、财政部明令2020年底前取消或禁止城乡居民医疗保险中个人（家庭）账户的设置，标志着个人账户制度将逐步退出历史舞台。①

## 三、医保目录的制定

《医保药品和治疗目录》是本节所讨论的全民医保制度的一项核心内容。公共医疗资源应覆盖多大范围内的医治费用完全由这一清单决定。对于这一清单的制定，应由专业人员通过多方商议而给出检测、治疗和药品清单，并依据医生和患者的反馈定期增补和修改。关于该目录的具体制定过程，可参考上文论述的"虚拟保险"的思想实验，一方面广泛征求各种病症患者的意见以及其他普通民众的意见，判断人们愿意拿出收入的多大比例的经费作为医保费用；另一方面，由医疗行业的专家学者组成目录编撰委员会，以所筹集的医保费用总额为依据通过协商讨论最终确定该目录的内容。

目前，我国医保制度中所使用的《国家基本医疗保险、工伤保险和生育保险药品目录》（以下简称《药品目录》）正对应于本节所设想的《医保药品和治疗目录》。在2020年的《药品目录》中收载了西药和中成药共2800种，其中西药部分1264种，中成药部分1315种，协议期内谈判药品221种，为满足人们的基本医疗需求提供了坚实的保障。《药品目录》在实际的应用中存在的最大问题就是：一些已被纳入医保范围的药品在各级医院中还没有配备；或者是医院配备了相关药品，但是患者并不能使用医保基金支付，而是须自行支付、不能报销。例如，2018年黑龙江大庆的一位患者家属反映，已被国家医保局纳入《药品目录》的肺癌药物阿来替尼须自费购买，医院虽然有此药物但不能报销。再有，2019年年初，国家医保局将肺动脉高压药物波生坦、马昔腾坦等药物纳入医保

---

① 《关于做好2019年城乡居民基本医疗保障工作的通知》（医保发[2019]30号），参见网页：http://www.nhsa.gov.cn/art/2019/5/13/art_37_1286.html，访问时间：2023年4月19日。

目录，但患者反映此类药物只能通过住院报销。又有，2019年治疗帕金森综合征的药物雷沙吉兰已纳入国家医保目录当中，并于2020年1月1日起开始实施。但是，截至2020年年底，河南、黑龙江等一些县一级的患者仍反映医院里根本买不到药。[①]可见，为地方各级医院，尤其是县一级医院配备《药品目录》中的相关药品，同时斩断医院以药品营利的利益链条，是全民基本医保制度真正发挥效力的关键。

在药品采购方面，自2019年初以来，我国的医保改革开始尝试国家出面进行药品集中采购的相关政策。2019年1月17日，国务院办公厅印发《国家组织药品集中采购和使用试点方案》，从国家政策层面明确了药品集中带量采购的改革方案。"药品集中带量采购"指的是由国家出面向药企集中采购医保覆盖的相关药品。这一政策致力于斩断医院和药企之间的利益链条，对于平抑药价、杜绝医疗腐败、改善医患关系都有积极作用。如本章第一节所述，在药企、医院和患者三方之间，医生和医院是患者的代理人，应该从患者的利益出发，为其选择廉价而有效的药物。然而，在利益推动下，医生和医院极易与药企一方勾结起来，向患者推销价格昂贵的药品，甚至助长药企提高药价，让患者承受过重的经济负担。可能的情况是：药企或医疗器械的供应商贿赂医生和医院，让医生们将自己的产品推销给患者，同时提高药价以平衡贿赂的成本；而患者则由于缺乏医疗专业知识，对医生的建议言听计从，造成过重的经济负担和身体负担，间接地浪费大量公共医疗资源。如此运作必然会造成过度医疗、医生道德败坏、医患关系紧张等严重的社会问题。因此，由国家出面与药企洽谈，集中购买《药品目录》上的相关药品，能够有效地斩断药企和医院之间的利益链条，有助于平抑药价、杜绝医疗腐败、改善医患关系，最终使患者获益。

---

[①] 参见徐婷婷、王艾冰、李超然、孔天骄：《国家医保目录的药，为何有些基层地区不能落地？》，健康时报网 http://www.jksb.com.cn/html/news/hot/2020/0524/162837.html，访问时间：2023年10月18日。

## 四、医生的薪酬制度

长期以来，我国公立医院的医生薪酬制度主要为岗位绩效工资制。薪酬的组成部分中包括工资、薪金、国家补助和绩效。其中，绩效部分与医院及科室的创收关系密切，这就是通常所说的挂钩的薪酬制度。也就是说，医生的收入与医院和各科室的收入相关，医院和科室的收入越高，医生的收入也越高，这实际上是一种"分成"的薪酬制度。在我国大部分公立医院医生的薪酬中，绩效部分的工资占到医生总收入的一半以上，是医生收入的重要来源。然而，这种以医院和科室的收入为激励机制的薪酬制度设计却存在着巨大问题，可能导致过度医疗、激化医患矛盾。挂钩的薪酬制度设计对于其他行业来说是可行的，能够促进相关产品的销售，然而对于提供基本医疗服务的医院和医生来说，其弊端则显而易见。在挂钩的薪酬制度下，医生为了提高自己的经济收入，必然会多开药、多让病人做检查，以此增加医院和科室的收入，最终增加自己的收入。更有甚者，在一些效益欠佳的医院还出现了"分派任务"的情况：规定各科室必须给医院创造多少收入，为医院创收成为每个医生必须完成的任务！可想而知，在这样的激励制度下，所谓"大处方"、"大检查"必然是屡禁不止，患者怨声载道，医患矛盾一触即发。

2017年，人力资源社会保障部等部门发布《关于开展公立医院薪酬制度改革试点工作的指导意见》。该指导意见明确指出"严禁向科室和医务人员下达创收指标，医务人员个人薪酬不得与药品、卫生材料、检查、化验等业务收入挂钩"。然而，在此指导意见发布之后，医生工资与所开处方之间的联动关系却仍然存在。例如，2023年，鹿晓利在对贵阳市Y区公立医院的薪酬制度的研究中指出，该院医务人员绩效分配与医院收益挂钩，在财政承担的奖励性绩效外的超绩效部分，由医院执行承担开支，与医院收益挂钩。[①]另外，陈阿敏等在2023年对公立医院医生薪酬制度的弊端进行总结时提到："由于政府财政补偿缺位，我国公立医院医务人员薪酬

---

① 鹿晓利：《贵阳市Y区公立医院薪酬制度优化研究》，贵州大学硕士学位论文，2023年。

主要依赖医疗服务收入，公立医院自身普遍承担着自负盈亏的重担，迫使其追求经济利益，加剧了公立医院的逐利性。医务人员薪酬与科室薪酬绩效、医院经营性收入相挂钩，直接促使医务人员在追求高收入的同时，催生大处方、大检查等过度诊疗行为和灰色收入问题，刺激医疗费用不合理增长，最终偏离公立医院的公益性。"[1]由此看来，医生薪酬与医院收益挂钩的情况仍然普遍存在。这是因为政府拨款不足以支撑公立医院的生存和发展，医院必须自筹资金解决一部分医生薪酬。事实上，只要医生的薪酬并非完全由财政拨款，仍然遵循"多卖多得"的市场原则，那么就势必出现过度医疗，而医患关系也可能随之恶化。

另外，从相关文献的研究来看，我国公立医院医生薪酬制度的另一个弊端是医生薪酬水平整体偏低。有学者将医生的职业特征总结为"四高"：道德水准高、劳动强度高、人力资本高、职业风险高。基于这些职业特征，医生的收入水平理应高出社会平均收入水平。然而，我国医务人员的工资水平与其他职业相比并不算高。我国医生的平均工资通常为城镇单位就业人员平均工资的1.1—1.2倍。这与医生的工作性质和辛苦程度形成了巨大的反差。在国际范围内，我国公立医院医生的薪酬也大大低于大部分发达国家和地区。如美国、新加坡医生的薪酬分别是社会平均薪酬的3—8倍、2.1—7.7倍；英国医生的薪酬是全国雇员平均收入的2.5—4倍；香港医生的薪酬是调查选定行业平均薪酬的3.7—14倍；等等。[2]医生收入偏低不仅对付出巨大辛苦和承担风险的医生不公平，而且还在客观上诱导了医生通过"创收"而增加收入，甚至诱导医生通过收受回扣来增加灰色收入。在中国，有患病经验的人都有一个共同的倾向，就是特别喜欢托亲戚朋友找熟悉的医生看病。这是因为在面对亲戚朋友的时候，医生会打消牟利的念头，真正站在患者的角度为其诊治开药。这一现象也从侧面反映了挂钩的医生薪酬制度存在的弊端。

从根本上来说，公立医院医生薪酬制度的种种弊端其根源在于国家

---

[1] 陈阿敏等：《我国公立医院薪酬制度存在的问题分析》，《医学与社会》2023年第6期。
[2] 刘畅：《我国公立医院医生薪酬水平确定方法的综合比较》，《中国卫生政策研究》2018年第11卷第12期，第51—55页。

投入过少。由于国家财政拨款有限，医院只得自负盈亏，从患者身上筹集医生收入以及医院发展的资金。为了补足财政拨款的资金缺口，一种可行的方案是：医院的所有盈利都上缴国家，由国家统筹安排，以财政拨款的方式支付医院的日常开销以及医生的薪酬。这一方案思路类似于国有企业运营方式，一方面斩断了医院营收与医生所开处方之间的联动关系，另一方面也解决了医院生存和发展的资金来源问题。同时，着力落实和完善薪酬制度改革，为医生提供相对固定而且水平较高的薪酬。这样，他们就能够真正站在患者的角度，为其选用有效而廉价的药品和治疗，而患者对医生的信任也将逐步提升。在医患关系缓解的情况下，医生也不会再为了"撇清责任"而让病人做过多检查，而是依据经验和判断做那些必要的检查。这些都将有效地减少过度医疗的发生。医生薪酬制度的根本性改革将大大缓解医患关系，杜绝过度医疗，逐步树立医生在人们心中应有的权威和美好形象。

## 五、新制度方案的优势

上述全民免费医保的制度构想与现行的医保制度相比有以下三方面的优势。

第一，上述制度方案可以有效地规避与医疗资源分配相关的各种腐败现象，能够有效地打击药品倒卖以及与药品相关的贿赂等违法行为。在新制度方案中，对于患者来说，医保覆盖的所有药品和治疗都是免费的。也就是说，《药品目录》上的所有药品，不论是在药店还是在医院的药房，只要有医生开具的处方人们都可以免费获取。如此一来，这些药品就不会成为人们倒买倒卖的对象。因为，需要它们的人能够免费获取，而不能免费获取的人也不需要这些药品。在新制度设计中，医院不能为了创收而擅自对基本药品加价；同时，也不再会有人因为想获得这些资源或者推销某种药品而去贿赂相关医务人员。尤其是在国家出面集中采购《药品目录》中的基本药品的政策下，药品供应方与医生之间的利益链条被斩断，药企将无法通过贿赂医生来推销自己的产品。这样的制度设计彻底打消了人们将基本药品作为商品以牟取暴利的动机。

第二，新制度方案能够有效抑制过度医疗现象，缓解医患关系。过度医疗是激化医患矛盾、浪费医疗资源的症结所在，新的全民免费医保方案试图通过两种制度改进根除过度医疗问题。一是，取消"个人账户"制度，将筹集到的医疗经费全部用于社会统筹，真正做到对公共医疗资源的"按需分配"。取消个人账户能够有效杜绝患者为用尽其个人账户中的资源而诱导医生多开药的情况。没有个人账户，患者就不会有"为了开药而开药"、"多开药，否则账户里的钱花不完浪费了"等想法，而是会依据医生的建议，遵循在治好病的情况下尽量少用药的原则。"是药三分毒"，药品并不像食物、衣物等普通必需品，可以多多益善，过度用药只会损害人们的健康。二是，进一步改革医生的薪酬制度，取消挂钩机制，打消医生为患者多开药、多开检查项目的动机。在新制度方案中，医生的薪酬相对固定，与为病人开了多少药和检查无关，这样，医生将能够真正站在病人的立场，为病人选用便宜而有效的药物，既减轻了病人的经济负担也减轻了病人的身体负担。总之，改革个人账户制度和医生的薪酬制度，从患者和医生两方面抑制过度医疗，将使这一社会问题得到有效的解决。

第三，新制度方案提出了将现行的城镇职工基本医保和城乡居民基本医保合而为一的改革目标，旨在为全体社会成员提供平等的医疗保障，这将更好地体现社会成员之间普遍的互助义务。在新制度方案中，无论社会成员处于社会中的任何位置——哪一省份、农村还是城市、是否有固定收入、收入高还是低……，当其患病时，都能得到同等好的基本医疗服务。这一改革目标，将推动公共医疗资源有效而公平的分配，维护不同社会成员之间的平等，推进社会正义。

综上所述，新的全民免费医保制度设计充分考虑了不同阶层社会成员的平等地位，最大程度上体现了互助共济的原则；同时，严格遵循按需分配原则分配有限的医疗资源，将资源分配给真正需要的人。与此同时，上述制度构想还斩断了医生和药企之间的利益链条，有利于医生和医院站在病人的立场凭借自己的专业知识和实践经验为病人诊治。这一方面将大大抑制过度医疗，杜绝资源浪费；另一方面，也能有效地改善医患关系。从这些方面来看，上述全民医保制度如果能够得到实施的话，将是公平而有效的制度。在一种协调了各方利益的好的制度中，人们也必将形成良好的德行。

# 第十九章　机会平等与教育公平

教育资源是现代社会中最重要的公共资源之一。这一资源的分配不仅事关当代人的收入和地位，还与下一代人的健康成长息息相关，是事关公平正义的重要的分配问题。共同富裕的发展目标旨在保证人们平等地获取作为必需品的初等和中等教育资源，同时确保不同阶层的社会成员能够公平地竞争作为稀缺资源的高等教育资源。在我国的教育体制中，小学和初中阶段的教育是一个人成长和发展的必需品，对于必需品应该遵循"按需分配"原则予以分配。高中和大学阶段的教育资源是重要的稀缺资源。对于稀缺资源应该遵循"公平竞争"的原则，保证所有社会成员获取稀缺资源的机会平等。高考制度是我国对高等教育资源进行社会分配的核心制度。这一制度所主导的社会分配遵循"应得原则"，将优质的教育资源分配给最优秀、最有潜力的学生，保证了人们竞争稀缺资源的机会平等。依据"应得原则"对高等教育资源进行社会分配，既能为个人发展提供相应的机会，又能促进社会进步，很好地协调个人和社会之间的利益关系。因此，以"应得原则"为基础的高考制度是合理的分配制度。与此同时，除了以"应得原则"为主要分配规则，我国的高考制度还同时考虑到地区发展不平衡以及不同人群之间在经济、社会、初等教育等方面的不平等状况，制定了相应的优待政策。本章第一节将分析义务教育阶段的教育资源分配，并以"择校"现象为切入点，探讨初等教育资源分配中的教育公平问题；第二节至第五节将深入分析高考制度涉及的"公平竞争"，在此基础上聚焦高考制度中的各项具体政策，分析这些政策背后的理由及可能存在的问题；第六节将对应试教育和素质教育的关系进行探讨。

# 第一节　义务教育阶段的教育资源分配

在我国的教育体制中，小学和初中的九年义务教育是每个人健康成长和发展的必需品。一个孩子降生在一个国家中，无论他的理性生活计划是什么——当医生、当艺术家、赚大钱，还是成为运动健将——他都必须首先接受一种不分专业的基础教育。这一基础教育的内容包括：识文断字、简单的计算、对世界的科学性认识、与人交往的基本礼仪、对国家和民族的认同，等等。这些在小学、初中阶段学习的东西，对于每个人展开自己的人生计划都是必不可少的。因此，为了维护每个公民平等的受教育权利，对义务教育资源的社会分配应以"按需分配"为基本原则。然而，在分配现实中，人们总是希望能够自由地选择就读的学校，想尽一切办法获得最优质的教育资源。正是"按需分配"和个人自由之间的张力造成了目前我国中小学教育阶段普遍存在的"择校"现象。本节将深入分析"择校"现象产生的原因、不同类型以及弊端，并对政府应如何引导人们"择校"、维护教育公平提出相应的政策建议。

## 一、"择校"与教育公平

我国的九年义务教育是人们的一项"基本需要"，是一种应该平等地分配给所有适龄儿童和少年的公共资源。在中小学教育资源的分配问题上，我国相关教育政策的基本原则是"就近入学"，这是一种保证人们平等而便捷地获得基础教育这一公共资源的分配方案。1986年颁布实施的《中华人民共和国义务教育法》第九条规定："地方各级人民政府应当合理设置小学、初级中学等学校，使儿童、少年就近入学。"2006年修订的《中华人民共和国义务教育法》第十二条规定："适龄儿童、少年免试入学。地方各级人民政府应当保障适龄儿童、少年在户籍所在地学校就近入学。"然而，与"就近入学"政策相伴而生的却是许多人千方百计地将自己的孩子送进重点学校、名校的"择校"现象。可以说，自从有了"就近入学"政策,就出现了"择校"现象。

所谓"择校"指的是,在我国中小学的九年义务教育阶段,一些家庭依据自身条件以及各学校和政府部门的相关政策,自主选择孩子就读的学校,而不是依据"就近入学"原则就读于户口所在地学区内的学校。"择校"现象弊端颇多,但屡禁不止,这与人们与生俱来的选择自由息息相关。国家推行"就近入学"政策,其初衷是要保护每一个适龄儿童、少年受教育的平等权利,而这种"权利"却并不是强制的。也就是说,"就近入学"政策并非要求每个孩子"必须"就近入学,在相关政策允许的范围内,在个人能力能够达到的情况下,人们可以根据自身的需要选择自己心仪的学校。这就像对"医疗服务"这一必需品的分配一样,在一定范围内的药品和服务是免费或以很低价格提供的,而超出这一范围的医疗服务是人们可以根据自身的需要和经济能力选择的。从某种意义上来说,"择校"现象正是人们依据自身的需求和能力而做出的自由选择。联合国《世界人权宣言》第二十六条规定:"人人都享有受教育的权利,任何组织、学校或个人都应该尊重其个体的选择。"这充分肯定了人们有依据自身需要而选择特定教育资源的自由。

在中国,"择校"现象突出表现在小学入学和"小升初"两个阶段。这是因为高中阶段不再是义务教育,初中毕业生须凭借相应的考试成绩才能被自己心仪的高中录取。"就近入学"原则不适用于高中阶段,而"就近入学"和"择校"自由之间的矛盾在"中考"之后就不复存在了。由此看来,正是保证基本需要得到满足的"就近入学"原则与个人选择教育资源的自由之间的错位导致了小学和初中阶段普遍存在的"择校"现象。这是平等和自由两种政治价值之间的矛盾所导致的社会现象。从理论上来说,"就近入学"和选择自由这两条原则同等重要,前者保证所有人的"基本需要"得到满足,后者保护人们的选择自由、激活学校之间的竞争并由此而提升学生的学习效率。因此,对于"择校"问题的处理,不应该着眼于如何禁止"择校",而应该着眼于以什么样的方式和政策引导"择校",兼顾效率与公平。事实上,"择校"现象是禁止不了的。因为,即使最严格的"就近入学"政策也必须以户籍为根本依据判断孩子应该就读哪个学校。然而，户籍以房产为依据，在房产放开买卖的情况下，人们可以通过购置房产而选择自己心仪的学校。如此一来，最严格的"就近入学"政策必然演变成"以房择校"。这也是学区房价格居高不下的原因。学区房卖到天价，断绝了那些买不起学区房的普通民众获取优质教育资源的希望，反而深深地加重了教育的不公平。

## 二、"择校"现象的政策原因

从政策的角度来分析，"择校"现象长期存在的原因有以下三方面。

第一，地方政府对基础教育的投资少，希望以"择校"获取一部分办学经费。从世界范围内来看，我国对于基础教育的资金投入是相对较低的。从1995年到2012年，我国每年的财政性教育经费占GDP总额的2.85%—3.9%，长期低于4%，直到2012年之后，才超过4%。[1]考虑到我国近两亿中小学生的庞大数量，这一比例是相当低的，普遍低于世界主要发达国家及许多发展中国家。例如，印度在21世纪初期教育投资即占到GDP总额的4%，而英、美、法等发达国家的教育投资通常在5%—6%。以2019年为例，我国教育投资占GDP的4.04%，在世界190个国家和地区中居第110位。[2]而且，在我国的教育投资中，义务教育阶段的资金投入只占总投入的较小一部分，因此，对于中小学的建设来说，资金投入一直是短缺的。另外，教育经费的投入部分由地方财政支持，而教育事业的投资回报不明显，因此地方财政不愿将资金过多地投入到教育领域，这也是造成中小学办学资金短缺的重要原因。资金短缺不仅会影响学校的硬件设施建设，还直接影响到教师的薪酬，再进一步影响到教学质量。这成为学生家长要求"择校"的直接原因。从地方政府的立场来看，冠以"捐资办学"等名目的"择校"收费政策，可以为学校筹集到更多的办学经费，减轻政府拨款的压力。因此，地方政府实际上是支持"择校"的。

---

[1] 参见人民网：http://edu.people.com.cn/n1/2020/1103/c1053-31917398.html，访问时间：2023年4月20日。
[2] 参见搜狐网：http://sohu.com/a/401662401_120687065，访问时间：2023年4月20日。

第二，在较长一段时间内，我国实施了兴办重点学校、重点班的办学策略。在20世纪五十年代至八九十年代，国家为了集中有限的教育资源培养社会主义建设的优质人才，实行了一系列兴办"重点学校"、"重点班"的政策。这些政策人为地制造了教育资源的不均衡分配，加剧了人们"择校"的欲求。近几年来，教育部门已经意识到在中小学阶段兴办"重点学校"、"重点班"的许多弊端，不再施行这一政策。然而，重点学校的优势和非重点学校的劣势已经形成，在短时间内很难实现不同学校间软硬件资源的均衡分布。毕竟，人往高处走，水往低处流，优质的教育人才会倾向于进入硬件条件较好、得到各方赞誉的重点学校。学生也是一样，同样想要进名校、进重点。

第三，从学校的立场来看，"择校"是学校提高生源质量以及增加办学经费的有效途径。公众对学校质量的评价，其根本在于学生的质量，在于其毕业生的考试成绩，而毕业生的考试成绩则取决于学生和教师两方面的因素。所以，提高生源质量、优化教师待遇就成为提升学校品质的关键。恰好这两方面都可以通过相应的"择校"政策得以实现。通常的择校规则包含两种标准：一是，对学生的学习能力进行考核；二是，要求择校生缴纳部分经费。这两条标准中，前者可以为学校筛选优质生源，后者可以增加学校收入，提高教师待遇，吸引更优质的教育人才。所以说，从学校的角度来看，"择校"是各学校提升自身价值的有力途径。

总之，从地方政府、重点学校和有能力的个人的角度来看，都有支持"择校"的理由和动机，这大概就是"择校"现象即使有诸多弊端，仍屡禁不止的原因。相对于这些支持"择校"的声音，可能只有经济能力有限、孩子才学平平的家庭才会反对"择校"，而这一群体的声音是很难被听到的。

## 三、"择校"的不同方式及弊端

就中国目前的情况来看，中小学的"择校"的方式大概有以下四种："就近入学"，以房择校；以钱择校；考试择校、证书择校、特长择校；

以权择校。

第一，如上所述，即使严格执行"就近入学"政策，依然无法杜绝"择校"现象，实质上是"以房择校"。这是由于"就近入学"是以户籍所在地为标准，而户籍又是以房产为准。这就造成一些家庭为了让孩子就读好的中小学不惜以高价购买"学区房"的现象。即使政府为了抑制学区房的畸形高价，出台了类似"所在户口在入学前必须满三年、孩子与父母必须登记在同一户口上"等相关政策，仍然阻止不了千百万家庭为了"择校"而购买价格昂贵的学区房。在"就近入学"的背景下，一些学区房被炒到天价，价格不断攀升，远远高于普通人的支付能力。例如，2019年11月，北京西城区一处总面积仅5.6平方米的学区房以127.55万元成交，折合人民币约23万元每平方米。如此高昂的学区房价格使得平民百姓的子弟要想依据"就近入学"政策进入好的中小学的梦想成为泡影。这种"以房择校"的方式无疑将加剧贫富之间的紧张关系，严重影响对教育资源的公平分配。因此，国家在推行"就近入学"政策的同时，一定要均衡分配教育资源，使得不同学区之间各学校的教育质量相对均等。如果一些学校很好，而一些学校很差，那么"就近入学"不仅不能维护教育资源的公平分配，反而会加剧人们之间的不平等。

第二，为了补充办学经费，一些学校采用"以钱择校"的方式选择学生。学校要求申请进入该校的学生缴纳一部分费用，以"金钱"为门槛，对学生进行挑选。既然是以"金钱"为门槛，那么缴纳的费用就不会很低，否则就达不到选择学生的作用。而且，越是知名的重点学校，需缴纳的费用就可能越高。这种择校方式虽然满足了一些经济能力较强的家庭的择校自由，但是却与义务教育的初衷相违背。"基础教育"是必需品，应该平等地分配给每一个适龄儿童或少年。"以房择校"和"以钱择校"都是将金钱作为衡量人们是否有资格获得优质公共教育资源的标准，将经济能力有限的社会成员排除在优质公共资源之外，这是不公平的。按理说，"以钱择校"的方式只应该被应用于遵循市场原则的私立教育中，而不应该出现在对公共教育资源的分配中。正是注意到"以钱择校"的问题和弊端，1995年1月16日，时任国家教委主任的朱开轩在

1995年教育工作电话会议上强调，义务教育阶段不允许高收费，对所谓"贵族学校"或豪华型学校，国家教委明确表示不赞成。从那时开始，我国教育部门出台了一系列政策，制止各学校乱收费，抑制"以钱择校"。

第三，为了获得优质生源，许多重点学校采取"考试择校"、"证书择校"、"特长择校"等方式对学生进行挑选。相比于"以房择校"和"以钱择校"来说，各种形式的"考试择校"具有一定的公平性。这种分配公共资源的方式遵循的是"应得原则"：根据竞争者的"较优表现"分配公共资源。然而，各种考试形式所规定的择校规则却凸显了"应试教育"的弊端，一方面增大了中小学生的学业负担，另一方面也加重了家庭的经济负担。举例说明，在20世纪最初的十年间，"奥数"在中国出其不意地成为许多初中对小学生进行挑选的标准。一时间，有择校需求的小学生们都开始学"奥数"。"奥数"从一项极少数数学天才的竞技项目一跃而成为所有中国小学生的必学科目。无论孩子是否有数学天赋，无论孩子是否喜欢，家长们都迫不及待地将孩子送进"奥数"补习班。大多数家长的目的并不是希望孩子获得奥赛奖牌，而是希望孩子在初中阶段能进入重点中学。许多孩子并非数学天才，难度远远大于基础教育中的数学学习的"奥数"让小学生们苦不堪言，而收费不菲的补习班也加重了许多家庭的经济负担。直至政府部门下令禁止将"奥数"作为择校标准，这种全民学"奥数"的荒诞现象才宣告结束。然而，不以"奥数"为标准进行考试，又以什么为标准呢？近几年来，北京、上海等地的初中开始以"剑桥英语"作为标准挑选学生，于是"剑桥英语"的学习和报考人数呈现爆炸式增长。从2016年不到2万人报考，到2019年15万人报考，三年时间而已，KET/PET报考人数增长了650%。

除了"考试择校"之外，"证书择校"和"特长择校"也将小学生和家长们折磨得苦不堪言。为了获得各种比赛的奖项，或者是特长证书，学生和家长都承担了过多的负担。而且，由于各种竞赛的规则设置并不规范，给教育腐败留下了巨大的空间。以"2019年全国青少年科技创新大赛"为例，中小学生的获奖作品涉及石墨烯、锂硫电池、生物传感器、荧光探针等科技前沿技术，而且与获奖者的父母、亲戚所发表的科研成果相关，其中存在着弄虚作假的巨大嫌疑。[①]对于"证书择校"和"特长择校"的弊端，政府很难制定出恰当的政策，只能是头痛医头，脚痛医脚，在社会舆论过热时临时出台一些抑制政策。例如，近年来，各地教育部门都出台相关政策，取消各类"特长"招生。这可谓是给那些希望凭借"证书"或"特长"获取优质教育资源的家庭泼了一盆冷水。

所以说，在中小学阶段实行各种形式的"考试择校"是不恰当的。孩子年纪越小，这种"不恰当"的程度越高。"考试择校"必须有统一的标准，而各学校自己制定的标准却难免偏颇。对于学生来说，其年龄越小越不能以任何统一的标准对其进行评价，而是应该鼓励其自由地发展，充分发挥自己的潜能，并由此而找出自身所擅长的领域。为了"择校"而一味迎合各种"考试标准"，这不利于孩子的发展和成长。"考试择校"所导致的"刷题低龄化"等社会现象，对于整个民族的素质提高都是有百害而无一利的。另外，考试择校还将加剧基础教育的市场化，甚至形成公立教育系统与私立教育机构的合谋。学生们为了取得好的考试成绩，争先恐后地上各种补习班、培训班，从市场上获取教育资源。而公立部门的教育质量却因投资不足而每况愈下，这样的情况非常不利于"基础教育"这种必需品的平等分配。那些没有足够的财力获取市场供应的教育资源的家庭，就只能获取到质量欠佳的公立教育资源，这会进一步加大贫富之间的差距，甚至造成不平等的代际传递。

第四，在"择校"困难重重的情况下，一些效益好、权力大的单位与重点学校合作，通过缴纳"共建费"而获取入学资格，这就是所谓的"共建择校"。这种"集体占坑"的策略实际上是以"特权"择校，而权力的寻租往往伴随着腐败。因此，"共建"的择校方式广为人们所诟病。从教育资源的分配来看，"共建择校"将加剧资源分配的不公：一些享有一定"特权"的单位或企业的职工，在市场的初次分配中已经占据了优势，却又在以满足人们基本需要为目的的二次分配中获取优质资源，这是加倍的

---

① 参见网页：https://baijiahao.baidu.com/s?id=1672215659563816687&wfr=spider&for=pc，访问时间：2023年4月20日。

不公平。

综上所述，中小学阶段的择校模式有"以房择校"、"以钱择校"、"考试择校"和"以权择校"这四种主要的形式，其中"以钱择校"和"考试择校"经常被结合起来使用。例如，学校在挑选学生时，规定多少分以上的学生不用缴纳额外的择校费，分数在哪个区间的学生缴纳多少择校费，等等。从上述分析中我们看到，不同的择校方式都可能带来诸多弊端，对于"择校"现象应如何引导，对于"择校"现象中暴露出的社会问题应如何解决？下面，我将提出相应的对策和建议。

## 四、建议与对策

对于普遍存在的中小学"择校"现象，笔者有如下四点建议：

第一，国家应加大对中小学教育经费的投入，以充足的资源建设中小学的硬件设施并给予教育工作者足够好的待遇。截至2020年，我国的教育财政支出占GDP总额的比例已经连续8年超过4%。但是，与世界上大多数发达国家相比，这个比例数值还是偏低。尤其是，我国的中小学生数量占到全世界中小学生数量的20%，平均到每个孩子身上的经费是非常少的。只有给予充足的经费支持，地方政府和学校才不会为了获取办学经费而巧立名目推行择校政策。只有有了体面的待遇，普通的教育工作者才能安心地在公立学校教书，而不是想着如何与校外的培训机构合谋赚孩子们的钱。因此，加大对中小学教育的财政支出，这是抑制"择校"现象的关键。

第二，公共教育资源的分配应尽量均衡。对于有限的教育资源，其分配一定要均衡，使得不同学区的孩子们能够获取质量相当的义务教育。在资源均衡分配的问题上，尤其要关注农村、边远地区、贫困地区的教育状况，资源的分配应向教育落后地区倾斜。如果优质的教育资源都集中于城市、集中于发达地区，那么"就近入学"的政策就不能保证不同社会成员之间的教育公平，反而会加深人们之间的不平等。因此，在国家投入层面，应向教育落后的省份和地区倾斜，以补足其地方政府的资金短缺。同时，地方政府也应创造良好的政策条件，吸引优秀教育人才，促进落后地区的教育发展。在同一地区的不同学校之间，教育资源的分配也应向传统上的弱势学校倾斜，鼓励教师流动、采用好学校帮扶差学校等方式，促进弱势学校教学水平的提高。总之，只有当各区域的教育水平相当、基础教育的质量得到整体提升时，"就近入学"政策才可能为人们带来真正的教育公平。

第三，促进教育资源的公平分配，应警惕教育市场化带来的威胁。在现代社会，教育既是人们的基本需求，也是一种稀缺资源。简单来说，九年义务教育，以培养能写会算、掌握基本技能、适应现代社会日常生活的合格公民为目标，其目的是满足人们的基本教育需求。这种基础教育，通常由国家通过财政拨款免费为每一位公民提供。另一方面，由市场提供的各类教育——特长培训、培优教育、特殊教育等等，则以满足人们的特殊教育需求为目标，适应人们各方面特殊才能的发展。市场教育资源是稀缺资源，应通过市场的出售—购买这样的自愿交换去实现其资源配置。基础教育与市场教育之间的界限在现实生活中可能并不很清晰：基础教育应该教会人们什么，哪些知识和技能是基本的、是人人都应该学会的，哪些知识是要钻研那一科的人才需要知道的，这些问题都处在动态的发展过程之中，不一定有确切的答案。然而，有一点是可以确定的：公立的基础教育质量越差，市场化的教育就会越活跃，而人们需要为教育付出的时间和金钱也就越多。在资本对于利润的无限制的追逐之下，市场教育有巨大的动力通过各种渠道渗透到基础教育之中，以各种方式瓦解公立教育，甚至最终消灭公立教育，将教育完全市场化。教育资源配置的市场化会加剧人们获取教育资源的不平等。富人家的子弟有能力购买到各种教育资源，而穷人家的子弟则无力负担。因此，促进教育资源公平分配的关键在于建设均衡而优质的公立教育体系，平等地满足人们对于基本教育的需求，而不是将教育资源完全交由市场去分配。

第四，在各种择校规则中，只有"考试择校"具有相对的公平性，不会直接加剧贫富分化。对于"考试择校"相关政策的制定应注意两点：

一是，考试应只针对"小升初"的学生，亦即只针对初中生的"择校"。因为，如果将"考试"引入小学入学的择校政策，将带来诸多荒谬的后果。上海的一些小学、幼儿园，为了挑选学生引入考试政策，在一些考试中学龄前儿童须全英语回答老师的提问，或具备一些小学高年级才会学到的知识。[①]这些荒谬的现象完全违背了人类学习和大脑发育的自然规律，逼迫孩子在很小的年龄就接受应试教育，这是对孩子的残害。二是，学校的"考试择校"政策不应和校外辅导机构合谋。为了提高"择校"所要求的相关考试成绩，许多孩子不得不上校外辅导班。这给公立教育系统和私立教育的合谋提供了空间。在一些私立的教育培训机构中出现了所谓的"占坑班"，也就是说只要交钱进入了私立培训机构的"占坑班"，就有机会进入自己心仪的学校。这其实是相关学校的变相收费。通过与校外的私立机构合作，学校间接地向择校生收取费用。对于学生来说，他们为了"择校"，不仅付出了额外的精力和时间，而且还付出了大量的金钱，加重了家庭负担。

综上所述，在公共教育资源分配不均衡的情况下，"择校"现象无法根除。因此，只有加大公立教育的投资，尤其是加大对于教育水平落后地区和学校的资金投入，建设优质而均衡的公立教育，才可能从根本上抑制"择校"现象，维护教育公平。

## 第二节 何谓"公平竞争"

考试是分配教育资源的重要程序。对于稀缺的教育资源，世界各国都会以某种形式的考试来进行分配，其宗旨是为了维护对稀缺资源的公平竞争。然而，什么是公平竞争？我国最重要的考试制度——高考是否

---

① 参见搜狐网：https://www.sohu.com/a/305813903_692935，访问时间：2023年4月20日。

是一种公平竞争？本节将探讨"公平竞争"的确切含义，并在此基础上展开对高考制度的分析。

"拼爹、拼妈"的竞争是公平竞争吗？"拼智商"的竞争是公平竞争吗？是否只有"拼努力"的竞争才能被看作是公平竞争？但是，"努力"又如何度量呢？有没有一种机制能判断人们到底付出了多少"努力"？在理想状态下，高考制度应该是一场所有人都认同的"公平竞争"。然而，何谓"公平竞争"这一问题却让人们争论不休。我们可以用一个简化的模型来考察这个复杂的问题。通常来说有三个因素会影响人们在高考竞争中的最终位置：社会境况、自然禀赋、个人努力和选择。在这三个因素中，第一，"社会境况"指的是考生家庭的经济条件，考生所在地的教育条件，考生家庭所属的社会阶层及相应的社会关系、拥有的社会资源，等等。比方说，考生所在地是农村还是城市，是东部繁荣地区还是西部欠发达地区；考生的家庭是贫困还是富裕；考生的家庭是书香门第还是蓬门荜户；等等。这些因素直接决定着每个人从小到大的成长，对考生在最终争夺高等教育资源的竞争中起着关键性的作用。例如，一个出生在边远山区的孩子，其物质生活水平较低，容易造成营养不良，这会对他的身体发育造成一定的影响。在教育上，除了国家免费提供的九年义务教育之外，这个孩子的家庭无力为其进行任何额外的教育投资，其各方面的技能、知识和兴趣都得不到充分的发展和培养。同时，边远山区的教育质量远远低于中心城市，因此文化课的水平也会明显低于中心城市的大多数同龄孩子。另外，这个出生在边远农村地区的孩子还有可能是"留守儿童"，他在成长过程中不仅没有得到优良的教育还缺乏父母的陪伴。所有这些源自社会的不利因素最终都有可能反映到这个考生的高考成绩当中。

第二，所谓"自然禀赋"指的是人们在各方面的自然才能。一些人生来聪慧，各种技能一学就会；而另一些人天生愚钝，只有花费比常人多得多的精力和时间，才能学会某种技能；或者，有些人天生残疾，根本无法依靠后天的努力弥补自己身体上的缺陷。不可否认，智商的高低、天赋的优劣，往往对人们争夺教育资源产生决定性的影响。同样，在高考中考生们分数的高低在很大程度上也取决于考生的自然禀赋。

第三，个人努力和选择也是影响竞争结果的一大因素，而且是长辈在鼓励晚辈时常常夸大的因素。常言道"笨鸟先飞"，这句话突出了个人努力的重要作用。即使天资聪慧，不努力照样学不好，这是最简单的道理。另外，个人的选择，例如选择文科还是理科，选择报考什么学校、什么专业，这些也都是最后是否能在竞争之中胜出的重要决定因素。

如果上述三个因素决定了人们在高考中的最终结果，那么高考作为一个选拔人才的公平竞争，应该突出哪些因素以及抑制哪些因素呢？或者说，竞争结果应该对哪些因素敏感，对哪些因素不敏感？对不同决定因素的凸显，构成了对"公平竞争"的三种不同理解，以及相应的机会平等的三种理论。

第一，一些人认为，"公平竞争"意味着上述三种因素都应该在社会竞争中发挥作用。这样的竞争方式，满足了"形式上的机会平等"，西方人称其为"前途向才能开放"的机会平等，这是法国大革命时期的革命口号；而中国人称其为"唯才是举"，是科举制度以来中国人秉承的公平信念。在这样的竞争方式下，只要考分高就能上好学校，而并不追究考生是因为社会禀赋或自然禀赋的天然优势，还是因为自己的努力和选择而获得较高的考分。如果我们赞同对"公平竞争"的这种理解，在高考制度安排中，就应该设定"全国一张卷，统一分数线"的竞争方式，也就是说不论考生在什么地区，拥有什么样的家庭背景，是什么样的智力水平，全部"一视同仁"，都以最后的得分进行全国排名、全国统一录取。

第二，"前途向才能开放"的机会平等并不符合一些人的分配正义观念。如罗尔斯所言，机会平等应保证"在社会的所有部分，对每个具有相似动机和禀赋的人来说，都应当有大致平等的教育和成就前景。那些具有同样能力和志向的人的期望，不应当受到他们的社会出身的影响"[①]。罗尔斯将这种机会平等概念称为"公平机会的平等"，也称为"实质的机会平等"。依据这一观点，一些人出身富裕家庭、中心城市、就读重点学

---

[①] John Rawls, *A Theory of Justice*, p. 63.

校，这些人自然地最终获得最优质的高等教育资源，并由此而获得最优质的就业机会。这样的分配方案不完全符合人们的道德直觉，包含着不公平的因素。

依据罗尔斯的理解，下述竞争模式才是公平的：补足不同考生的"社会境况"，考生们基于自己的"自然禀赋"，凭自己的努力和选择而竞争。这样的竞争机制屏蔽了"社会境况"对高考结果的影响，只让"自然禀赋"和"个人努力和选择"这两个因素对最终的竞争结果产生作用。要实现这样的竞争机制，必须尽可能地补足那些处于较差"社会境况"的考生，必要的措施包括：1.缩小发达地区与欠发达地区的教育差距，以缩小"社会境况"的地区间差异。2.大力建设优质的公立学校，以缩小富裕家庭和贫困家庭之间的差距。在教育市场化的背景下，有钱人可以在市场上买到各种优质的教育资源，而穷困家庭却没有这个能力。因此，抑制教育的市场化，建设优质的公立学校，并促进其均衡分布，是缩小教育资源之不平等分配的重要措施。3.推进高考招生的平等化，按考生比例公平地分配各省区的招生名额，尤其是重点大学在各省区的招生名额，消除各省考生考取重点、名牌大学的难度差异。只有切实做到这三点，才有可能排除"社会境况"对竞争高等教育资源的影响，才能实现"补足社会境况"的机会平等。

第三，在一些人看来，拉平不同"社会境况"之后的竞争仍然不是完全公平的竞争。由于天赋不同，即使在接受同样的教育的条件下，一些人要付出比别人多得多的努力才有可能获得同样的成绩，或者根本达不到某个理想的成绩。而一些人天生残疾，无论怎么努力也不可能在与一般人的竞争中胜出。考虑到这些情况，一些学者提出应该弱化"自然禀赋"对于竞争结果的影响。在西方学界，以德沃金为代表的一批学者表达了这样的观点：公平竞争应该仅仅奖励人们的努力和选择。这派学者被称为"运气平等主义者"[1]。然而，"自然禀赋"是人人生而有之、无法剥夺的，在这一点上"自然禀赋"与"社会境况"有着根本性的区别。

---

[1] 参见本书第九章第三节对"应得原则"与运气平等主义的讨论。

人们在"社会境况"上的差距可以通过再分配等转移支付的手段而被缩小，但"自然禀赋"是无法进行再分配的。因此，弱化"自然禀赋"对竞争结果之影响的要求，只能通过对"自然禀赋"较差者的"补偿"来实现。我们可以构想下述政策是合理的：在公立教育中，为天资愚钝的学生提供额外的教育服务，进行单独辅导；给在某方面存在生理缺陷的考生分配特定的招生名额；设计某些特殊类型的高考，例如，盲人高考、聋哑人高考，等等。这些措施都将补足在"自然禀赋"方面处于弱势的考生，使高考竞争在某种程度上转变为依据人们的努力和选择而进行的教育资源分配。

由此看来，如何设计和改进高考制度，这与人们对于"公平竞争"的理解息息相关。首先，如果人们认为竞争结果应该对社会境况、自然禀赋和个人努力三个因素都敏感，那么就会支持"全国一张卷、统一分数线"的竞争方式。其次，如果人们认为"公平竞争"应该屏蔽"社会境况"的影响，考生凭"自然禀赋"和"个人努力"而竞争，那么人们就会支持向落后贫困地区考生倾斜的高考招生制度。再次，如果人们认为"公平竞争"应该屏蔽或弱化"社会境况"和"自然禀赋"两方面的因素，所有人仅凭"个人努力"而竞争，那么人们就会支持向"自然禀赋"较差的考生倾斜的高考招生制度。我国目前的高考招生制度基本采用的是对"公平竞争"的第二种理解，是在保证统一考试竞争的同时，向边远贫困地区考生倾斜的招生制度。我国高考招生制度的核心制度——高考分省定额录取制度就是依据这一理念而设计的，下面我将对这一制度进行深入分析。

## 第三节 高考分省定额录取制度

我国的高考制度自1952年实施以来，一直采用分省定额录取，而并非统一测试、统一录取。所谓分省定额录取制度是指国家按一定的准则将高校招生人数按省区分配其配额的一项招生录取制度。分省定额录取是一项历史悠久的制度，明清两朝的科举制度就采用了这一方式。在明朝洪武三十年（1397）的科举考试中，全部51名进士都是南方人。这一录取结果的原因主要是南方教育水平比北方高、生源更好，但如此巨大的反差仍然引发了北方考生的普遍不满。朱元璋为了平息南北纷争，对科举录取制度进行改革，实行南北卷制度。到了宣德年间，又规定南、北、中（中部主要涵盖今天的云南、贵州、广西、四川这四个文教相对落后的省份）三个地区的录取比例定为5.5∶3.5∶1。自此以后，分省定额招生成为科举以及新中国建国之后高考的一项重要制度。为什么要实行分省定额录取，而不是实行更符合考试公平的统一录取？从这一制度的起源来看，分省定额录取制度的初衷是为了"照顾"那些教育水平较低地区的考生，平衡不同发展水平地区的考试录取份额。全国各大高校向各省区分配招生名额，使得教育水平较低省区的考生也有考上大学、考上好大学的机会。

改革开放四十多年以来，我国的教育事业得到长足发展，高考录取率从1977年的5%上升至2016年的82.15%。[1] 目前，对于大部分中国考生来说，上大学并不是难事，难的是要上好大学，上211或985的好大学。那么，高考分省定额录取政策是否能实现其设计的初衷，补足教育水平落后地区在考试竞争中的不平等地位，有效地促进高考公平呢？下面我们先来看一个图表（表4）。[2]

---

[1] 数据来源：https://sohu.com/a/145912169_403263，访问时间：2023年12月29日。
[2] 数据来源：https://new.qq.com/omn/20191005/20191005A056S400.html，访问时间：2021年1月14日。

表4　2019年各省985大学录取率

| 省份 | 高考报名人数（万） | 理科录取率 | 文科录取率 |
| --- | --- | --- | --- |
| 河南 | 108.4 | 2.50% | 0.35% |
| 贵州 | 45.6 | 2.51% | 0.44% |
| 湖南 | 39.2 | 2.67% | 0.81% |
| 广西 | 47 | 2.67% | 0.54% |
| 四川 | 65 | 3.01% | 0.54% |
| 安徽 | 51.33 | 3.27% | 1.36% |
| 江西 | 37 | 3.38% | 0.56% |
| 广东 | 76.8 | 3.38% | 1.05% |
| 河北 | 55.96 | 3.39% | 0.48% |
| 甘肃 | 26.68 | 3.48% | 0.60% |
| 山西 | 31.4 | 3.88% | 0.60% |
| 山东 | 55.99 | 4.23% | 0.69% |
| 湖北 | 38.4 | 4.43% | 0.84% |
| 宁夏 | 7.17 | 5.17% | 1.23% |
| 重庆 | 26.44 | 5.46% | 0.95% |
| 黑龙江 | 17.8 | 5.63% | 0.86% |
| 青海 | 5.7 | 5.95% | 1.61% |
| 海南 | 5.9 | 6.55% | 0.98% |
| 福建 | 20.78 | 6.73% | 0.98% |
| 江苏 | 33.9 | 7.42% | 1.44% |
| 辽宁 | 19.06 | 7.96% | 1.32% |
| 浙江 | 32.51 | 9.24% ||
| 陕西 | 32.5 | 9.40% | 3.28% |
| 天津 | 5.6 | 13.85% | 2.95% |
| 北京 | 5.9 | 15.73% | 6.35% |
| 上海 | 5 | 28.20% ||

表4显示的是2019年985高校对各省区考生的录取率，即各省区考上985高校的考生与该省区内考生总数的比值。985高校指的是自1998年5月以来，教育部为了达成"世界一流大学"目标而重点建设的高校。目前，全国共有39所高校被列为985高校。可以说，这39所高校代表了我国最优质的高等教育资源。考上985高校对于考生今后的就业以及进一步的个人发展都有重大意义。因此，各省区考生对于985高校的竞争是最激烈的，只有最优秀的考生才可能被录取。

如前所述，采用分省定额录取政策的初衷是保证边远落后地区也能有机会上好的大学，其理由是对落后地区在教育、经济等方面之弱势的补偿。然而，这一理由的说服力却很有限。从表4看，在分省录取政策下，教育水平较低的地区，例如河南、贵州，考上985高校的概率非常低，与教育水平较高的天津、北京、上海相比，其差距能达到十几倍甚至几十倍。也就是说在这一制度下，贫困落后地区考生考上985高校的难度是教育发达地区考生的几十倍。与此同时，对于那些经济比较发达，但考生人数众多的省份来说，例如安徽、河北、山东等省区，考上985高校的难度也非常巨大，与教育发达地区的差距也很大。如此看来，分省定额招生制度并没有能够有效地补助落后地区在教育资源、经济条件等方面的弱势。当然，如果没有分省定额招生制度的话，落后地区考生考上985高校的难度可能会更大，甚至完全没有机会。但不管怎么说，分省定额招生对于教育水平落后地区的"倾斜"是不够的，没有有效地矫正不同"社会境况"带来的不公平。

事实上，从统计数据来看，分省录取政策并没有如其所愿地向欠发达地区倾向，反而准确地反映了各省区在经济、社会、权力等方面所处的地位。北京、上海、天津、浙江、江苏这些省区是我国经济实力最强、教育最发达的地区。这些地区的考生考上985高校的难度是最小的；而河南、贵州、安徽等省份要不就是考生数量庞大，要不就是经济发展落后，考生考上985高校的难度非常大，其难度到达优势地区的几十倍。导致这一局面的根本原因在于由权力所主导的资源分配：在全国范围内占有优质高等教育资源的省区倾向于将更多的机会和优质的教育资源留给自己的子弟。也就是说，各省区的985及211高校在分配招生名额时，倾向于将较多的名额留给自己省区的考生，其次分配给教育水平较高地区的考生，而分配给教育水平较低的省份考生的名额则非常少。当然，鉴于办学经费部分来源于地方税收，各省区高校有理由将更多名额留给本省考生。但是从全国范围来看，各省区考生考上重点高校的难度就会有很大的不同。

为了更清楚地说明这一点，我们可以参考2017年北京大学和清华大学分省招收人数以及2019年复旦大学在各省区分配的招生人数。北京大学、清华大学以及复旦大学这类中国顶尖大学在其所在省区分配的招生名额都数倍甚至十几倍于其他省区，在教育水平落后地区的招生人数更是少之又少。例如，复旦大学2019年在上海的招生人数是114人，而海南仅为4人。[①]而2019年上海的考生有5万人，少于海南的考生5.9万人。以此数据计算，2019年复旦大学对海南考生的录取率为0.0068%，而对上海考生的录取率则为0.23%，对于海南考生来说，考上复旦大学的难度是上海考生的34倍。2017年北京大学和清华大学在北京市的招生总人数为553人，录取率为0.913%；在贵州省的招生总人数为144人，录取率为0.034%。[②]也就是说，在2017年贵州考生考上清华北大的难度是北京考生的26.8倍。可见，各大高校，尤其是顶尖高校，在不同省区招生人数的巨大差异是导致各省区考上重点大学概率不同的重要原因。因此，依据各省区考生人数调整各省区招生名额，将是促进高考公平的关键。985及211高校将更多的名额留给自己省区的考生，这种对教育资源的分配方式与人们对"公平竞争"的道德直觉是相违背的。优质的高等教育机会是属于全国所有考生的公共资源，理应由所有考生公平竞争，尤其是国家拨款的部属高校，更应公平地在全国分配招生名额。因此，高考制度改革的重中之重应当是对分省定额录取制度的调整。如果不得不继

---

[①] 参见复旦大学主页：http://www.ao.fudan.edu.cn/index!list.html?sideNav=302&ccid=10288&topNav=282，访问时间：2023年4月20日。

[②] 参见网页：https://baijiahao.baidu.com/s?id=1606681432398525752&wfr=spider&for=pc，访问时间：2023年4月20日。

续保留该制度，那么各大高校尤其是985、211、"双一流"高校及相关学科就应依据各省区的考生人数公平分配招收名额，使各省区考生的录取率相对平衡。

近几年来，分省定额招生政策的不公平性引发了许多社会问题，其中最显著的就是"高考移民"。"高考移民"现象是一个与分省定额招生制度相伴而生的社会现象：高考竞争较激烈、学生高考成绩普遍较高省区的考生将户口迁至教育水平较低或者考生成绩较低的省区参加高考。这种投机行为将严重侵占教育水平较低地区考生考上好大学的机会，加剧了不同人群之间的不公平。2019年4月下旬，深圳高三第二次模拟考试成绩公布，全市排名前10的学生中宝安区富源学校占了6名，超过了深圳知名的四大公立高中。而这6名学生都是从河北衡水中学转来的"高考移民"。这一事件引发了深圳市民的极大愤怒。2019年5月，教育部下发紧急通知，严厉打击"高考移民"。[1]

"高考移民"屡禁不止，一些考生及家长甚至顶风作案，铤而走险。归根结底，还是因为分省定额招生制度在公平性上存在欠缺。如果一个考生不论他处于什么省份，其考上好大学的概率都是一样的，那么就不会有人费尽心机去移民。即使移民也是朝着教育资源丰富的发达地区移，而不是朝着新疆、西藏、贵州等这种教育水平落后、录取分数线低的地区移。

有学者指出："如果把中国各省市按照'高考移民'流入和流出划分，大概可以分成4个梯队：第一梯队为山东、河南、河北、四川、湖南等'高考移民'流出省；第二梯队海南、福建等沿海省份是'高考移民'流入省；第三梯队为新疆、青海、内蒙古、贵州、云南等西北西南地区，这部分流入省区路线被称为'西进南下'；第四梯队则为北京、上海、天津等直辖市，这部分流入省市路线被称为'东闯'。'高考移民'往往来自考生众多、学习压力巨大、优质高校录取名额较少的省份，他们会选择一个较本省基础

---

[1] 参见网页：http://www.gov.cn/xinwen/2019-05/24/content_5394439.htm，访问时间：2023年4月20日。

教育水平相对薄弱、录取情况又相对宽松的省份，作为迁移目的地。"① 由此看来，正是因为在分省定额录取政策下，各省考生考上好大学的难度各不相同，所以才会出现"高考移民"现象。正所谓上有政策，下有对策。那些政策投机者一面接受较优质的教育②，一面又跑到高考难度较小的省份参与竞争，钻政策的空子，破坏了高考公平，是极其不道德的行为。

当一种竞争机制欠缺公平的时候，人们往往通过"牺牲道德"的方式来为自身找回公平。"高考移民"的考生、考生家长以及协助他们进行移民的学校和相关机构的行为向我们展示了道德败坏如何破坏分配正义。他们的行为扰乱了整个高考竞争的秩序。然而，我们也应该看到，"高考移民"这一现象的根源在于分省定额招生制度隐含的不公平性。只有当出生在祖国任何省区的孩子都能真正平等地站在同一起跑线上公平竞争，"高考移民"的现象才有可能从根本上杜绝。因此，更加平均地分配各省招生名额，尤其是重点大学、知名大学在各省的招生名额才是促进高考公平的关键。

## 第四节　自主招生政策

我国的高考招生制度除占主导地位的分省定额招生制度之外，还包括自主招生政策和"专项计划"招生政策。下面，我将具体讨论这两项政策。

自主招生政策从2002年开始实施，直至2020年被"强基计划"所替代，前后实施了将近20年，对我国的高考招生工作产生了巨大影响。自主招生政策的实施是两方面因素共同作用的结果：一是，"应试教育"的

---

① 高原：《"高考移民"：流动的教育不公平》，《协商论坛》2019年第6期。
② 当然，"高考移民"移出省区的教育并不一定"优质"，多为强化应试教育。而接受这种教育的考生通常能考出很高的分数，他们到其他省区参加考试，对其移入省区的考生不公平。

弊端不断显现出来。为了考生之间的公平，高考只能以统一试卷的方式对学生所掌握的知识进行考查。然而，这种激烈的考试竞争却使得我国部分地区（尤其是考生人数众多、竞争激烈的省区）的中学教育变成畸形的"应试教育"。学生没日没夜地刷题、老师既不注重对学生的启发，也不注重想象力和创新能力的培养。这样的教育塑造出来的只能是高分低能的学生，对国民素质的提高和国家的发展造成不利影响。在高考制度不断推进的过程中，许多顶尖高校越来越难招到真正有潜质、有思想、有想象力、有创新意识的学生，这严重阻碍了我国教育、科技和文化的发展。二是，改革开放几十年来，我国的高校得到长足发展，资金筹集的能力也越来越强。各大高校，尤其是知名顶尖高校，都希望获得更大的招生自主权，规避应试教育的弊端，招到真正的"人才"。正是在这两方面的因素作用之下，2003年，教育部发布《教育部办公厅关于做好高等学校自主选拔录取改革试点工作的通知》，标志着包括北京大学在内的22所部属高校正式进行自主选拔录取改革。在那之后，又有多所高校陆续加入实施自主招生政策的行列。截至2019年，全国共有90所高校成为自主招生试点，其中77所高校面向全国招生，招生人数约占试点高校招生总数的5%。试点自主招生的高校都是中国的精英大学。可以说，自主招生为各地考生提供了上好大学的另一条途径。

　　自主招生政策的初衷是为了规避应试教育的弊端，重点考查学生的能力。同时，各高校还试图通过自主招生为本校招到文艺体育方面的特长生。自主招生高校会安排侧重能力测试的笔试、面试等环节，依据考分以及考生在各科竞赛、文体特长方面的水平决定给予其在高考成绩上加若干分的优惠条件。一般说来，所加分数在20分至50分之间。自主招生政策的设计充分体现了各大高校的招生初衷：吸引那些综合评分较高，同时拥有某方面特长、具有创新意识的学生。然而，在具体的实施过程中，自主招生政策的诸多具体措施却在某种程度上破坏了考生之间的公平。

　　第一，许多高校的自主招生政策要求报考者来自国家、省或市的重点中学，这无疑破坏了普通中学学生和重点中学学生之间的平等。例如，

2006年北京大学的自主招生政策中就有如下规定：考生应为"符合国家政策规定的省（自治区、直辖市）著名重点中学综合成绩优异的应届高中毕业生"[①]。在这样的自主招生政策下，普通中学的毕业生将无缘通过自主招生的形式进入中国顶级高校，极大地破坏了不同学校考生之间的公平性。

第二，我国的自主招生政策仿照国外大学的录取方式，要求有推荐人对考生进行推荐，写推荐信。然而这一制度在中国的实行却带来一些负面影响。在西方国家，学生的推荐信是不通过学生及其相关人员（例如家长）之手，以保密的方式寄到招生办公室的。这样的推荐信比较客观，有较大的参考价值。相比之下，推荐政策在我国自主招生制度中的实行有两点不同：一是，实施自主招生的高校会将其推荐表下发至特定学校。通常情况下，在省、市享有盛誉的重点高中才有机会获得相应的推荐表。二是，推荐信是由考生自己送往招生部门。这样一来，推荐信的客观性会受到各种因素的影响，有极大的操作空间。而且，对考生进行推荐的通常是重点中学的校长、特级教师，等等。要得到推荐表，以及师长的赏识和推荐，一方面学生要就读于重点高中，另一方面学生家长与这些推荐人的个人关系也很重要。这进一步加剧了考生之间的不平等：重点高中的考生和人脉关系广、社会资源丰富家庭的考生将得到优先推荐。

第三，自主招生的笔试和面试考查的是学生的综合能力，包括创新能力、想象力、表达能力等等。对于教育水平相对落后地区的考生，以及出身贫困家庭的考生，在这些方面的能力都不及发达地区精英家庭的子弟。这样的考试形式也会加剧区域不平等，加剧不同阶层人群获取教育机会的不平等。

第四，自主招生政策试图为各高校吸引有文体特长的学生，丰富校园文化。然而，从小培养文体特长，需要投入大量的时间、精力和金钱。对于挣扎在贫困线上的贫苦家庭子弟来说，这是很难做到的。由

---

① 参见2006年北京大学自主招生政策: https://gaokao.chsi.com.cn/gkxx/zzzs/200601/20060120/390808.htm，访问时间：2020年3月23日。

此，文体特长生的名额也统统被城市家庭中的精英子弟所占据。

上述是从政策设计角度分析自主招生政策可能带来的不公平因素。从历年考生的生源地及家庭背景数据的分析，同样可以得出相近的结论。例如，吴晓刚和李忠路通过对北京大学、清华大学和人民大学三所高校自主招生数据进行的分析指出："父母的教育程度和户籍类型对是否获得自主招生破格录取资格依然有显著的作用，城市家庭和父母至少一方受过大学教育家庭的子女在获得自主招生破格录取资格的机会上依然具有显著优势；是否就读于省级或国家级重点高中对于获得自主招生破格录取资格具有显著的积极作用。"其中，非农户籍出身的学生获得自主招生破格录取资格的发生比是农业户籍出身学生的2.1倍；父母至少一方受过大学教育的学生获得自主招生破格录取资格的发生比父母未受过大学教育的要高出0.83倍；就读于省级或国家级重点高中的学生获得自主招生破格录取资格的发生比是就读于其他高中的2.88倍。这些数据证明了自主招生政策对于高考公平所带来的负面影响。不仅如此，吴晓刚和李忠路还指出，高校通过自主招生政策招收的学生在各方面表现并不突出，甚至这部分学生的平均表现要差于普通招生机制招收的优秀学生。吴晓刚和李忠路总结说："就大学阶段的学业表现、社会活动和组织能力、毕业去向等方面而言，自主招生破格录取学生并未显著优于统招生，虽然其班级成绩排名略好于普通统招生，却未显著好于优秀的统招生。"[①]

总之，自主招生政策实施十多年来不仅在公平性方面引发了很多争议，而且在促进学生发展和高校建设方面也没有带来显著的效果，反而滋生了许多招生腐败现象，引发社会热议。正是由于这些原因，2020年1月15日教育部发布《关于在部分高校开展基础学科招生改革试点工作的意见》（也称"强基计划"），取代原有的自主招生政策。这一文件宣告了高校自主招生政策的终结。"强基计划"规定，所有考生都须先参加高考。报考"强基计划"的考生在高考基础上，参加各高校组织的综合考试，再将综合考试和高考成绩加总，其中高考成绩不能低于总成绩的

---

① 吴晓刚、李忠路：《中国高等教育中的自主招生与人才选拔：来自北大、清华和人大的发现》，《社会》2017年第37卷第5期，第139—164页。

85%。相比于自主招生政策,"强基计划"将招生权力部分地从高校收回,更加强调公平性,对各大高校的招生程序将进行更为严格的监管。

## 第五节 "国家专项计划"政策

如前所述,分省定额录取制度和自主招生政策是我国高考制度的两项重要政策。然而,这两项制度的实施都有可能影响到考生之间的公平。在高考竞争中,边远贫困地区的考生不可避免地处于弱势地位。这样的状况引发了社会的普遍关注,也使得高考制度受到质疑和批评。因此,为了补足边远贫困地区考生的竞争弱势,我国于2012年开始在高考制度中加入"国家专项计划"。国家专项计划是指从2012年开始,国家每年安排1万个一批本科招生机会,面向参加全国统一考试的集中连片困难地区,实行定向招生,生源范围为国务院确定的21个省的680个贫困县。2012年,参与"国家专项计划"的高校数量为222所,招生规模为0.8万人,涉及680个贫困县。2017年参与这一计划的高校数量已达263所,招生规模已达6.3万人,涉及832个贫困县。

"国家专项计划"通常会以比普通招生分数线稍低的分数(一般会低10至20分)录取边远贫困地区的考生。例如,北京理工大学2019年在四川招收的普通理工类考生的最低分为670分,而招收的国家专项计划理工类考生的最低分为653分,比普通类最低分降低了17分。从客观效果来看,"国家专项计划"降低了边远贫困地区考生上大学的门槛,确实缓解了考生之间因家庭背景等方面的巨大差异而造成的不公平。然而,这一政策在制度设计上存在着漏洞。2019年8月,北京大学对两位河南考生的违规退档事件引发社会关注,暴露出"国家专项计划"在设计之初没有考虑到的问题。

据"澎湃新闻"报道,北京大学退档两位河南考生的经过如下:"2019年7月10日,在河南省'国家专项计划'投档前,河南省招生办公室与北京大学招生办公室就生源分布情况进行沟通,说明第一志愿报考考生有8人,其中,第6名考生考分为667分,第7名考生考分为542分,第8名考生考分为536分,第二志愿报考考生中有高分考生。河南省招生办公室向北京大学投出'国家专项计划'理工类第一志愿8人档案,双方招生办公室经过充分沟通,在录取系统中进行正常交互手续后对第7名、第8名考生予以退档;完成退档手续后,河南省招生办公室向北京大学投出'国家专项计划'理工类第二志愿2人(考分均为671分)档案,北京大学招生办公室予以录取。"在这一事件中,北京大学将两位第一志愿填报北大的河南考生退档的做法事后却被判定为违规操作。通常说来,高校应按志愿顺序录取。所以,北京大学应首先录取第一志愿的"国家专项计划"考生,再录取第二志愿的考生,而不能仅凭分数排名,跳过第一志愿考生直接录取第二志愿考生。最终,北京大学不得不承认招生工作的失误,重新补录了被退档的两位河南考生。[①]

"河南考生以536分进北大"的偶然事例表明,"国家专项计划"相关政策有一个隐含的问题,那就是顶尖高校不得不录取考分较低甚至低很多的考生。这大概是当初政策设计的失误。如果能事先预见到这一问题,政策制定者应做出某种相关的限制,例如规定"国家专项计划"的录取线不得低于统招录取线多少分等等。另一方面,"河南考生以536分进北大"这一事件也引发了广泛的忧虑。许多人都表达了对"国家专项计划"录取的考生是否能适应高校的学习生活,是否能跟上学习进度的担忧。而这也是"国家专项计划"暴露出来的另一问题。王小虎、潘昆峰和吴秋翔通过分析某大学学生成绩的相关数据指出:"专项计划学生成绩明显不理想,其成绩不理想的原因主要在于以高考成绩所代表的能力差距,以及就读了难以发挥优势的专业(理工类、社会类)。"[②]通过"国家专项计划"进入高校的学生,高考成绩普遍低于统招学生,学习能力

---

① 参见2019年8月11日澎湃新闻:https://baijiahao.baidu.com/s?id=1641628911873836580&wfr=spider&for=pc,访问时间:2023年4月20日。
② 王小虎、潘昆峰、吴秋翔:《高水平大学农村和贫困地区专项计划学生的学业表现研究——以A大学为例》,《国家教育行政学院学报》2017年第5期。

较差,这是他们在其后的大学生活中表现不佳的主要原因。如何让这些学生跟上其他同学的步伐,健康、自信地发展,这是一个亟待解决的问题。与学生的学业表现相关,"国家专项计划"还可能带来一项负面效应:这项政策可能会损伤来自边远贫困地区学生的自尊心。如果某个学生是通过"国家专项计划"进入顶尖高校的,他(她)内心中可能会觉得"低人一等",尤其是当录取分数线差距很大,而自己在学校的表现又不尽如人意的时候。这些问题对于学生的发展以及不同人群之间的平等关系都将产生不利影响。

除了"国家专项计划"之外,在我国的高考制度中,还有两项类似的"专项计划":面向农村学生单独招生的高校专项计划,以及地方重点高校招收农村学生的地方专项计划。"高校专项计划"指的是高校自主分配一些招生名额,专门招收农村学生。这一计划通常对考生户籍以及监护人户籍有较为严格的规定。例如,中国人民大学于2012年开始实施的"圆梦计划"就要求考生本人及父母一方或法定监护人户籍地在实施区域的农村,而且考生户籍在当地连续3年以上。另外,"地方专项计划"是地方高校(通常为省属重点大学)定向招收实施区域的农村学生的专项计划。这两项计划的初衷与"国家专项计划"类似,都是为了增加贫困边远地区考生进入重点大学的机会,而这两项计划也同样存在着与"国家专项计划"类似的问题。

## 第六节 应试教育与素质教育

在本章的最后,我想讨论一下"应试教育"的弊端,以及推进"素质教育"的困难。如上所述,在我国的教育体制中高中和大学阶段的教育资源是通过考试进行分配的,考试成绩较优者将获得优质的教育资源。同时,在义务教育阶段,一些学生为了择校也必须参加相关考试。这些实际情况决定了中小学阶段的教育不可避免地带有"应试教育"的特征。

学生、老师和家长都千方百计地提高学生的考试成绩，"刷题"之风盛行。应试教育对于培养人才和提高国民素质来说存在着诸多弊端，教育部也多次推行"素质教育"。然而，在相应的教育资源竞争模式下，素质教育的推行却举步维艰。

2020年，有两件事成为热门话题。一是，"内卷化"这一社会学专业用语大流行，不仅成为学术界的热门词汇，还进入了人们的日常用语。尤其是在大学生群体中，张口闭口都能听到这个词。二是，2020年10月16日，在教育部新闻发布会上，教育部体育卫生与艺术教育司司长王登峰指出，将艺术类科目纳入中考。消息一出，立即引发了家长们的热议和普遍的担忧。其实，这两件事情之间有着千丝万缕的联系，或者说，正是前者导致了后者。

"内卷化"（involution）一词与"进化"（evolution）相对，指的是一种社会机制或文化模式在某一发展阶段达到一种确定的形式后便停滞不前。无论人们再花多大的力气也无法使其转化为更高级的或更有效的生产模式。最早使用这个词汇的是美国人类学家克利福德·格尔茨（Clifford Geertz），他用"内卷化"来描述印度尼西亚的农业发展。中国学者黄宗智也用这个词描述明清时期长三角地区"过密化"的农业生产方式：由于人口的增长，人们不得不在有限的土地上投入大量的劳动力来获得总产量的增长。但是，劳动力的大量投入并没有带来成比例的产量增长，反而使得人力资源变得越来越廉价。黄宗智将这种通过大量投入人力而不是通过生产方式或生产工具的改进所带来的有限增长称为"没有发展的增长"。

"内卷化"一词的含义很难不让人联想到中国长久以来的"应试教育"。为了保证基本的教育公平，并为社会境况较差的社会成员提供更多的上大学的机会，中国的教育制度一直采用统一的考试来分配教育机会，这就是人们熟悉的中考和高考。毋庸置疑，考试制度在某种意义上是公平的，它不以家庭背景论人才，不以社会阶层论人才，也不以人际关系论人才，甚至杜绝了因性别、宗教、文化等因素而造成的歧视。然而，"考试"这根指挥棒不可避免地导致了教育事业演变为应试教育，而应试教育又不可避免地导致了教育事业的"内卷化"。

当"考试成绩"成为教育的最终目标的时候，当所有老师和学生都为着"考试成绩"这一目标而竭尽全力的时候，人们会争先恐后、想方设法地提高考试成绩。而无论是学校内的教学还是课外辅导机构，也都将以考分为最终的教学目标。为了提高考分，人们会投入大量人力、财力，还有最宝贵的——年轻学子们的精力和时间，而无论这种投入是多么低效、枯燥，甚至有损于发育中的大脑。为了榨干最后几分可能提高的成绩，一些学生可能必须多做一千套试卷，必须每天都学习到晚上12点以后，必须在上完学校的课程后加班加点地奔赴培训机构或者抱着电脑上网课，还有些学生则一遍遍地背诵所谓的"高分作文"。"考试"导致了教育"内卷化"的形成：一方面，学子们为考试而做的准备越来越精细化，也越来越低效；另一方面，从整体来看，处于这种应试教育中的年轻学子们的文化知识却可能极其狭隘、停滞不前，或者以很有限的速度增长。在"内卷化"的应试教育格局下，从整个国家的视野来看，国民素质的提高极其有限，甚至畸形发展。

应试教育可能对个人成长、国民素质以及国家发展造成诸多负面影响。第一，适应应试教育的人的知识面可能是很狭窄的。因为，在应试教育中人们会将所有的精力和时间用在那些要"考"的内容上，考试不涉及的内容是没有人关注的。而考试所考的内容大多是教科书所涉及的，即使扩展也是在有限的范围内。教科书没有涉及的广阔知识海洋里的内容却被人们忽略了。举个例子，在我们这一代人（70后）所受的教育中，与古汉语相关的知识涉及较少。这导致了我们这一代人中能够读懂古汉语、接触大量的古代文献的人才就相当少。如果有的话，也是有"家学"传统、个人涉猎很广的人。究其原因，就是因为在我们学习和考察的知识中，这部分内容涉及较少。因此，如果一个人的学习完全以"考试"为依归，那么其狭窄的知识面会成为进一步知识增长的巨大阻力。知识的增长往往发生在新老学科交替之时，发生在不同领域的知识汇聚之处。而只有那些不以考试成绩为目的的人，那些能够超越其同时代的大众教育的人，才有可能以其广博的知识储备或者情有独钟的个人爱好而出其不意地带来知识的增长。往往是"偏才"、"奇才"推动了知识的进步，古往今来，这样的例子不胜枚举。

第二，应试教育会严重抑制学生的创新能力。这是因为，创新能力是很难通过客观标准进行测试的。通常的考试要不就是对依靠记忆的知识进行测试，要不就是对计算、推理等有标准答案的公式化知识进行测试，很难对创新性的"创意"进行测试。而且，即使人们能设计出一种对"创意"进行测试的考试，如何公平地评分也会成为一大难题。评分者的主观意见可能给考试的公平性带来极大的争议。

第三，应试教育导致教育的"内卷化"，这将浪费巨大的人力、物力，妨碍学生的健康成长。为了将自己的考分最大化，考生不得不将大量的时间和精力花费在做题上。我们可以做一个简单的思想实验：如果每天玩1小时、学8小时能得90分，而每天不玩、学9小时能得91分，那么你愿意少学点得90分还是多学点得91分呢？大部分人可能会选择少学点得90分。但是，在应试教育的思维框架内，人们一定会选择后者。因为，如果玩1小时不能提高得分的话，那么这1小时就是没有意义的，就不如用来学习。这就像"货币"对于资本家来说，如果不带来利润的话，就不能被称为"资本"。将所有的精力和时间用于提高考试成绩，这正是造成应试教育"内卷化"的根本原因。应试教育就像一个漩涡一样，将人们所有的精力和时间都吸附其中。尤其对于那些除了上大学就没有第二条上升通道可走的人来说，考试就是一个黑洞，吸走了所有的光和热。

第四，应试教育的"内卷化"还会造成相关文化产业的凋敝。曾几何时，许多书店的货架上都只能看到各种"考试书"在售卖，其他书虽然偶尔也有销售，但读者寥寥，商家也不愿进货。当然，学龄前儿童的绘本童书还是很丰富的，而其原因正是他们还不用考试，可以随意看"闲书"。对于上学之后的孩子来说，他们应该做的就是尽量提高考试成绩，所以也就只会阅读考试用书。这几年，教育部制定了"课外阅读书目"，甚至将其纳入考试范围，所以除了考试书之外，也就只有这些被指定的"课外阅读书"好卖了。暂且不说阅读范围的狭隘给学生们带来多大的伤害，仅从市场的角度来说，由于应试教育的内卷化，图书市场的凋敝已成不争的事实。类似的，应试教育还可能导致更广泛的文化市场的凋敝。音乐会、体育赛事、美术馆、展览馆、博物馆，甚至是公园里都很难见到青年学子的身影，尤其是初、高中学生。而且，这种负面影响将是持久的，这些学生在成长的过程中没有在体育运动、艺术修养、文学阅读等方面花费任何精力和时间，没有得到很好的心灵和文化滋养；那么，当他们成年之后，即使有了时间和精力，也没有相应的能力去欣赏人类艺术文化的精品。举个亲身经历的例子，我有一个朋友是农村出身，一路考到北京，有了很好的工作，家庭美满幸福，看似一切都很完美。但是，让他苦恼的是，每次和妻子去听音乐会都会很快睡着，无论民乐、西乐都听不懂。久而久之，他也就不愿意去了。这对于个人来说是其人生的遗憾，对于社会来说则导致相关产业难以发展。所以说，应试教育不仅卷走了青年学子的时间和精力，而且，长此以往，这些被造出来的"单向度的人"还将使相关的文化产业急速凋敝。

在"澎湃新闻"对人类学家项飙做的专访《内卷：一种不允许失败和退出的竞争》[1]中，项飙谈道，在内卷化的背后是高度一体化的竞争。而考试正是这样一种"高度一体化"的竞争模式。所有人，无论背景、天赋、特长都以标准化的试题进行考核。正是由于"考试"的存在才使得教育的内卷化成为必然。由此看来，素质教育确实是势在必行。2020年10月15日，中共中央办公厅印发了《关于全面加强和改进新时代学校美育工作的意见》，这标志着我国将开始全面推进包括美术、音乐、体育等内容的素质教育。紧接着，2020年10月16日，在教育部新闻发布会上，教育部体育卫生与艺术教育司司长王登峰指出，将艺术类科目纳入中考，引发人们热议。此时，令人唏嘘的悖论性一幕出现了：在长久以来"应试教育"主导的思维框架内，素质教育的推进不得不以"应试教育"的方式进行！现实的悖谬将人们带入了思维都很难构想的困境。"应试教育"和"素质教育"本来是一对相反的概念，然而，在现实世界中，在今天的中国，为了推进"素质教育"，却不得不借助"应试教育"的手

---

[1] 参见网页：https://www.thepaper.cn/newsDetail_forward_9648585，访问时间：2023年4月21日。

段,将音乐、美术、书法、体育……统统纳入考试范围。在这样的悖论性的困境之下,岂能怪那些已经被"语、数、英"三科考试折磨得筋疲力尽的家长们抱怨"孩子得多累啊!",又岂能怪那些连架钢琴都没有的乡村小学的老师们抗议"不公平!"。显然,以"应试教育"的方式推进"素质教育"并不是最好的方法。加强学校的文化艺术设施建设、增强艺术教育师资力量、增加学生们参与艺术活动——听音乐会、看画展、参观博物馆的机会,尤其是增加农村地区孩子参与艺术活动的机会,等等,这些都是素质教育的应有之举。

实际上,推行素质教育大可不必挥舞"考试"这根指挥棒。如何跳出以"应试教育"推行"素质教育"的怪圈,关键在于均衡的资源分配和观念的改变两个方面。第一,从社会分配制度的安排来说,国家应加大素质教育所需的各种软硬件设施的建设。尤其是对于教育水平落后的贫穷、边远地区,应尽量配备素质教育所需的软硬件设施,吸引优秀的素质教育人才。例如,给每一个乡村小学配备一架钢琴,给每一个乡村小学配备专业院校本科毕业的美术老师、音乐老师和体育老师,等等。同时,加强文化艺术设施的建设。图书馆、博物馆、美术馆、音乐厅、剧院、电影院,这些文化艺术设施不应只由发达城市所独享。农村孩子、贫困地区的孩子也应有机会欣赏相关文化艺术作品。第二,从个人成长的角度来说,接受教育的最终目的并不是考试,也不是让自己在社会竞争中立于不败之地,而是成为一个勇于探索、自立自强、健康快乐的人。教育的目的不在于在考场上打倒自己的竞争对手,而在于对新知识和更广阔的世界持续地保持好奇心和求知欲,并通过坚持和努力形成终生学习的能力。在这一观念的指引下,学生的学习将会是自主而自由的。学生的内在动力被激发出来,他们天生会对音乐、美术、体育、数学、物理、化学、语文等某一方面的知识产生兴趣,并在教师的适当引导和家长的鼓励之下产生持续探索的动力。好奇、探索、挫败、重新思考、再探索……这才是学习的正确路径,也是每个人身心成长的历程。如果每个学生、每个家长都能体悟到这一点,那么,素质教育会自然而然地得到推广,国民素质也会逐步提高,文化、艺术、体育等相关产业也将蓬勃发展。

希望有一天，人们的学习和进步将不会止于18岁考上大学；有一天，学生们会爱上学习、爱上学校、爱上他们身边的同学和老师，而不是天天想着多考一分压倒一千人；有一天，亲子关系会更加和谐，父母会觉得自己的孩子是独一无二的，不会老想着让自己的孩子成为"别人家的孩子"；有一天，全中国的学子都可以跳出"玩命刷题"的囚徒困境；有一天，中国的文化会有更多的创意，科技会有更多的创新……那时，人民会更幸福，国家会更富强。

# 第二十章　知识产权制度的替代方案

人类社会正在进入一个科技大爆炸的时代，知识创新成为核心生产力，是人类财富增长的源泉。我们应该以什么样的制度来主导知识创新中的财富分配？什么样的制度才能在促进知识生产的同时，公平地分配知识创新所带来的财富？"知识产权制度"是智力成果所有人在一定的期限内依法对其智力成果享有独占权，并受到保护的法律制度。广义的知识产权，包括一切人类智力创作成果。1967年成立的世界知识产权组织在《世界知识产权组织公约》中列举了创作者对于文学、艺术、表演、发明、科学发现、外观设计、商标等智力成果的各项专属权利，这些都包括在"知识产权"范围内。另外，1995年成立的世界贸易组织也在《与贸易有关的知识产权协议》（简称Trips）中为知识产权划定了范围，包括：版权、邻接权（neighboring rights）[①]、商标权、地理标志权、工业品外观设计权、专利权、集成电路布图设计（拓扑图）权、未披露过的信息专有权，等等。不可否认，知识产权制度的产生及发展对人类社会的经济发展和文明进步具有重要的推动作用，但同时也显现出越来越多的弊端。

一种能够救命的新药被发明出来，价格却无比昂贵，使得在死亡线上挣扎的患者们倾家荡产；一种能大大提高生产效率的新技术被发明出来，而急需这种技术的生产者却没有钱付专利费，延误了技术革新；一

---

[①] "邻接权"指传播者因传播著作而产生的相关权利，例如，表演话剧者因表演话剧而产生的权利。

首非常优美的歌曲被创作出来,但是,没有钱买CD也没有钱看演唱会的贫困者却无缘欣赏到它……在人类文明发展史上,保护创新与普及应用之间的矛盾比比皆是。萌芽于文艺复兴时期的意大利、发展于17世纪的英国、20世纪之后被世界各国广泛接受的知识产权制度,一方面,保护了创新者从自己的作品中获得足够的利益,激励了知识创新;但另一方面,却妨碍了新知识、新药品、新技术、新作品的迅速传播。"激励创新"与"普及应用"之间的矛盾关系,使得人类最新的知识很难得到最高效的应用。自由主义经济的"知识产权理论"在下述三方面存在困难:私有权的解释困难、激励机制的囚徒困境、价值与意义的错位。本章将从这三个方面深入分析知识产权制度的理论问题,并在这一基础上,尝试提出知识产权制度的替代方案——保护创新的"基金激励机制",并阐述其在网络传播领域和医药创新领域可能的应用。

## 第一节　私有权的解释困难

知识产权制度的理论基础是自由主义思想中的私有权理论。在西方政治思想史上,对私有权的论证根源于"自然权利论"。英国政治思想家约翰·洛克在自然法和自然权利的基础上提出了私有权的"劳动获取理论"。该理论得到亚当·斯密、大卫·李嘉图等重要经济学家的认同,成为对私有权的经典论证。

如前所述,洛克认为,劳动在人们对外在物品的获取中扮演着关键角色,劳动确立了人们对其劳动成果的专属权利,这被称为私有权的"劳动获取理论"。支持知识产权制度的学者认为,洛克的私有权理论同样适用于人们的智力劳动及其劳动成果。人们的智力劳动创造了智力劳动成果。在这一过程中,智力劳动不仅创造了新的价值,为人类社会带来福利,而且也在劳动成果上打上了劳动者的烙印。所以,付出智力劳动的劳动者理应对其劳动成果享有专属权利。私有权制度强调劳动者对其劳动成果的独占性,并对劳动者的专属权利进行法律保护;而知识产权制度则强调智力劳动者对其智力成果的独占性,对智力劳动者的专属权利进行保护。

上述平行推导并没有逻辑问题,知识产权以及知识产权制度是私有权理论的合理应用。然而,这一推导却掩盖了传统私有权理论与知识产权理论之间的一些重要差别。下面我将从"私有权的限制条款"和"公地悲剧"两条线索切入,揭示智力成果的"非排他性",以及从传统私有权理论推导出知识产权理论的不合理之处。

洛克提出私有权的劳动起源论时还提出了私有权的两个限制条款:第一,人们通过劳动获取时,要将同样好和足够多的土地及其产出留给他人耕种和享用。也就是说,一个人可以通过自己的劳动尽量多地去占有,但必须留有足够的土地及产品给其他人享用。支持这一限制条款的理由是,上帝将土地及其产品赐给人们所共有,因此,每个人在通过劳动获取的过程中,不能只顾自己而不顾他人。第二,通过劳动,一个人只可以占有其有能力耕种的土地和可以利用的产品。也就是说,一个人能耕种多少土地就只能占有多少土地,能享用多少产品就只能占有多少产品,其占有不能超出自己可以利用的范围。支持这一限制条款的理由是,上帝创造的东西不是供人们糟蹋或败坏的,因此,人们在利用资源的时候不能浪费。洛克认为,在货币产生之后人们便开始想要无限制地扩大自己的财富,因为货币并不会腐烂;与此同时,劳动获取的第二条限制条款就失效了,而对私有权的限制就只剩下第一条限制条款。[①]

洛克之所以要为人们的劳动获取划定界限,是因为对于有形的(physical)资源来说,其获取和享用具有严格的排他性。例如,对于一个苹果、一片土地来说,一个人占有,则另一个人就不可能同时占有。然而,智力劳动成果却不具有这种严格的排他性。一本书,一个人占有,另一个人可以通过复印、拷贝等多种方式同时占有。尤其是在网络技术飞速发展的当代,多人同时占有同一智力成果的成本极低,边际成本几乎为

---

[①] 参见〔英〕约翰·洛克:《政府论》(下篇),叶启芳、瞿菊农译,第24—31页。

零。新知识的分享还会促进人们的交流和讨论,带来知识的进一步增长。常言道:"独乐乐,不如与人乐乐。"智力成果的分享可以增加人们的乐趣,丰富人们的文化生活,增进公共福利。因此,从这个角度来说,知识产权并不像传统意义上的私有权那样必不可少。对于具有排他性的有形资产来说,如果不确立人们的专属权利,就会使社会陷入你争我抢的争斗之中,甚至退回到生杀予夺的自然状态。相反,如果不确立智力成果的专属权利,也许降低人们从事创新活动的积极性,但并不会使人们因权利范围不明确而陷入纷争。甚至还可能出现一些有利的现象,人们会争相传播对人类进步意义重大的新知识、新文化,促进人类社会的发展。

在自由主义经济学中,"公地悲剧"通常被用来论证私有权的必要性。1968年英国经济学家加勒特·哈丁(Garrett Hardin)首次阐述了"公地悲剧"的思想。哈丁假设:有一片人们共有的牧场,为了增加收入,每一个牧民都尽量增加自己饲养的羊的数量,最终导致牧场上的草被羊吃光。[①]"公地悲剧"向人们展示了这样的囚徒困境:每个人出于理性,追求自我利益最大化,但最终公共资源被耗尽,所有人的利益都受到损害。如果"公地悲剧"是真实存在的,那么,专属权利的确立就是必需的。然而,对于知识产权来说,由于智力成果的"非排他性",这种"公地悲剧"却并不存在。

知识生产的原材料不具有"独占性",与工业生产和农业生产相比,知识生产在这一点上具有很大的独特性。尤其是对于文化创新来说,人们从事文学创作、音乐创作、绘画创作,除了维持创作者所需的生活资料以及绘画的颜料等基本条件外,并不需要投入大量的资金购买"原材料"。特定文化背景下的人类社会在千百年间积累起来的大量精神文明成果为创作者提供了丰富的素材。举例说明,人们进行诗歌创作,必须阅读大量的古典诗词。一方面,阅读古典诗词不需要投入巨大的资金;另一方面,古典诗词资源不具有独占性,任何人都可以方便地获取这些创作所需的"原材料"。可以说,在某种文化背景的人类社会中,所有

---

[①] Garrett Hardin, "The Tragedy of the Commons", *Science*, 1968, 162: 1243.

人共同拥有一个"取之不尽、用之不竭"的"智识公有物"(intellectual commons)。人们对于这种"智识公有物"的共同占有,不仅不会带来"悲剧",反而会带来更多思想的碰撞,通过交流和辩论激发灵感,创造出新的"智识公有物"。与此同时,任何人也不可能独自占有这些历经千年而沉淀下来的"智识公有物",无法对其形成专属权利。"智识公有物"是属于整个民族,甚至是全人类的共同财富。打个比方,李白的诗歌,难道只属于李白及其后人吗?其他人不能传诵和欣赏吗?这当然不可能,即使可能,对于李白和全人类来说也将是巨大的损失。

有学者这样描述"智识公有物":"(智识公有物)是未来的创新者可以从其中借鉴并且对其做出贡献的理智层面的共有财产。这一领域必须被看作是不受保护的智识资源。我们毋宁将其理解为这样一种装置:'一个允许系统内所有创新者随意使用的原始材料'。"[1]在网络技术飞速发展的今天,智识公有物的概念变得越来越重要。在网络世界中,还产生了一些不同于传统"智识公有物"的"网络创新公有物"(internet innovation commons)。美国知识产权法专家劳伦斯·莱斯格(Lawrence Lessig)对此进行了论述:"互联网构建了一种创新公有物。通过规则和算法,网络创新公有物构建了一个创造性得以蓬勃发展的空间。……在这里我们可以确证这样一种'公地悲剧':这就是由于某种来自顶层的干预而失去互联网这一创新公有物。"[2]可见,对于智力成果,尤其是可以通过网络传播的智力成果来说,并非对资源的共同所有将导致悲剧,恰恰相反,是对资源共同所有的丧失会导致悲剧。换句话说,不是"公地"导致"悲剧",而是"没有公地"将成为一种"悲剧"。

智力成果的"非排他性"揭示了从私有权理论推导出知识产权理论的不合理之处,这让我们不得不重新审视洛克"劳动获取理论"对于智

---

[1] Ida Madieha bt. Abdul Ghani Azmi, "The Philosophy of Intellectual Property Rights over Ideas of Cyberspace: A Comparative Analysis Between the Western Jurisprudence and the Shari'ah", *Arab Law Quarterly*, 2004, 19: 197.

[2] Lawrence Lessig, *Code and Other Laws of Cyberspace*, New York: Basic Books, 1999, p. 23.

力劳动成果的有效性。我们可以这样来分析这个问题：人们在通过脑力劳动创造出智力成果的过程中，有三个因素最终促成了其成果的价值：第一，创作者的自然才能；第二，创作所需的"原材料"；第三，创作者的智力劳动。

对于第一个因素——"创作者的自然才能"，如果我们同意美国哲学家约翰·罗尔斯的观点，则可认为"自然才能"并非属于创作者专有的财产，而是全人类的共有财产。罗尔斯在讨论社会分配时论述道："这样我们就看到差别原则实际上代表这样一种安排：即把自然才能的分配看作一种共同的资产，一种共享的分配的利益（无论这一分配摊到每个人身上的结果是什么）。"① 依据罗尔斯的观点，一些人是天才，一些人天生愚钝，这些参差不齐的"天赋"都不是属于某个人自己的东西，而是人类基因在某个人身上或优或劣的体现，是属于全人类共有的。

对于第二个因素——创新活动所需的"原材料"，它往往是属于公共资源的各种文献资料，尤其是对于文化创新来说，在公共领域存在着大量的"智识公有物"，创作者在"智识公有物"的基础上进行创作。例如上文提到的诗歌创作，创作者需要阅读的古今中外的诗词经典，都是"智识公有物"。所以说，对于许多创新活动来说，创作的"原材料"都不是创作者自己的私有财产，或者不完全是。②

对于第三个因素——创作者的智力劳动，如果我们赞同洛克的观点，即"我的身体所从事的劳动和双手所进行的工作正当地属于我的"③，那么，可以将"智力劳动"看作是确定属于创作者的。由此，在上述构成最终的智力成果的三个因素——人的自然才能、原材料、创新性劳动——之中，仅有一个因素确定无疑地属于创作者自己。这样就很难确

---

① John Rawls, *A Theory of Justice*, p. 87.
② 目前有许多数据库资源仍然属于私有，是收费查阅的；但是，从本书立场出发，只要不涉及国家安全和个人隐私问题，各类文献资源都是"智识公有物"，应该属于公有，免费向公众开放。当然，在现有的制度规范下，如果创作者需查阅付费数据库的话，可以认为"原材料"部分属于创作者的创作成本。这就像木匠买木料做椅子一样，买木料的钱是其付出的成本。
③〔英〕约翰·洛克：《政府论》（下篇），叶启芳、瞿菊农译，第18页。

定智力劳动者对其劳动成果的专属权利。也就是说，即使人们的"劳动"构成其私有权的基础，人们也仅对其"劳动"拥有权利，而并不对其劳动对象"原材料"拥有权利。就像一个人用一段木头造出了一把椅子，那么他对造出椅子的"劳动"拥有权利，而他售卖椅子的钱减去他购买木头的钱便是其造椅子的劳动价值。而对于智识创新来说，创新者并不是凭空创造出一首歌，或者一部小说，而必然是在前人创作的基础上进行创新性劳动。而这些前人所创造的智识产品，通常是创新者可以免费获取、属于全人类的共同的精神财富。由此看来，智识创新者的"劳动成果"其专有性很难确定，理应由人们共享。

支持自由经济的学者通常认为，只有确立了人们对于其劳动成果的专属权利，人们才可能加倍努力地创造财富。在每个人寻求自我利益最大化的同时，社会的资源得到最佳配置，社会整体的利益也实现最大化。这对于其他社会资源的配置来说，可能有一定的道理。但是，对于创新性的智力成果，自由市场理论却不完全正确。因为，人们对智力成果的占有具有"非排他性"，"分享式"的占有不仅不会带来人们争权夺利的纷争，还会增进交流促进公共利益。因此，将传统的私有权理论直接应用于具有"非排他性"的智识产品是不合理的。另一方面，智力成果的"非排他性"揭示出，在"个人利益"和"公共福利"的相互关系中，私有权的确立并不总是起到协调二者关系的作用。对智力成果之专属权利的确立，有可能将"个人利益"和"公共福利"对立起来，使得人们在追求自我利益最大化的过程中，损害公共利益。就像上文提到的李白诗歌的例子，如果确立了李白对其诗歌的专属权利，那么，李白的诗歌很可能无法在当时流行（当时的普通老百姓大多买不起书，付不起与专属权利相应的费用），而我们今天就更不可能读到那些豪气万丈的美妙诗篇。不论是对于李白还是对于全人类来说，这都将是一大憾事。

## 第二节　激励机制的囚徒困境

在理性选择理论中，支持知识产权制度的论证被称为"知识产权激励说"，该学说的主要观点是：如果不对人们所创造的智力成果进行权利保护，那么，人们就会失去创新的动力；而长此以往，整个社会的"公共福利"就会受损，以至于人类社会将停滞不前。中国学者杨明进一步指出了这种"激励机制"的两层含义："知识产权制度的设置，蕴含了两个层面的激励，对人们投资于创新活动的激励是第一层次的，对社会公共福利之增长的促进是第二层次的，也才是终极目标，前者可以被看作是后者的前提和手段，而后者是前者的集大成者。也许单个的市场主体并不在意、或许也并没有意识到第二层次的激励，但只要第一层次的激励能够吸引足够多的市场主体做出行为选择，最终必然也会促进社会知识财产的总量增长，从而推动社会进步。"[①]

"知识产权激励说"的论证逻辑类似于英国古典经济学家亚当·斯密以"看不见的手"的理论对自由市场进行的论证：在私有权得到保护的自由市场中，每个人都只关心自己的利益，而在供需关系的调解下，却能达到人力和资源的最佳配置，实现"公共福利"的最大化。以此类推，在知识产权制度的保护下，每位创新者为了自己的利益而从事创新工作，最终推动社会方方面面的发展，在追求"自我利益最大化"的同时，推动"社会利益最大化"。然而，就像自由市场不可避免地要遭遇"经济危机"的重创一样，知识产权制度掩盖了"个人激励"与"社会发展"之间的深刻矛盾，在现实应用中也必然漏洞百出。

"知识产权激励说"的根本问题在于：在知识产权制度中，对"个人发展"和"公共福利"的双重激励是不可能同时实现的。因为，在专属权利保护下，"个人利益"和"公共福利"二者从根本上来说是矛盾的。知识产权制度将人们从事创新活动的根本动力假设为"一己私利"，即使

---

① 杨明：《知识产权制度与知识财产创造者的行为选择》，《中外法学》2012年第4期。

我们暂且赞同这一假设[①]，也很难从"个人利益最大化"的前提推导出"社会利益最大化"的结论。因为，在知识产权制度的保护下，如果要实现"个人利益最大化"，就必须以加大创新者的权利范围、加长权利期限、加高专利转让的费用等手段增加人们获取创新知识的难度，并借此使智力成果所有人获取尽可能高的经济回报。然而，给予创新者更大的经济回报，虽然有可能激励更多的人投入更大的精力和时间从事创新工作，却必然妨碍人们获取和应用新知识，无助于"公共福利"的增进。所以，在知识产权制度中经常出现这样的悖论，专利转让费用设得越高，人们购买专利的难度越大，专利拥有者越难获利，最终使得专利所有人和公共利益都受损。

如美国经济学家弗里兹·马克卢普（Fritz Machlup）所言："(专利制度被用于）激励人们投资于新技术的研发活动，从而实现专利权人利益与公众享受该专利技术的利益之间的平衡。"[②] 也就是说，"投资新技术"与"公众利益"之间并非正相关（如果是正相关就不需要平衡二者关系），而常常是此消彼长、你弱我强的关系。在知识产权的保护机制中，一方面，创新知识被"保护"得越好，金钱"壁垒"越高，其传播就越慢，也就越不利于公共福利的增长。而另一方面，那些得到迅速传播，并且大大推进公共福利增长的新知识，却往往没有得到很好的"保护"，使创新者利益受损。由此看来，在知识产权制度保护之下，创新者和社会的公共福利两者并不总是"双赢"，反而时时陷入"双输"的囚徒困境。

在上述意义上，知识产权制度甚至不能算作是一种"好制度"，而时常带有"坏制度"的嫌疑。所谓"制度"，指的是一种协调各参与者之间利益关系的规范体系。一种"制度"的好坏，取决于它能否将各参与者的"个人发展"与"公共福利"协调起来。一种既能促进"个人发展"，又能增进"公共福利"的制度就是好制度。相反，如果一种制度将其参与者的"个人发展"与"公共福利"割裂开来，使得对"个人发展"的

---

[①] 本章第三节将深入分析创新活动的动机的问题。

[②] Fritz Machlup, "An Economic Review of the Patent System", in Merges & Ginsburg (eds.), *Foundations of Intellectual Property*, New York: Foundation Press, 2004, pp. 55-56.

激励不能很好地增进"公共福利",或者使得对"公共福利"的增进阻碍了"个人发展",那么这样的制度就是坏制度,应该进行改良或者寻找替代方案。举例来说,平均主义大锅饭的分配制度,"干多干少一个样",严重抑制了参与者们的"个人发展"。这样的制度会打击人们为社会做贡献的动力,而"公共福利"最终也会受到损害。在许多境况下,知识产权制度为了促进"个人发展",保护人们进行"创新"的动力,以金钱作为壁垒,将"新知识"、"新技术"、"新药品"、"新文化"包围起来,人为地制造了知识传播的障碍,限制了普通人从新知识中获益的机会。从这一点来看,知识产权制度是一种需要改良的制度。

另外,知识产权制度将人们创新的动力假设为对"一己私利"的追求,也就是将人类社会前进的根本动力归结为"私欲",这必然导致人性中"恶"的因素膨胀,甚至会激发"报复"、"歧视"等"恶劣"的心理机制。这一点在激烈的国际市场竞争中有极为明显的体现。例如,在美国的贸易法中就有关于"报复"的相关规定。美国国内贸易法中的超级301条款规定:美国将对认为对美实施不公平贸易做法的国家进行报复,其中不公平贸易做法包括美国认为对知识产权保护不充分的做法。报复措施包括对进口商品提高关税或采取进口限制,对有关国家服务征税或进行限制,直至终止两国签订的贸易条约。还有,美国国内贸易法中的超级337条款也有类似的报复性内容。[①]这些规定完全丑化了人们做出创新的初衷,激化国际矛盾,是对世界其他国家的人民的歧视和不尊重。还有一些专利技术拥有者以其专属权利而与专利技术买方签订"不平等协议","对技术受方进行种种限制,如强制卖方所指定的人购买原材料;对买方在制造、使用或出售与专利技术相竞争的产品或采用与专利技术相竞争的技术方面加以限制,或不合理地限定买方的销售区域等。此种限制性商业条款会扰乱正常贸易秩序,使合理贸易受到限制"[②]。另外,知识产权制度下的"恶意抢注商标"等行为,也是这一制度过分刺激人们

---

① 参见朱玉荣:《自由贸易的新障碍:知识产权壁垒》,《经贸法规》2005年第3期。
② 朱玉荣:《自由贸易的新障碍:知识产权壁垒》,《经贸法规》2005年第3期。

的"私欲"而引发的恶果。2019年4月,"视觉中国"图片网站在世界各国科学家联合公布的"黑洞照片"图片上打上自己网站的水印,并以此敲诈"侵权费",甚至还将国旗、国徽的图片都打上自己网站的水印。以如此卑劣的手段,借知识产权制度牟利,引发了舆论声讨。

总之,知识产权制度并不像"知识产权激励说"所论证的那样,能够很好地协调"个人利益"与"公共福利"之间的关系;相反,在具体境况中,"个人利益"与"公共福利"往往相互矛盾,甚至陷入"双输"的囚徒困境。"知识产权激励说"的症结在于其基本假设:人们为追求"一己私利"而创新。但是,这一假设并没有准确地描述人类的创新活动,下面我将具体讨论这一问题。

## 第三节 价值与意义的错位

2019年3月18日,中央电视台《寻找最美医生》节目介绍了一位发明了治疗白血病的特效药的医生——王振义。在发明出新药后,王振义放弃专利申请,免费供药厂使用。所以,现在该药的售价仅为290元一盒,而国际上同类药物的售价均在600美元左右。95岁高龄的王振义在接受采访时说:"制造新药的目的和动力不是赚钱,而是治病救人。救助更多的病人,这就是对我最大的回报。"[1]

这位令人尊敬的"最美医生"的话启发我们重新审视人们从事创造性劳动的根本动力。在人类文明的发展史上,许多伟大的创举都不是在对金钱的追逐中完成的,激励人们不断创新的根本动力往往不是"金钱"所代表的利益。文艺复兴时期伟大的意大利科学家布鲁诺,为坚持"日心说"而被教会活活烧死。对于布鲁诺来说,他追求的是比生命还要崇高的价值,怎么可能是为了"金钱"? 19世纪末,塞尔维亚裔美籍科学

---

[1] 参见CCTV官网:https://tv.cctv.com/2019/03/18/VIDEu2UulRI2X98CmpY4WIXV190318.shtml,访问时间:2023年4月21日。

家尼古拉·特斯拉（Nikola Tesla）主持设计了现代交流电系统，却于晚年撕毁专利，将其公之于众，而他自己却死于贫困之中。特斯拉被誉为世界最具创造性的天才之一，其发明创造引发了电力工程、电磁学等多个领域的革命。特斯拉搞发明创造常常废寝忘食，激励他不断创新的动力也绝不会是"金钱"。

"创新的目的和动力不是赚钱"，这个朴实无华的道理得到古今中外许多例子的印证。历史上那些令人敬佩的创新者们的事迹不断向人们表明，除了"金钱"之外，各行各业的从业者还有着让他们全心投入、无怨无悔的价值追求。这些价值追求远远高于金钱所代表的"利益"，甚至是超越生命的。医者，以"救死扶伤"为己任；科学家追寻真理；政治家关心公共福利；法律的制定者和实施者坚守社会的公平正义；运动员追求更高、更快、更强……这些丰富而深刻的价值和意义，是金钱远远不能涵盖的。各领域中不同社会成员的价值追求多元共融，这正是本书所主张的多元分配正义的理论基础。在各式各样的社会分配形式中，金钱或许不可避免地掺入其中，发挥度量的作用；但这并不代表驱使人们的根本动力就是金钱，而金钱也不可能成为人们的终极追求。人们甚至不能将金钱的多少，作为对各行各业的从业者们为人类社会所做贡献的正义的衡量。金钱仅仅是为了保证自愿交换能够顺利进行而不得不采用的度量工具。

在市场经济高度发达甚至无孔不入的今天，人们很容易想当然地认为，任何行业的终极追求都是"金钱"。或许，人们先是用这样的逻辑去预设他人，接着自己也陷入这样的假设之中，最终相应的激励机制也由此而订立。同时，制度与人的行为之间又形成相互加强的关系。知识产权制度正是在这样的逻辑预设下形成的激励机制。这一制度通过刺激人们的"私欲"而促进"创新"，进而推动社会进步。这种激励机制将各种创造性活动的内在意义和人们从事这一活动的动机割裂开来，造成一种人们为"金钱"而"创新"的假象。这将造成人的价值追求与内在动力的错位，使人们迷失在对"金钱"的追逐中。

在意义与价值的问题上，知识产权制度的症结正在于：将各行各业人们的终极价值追求假设为"金钱",并以此推断:如果做出创新的人得不到相应的,或者尽可能大的经济回报,那么人们就会停止创新,社会就会止步不前。然而,这种假设和推理与事实并不完全相符。不论是在人类社会的实然层面,还是在道德应然层面,各行各业的从业者都有着高于金钱的价值追求:教师追求提高教学质量;公交车司机追求安全驾驶;商店职员追求更好地为顾客服务;作家追求写出更好的作品;学者追求更多的科研成果……而金钱只是当这些价值追求得以实现时,社会给予人们的回报,并不是人们努力工作甚至做出创新的根本动机。换句话说,即使没有金钱的刺激,在理想的状态下,人们也会秉持自己的价值追求而做好本职工作,甚至做出创新。

人们的创新活动有高于金钱的价值追求,这一点还可以从世界各族人民的古老智慧中得到印证。子曰:"君子喻于义,小人喻于利。"(《论语·里仁》)可见,对于君子来说,人生的终极追求并不是金钱。"君子"在儒家学说中代表着理想的道德人格,君子的追求展现了儒家传统对人生终极目的的认识。古波斯诗人鲁米在诗中写道:"画家是因为画本身的缘故而画画,还是希望获得随之而来的利益?制陶艺人做罐子,是为了罐子而做罐子,还是打算用它来装水?"阿拉伯学者(Ida Madieha bt. Abdul Ghani Azmi)对鲁米的诗进行了这样的诠释:"正如鲁米美妙的诗句所言,人们不应该将利益以及专属权利看作是激发人们创新的唯一的源泉。也许,创造性活动并非仅仅为了功利的目的,还因为自我满足,也许是对'全能神'的一种臣服(ubudiyyah)形式。"[①]另外,多元分配正义的提出者、美国当代政治哲学家沃尔泽是犹太裔美国人,其思想深受马克思主义传统的影响。沃尔泽的社会分配理论试图重塑人们从事劳动和创造的最初价值和意义,阐发了与自由主义私有权制度不同的立场。

当然,作为具有生物性需要以及各种物质需要的人,在市场经济中必须借助"金钱"维持自己的生存、体面的生活以及自尊和荣誉。那么,

---

[①] Ida Madieha bt. Abdul Ghani Azmi,"The Philosophy of Intellectual Property Rights over Ideas of Cyberspace: A Comparative Analysis Between the Western Jurisprudence and the Shari'ah", *Arab Law Quarterly*, 2004, 19: 207.

我们应如何处理"金钱"、"创新"以及创新活动的"内在价值追求"三者之间的关系呢?对"创新"的激励是否只有金钱壁垒这一种方式?促进"个人发展",就必须以金钱为界限将贫困的社会成员排除在享用创新成果之外吗?以一种什么样的激励机制,既能促进"个人发展",又能增进"公共福利"呢?下面,我将尝试提出一种与"知识产权制度"不同的创新激励机制——"基金激励机制",并讨论这一激励机制在以网络形式传播的文化创新以及医药创新领域的应用。

## 第四节　网络知识产权的替代方案

"基金激励机制"的基本构想如下:1. 在某行业内,通过税收和募捐形成该行业的"创新基金"以及基金管理组织"创新基金会"。2. 邀请该行业的资深专家组成"创新学术委员会"。3. 创新者以自己的作品向该"创新学术委员会"申请认证。认证成功后,创新者将获得相应的经济回报,并被授予相应的荣誉。4. 创新者与"创新基金会"签订合约,将该作品免费向公众公布,创新者仅保留署名权。5. 该行业的相关运营公司(例如歌曲创新行业的唱片公司、医药创新行业的制药厂等等)通过对创新产品的批量化生产而获得利润,并上缴税收,以支持"创新基金会"的运行。

支持"基金激励机制"的理由是:第一,知识创新是属于全人类的智识财富,理应由人们所共享。[①]当然,创新者在特定的自然才能的基础上,为创新付出了智力劳动,但这并不能确定其对创新产品的"专属权利"。"基金激励机制"将保留创新者的"署名权",并以"基金激励"方式给予创新者适当的经济和名誉回报。第二,"基金激励机制"能够最大

---

[①] 本节讨论的范围重点在于国内社会。如果"基金激励机制"的实施范围是在一国之内,那么相关知识创新就是属于国内社会所有成员的共同财富,如果这一机制的适用范围是国际领域(如本章第五节所讨论的"健康影响基金"),那么则是假设相关知识创新是属于全人类的共同财富。

限度地促进新知识的快速传播，很好地将创新者的"个人利益"和"公共福利"统一起来，使得创新者在追逐"个人利益"的同时，促进"公共福利"的增长，二者不会陷入知识产权制度所引发的"囚徒困境"。第三，"基金激励机制"给予创新者的经济回报相对固定。一方面，保证创新者的生活水平处于社会的中上阶层；另一方面，并不以市场经济的巨大诱惑刺激创新者的创新活动。在这样的激励机制中，创新者不会因"私欲"的膨胀而迷失自我，不会导致创新活动的内在价值的错位。从这三方面来看，"基金激励机制"将是优于知识产权制度的创新激励机制。下面我将以网络传播背景下的文化创新为例，尝试构建网络文化创新领域的"基金激励机制"。

近五十年来，互联网的诞生和发展在很大程度上改变了知识和信息传播的方式。一方面，网络加速了知识的传播，大大降低了知识传播的成本；另一方面，网络传播也使得对知识之"专属权利"的保护变得越来越困难。这两方面的特征使得"知识产权制度"在网络环境下，变得既"不可欲"，也"不可能"。网络环境下的知识产权保护有可能"不可欲"是因为，限制知识的网络传播将大大降低社会整体的"公共福利"，这种限制与大部分网络受众的意愿相反。例如，因唱汪峰的《春天里》而为人们所喜爱的"旭日阳光"组合，曾被拥有该歌曲版权的词曲作者汪峰通知"禁唱"此歌，后来人们就很难再听到"旭日阳光"唱《春天里》了。这对于广大歌友来说，是一个不小的损失。网络环境下的知识产权保护常常"不可能"是因为，由于取证困难等原因，网络环境下的知识维权，往往使创新者陷入长时间、无结果的法律纠纷之中，耗费大量精力和时间，最终一无所获。复制成本低，维权成本高，使得网络环境下知识产权的保护举步维艰，许多创新者的利益和权利得不到真正的保护。2016年1月腾讯发布的《2015年微信知识产权保护白皮书》显示，仅2014年第四季度至2015年第三季度，微信收到针对公众账号的投诉就超过2.2万件，其中涉及知识产权的投诉超过1.3万件，知识产权投诉占比达到了60%。

网络环境下知识产权保护的困难，带来的负面影响是明显的。如一些学者指出，目前中国音乐产业的凋零，就与创新者权益得不到保障息息相关。[①]出不了新歌、出不了好歌，其根本原因并不是没有新歌手、没有新创意，而是在目前的知识产权制度下，网络环境中的文化创新得不到实质性的保护。

对于新歌创作的保护和激励，我们是否可以设想这样一种制度：第一，在唱片公司或大型传媒集团的资金支持下，成立一个支持歌曲创新的"基金会"，暂且命名为"新歌创作基金会"。第二，在该基金会下面设立一个由资深歌唱家和作曲家组成的"学术委员会"，暂名为"新歌创作学术委员会"。第三，当作曲家写出一首新歌，就可以向这个基金会申请"认证"。该基金会依据歌曲的网络评价、艺术性、音乐性等对歌曲进行认证。认证成功后，作曲家将获得一定的经济回报。第四，新歌创作者与"新歌创作基金会"签订合同，将新歌（包括词曲）上载到网络（暂名为"新歌网"），免费让人们使用，歌曲的词曲作者只保留"署名权"。当然，转载者不得随意修改新歌的词曲，引用、转发都必须注明出处；同时，也不能开启"赞赏"功能，以自己免费获得的资源牟利。第五，对于"新歌网"上的歌曲，人们可以自由传唱。同时，各大唱片公司都可以聘请歌手来演绎这些歌曲，并将录制的CD免费提供给广大听众。这些演绎的作品上传到"新歌演绎网"上，供人们免费下载，以加速新歌的传播。另外，普通民众也可以自由演绎"新歌网"上的歌曲，并上传到"新歌演绎网"上，供人们自由获取。第六，唱片公司以及各式各样的传媒集团通过出CD、开演唱会等形式，借助市场营利。第七，各传媒集团和唱片公司以税收或募捐形式支持"新歌创作基金会"的运行。

在上述新歌激励机制中，对于传媒公司来说，其营利方式主要是："新歌演绎网"的流量变现，售卖CD（虽然网上能听到所有的新歌，但一些"发烧友"还是钟爱CD的传统模式）的利润，以及组办演唱会或音乐会的门票收入。

对于新歌创作者来说，其经济回报可能是通过单首新歌认证而获得的

---

[①] 孙玉荣：《互联网文化产业发展与知识产权保护》，《北京联合大学学报》2016年第4期。

"新歌基金"支持,也有可能在积累了一定量的新歌认证之后,而获得某种水平的固定收入。例如,当新歌作者创作了一定量脍炙人口的新歌(通过"新歌网"上的点击量,可以判断此歌是否受欢迎),就可以向"新歌创作基金会"申请成为"一级作曲家"、"二级作曲家"、"三级作曲家"等等。至于这种固定经济回报的具体数额应该是多少,初步的构想是:三级作曲家的收入水平达到社会平均工资,二级作曲家的收入水平高于社会平均工资20%左右,一级作曲家的收入水品高出社会平均工资50%左右。

对于"新歌创作基金会"来说,除了对新歌进行认证外,还可以与传媒集团合作,定期举办"新歌大赛"、"年度最佳新歌会"等活动,并售卖门票。这类活动,一方面有助于表彰创作出好歌的作曲家们和歌手,给予他们相应的荣誉;另一方面也有助于增加"新歌创作基金会"的收入,维持其自身运转。

在其他网络文化创新领域,我们也可以构想相应的激励机制。以前面提到的"黑洞风波"中涉及的图片的版权等相关问题为例,我们可以设想下述与"知识产权保护"不同的创新激励机制:第一,通过税收或者募捐方式筹集资金,设立与摄影和图片相关的"创新基金",以及相应的管理机构——"图片创新基金会"。第二,邀请摄影界及图片出版界的资深人士组成"图片创新委员会"。第三,每一个摄影师的每一幅作品都可以申请"图片创新委员会"的认证,并获得相应的经济报酬。"图片创新委员会"从图片的网络评价、艺术性、技巧性等维度进行认证。同时,图片作者与"图片创新委员会"签订合同,创新图片将仅保留"署名权",放弃其他所有专属权利。图片将上传至网络,暂名为"新图网",免费供人们下载使用。在经济报酬方面,图片作者在拥有了一定数量"认证图片"后,还可以向"图片创新委员会"申请认证成为"一级摄影师"、"二级摄影师"、"一级图片制作师"等等,并获得长时段的固定收入。第四,"图片创新基金会"定期举办与图片相关的各类比赛,以授予图片创新者相应的荣誉。第五,与图片相关的传媒公司可通过举办摄影展、出版各类图册以及批量化生产各种图片衍生品的方式营利,并以其利润的一部分支持"图片创新基金会"的运行。

如果上述"基金激励机制"能够实际发挥作用，那么就绝不会出现"黑洞风波"这样的荒唐事件。因为，世界各地的科学家们联合免费向全球公众发布的黑洞照片在保护署名权的条件下，将免费上传至"新图网"，而任何人都可以从"新图网"上下载各类图片，不用顾忌任何与"版权"相关的问题。

相比于目前的"知识产权"制度，上述文化创新的"基金激励机制"将原先的知识产权保护转变为署名权＋业内基金会给予的固定经济和荣誉回报，从市场原则转为应得原则。"基金激励机制"取消了文化创新从"私有领域"进入"公有领域"的金钱壁垒，大大加速了文化创新的传播和增值。与"知识产权制度"相比，"基金激励机制"具有下述三方面的优势：第一，"基金激励机制"对知识创新的保护更明确、更简便易行，不会使创新者卷入复杂而困难的维权过程。第二，文化创新从创作到传播的过程将大大加快，并且在演绎过程中呈现出百花齐放、百家争鸣的态势。新文化的方便获取和多元演绎将最大限度地增进"公共福利"。第三，"基金激励机制"不以刺激人们的私欲为创新提供动力，不会导致市场竞争中处于优势的创新者的私欲膨胀，也不会造成市场竞争中处于劣势的创新者没有饭吃。[①]如本章第三节所述，文化创新者的创作动力来自于内在的价值追求。"基金激励机制"给予文化创新者适当的经济回报和相应的荣誉，维护创新者的"体面生活"，保证创新者能够有尊严地秉承自己的价值追求，而不会仅仅为了"金钱"而创作。从这三方面来看，对于网络环境下的文化创新来说，"基金激励机制"将是优于"知识产权保护"的制度设计。

---

[①] "市场竞争中处于优势"的文化创新者，一般是在传媒界有较广的人脉关系、有更为便利的文化传播途径的文化创新者，例如演二代，或者各大传媒机构人员的亲戚、朋友，等等。"市场竞争中处于劣势"的文化创新者通常不具备这些有利条件，是草根作曲家或者草根作家。

## 第五节　新药专利的替代方案

2018年，电影《我不是药神》在我国引发热烈的公共讨论，甚至还推动了国内的医保制度改革。2019年，多种抗癌药物被纳入我国医保。与此同时"药品专利制度"也在国际社会广受诟病。"救命药"被卖到天价，归根结底还是因为"专利费"过于昂贵，导致新药价格过高。昂贵的药价将数量众多的贫困人口（尤其是发展中国家的大量人口）排除在新药之外，使他们无法获取到维持生命和健康所必需的药品。这严重侵犯了基于人权的平等"健康权"。电影《我不是药神》根据真实故事改编，知识产权制度所支持的"药品专利"在血淋淋的社会现实面前，显然是一种需要改进的社会制度。然而，在"药品专利"制度的另一端，新药的研发需要投入大量的人力、物力，如果新药发明者对于新药的专属权利得不到保护，没有恰当的激励机制，新药的研发又将停滞不前。我们是否可以找到一种更好的激励机制，既能促进新药的研发，又能使新药最大限度地造福于人类？

从2003年开始，在药品的研发和推广领域，世界各国的知识精英和政界精英一直在推广一个替代"药品专利"的"基金激励"计划。[1]这一计划名为"健康影响基金"（Health Impact Fund），这是一个国际范围的新药发明支持计划。[2]"健康影响基金"将为新药发明者提供一种不同于"药品专利"的激励机制。新药发明者可以向该基金会申请发明新药的经济回报，同时放弃申请专利。当然，是否申请基金奖励并放弃药品专利申请，这基于新药发明者自己的选择，该计划并不是强制性的。

"健康影响基金"计划的主要设想如下：第一，"健康影响基金"由各国政府以及一些非政府组织提供资金支持。第二，新药发明者可以向

---

[1] 2003年，阿布拉莫维奇（Abramowicz）发表了第一篇有关"健康影响基金"计划的学术论文。Abramowicz, "Perfecting Patent Prizes", *Vanderbilt Law Review*, 2003, 56: 114-236.

[2] 参见Thomas Pogge, "The Health Impact Fund: Enhancing Justice and Efficiency in Global Health", *Journal of Human Development and Capabilities*, 2012, 13(4): 537-559。

"健康影响基金"申请注册自己的产品,并承诺在产品进入市场的十年内,以成本价在世界各地需要该药品的地方提供产品。第三,新药发明者进一步承诺在这十年结束后,免费允许该产品的批量生产和分销。第四,作为回报,注册人将在这十年内根据其产品的健康影响而获得年度经济回报。健康影响越大的新药,亦即那些能大范围提高人们健康水平的新药,将获得越多的年度经济回报。第五,对于新药"健康影响"程度的测评,"健康影响基金"设立专门的学术委员会依据该药品的药效、救治人数等指标进行评估。

在支持"基金激励机制"的学者托马斯·博格(Thomas Pogge)看来,"健康影响基金"计划相比于传统的药品专利将带来下述好处:第一,该计划将大大降低新药的价格,使新药价格限制在工业生产的最低价格之内。这将使得全世界的贫困人口可以通过医疗保险、政府补贴、自费等各种渠道获取新药。第二,该计划将引导新药研发的方向,从过去的偏向富人疾病的新药研发转向面向人口数量巨大的穷困人口的新药研发。在原有的药品专利激励机制下,新药的价格通常非常昂贵,只有富人才用得起最新、最好的药。所以,新药研发大多面向富人,针对富人易患的疾病。而在"基金激励机制"下,新药价格会大大降低,贫困人口也能获取新药,而此时新药的研发将会自然地转向为穷人服务。因为,在"基金激励机制"下,新药研发的资金投入,只有通过药品的巨大的销量以及对人们健康水平的大规模促进才能获利。

在资金筹集方面,目前"健康影响基金"计划已得到一些国家的政府以及多个非政府组织的资金支持,其中包括澳大利亚研究理事会发现奖金(ARC Discovery Grant)、保柏基金会(BUPA Foundation)等等。而且,欧盟委员会(European Commission)还资助建立了一个多国合作团队(Innova-P2),包括中国、印度、澳大利亚以及菲律宾在内的多国成员加入其中。在智力支持方面,为了推进"健康影响基金"计划而设立的非政府组织"全球健康激励"(Incentives for Global Health)吸引了世界各国知识界及政界精英,其中包括加拿大前总理保罗·马丁(Paul Martin)、美国乔治城大学前校长约翰·德吉奥亚(John J. DeGioia)、剑桥大学哲学教授欧若拉·奥尼尔（Onora O'Neill）、哈佛大学经济学与哲学教授阿马蒂亚·森、诺贝尔经济学奖得主肯尼斯·阿罗（Kenneth J. Arrow）、哈尔滨医科大学卫生管理学院副院长吴群红、康奈尔大学微生物与免疫学系主任卡尔·内森（Carl F. Nathan），等等。

"健康影响基金"计划的提出、论证、推广和实施向人们展示了，一种与"知识产权制度"不同的创新激励机制并非不可能。在知识加速更新的今天，人们可能建构一种优于知识产权制度的创新激励机制，以协调创新者的利益与公共福利之间的关系，加快创新知识传播，并最终推动人类文明的发展。在对创新的"基金激励机制"的保护下，全社会将共享一个巨大的"（网络）智识资源"，先前的创新者以自己的智慧不断丰富这一"共享资源"，并从"基金激励"中获得回报；而新的创新者则不断地从这个"共享资源"中汲取营养。全人类共享的巨大精神文明财富，正是个人得以创新的智识源泉。正所谓，"问渠那得清如许，为有源头活水来"。在这一机制中，"个人发展"与"公共福利"将双双得到促进。相反，如果每一种创新都被打上了"专属"的烙印，不能为更多的人方便获取，那么，人类文明只能是"无源之水、无本之木"，裹足不前。[①]

---

[①] 2020年新冠疫情期间，世界卫生组织在印度、巴基斯坦以及非洲各国等一百多个国家的倡导下对新冠疫苗全球知识产权豁免议案进行讨论，这代表着国际社会对知识产权制度的进一步反思。

# 第二十一章　全民基本收入政策

21世纪以来，人类社会进入一个科技飞速发展的时代。尤其是数字技术的发展使得机器在许多方面已经超过了人类的智能。科技发展带来生产力的突飞猛进，对制度体系产生了巨大的冲击，其中最突出的就是机器和人抢工作的问题。在AI引发失业的大背景下，世界各国的经济体制都不得不进行系统性的调整。正如以色列历史学家赫拉利所言："21世纪经济学最重要的问题，可能就是多余的人能有什么功用。一旦拥有高度智能而本身没有意识的算法接手几乎一切工作，而且能比有意识的人类做得更好时，人类还能做什么？"[1]在大规模失业的情况下如何解决人们的生计问题？一些西方学者提出了给所有公民发放一笔基本工资的社会分配构想，这被称为"全民基本收入"（Universal Basic Income, UBI）。

"全民基本收入"是比利时哲学家菲利普·范·帕里斯最先在《所有人的真正自由》一书中提出的哲学构想，其核心主张是给每一位社会成员无条件地发放一笔基本收入。帕里斯的哲学思想深受马克思共产主义学说的影响，他本人也是分析马克思主义学派"九月小组"[2]的成员。在帕里斯看来，"全民基本收入"计划正是通向共产主义的实践探索。2019年新冠疫情暴发以来，西方一些国家不平等现象加剧，失业率飙升，低收入人群

---

[1] 〔以色列〕尤瓦尔·赫拉利：《未来简史》，林俊宏译，中信出版社，2017年，第286页。
[2] 从1979年9月开始，一些以分析哲学方法研究马克思主义哲学的学者每年9月都会聚在一起开一次分析马克思主义的学术会议。所以，这些学者也被称为"九月小组"。这批学者包括G. A. 科恩、约翰·罗默、范·帕里斯、普舍沃斯基（Adam Przeworski）、赖特（Eric Olin Wright），等等。

受损尤为严重。在此背景下，美国、西班牙、南非等国相继推出具有"全民基本收入"特征的政策。全民基本收入主张给予每个人一份无条件的基本收入。这一收入的领取对象是个人，具有普遍性和无义务性特征。全民基本收入有助于缓解生产领域的剥削，能够将人们从异化劳动中解放出来，能够保障人们的基本生活需要。与此同时，全民基本收入也是对社会中所有自然资源的一种公有方式。本章将首先讨论"全民基本收入"区别于其他福利政策的三个基本特征，在此基础上比较"全民基本收入"计划与马克思所描绘的共产主义社会之间的契合之处，并指出"全民基本收入"能够在有限意义上实现各尽所能、按需分配以及利润共享，是通向共产主义的现实之路，也是推进共同富裕的重要路径。

## 第一节　什么是"全民基本收入"

"全民基本收入"主张无条件地给所有社会成员发放一份基本收入。所谓"所有社会成员"具体指的是财政居民，而不是永久居民或公民，其中"不包括游客及各类旅行者、非法移民和超国家机构的外交官或雇员"[①]。根据帕里斯和杨尼克·范德波特（Yannick Vanderborght）的建议，应以当期国内生产总值（GDP）的四分之一来为所有财政居民发放等额的基本收入，具体的融资方式通常是累进制的税收。[②] 举例说明，2020年我国的国内生产总值为1013567亿元[③]，人口总数为14.1212亿人[④]，那么，就应该给中国的所有财政居民无条件发放1495元/月的基本收入。

---

① 〔比利时〕菲利普·范·帕里斯、〔比利时〕杨尼克·范德波特:《全民基本收入》，成福蕊译，广西师范大学出版社，2021年，第10页。
② 〔比利时〕菲利普·范·帕里斯、〔比利时〕杨尼克·范德波特:《全民基本收入》，成福蕊译，第13页。
③ 参见国家统计局网站数据：http://www.stats.gov.cn/xxgk/sjfb/zxfb2020/202112/t20211217_1825447.html，访问时间：2022年1月18日。
④ 参见国家统计局网站数据：http://www.gov.cn/shuju/hgjjyxqk/detail.html?q=3，访问时间：2022年1月18日。

与公共救济、社会保险、有审查程序的最低收入等其他福利政策相比，"全民基本收入"政策具有三个重要特征：第一，全民基本收入的领取者是"个人"而不是家庭，其领取条件与个人的家庭状况、居住地等没有关系。第二，全民基本收入的发放具有普遍性，不需要任何经济状况审查。第三，全民基本收入的发放具有无义务性，领取者无须为领取这一收入而尽任何义务，无须进行工作意愿审查。这三个特征使得"全民基本收入"具有许多优势，简述如下。

第一，在帕里斯看来，"全民基本收入"是严格的个人权利，与人们的婚姻状况、家庭状况、居住地等因素无关。全民基本收入的发放与个人的婚姻家庭状况无关，这给予了人们在是否结婚、是否生养小孩等问题上最大的个人自由，真正平等地对待选择不同生活方式的人们。其次，全民基本收入发放的对象不是家庭而是个人，这使得家庭中的弱势者能够得到更好的保护。例如，如果一个家庭妇女对自己的婚姻状况不满意，在全民基本收入的支持下，她就更容易摆脱这段不愉快的婚姻而重新开启自己的人生。而且，全民基本收入通常将社会中的未成年人也囊括在内，这能够更好地保障贫困地区（例如农村）或贫困家庭的儿童和青少年获得充足的营养和良好的教育。

第二，全民基本收入具有普遍性，不对人们的经济状况、是否残疾、陷入贫困的原因等情况做任何审查，这能够有效提升低收入者接受救助的意愿，切实改善低收入者的生活境况。通常情况下，各国采用的济贫政策都不是普遍的，需要进行各种"资格"审查。例如，人们是否丧失劳动能力、是否患有重病、收入是否低于国家法定的贫困线，等等。而这些审查都在某种意义上带有"羞辱性"[①]。由此，一些真正需要帮助的人可能会拒绝申请相关救助，而这将加剧他们的困境。相反，全民基本收入不需要任何审查程序，不会给任何人带来心理负担，这将保证低收入者在不丧失尊严的条件下获得相应的救助。其次，全民基本收入所具有的普遍性特征还有助于解决"福利陷阱"。"福利陷阱"指的是，一些人在获得了某种贫困

---

① 这一点可参考本书第六章第四节对运气平等主义的批评。

救助后可能会拒绝重新投入工作。因为,一旦开始工作他就会失去相应的救助,而他能获得的工资可能与不工作就可获得的救济金相差无几。因此,带有审查程序的救济政策通常会陷入"福利陷阱",抑制人们工作的意愿。另外,不需要任何审查程序,这也使得基本收入计划的推行几乎不需要任何行政成本。尤其是在数字经济时代,只需要每个月往每个人的账户中打入一笔资金即可。行政成本几乎为零,不仅节约了资金而且杜绝了与公共资源分配相关的腐败(例如民政部门的腐败)。这也是全民基本收入计划优于其他救助政策的一个重要特征。

第三,全民基本收入具有"无义务性"特征,人们领取全民基本收入并不需要证明自己有工作意愿。即使人们自愿失业、身体健全,也可以获得这笔收入。"无义务性"特征使得基本收入能够很好地解决"工作陷阱"。"工作陷阱"指的是社会中有一些工作工资低、劳动强度大、枯燥乏味,甚至对人们的身体有害。这样的工作通常被称为"辛苦工作",例如清扫街道、垃圾分拣、搬运货物、建筑工地搬砖、在煤矿里挖矿,等等。但是,一些低收入者为了维持基本生活,或者领取到需要证明工作意愿的救济补贴,却不得不接受这样的工作。而全民基本收入并不要求身体健全的人必须工作,这样就能将人们从那些令人厌恶的工作中解放出来。让他们获得更多的自由,这也是帕里斯提出全民基本收入的初衷——促进所有人的真正自由。在帕里斯看来,所谓自由是人们能够实现自己真正想做的事,只有当每个人都拥有了一份平等的基本收入,人们才可能从生活的困窘中解放出来,才有可能去构想、计划和实现自己的梦想,而后者才称得上是"真正的自由"。在帕里斯看来,"一个自由社会的理想必须表达为所有社会成员的自由最大化的社会,而不仅仅是不干涉人们自由的社会"[1]。

当然,学者们对全民基本收入也提出了许多反对意见,其中主要的有三种担忧:第一,一些学者担心全民基本收入会导致通货膨胀,并最终阻碍国家的经济发展。自2020年下半年以来,在推行带有全民基本收

---

[1] Philippe Van Parijs, *Real Freedom for All: What (if anything) Can Justify Capitalism?*, p. 23.

入特征政策的美国，通货膨胀持续加剧，可看作是这种担忧的合理依据。第二，人们普遍担心全民基本收入会助长人们"不劳而获"的思想，使得全社会的就业率下降，最终阻碍经济增长。第三，还有一些人担心，低收入者在获得基本收入之后会拒绝接受"辛苦工作"，这些工作就没人干了。2021年疫情期间，美国的大货车司机奇缺，导致港口拥堵，可看作这一担忧的佐证。

对于第一种担忧，全民基本收入是否会引发通货膨胀，主要取决于其融资方式。如果全民基本收入的融资方式是靠发行货币，那么很有可能引发通货膨胀。但是，如果像帕里斯所构想的，全民基本收入的资金来源是通过累进制的税收，那么就不会引发通货膨胀（因为货币总量并没有增加）。当然，对于税收的增加，富裕阶层可能会反对。但富裕阶层也将获得这一基本收入，这在一定程度上抵消了针对他们的税收。对于第二种担忧，长时间以来，不论是西方社会还是东方社会，人们都会认为"不劳而获"是错误的，而全民基本收入却将其正当化了。正如马克思主义研究者乔恩·埃尔斯特所言："健全的人靠别人劳动供养是不公平的，大多数劳动者会把这个方案看作懒惰者剥削勤勉者的计策。"[1]对于这一指责，帕里斯有下述三点回应。第一，在资本主义生产方式中，"不劳而获"并不是人们通常认为的"穷困潦倒的懒汉"所独有的特征。实际上，那些靠资本获利的企业主、金融家也没有参与生产劳动，在某种意义上也是"不劳而获"[2]。所以，从这个角度来说，全民基本收入计划不过是将资本家们才能享有的"不劳而获"的特权向所有人开放而已。而这种分享红利的"特权"理应向所有人开放，成为一种平等的权利。第二，全民基本收入大概率不会降低劳动参与率。因为，通过劳动人们不仅获得生活所需的资金，更重要的是获得其他人的认同和自我价值感。所以，在全民基本收入提供生活所需资金的前提下，人们为了获得价值认同仍然会主动参与到力所能及的劳动中去，这会让他们更自信、更体面，而

---

[1] Jon Elster, *An Introduction to Karl Marx*, Cambridge: Cambridge University Press, 1986: 709, 719.

[2] 此观点可参考马克思在《资本论》第一卷第二章中对"剥削"的批评。

不是仅仅满足于基本的生存。第三，全民基本收入政策使得一些低收入劳动成为可能，因而有可能提高劳动参与率。例如，有些人在网上教人画画，这样的工作没有多少收入，不足以维持自己的基本生活。然而，在全民基本收入政策的支持下，这样的工作就有可能继续下去。因此，全民基本收入政策中也有增大劳动参与率的因素。对于第三种担忧，"辛苦工作"没人干了，帕里斯认为，这确实是一个问题。但这同时也给人工智能的发展和应用提供了空间，许多"辛苦工作"可以开发各种人工智能替代人来做，例如清扫街道的清扫车、进行垃圾分拣的机器人、搬运车、挖矿机，等等。另外，即使有一些"辛苦工作"确实没有办法由人工智能替代，那么在全民基本收入政策下，这类工作的报酬就会增加，而这正是这一政策的初衷之一：增强低收入群体的谈判能力，以便更好地保障他们的权益。总之，全民基本收入的目的是保障所有人的基本生活，给劳动者更多的选择，促进每一个人的自由发展。

帕里斯的哲学思想深受马克思主义学说的影响，其政策主张与马克思所构想的共产主义社会也有诸多契合之处。下面，我将从共产主义社会的三个基本特征——各尽所能、按需分配、实现共产——分析全民基本收入计划如何成为通向共产主义的现实之路。

## 第二节 消除异化与各尽所能

马克思在《哥达纲领批判》中对共产主义社会进行了详细的描述："在共产主义社会高级阶段，在迫使个人奴隶般地服从分工的情形已经消失，从而脑力劳动和体力劳动的对立也随之消失之后；在劳动已经不仅仅是谋生的手段，而且本身成了生活的第一需要之后；在随着个人的全面发展，他们的生产力也增长起来，而集体财富的一切源泉都充分涌流之后——只有在那个时候，才能完全超出资产阶级权利的狭隘眼界，社会才能在自己的旗帜上写上：各尽所能，按需分配！"①在这段话中，马克思憧憬了一个物质财富极大丰富、劳动已经不再成为一种负担而成为人们的需要的情形。在这样的社会中，人们会主动地参与劳动，为社会的发展贡献自己的力量，同时发展自己各方面的能力，做到"各尽所能"。

要真正实现"各尽所能"、人们主动参与各种劳动，就必须解决马克思所揭示的资本主义生产方式下的两个问题："剥削"与"异化"。第一，马克思对资本主义竞争方式的一个重大批判就是对普通劳动者造成的剥削。马克思的剥削理论是以劳动价值论为基础的。在肯定"商品的价值是凝结在商品中的社会必要劳动时间"这一命题的基础上，马克思得出推论：工人在为资本家劳动的过程中不仅创造了自己的劳动力价值，而且还为资本家创造了剩余价值。②工人所创造的剩余价值是资本家利润的来源，正是资本家对剩余价值的无偿占有使得劳动者受到了剥削。造成这一剥削的原因是：在资本主义生产方式下，资本家占有生产资料，劳动者一无所有、不得不为资本家打工。尤其是当劳动者生活处于困境之中，他更有可能接受低工资、高强度的工作，这会强化剥削的程度。依据马克思的剥削理论，全民基本收入将明显有助于缓解剥削。一份无条件的收入，将增强普通劳动者的谈判能力，并为其提供一系列有吸引力的替代方案，例如自谋职业，提高技能以获得更高报酬的工作，休假一段时间，等等。这将有效地维护劳资关系中的谈判公平，因为在资本家给出的条件过于苛刻的情况下，劳动者就会选择退出谈判，而资本家想要雇佣到工人就不得不降低剥削程度，提高劳动者的工作报酬。从这一点来看，全民基本收入能有效地缓解"996"、"加班文化"等顽疾。当然，全民基本收入并不能完全消除马克思所批判的剥削，但无疑能在很大程度上缓解这一问题。

第二，全民基本收入计划还有助于消除马克思所批评的"异化劳动"。马克思在《资本论》中论述道："事实上，自由王国只是在由必需和外在

---

① 《马克思恩格斯选集》（第二版）第三卷，第305—306页。
② 参见〔德〕卡尔·马克思：《资本论》第一卷第二章。

目的规定要做的劳动终止的地方才开始;因而按照事物的本性来说,它存在于真正物质生产领域的彼岸。……在这个必然王国的彼岸,作为目的本身的人类能力的发展,真正的自由王国,就开始了。"[1]在马克思看来,人之自由的实现必须首先摆脱为不断满足自身的需要而进行的无止境的物质生产的束缚。这种劳动是让人厌倦的、异化的劳动,而并非劳动者创造性地展现个性、实现自我的自主劳动。因此,在基本需要没有满足之前人是不自由的。只有当人们完全从为满足基本需要而进行的异化劳动中解脱出来,从被迫劳动转变成自主劳动,人才可能展现自己的自由个性,在劳动中获得自主的自由,而劳动也才可能真正成为一种需要。从这个意义上来说,全民基本收入将保证所有人的基本需要得到满足,这能够将人们从异化劳动中解放出来,帮助他们充分发展自己的能力,实现自主的自由。

综合上述两方面的论述,全民基本收入计划能够有效地缓解剥削并将人们从异化劳动中解放出来。在这一基本收入的支持下,人们的劳动获得了更大的自主性,更倾向于马克思所构想的主动的、创造性的劳动,也更有利于人们能力的发展,以及所有人能力的全面发展。从这一意义上来说,全民基本收入正是人们"各尽所能"的必要条件,是促进所有人全面发展的有效途径。

## 第三节 基本需要按需分配

在马克思的描绘中,共产主义社会的第二个重要特征是"按需分配",依据人们的需要分配社会资源。按需分配是当物质极大丰富、人们的道德素养足够高时可以采用的社会分配原则。那时,资源的分配不再是你争我抢的博弈,每个人都可以依据自己的意愿而得到自己想要的任

---

[1] 〔德〕卡尔·马克思:《资本论》第三卷,第927页。

何东西。当然,我们现在的社会还没有实现物质极大丰富,还不可能分配给每个人他想要的任何东西。但是,随着生产力的提高和技术的进步,机器化大生产以及人工智能的应用已经向人展现出物质极大丰富的可能。与此同时,正如帕里斯所说,"没有必要等到全面富裕才开始部分地实现共产主义的分配原则……可以通过基本收入无条件地满足每个人的基本需要"[1]。也就是说,可以先在一个较小的范围内实现按需分配,这个范围就是保障人们基本生活的物质产品。在社会发展的现阶段,如果无条件地给予某人一笔基本收入,那么就能保证他的基本需要得到满足(虽然不能满足他的所有需要)。从这个意义上来说,全民基本收入实际上是在小范围内——人的基本需要的范围——实施按需分配。这可以看作是我们即将步入共产主义社会的一个"试点",这个试点可以不断扩大,从人们的基本需要开始,逐步实现所有人的所有需要都得到满足。

事实上,按需分配一直是社会分配的主要原则之一,按需分配原则通常主导着必需品的分配,例如药品和治疗、干净的饮用水、维持人们生命所需的食品、衣物,等等。对于这些社会产品的分配不应完全由市场原则主导。在一个完全市场化的社会中,将会有许多人的基本生活需要无法得到满足。

那些无法在市场竞争中获取维持基本生活必需品的人们应该怎么办?对这个问题的回答,与我们对人类社会的理解息息相关。第一,社会契约论者的看法是:人们自愿联合组成国家和政府,其目的是为了过上一种安宁、充足的生活。因此,人类社会的首要目的就应该是保障每一个人的基本生活。人类社会不仅是一个合作竞争的联合体,更是一个"团结的联合体"。在这样的联合体中,每一个成员在保障自己过上一种人之为人的"体面生活"的同时,有义务尽一己之力保障他人也能过上"体面生活"。一些人生活在赤贫当中,没有足够的食物、药品、衣物,居无定所,无力支付基本的教育……这些情形无论发生在谁的身上,都

---

[1] 〔比利时〕菲利普·范·帕里斯、〔比利时〕杨尼克·范德波特:《全民基本收入》,成福蕊译,第200页。

有损整个国家甚至是整个人类社会的尊严。第二，在人类社会中，只有首先确保了每个人的基本生活，人们才能有实质性的自由去追求自己的理想，实现自己的人生目标，同时为社会创造更多的财富。第三，一些研究贫困问题的当代学者，例如获得诺贝尔经济学奖的阿马蒂亚·森认为，没有基本生活保障的贫困状态是人类社会中一种"明显的不正义"；亦即，无论基于什么理由、什么政治理论，这些现象都会被人们认为是"不正义的"[①]。基于上述三方面的理由，社会分配切不可完全市场化，必须借助市场以外的分配手段为所有人的基本生活提供保障，无论他们在市场竞争中的表现如何。这是由人类社会的目的和本质所决定的。"按需分配"是与"市场交换"完全不同的分配原则。这一原则要求国家和政府通过对资源和机会的再分配，满足所有社会成员的"基本需要"。"基本需要"是特定社会中的人们维持一种人之为人的"体面生活"所需要的各种物品和机会。全民基本收入计划正是致力于以无条件的收入满足所有人基本生活需要的再分配方案。

## 第四节　社会分红与实现"共产"

马克思所构想的共产主义社会的最重要的特征是要实现"共产"，也就是实现所有人对于生产资料的共同所有。然而，如果生产资料要产生价值、带来财富增长，就必须与人类的劳动相结合。而人们要劳动就必须将生产资料拨为私用。这看起来似乎是一个解不开的难题。解决这一难题的关键在于所有权与使用权的分离，也就是，我们可以接受一种"公有私用"的产权结构。亦即，所有的生产资料都是"公有"的，但使用权在每一个劳动者手中。因此，马克思所构想的共产主义社会绝不是所有人共同使用所有生产资料的社会，而是所有人共同拥有生产资料，

---

① 〔印度〕阿马蒂亚·森：《正义的理念》，王磊、李航译，第3页。

同时每个人可以私自使用生产资料的社会。马克思关于所有人共同拥有生产资料的思想在当代政治哲学研究中被左派自由至上主义者所继承并得到进一步的扩展。例如，希尔·斯坦纳认为地球上所有的自然资源属于全人类，所有人对自然资源所产生的价值有平等的权利。如果一些人过多地占用了自然资源以及自然资源所产生的价值（例如土地升值），那么就应该通过税收等制度设计在占用不同自然资源份额的人们之间进行再分配。①

斯坦纳关于所有人共有地球资源的构想给我们这样的启发：可以在分配制度中体现生产资料的"公有"。我们可以这样来理解：生产资料属于大家共同所有，因此通过这些生产资料所产生的价值增长也应由所有人共同分享，而分享工业生产所带来的"红利"就是所有人共有生产资料的具体形式。如果将这一逻辑推广到社会中的其他领域，我们就可以得出这样的结论：一个社会的自然资源属于所有社会成员所有，而自然资源所产生的价值也应由所有社会成员共享。这种"共享"在分配领域的具体形式就是"社会分红"，以自然资源的价值增长每年或每个月给每个人发一笔"基本收入"。"阿拉斯加永久基金"的分红就是"社会分红"的成功案例。以北美最大的油田普拉德霍湾（the Prudhoe Bay）为基础，阿拉斯加创设了一个永久基金，并以这个基金的收益为每一个在阿拉斯加居住满一年的正式居民发放一笔年收入。这一政策从1982年首次实施，最开始几年每人每年能获得约400美元，在2015年这一收入升至每人每年2072美元。②

帕里斯赞同左派自由至上主义者的观点，认为所有人对于自然资源及其价值增长都有平等的权利。也正是在这一意义上，帕里斯主张以自然资源的价值增长给所有人提供平等的基本收入。在帕里斯看来，一些人对自然资源的过多占用会影响到其他人的机会，让其他人付出"机会成本"。因此，自然资源的占用者应该缴纳相应的税收。而这一税收则可

---

① 参见Hill Steiner, *An Essay on Rights*, Chap. 8。
② 参见〔比利时〕菲利普·范·帕里斯、〔比利时〕杨尼克·范德波特：《全民基本收入》，成福蕊译，第150—151页。

用于支持一种无差别的基本收入,为所有成年社会成员发放工资。帕里斯强调,这种"基本收入"的发放没有任何限制条件,无论成年的社会成员的社会境况、自然禀赋、是否工作等具体情况如何,都有权得到这一"基本收入"。因为,人们原本就对自然资源拥有平等的权利。由此看来,给每个社会成员发放一笔基本收入是生产资料"公有"的一种创新形式,这种形式没有破坏生产资料的私人使用,有效地利用了市场经济的优势,同时又保证了所有人对于财富增长的平等分享。所以说,全民基本收入正是实现"共产"的一条可行之路,让所有人都能够分享经济增长所带来的红利。

综上所述,全民基本收入计划能够有效地提升低收入人群的生活质量,保障其基本需要,提升他们在市场竞争中的谈判能力,是实现分配正义的有效措施。更重要的是,全民基本收入还能有效保障社会中所有阶层的基本需要,给予人们更多的工作选择,以切实可行的方式让所有社会成员分享经济增长带来的利益。这些特征与马克思所描述的共产主义社会极为吻合。社会主义是共产主义的初级阶段,为共产主义的实现做出物质和制度两方面的准备。全民基本收入给我们提供了一种可能:在公平分配的理念下,满足人们的基本需要,减缓甚至消灭剥削,将人们从异化劳动中解放出来,实现自主的自由,同时通过"社会分红"实现共产。我们有充分的理由相信,全民基本收入计划有助于实现共同富裕,是一条通向共产主义的现实之路。[①]

---

[①] 关于如何设计出适合中国国情的基本收入政策,可参考翟东升、王雪莹、黄文政、李石等:《未来起点收入——共同富裕时代的新型再分配方案初探》,《文化纵横》2022年第5期。

# 第二十二章　其他分配正义实例

与分配正义相关的社会议题不仅事关基本分配制度的设计，还广泛地存在于社会生活的方方面面。在具体的分配案例中，优先原则、平等原则、市场原则、应得原则、功利主义原则、按需分配、程序正义等不同的分配原则会相互交织在一起，共同决定分配的公平性。这些具体的分配案例虽然与基本分配制度不一定有直接的关系，但却影响着人们对社会公平的感知，与人们的日常生活息息相关。在本章讨论中，笔者选取了六个案例进行分析，分别是：第一，2021年北京"车牌"分配的政策改革。第二，"排队"作为一种分配程序的公平性。第三，2020年新冠疫情期间不同国家对于紧缺医疗资源的分配方案。第四，讨论社会中的"辛苦工作"应该如何分担。第五，残疾人保障。第六，最低工资制度的公平性讨论。

## 第一节　"车牌"的分配正义

根据北京市交通委发布的消息，从2021年1月1日开始，北京市小客车车牌摇号政策有了新的规定。根据新政，无车家庭将有更多机会摇到车牌，而个人名下有一辆以上小客车的将只能保留1个车牌。车牌分配的新政将以家庭为单位分配稀缺的公共资源，偏向没有机动车的家庭。这一政策调整体现了分配正义中的优先原则。

所谓优先原则,指的是将资源优先分配给那些福利水平距离"平均水平"较远的社会成员。优先原则不同于平等原则,并非严格平等地对待所有人。如果说以前以个人为单位(无论其是否已经拥有车牌、拥有多少车牌)进行摇号的分配原则是一种简单的平等原则;那么,优先原则就是一种更偏向资源获取较少者的分配原则。支持优先原则的学者认为,那些福利水平距离"平均水平"(在车牌的问题上可假设一个家庭拥有一辆机动车为平均水平)越远的社会成员,其需要得到满足的"紧迫度"就越高,因此社会分配的安排应该优先满足这部分社会成员的需求。在资源稀缺的情况下尤其如此。

近几年来,由于环境和交通的双重压力,北京市允许新增小客车的数量越来越少。"车牌"早已成为一种稀缺资源。摇号获得车牌,实际上就是获取排放和制造拥堵的"权利"。那么,谁有这样的权利呢?对于权利,人们通常认为应该平等分配。北京市车牌分配新政的设计理念是将这种排放和制造拥堵的权利平等地分配给"每一个家庭",而不是"每个人"。所以说,以积分方式倾向于无车家庭,将车牌优先分配给无车家庭,这是一项旨在保障人们的平等排放权利的有力政策。当然,倾向于无车家庭的积分政策有可能打乱单纯以时间为依据的排队。排队是一种符合程序正义的获取资源的方式。先到先得,这一规则在世界上任何国家都是适用的。排队的时间越长,意味着满足需求的"紧迫度"越高。北京市将要实行的积分摇号制度实际上是将由时间带来的"紧迫度"和由无车家庭成员的多少带来的"紧迫度"进行叠加,以确定获取资源的优先次序。综合来看,这正是社会分配原则中优先原则的体现。

在车牌分配的问题上,同样受到交通和环境双重压力的上海却采用了不同的车牌分配制度——拍卖。自1992年以来,为了缓解交通拥堵,上海市开始对新增客车额度进行拍卖。这一车牌分配制度一直受到社会各界人士的质疑。上海市交通委也一直强调这是一个临时性的政策,会及时修正和改良。暂且不论这一"临时性"的政策为何实行了三十多年,先来看看"拍卖"车牌制度的内在逻辑是什么。如前所述,所谓"车牌"实际上是排放废气和制造拥堵的"权利"。那么谁该拥有这样的权利呢?

人们通常认为，个人应该为自己的行为负责，为自己给他人生活带来的代价负责。上海的"车牌拍卖"政策恰好符合这一道德直觉。这一政策的实质是：谁排放、谁买单。也就是说，如果你想拥有排放和制造拥堵的权利，那你就应该为你的行为付出代价（price），而"拍卖"的价格正好就是这一代价。如果上海市交通委确实将拍卖车牌的钱用于改善环境和治理拥堵，那么这一逻辑就是成立的。

"拍卖"是一种市场手段，其基础是"自愿交换"。在车牌拍卖中，那些想要新增小客车的人可以用金钱购买到他们需要的"资格"。然而，自由市场并非无懈可击，其最大的弊端就是"穷者愈穷、富者愈富"，加剧资源分配的不均。试想，在一个新增车牌买卖完全开放的自由市场会出现什么情况？（据了解，上海市车牌的拍卖并不是完全市场化的，拍到车牌的人不再有第二次参加拍卖的机会）有钱的人总是有能力拍到新增加的车牌，车牌的价格会被炒得很高，而没钱的人只能望"牌"兴叹了。实际上，即使是上海目前实行的这种受到诸多条件限制的"拍卖"，也已经将一个车牌的价格拍到了八九万，而这对于普通工薪阶层来说也是一个沉重的经济负担。如果车牌的价格继续攀升，在不久的将来，开车就只能是有钱人的游戏了，而这显然有损于资源分配的公平性。

其实，无论采取哪一种分配方式，对于资源的分配还存在一个时间先后问题。拿"车牌"的分配来说，在十几年前，"车牌"并不是稀缺资源，所有买新车的人都能获得"车牌"。然而，随着环境和交通的双重压力增大，后来者获取"车牌"的机会变得越来越少。那么，我们该如何处理因时间先后而导致的不同人群之间资源分配的不公呢？值得注意的是，对于充足资源的分配（例如十几年前北京市的车牌、商品房）通常采用先来先得的"先占原则"，因为，在资源充足的情况下，每个想获取资源的人都有平等的机会。那么，先前的人们依据"先占原则"占用了大量"车牌"，导致现在想要买车的人却没有了机会，这种不公平要如何消除呢？对于这种因时间的推移而引发的不公平，人们很难"溯及既往"，要求先占者将资源退回来；但是，社会可以要求先占者为他们所制造的拥堵付出代价。相应的政策可能是：向那些已经拥有车牌的车主收取"拥堵费",用这笔费用改善交通状况,并为更多的后来者提供开车的可能,供应更多的"车牌"。如此一来,先占者虽然未曾交出原先占有的"车牌",但却为自己所制造的拥堵付出了应有的代价,并且间接地向后来者提供了更多开车的机会。

总之,稀缺资源的分配方式可能有很多种,不同的分配原则反映了人们不同的道德直觉:平等、为自己的行为负责、优先满足紧迫的需求,等等。每个人的道德直觉不同,利益也不同,这决定了人们会赞同不同的分配原则。对不同的分配方案进行比较、展开公共讨论,有助于人们找到最适合的方式分配稀缺资源,最大限度地推进社会公平。[①]

## 第二节　"排队"的政治哲学分析

"排队"总是给人一种公平的感觉,虽然排在队尾的人总是忍不住着急焦虑。在资源有限的情况下,僧多粥少的局面让大多数人都赞同以"排队"的程序来获取有限的资源。因为,这种获取程序是以"人人平等"为基本前提的,它符合人们对于"平等"的道德直觉:每个人都应该有平等的机会获取某种资源,因此,时间的先后就成为优先获取的最根本的理由。先来后到、先到先得、first arrive first serve……在东西方文化传统中,排队都成为一种分配资源的公平程序,没有特殊理由,绝不该有例外。

上公交车要排队、在人满为患的网红餐馆吃饭要排队,领取免费的博物馆参观票要排队,甚至购买保障性住房也要排队。"排队"虽然困扰着为此付出巨大精力和时间的每一个人,却毫无争议地成为人们获取资源的公平程序。然而,似乎人类所有的规则,都不可避免地会有"例

---

① 对车牌分配政策公平性的进一步研究可参考李石、刘冠男:《我国机动车车牌分配机制的公平性研究》,《公共治理研究》2023 年第 2 期。

外"。有人"排队",就会有人"加塞儿",而且有些人会千方百计地"加塞儿"。下面,我将深入分析三种典型的"加塞儿"形式,以窥探人与人之间最初的"平等"是如何被破坏的。

第一,付费加塞儿。美国学者迈克尔·桑德尔在《什么是金钱买不到的?》一书中讨论了商业社会的一种特殊的"加塞儿"方式:"付费加塞儿"。桑德尔列举了许多"付费加塞儿"的案例,有一些比较直接,例如娱乐城里付费的快速通道,可以让顾客不用排队而体验各种游乐项目。还有,西方国家为了减少碳排放,鼓励多人共用车辆,设置了多人共用车辆快速通道。由此,催生了一项收费服务:付费的单人驾驶车辆,可以使用专供多人共用车辆使用的快速通道。有一些"付费加塞儿"采用了比较隐蔽的形式,例如:花钱雇人排队,贿赂饭店的"领班"而不用等座位,机场、车站的商务舱乘客通道,以及价格高昂、不需要排队等号的"特约医生",等等。

对于桑德尔所描述的"付费加塞儿"现象,中国人并不陌生。火车站的"小红帽",名义上提供的是付费托运行李进站的服务,实际上提供的却是付费免于排队的服务。深更半夜,在首都各大医院都有人搬着小板凳,干着帮人排队赚钱的营生;而医院为了满足患者的更高需求,特地增开了加价一两百的"特需门诊"。许多国家级的博物馆,按照规定应免费向所有公民开放,但排队的人太多、人们怨声载道;于是,博物馆推出一些所谓"特展"的收费项目,给那些不愿排队的人们开方便之门。

桑德尔教授认为,这些商业社会特有的"付费加塞儿"服务,引发了许多争议。因此,商家在提供这些服务时,总是遮遮掩掩。游乐场付费的快速通道常常是从"偏门"或者"后门"进入,避开长长的等待队伍。按理说,在一个自由市场观念被人们普遍接受的商业社会,有"需求"就会有"供给","付费加塞儿"的交易原本是两相情愿的事。按照经济学家的说法,自愿交易必然能增进交易双方的福利,符合帕累托优化,是利己利人的好事。那么,这种服务,尤其是形式比较直接的"付费加塞儿"服务,为什么会引发人们的争议?而这种交易又为什么要"遮遮掩掩"呢?

究其原因,是因为"付费加塞儿"与人们对于"平等"的道德直觉相对立。当一个不得不将大量时间和精力花费在焦急的等待和无聊之中的人,看到另一些人拿着钱而不用等待直接获取资源或服务的时候,他内心中的愤怒可以翻译成:"有钱就可以不排队吗?有钱就高人一等吗?"确实,"付费加塞儿"的交易击碎了人们对于"平等"的想象,直白地告诉人们,财富的多寡将直接决定人们在各种资源和机会分配中的不平等地位。"付费加塞儿"其实是在以一种新的秩序进行分配:将资源和机会优先分配给富人,这正是自由市场的分配逻辑,而这一点与人们对于平等社会的想象是直接矛盾的。

有人可能会反驳上述的观点,认为"付费加塞儿"并不是将资源优先分配给富人,而是将资源优先分配给"愿意支付较高费用的人"。这是支持以自由市场解决分配问题的经济学家们通常所持的观点。然而,一个常常被持这一观点的经济学家所忽视的事实却是,"愿意支付较高费用的人"通常也是"有能力支付较高费用的人"。每个人的支付意愿与自己的财产和收入直接相关,对于收入远远高于普通民众的百万富翁来说,商务舱、贵宾席成为他们生活的标配。或许,这些人从来都不需要"降低身份"排大队。可见,市场逻辑对排队逻辑的破坏,实实在在地危及社会成员之间的平等关系。

当然,在人类社会中并不是所有资源和机会都必须平等分配。有一些资源确实是应该优先分配给富人的。例如,艺术品的拍卖,绝不会无条件地卖给第一个出价的买家,而是会卖给出价最高的买家。适用平均分配原则的资源和机会通常与人们平等拥有的各种权利相关。例如,平等的健康权,这种权利要求人们排队挂号看病;平等的欣赏属于全体公民的艺术瑰宝的权利,这种权利要求人们排队领取免费参观博物馆的门票;平等的乘车权利,这种权利要求人们排队上公交车、地铁;平等的解决生理需求的权利,这种权利要求人们排队上厕所;等等。类似的平等权利塑造着人类生活的方方面面,由此"排队"这一公平程序始终贯穿于人类社会之中。

第二,特权加塞儿。如果说"付费加塞儿"是以一种比较隐蔽的方式破坏了人们之间的平等,那么"特权加塞儿"就是在公开地无视"人人平等"的道德要求。上班迟到的职员时常会抱怨,在路上遇到了"领导的车队"。如果所有车辆都必须排队前行的话,为什么有一些车辆可以将其他车都拦下,自己先走呢?当然,人们可以赋予救护车、警车这样的特权,因为救助生命、惩治罪犯是比维护平等更急迫的要求。但是,如果没有这样的特殊理由,仅仅因为某些人在社会中掌有更大的"权力",就可以任意破坏"排队"的公平秩序吗?这无异于说权力的等级安排破坏了人们之间的平等关系。

"付费加塞儿"和"特权加塞儿"反映了贫富差距以及权力安排对于公民之间平等关系的影响。或许,正如法国哲学家卢梭在描述"人类不平等的三个阶段"时所说:法律和私有财产权的设定是人类迈向不平等的第一个阶段,在这一阶段富人和穷人间的不平等被认可。官职的设置是不平等加深的第二个阶段,在这一阶段强者和弱者之间的不平等被认可。而合法权力转变为专制权力则是不平等加深的第三个阶段,在这一阶段主人和奴隶之间的不平等关系被认可。①

"特权加塞儿"与人们对于"平等"的道德直觉直接对立,因此,通常以非常隐蔽的方式进行。某个官员的子弟要参观人满为患的博物馆,不用排队,也不用购买加价的门票,直接打个电话就从"贵宾通道"进去了。在火车票极为紧俏的八九十年代,一些有"关系"的特殊乘客,只要拿着某领导的"字条"就能轻松进站上车。如此种种不合理的"加塞儿"现象,都破坏了公民之间的"平等"关系。

第三,说情加塞儿。当然,也有一些"加塞儿"并不会违背人们对于"平等"的道德直觉,是人们愿意接受的。坐地铁要排队安检,在乘车高峰期,安检的人排成长队,会花费人们很多时间。一个老人走到队伍最前面给工作人员说:"我急着去学校接孩子,能不能让我先安检?"工作人员回答:"你不要问我,你问一下后面排队的人。"于是,老人就挨个问排队的人,有一个排在队伍前面的人说:"老人家,你排在我前面吧,我不着急。"同时,这个人后面的人也都表示同意,于是老人很快就

---

① 参见〔法〕让-雅克·卢梭:《论人类不平等的起源和基础》,李常山译,第141页。

通过了安检。在这一"加塞儿"过程中,老人虽然没有像所有人那样"平等地"排队,但是他的"加塞儿"却得到了所有受其"加塞儿"影响的人们的同意。这一"加塞儿"实际上变成了两种程序的叠加:"排队程序"和"民主程序"。大家按先来后到的顺序排队,这是排队程序;所有人同意老人"加塞儿",这是民主程序。而这两个程序都是以"人人平等"为基本前提的,所以这种类型的"说情加塞儿"是公平的,并不会破坏人们之间的"平等"关系,甚至还会增进公民之间的团结。

我们甚至能看到一些以"说情加塞儿"为基础的人性化制度设计。在机场、火车站等场所,通常会有"老幼优先通道",让老年人和孩子优先登机或乘车;在公共汽车或者地铁里,会有"老幼病残孕"专座,给需要的人优先分配座位。当然,如果这些便利的通道或设施被"有特权的人"、"有钱的人"或者"蛮横不讲理的人"霸占,那将是对人类平等与公民之爱最大的伤害。

总之,"排队"这一秩序是平等公民关系的直接体现,除非征得所有排队者的同意,或者出于救助生命等紧急理由,人们不应以任何借口"插队"。任何凭借特权、财富或者裙带关系而"加塞儿"、"走后门"的行为都有可能破坏人与人之间的平等,破坏公民之间的团结。

## 第三节　稀缺医疗资源的分配

2019年以来,新冠疫情在世界范围内扩散,在多国呈现爆发式增长,致使许多国家的医疗资源都消耗殆尽。2020年,在意大利、西班牙、英国、美国等国,医院人满为患,重症患者激增。飞速增加的病人数量使得这些地区的呼吸机等重要医疗资源捉襟见肘。在这样的情况下,医院不得不选择性地收治病人。在救命所需的医疗资源极度短缺的情况下,该救谁?应该将医疗资源优先分配给谁?这一艰难的道德问题摆在人们面前,逼问人们做出回答。

这是一条来自西班牙的新闻："2020年3月24日，西班牙的医院不得不做出一个残忍的决定，那就是选择性地拔掉了65岁以上老人的呼吸机，而这样做的目的就是让更多年轻的，或者说价值更大的人来接受治疗。"①显然，西班牙人的做法是以功利主义原则为指导的。功利主义者认为，人们的任何决定或政策都应该以最大限度地增大社会整体的利益为目的。所谓"社会整体的利益"就是每一个人利益的简单加和。因此，如果将一种资源用在年轻人身上带来的利益（例如寿命的延长）比用在老年人身上带来的利益要大，那么这样做就能更大限度地增加社会整体利益。而在功利主义者看来，人们就应该将这种资源优先用在年轻人身上。

在学界讨论中，功利主义思想受到的最大的批评就是：一味地增大社会整体的利益，有可能侵犯个人权利。确实如此，当西班牙的医院在拔掉65岁以上老人的呼吸机时，难道没有侵犯这些老人的权利吗？或许这么做确实可以最大限度地延长社会整体的平均寿命。但是，在救助一个年轻生命的同时，就应该牺牲掉一个老人吗？生死面前人人平等，权利如何得到保障呢？

意大利一些老人的做法给上述道德难题找到了某种出路。这是一条来自意大利的新闻："一周前，意大利北部卡斯尼戈镇的主牧师贝拉德利（Giuseppe Berardelli）主动拒绝呼吸机治疗，将呼吸机让给了一名比他年轻的患者。最终，现年72岁的贝拉德利病逝。当地人阳台鼓掌送行。"②

在对权利问题的讨论中，一些西方学者认为，如果当事人自愿，那么不论别人对他做什么，都不能算作是对其权利的侵犯。美国哲学家罗伯特·诺奇克就持这一观点。他在《无政府、国家和乌托邦》一书中论述道："一个人可以自愿（或者允许别人）对自己做任何事情，除非他对第三方负有不做或不允许做的义务。"③也就是说，如果当事人自愿放弃

---

① 参见网页：https://www.163.com/dy/article/F8I4MMR705313S7N.html，访问时间：2023年4月22日。
② 参见网页：http://news.163.com/20/0325/14/F8IQOBB200019B3E.html，访问时间：2023年4月22日。
③〔美〕罗伯特·诺奇克：《无政府、国家和乌托邦》，姚大志译，第70页。

呼吸机治疗，那么将本该用于其治疗的呼吸机分配给别的病人，并不构成对其权利的侵犯，即使其最终因此而丧命。从这一观点来看，意大利的一些老人自愿让出呼吸机，确实解决了功利主义的道德难题。

然而，当我们将"如何分配紧缺医疗资源"这一沉重的道德选择全都压在脆弱的个人意志之上时，"自愿"这一概念就开始变得模糊不清。当社会舆论希望老人"自愿"放弃呼吸机治疗的时候，"自愿"还是真的"自愿"吗？老人们可以不"自愿"吗？还是必须"自愿"？从根本上来说，"自愿"是一个描述主观心理状态的概念。心理状态微妙而多变，而且只有当事人才清楚地知道。这给准确地判断某人是否真的"自愿"并以此而推断其权利是否受到侵犯带来了巨大的困难。

对于紧缺医疗资源的分配，美国给出了不同于功利主义的分配方案：抽签。这是一条来自美国的消息：随着疫情的迅速发展，近日，"纽约在2015年的一份医疗指导手册开始受到关注。这份指导手册清楚地写明，稀缺医疗资源应该流向最有可能被救的人。但也有另一种更困难的情况：如果很多救治希望相同病人，但只有很少的资源，该怎么办？该手册表明，在这样的情况中，'随机选择（例如，抽签等）的方法'（random selection methods, e.g., lottery）会更公平一些"[1]。

上述新闻所指的这份"手册"提供了一种功利主义的替代方案：随机选择。摇号、抽签这些随机选择都是分配公共资源的程序。这类程序的出发点是无区别地对待所有人：既然在生与死面前所有人都是平等的，那么就让"上帝之手"去决定将好运带给谁。当然，这样的方式虽然保证了人人平等，但是却让人觉得过于残酷。人们不得不将自己的生命诉诸随机的偶然事件。对于那些没有抽中呼吸机的人，人们能说什么呢？大概只能像特朗普那样，感叹一句"人生有时候就是这样的"。

其实，在这场席卷全球的大瘟疫流行中，每个国家都可能遭遇医疗

---

[1] 参见网页：https://baijiahao.baidu.com/s?id=1662415840054160872&wfr=spider&for=pc，访问时间：2023年4月22日。

资源短缺的问题。如何分配救命所需的医疗资源，这是摆在每一个政府面前的道德难题。除了功利主义的解决方案和民主式的抽签之外，还有一种方案，这就是体现自然正义的"排队"。排队的逻辑是"先来先得"，这一原则无论是在东方还是在西方，都深深地扎根于人们的道德直觉之中。对于没有正当理由的"插队者"，人们会义愤填膺、群起而攻之。在紧缺医疗资源的分配问题上，也往往遵循"排队"原则。先到医院就诊的患者先用上了呼吸机，那么，其后就诊的患者，在没有更多呼吸机的情况下，就只能等待前面的患者使用完呼吸机后，才能使用呼吸机。从先到的患者那里拔出呼吸机给后来的患者使用，这是不道德的，是违反"排队"这一程序正义的。

"排队"原则对紧缺医疗资源的分配既体现了生死面前人人平等，也尊重了以"时间"为基础的自然正义。但是，以"排队"进行资源分配也可能有道德选择上的不妥。排队的先后顺序通常与人们获得信息的速度相关。在人类社会中，一些处于较优位置的人，例如政策决策者，总是最先获得相关信息的人。如果完全以"排队"来决定资源的分配的话，资源可能终将被"消息灵通人士"占尽。这样的结果对于那些获知信息速度较慢的普通人来说是不公平的。

由此看来，对于紧缺的医疗资源来说，功利主义、随机选择以及"先来先得"的分配方案都有各自的缺陷。目前，人类还没有设计出一种完美的分配方案，能够避免所有的道德责难。英国哲学家伯纳德·威廉姆斯讨论过一种"悲剧性的"道德困境，在这样的困境中，"行为者无论怎么做都可以被证明是错误的：这是因为存在着相互矛盾的道德要求，而且任何一种要求都不比其他要求更重要"[1]。

对于紧缺医疗资源的分配正是这样，人们不论怎么做都有可能被证明是错误的，都有一些本该获救的人因为医疗资源不足而失去生命。但是，人们又不得不做出道德选择，这样的选择是悲剧性的。为了尽可能地避免这样的悲剧发生，人们只能尽量多地筹集医疗资源。在武汉"战

---

[1] Bernard Williams, *Moral Luck*, Cambridge: Cambridge University Press, 1982, p. 73.

疫"的过程中，全国人民甚至全球华人都竭尽全力、倾囊相助。后来，疫情在世界各国告急，中国人民也同样竭尽全力，尽其所能地提供帮助，缓解一些国家和地区医疗资源的紧缺，希望能尽量减少悲剧的发生。

## 第四节　辛苦工作如何分担

每个社会都会有一些"辛苦工作"，这些工作可能是脏的、臭的、乏味枯燥的、工资低的，甚至是不利于健康的，例如收拾垃圾、清扫街道、矿井挖煤等等。既然这些工作对人们来说没有任何乐趣可言，那么应该由谁去承担呢？如果不对工作市场施加任何人为干涉的话，这样的工作一定只会由那些没有什么技能，又很需要钱的人去干，而且工资会很低。因为，他们缺乏议价能力，又急需用钱，只能得到别人选剩下的工作并接受最低的工资。这些人往往与穷困、疾病、教育水平低下、年老力衰等特征关联在一起。而来来往往的路人，虽然表面上对他们也是平等尊重，但关起门来教育孩子时也忍不住怒吼一句："你不好好学习，以后就只能像他们那样去扫大街！"

然而，这些现象却与人们的道德直觉相违背。一个社会就是一个大家庭，难道家里的脏活、累活都应该由家里最弱势的成员去承担吗？一个没有固定经济来源的家庭妇女就应该毫无怨言地承担所有的家务吗？一个对家庭事务丧失了发言权的老人就应该像佣人一样伺候他的儿女们吗？理想的社会和理想的家庭都不应该是这样的。"辛苦工作"应该如何公平分配，在保障人们的选择自由的前提下，我们可以设想下述三种方案。第一，提高"辛苦工作"的报酬。第二，强制规定每个社会成员都必须承担一定量的"辛苦工作"。第三，加快人工智能的发展，替代尽量多的"辛苦工作"。下面，我们逐一分析这三种方案的利弊。

第一，如果我们人为地抬高一个社会中不需要多少技能的"辛苦工作"的报酬，那么可能出现的情况是，竞争这一工作岗位的人会增加。

在招聘单位择优录取的情况下，这会造成两方面的问题：一是，人才浪费；二是，那些原本可以做"辛苦工作"的人反而会失业。打个比方，比如说将"收拾垃圾"这一工作的报酬提高到与快递员报酬一样高，那么那些本来会骑摩托车的年轻力壮的快递员就会来应聘"收拾垃圾"的工作。用人单位当然会优先录取年轻力壮的小伙，而原本在小区里收拾垃圾的老太太则失业了。这样看来，提高"辛苦工作"的报酬并不能帮助那些原本承担辛苦工作的弱势群体，反而会让他们丢了工作，还浪费了整个社会的人力资源。

第二，为了更公平地分担"辛苦工作"，我们可以强制性规定：每个社会成员都必须承担一定量的辛苦工作。这就像在家庭里，所有家庭成员轮流洗碗一样。在某个居民小区，可能会有这样的规定：每户业主自己清扫楼梯间和过道，并把居民小区里的公共空间划片区分给每家每户。在这一规定下可能出现的情况是，一些人为了摆脱这种义务性的"辛苦工作"，会花钱雇人来做。所以，最终的结果很可能是，某个急需用钱又没有其他技能的人，为所有人承担了"辛苦工作"并获得一份固定的收入。而这与小区物业以小区居民所交的物业费雇佣保洁人员没有本质的区别。于是，我们又回到原点，承担"辛苦工作"的还是那一批缺乏市场竞争力、收入微薄的人。

第三，人工智能的发展有望消灭所谓的"辛苦工作"。小区里装了智能垃圾桶，再也不需要人工分拣垃圾了。马路上跑着清扫车，再也不需要环卫工人凌晨5点扫大街了。采矿实现了自动化，再也不需要工人在黑乎乎的矿井里挥汗如雨了……然而，显而易见的是，人工智能虽然有可能消灭"辛苦工作"，但并没有消灭那些原本需要"辛苦工作"的人。他们的命运会如何呢？失业，是否意味着老无所养、病无所医？是否意味着没房子住、没钱上学？当然，人工智能也带来了新的工作岗位，例如，开垃圾清扫车，操作自动化的挖矿设备，等等。但这些工作岗位并不是为那些曾经需要"辛苦工作"的人们准备的，他们没有相应的技能。可见，技术的进步并不能解决所有的问题，还需要进行分配制度的调整。只有更好的社会保障制度或者全民基本收入制度才能从根本上解决问题。

1959年，北京市环卫工人时传祥被评为全国劳动模范，他是第一个被评为全国劳动模范的淘粪工人。当时的国家主席刘少奇亲切地握着他的手，称赞道："你淘大粪是人民的勤务员，我当主席也是人民的勤务员。这是革命分工的不同。"时传祥则回答说："宁可一人脏，换来万人净！"时传祥的事迹确实值得人们学习，他大概并不是因为找不到工作才去当淘粪工人的，而是像他自己说的那样，是强烈的利他主义驱使着他去承担那些没人愿意干的"辛苦工作"。我们可能没法要求每个人时时刻刻都利他主义，但每个人心存那么一点点利他主义，难道不可能吗？在家里帮妻子洗个碗，帮老人扫扫地。把家里的垃圾分拣好再拿出去。有空的时候，扫扫自家门前那一小片面积。甚至动手打扫一下单位里的公共卫生间……可能只有当人们真正愿意承担一部分"辛苦工作"的时候，才能从心底里认同这样的说法：所有人都是平等的，只是分工不同。

## 第五节　残疾人保障

共同富裕的发展目标不仅体现为不同阶层人们之间的共同繁荣，也包含残障者能力的全面发展。因此，如何通过制度设计合理地补偿"残障者"，这成为分配正义研究的重要内容。规范"残障者"与正常人之间关系的道德原则是平等。在社会生活中，"残障者"应该得到平等的对待。对"残障"问题的处理，不应仅仅着眼于资源的分配和对残障者福利水平的提高，而应通过对公共设施、教育体制、就业环境等各方面的改进而全面促进残障者能力的发展，真正实现不同社会成员之间关系的平等。

诺贝尔经济学奖得主阿马蒂亚·森在讨论"残障"问题时论述道："患有身体或精神残疾的人不仅是世界上受剥夺程度最为严重的群体，而且往往最容易被忽视。在全球范围内，残障人群的规模极为庞大，超过6亿人——大约占全部人口的1/10都有某种形式的明显残障。……对于残障给个人带来沉重负担这一普遍存在的事实，绝大多数社会居然还能漠然视之,这着实令人感到诧异。"[1]当代政治哲学的研究中,随着约翰·罗尔斯宣称人们在自然禀赋上的优势或劣势都是"不应得的",学者们纷纷将研究的目光投向社会制度如何应对人们在自然禀赋上的不平等的问题。"残障"问题正是其中之一。所谓"残障"指的是:"由于肢体、器官或其功能方面的障碍而对个人生活造成的严重影响"[2]。在通常的社会分配中,残障者的收入相对较低,而他们为了维持正常的生活,却往往需要花费比正常人更多的开销。正如森所言,对"残障者"生活状况的漠然视之是不合情理的。本节将展现当代政治哲学讨论"残障"问题的三种不同思路:罗纳德·德沃金的"虚拟保险"、运气平等主义的解决方案,以及伊丽莎白·安德森的能力路径,并对这三种不同路径之间的优劣进行讨论,以期找到适合在不同社会成员间建立平等关系的分配理论。

## 一、处理残障问题的三种路径

罗尔斯的《正义论》是20世纪最伟大的政治哲学著作之一。正是从这本书开始,政治哲学的研究将目光投向社会分配中的平等问题,尤其关注人们在出生时即具有的社会属性和自然特征对于资源分配的影响。在罗尔斯看来,人们因为天赋较高或者出生在优越的家庭环境之中而在社会竞争中处于较优的位置,这是不公平的。因为,较好的天赋与优越的家庭环境都与个人的努力和志向无关。在一种正义的分配制度中,人们不该因为偶然的因素而获益。同样,那些天赋较低、家庭条件较差的人,也不应该为自己在社会竞争中的劣势负责,因为这些不利条件并非源自他们自己的选择。"残障"正是天赋能力低下的典型例证。因此,罗尔斯的"反应得"理论适用于残障问题,残障人士在社会竞争中所遭受的不利状态并非源自他们自己的选择,不应该由残障者自己负责。但是,罗尔斯并没有依据"反应得"理论对残障问题进行具体的讨论,也没有

---

[1] 〔印度〕阿马蒂亚·森:《正义的理念》,王磊、李航译,第241—242页。
[2] 参见《现代汉语词典(第5版)》"残疾""残障"词条。

设计出能够排除因天生的劣势而引发的不利状况的社会分配方案。在罗尔斯的正义理论中,似乎所有人都是不老不死、不生病也没有残障问题的。换句话说,罗尔斯的正义理论忽视了针对养老、医疗、残障等的重要的社会分配问题,这一点引发了德沃金、阿马蒂亚·森、安德森等学者的不满,也激发了他们对"残障"问题的讨论。

德沃金试图从罗尔斯提出的"反应得"理论出发,构建一种能合理处理残障问题的社会分配方案。德沃金提出了"资源平等"的分配理想,旨在消除人们在特定的社会生活中,在自然禀赋和社会境况方面的不平等状态。德沃金认为,要想彻底消除由非个人因素所导致的不平等,就应该将人的生理和精神能力都算作资源,并对那些天生能力低于"正常值"的人进行补助。但是,德沃金并不赞同对能力欠缺的人们进行直接的物质性补助。德沃金试图以自由市场的方式——"保险"——来管控人们在自然禀赋上可能遭遇的风险。他的基本想法是:如果人们并不知道自己遭遇残障(天生的或后天意外导致的)的特殊信息(例如,自己是否有遗传性疾病,自己的工作是否有较大致残风险),那么他们愿意出多少钱来购买针对残障的保险?德沃金假设:"大家都有遭遇使自己致残的灾祸的平等风险,而且大家大体上知道其概率,并且有充分的机会参与保险。"[1]在这样的情况下,所有人都曾经有平等的机会购买针对残障的保险。因此,如果一些人没有购买针对残障的保险,而最终不幸致残,他们就没有资格要求任何补偿,因为他们曾经拥有消除这一风险的平等的机会。这被德沃金称为"公平保险测试"。当然,这一虚拟的保险是在"无知之幕"后面发生的,"无知之幕"的作用就是屏蔽掉人们对于自己是否会遭遇残障的特殊信息。德沃金认为,屏蔽掉个人特殊信息的"保险"能够保证他所提出的资源平等的分配目标。在现实世界中虚拟保险的构想转变为一种累进制的所得税方案,亦即,以征收所得税的方式抹平人们在自然资质方面的不平等。人们可以以某种强制性的个人所得税模拟这种虚拟保险:将这一假设的"保费"的数额作为税率基础,当某

---

[1] 〔美〕罗纳德·德沃金:《至上的美德》,冯克利译,第74页。

人遭受残障时，就以这部分税收作为赔付。由此，德沃金在思想实验中所设想的虚拟保险，在现实社会中就转变为强制性的个人所得税。在德沃金所构想的社会中，当人们因残障问题而遭受不平等境遇时，就可以得到经济上的补偿，而这笔资金则是来自于个人所得税。补偿的方式可能是免费或以很低的价格提供特殊的医疗服务、特殊教育，或提供专门的经费购买特殊的医疗器械，等等。

德沃金的资源平等理论得到运气平等主义者的支持，他们致力于区分哪些是属于"个人"的因素（例如努力、兴趣、嗜好等等），哪些是属于"环境"的因素（例如家庭教育、父母的经济阶层、性别等等）。接着，依据这些因素把人们分成不同的类别。例如，依据约翰·罗默的运气平等主义理论，这样的类别可能是：父母受过高等教育的60岁白人健康男性，父母受过高等教育的60岁白人残障男性，等等。在这样的划分中，同一类别的不同人之间在资源占有上的差别应由他们自己负责。比如说，在"父母受过高等教育的60岁白人健康男性"这组人群中，收入水平前20%的人与收入水平处于后20%的人之间的差别可以看作是由他们不同的个人选择和努力而造成的，应该由个人负责，而不是通过再分配政策去调整。另一方面，不同类别的人们之间在资源占有上的差别则是由"环境"因素所致，所以应由政府或国家负责。例如，"父母受过高等教育的60岁白人健康男性"中收入在前20%的人群与"父母受过高等教育的60岁白人残障男性"中收入在前20%的人群之间的收入差别就是由环境因素造成的，具体来说就是由"残障"这一因素造成的。对于这种差别就应该通过再分配的政策手段予以平衡。①

运气平等主义路径遭到了能力主义者的批评。伊丽莎白·安德森认为，运气平等主义者所要求的对于残障者的评价是武断的、冒犯性的。例如，在聋哑人看来，他们并不一定认为没有听觉是一种应该要求国家补助的较差的原生运气。但是，在运气平等主义者看来，"耳聋"却是一

---

① 参见 John Roemer, "A Pragmatic Theory of Responsibility for the Egalitarian Planner", *Philosophy and Public Affairs*, 1993, 22: 146-166。

种低劣的人格特征。安德森指出,在救助原生运气不佳的社会成员时,"运气平等贬低了内在不利者并将私人的鄙视上升到官方承认的真理的地位"[1]。对不同人的资质和特征进行三六九等的排序,并在此基础上决定资源的分配,这与平等所要求的对所有公民的尊重和关切是背道而驰的。安德森认为,相较于运气平等主义来说,"民主的平等"能够更好地处理残障问题,给予残疾人真正平等的对待。在"民主的平等"的分配方案下,残障者能够通过自身的努力而实现下述三方面的功能:作为一个人;作为生产合作体系中的一个参与者;作为一个民主国家的公民。他们与其他社会成员一样,不会被排除在劳动生产和公共生活之外。安德森引用安妮塔·西尔弗斯(Anita Silvers)的话:"在轮椅上活动的人的不平等……不是显示在没有能力行动本身中,而是显示在从浴室、剧院、交通、工作场所及救命的医疗中被排除出去。"[2]事实上,安德森反对简单地对残疾人予以资金上的补足。因为,那样做实际上是贬低了残障者生活的内在价值。"民主的平等"试图系统地改造人们生活于其中的公共领域,例如:在图书馆、医院、电影院等公共场所增加残疾人通道;在新闻报道、电视剧和电影作品中增添手语讲解;在初等教育中为残障者进行细分的特殊教育使其具备基本的读写能力;为残疾人提供适合的劳动岗位,使其能参与劳动生产;在政治活动中为残疾人提供便利,使其能参与投票、选举;等等。安德森的平等理论并不将平等问题局限于资源或可见物品的分配,而是在更广泛的社会生活领域内讨论人们之间的平等关系。

## 二、残疾人保障的路径选择

综观当代政治哲学讨论中出现的处理"残障"问题的三种方案,德沃金的虚拟保险路径和运气平等主义的路径都有各自的问题。

对于德沃金的虚拟保险路径可以提出两方面的质疑。其一,虚拟保

---

[1] Elizabeth S Anderson, "What is the Point of Equality?", *Ethics*, 1999, 109(2): pp. 287-337.
[2] Anita Silvers, "Reconciling Equality to Difference: Caring for Justice for People with Disabilities", *Hypatia*, 1995, 10: 48.

险路径有侵犯人们自由的嫌疑。从表面上来看，德沃金的分配正义学说推崇自由市场，试图通过人们的自愿行为来补助那些在自然资质方面存在缺陷的人。然而，德沃金仅仅是在思想实验中应用了保险这种假想的市场手段。在现实社会中，从未出现过被"无知之幕"遮蔽的虚拟保险。在现实生活中，人们在购买关于疾病或残障的保险时，都必须向保险公司如实陈述自己的家族遗传病史以及自己工作的危险性等信息。而德沃金所构想的"无知之幕"背后的"虚拟保险"在现实中则转变成税收等"强制性"的政治制度，不再具有"自愿性"的特征。这种强制性手段甚至可以说是"反市场的"，是对自由市场的限制和修正。所以说，德沃金应用自由市场是为了论证其资源平等理想的基础是人们的"自愿行为"，而这种"自愿行为"只可能发生在人为设定的不确定状态下；一旦进入现实世界，一旦人们知道了所有与自身相关的信息，就不可能再产生相应的自愿行为。例如，如果人们知道自己没有任何导致残疾的遗传病家族史，就倾向于不购买针对残障的保险。那时，对"残障者"的补助就只能借助于"强制性"的制度设计了。从这个意义上来说，自由市场并非有助于消除不平等。其二，德沃金所设想的对残障者的保险计划可能是非常薄弱的，不足以保障残障者的基本生活。德沃金希望通过"保险"机制来为残障者提供保护，这就使得残障人是否能得到相应的福利保障依赖于人们的投保意愿。然而，在不知道自己遭遇残障的具体风险的情况下，人们愿意付出的保费可能很低。德沃金所采用的薄的"无知之幕"并没有屏蔽掉人们的心理状态，而人们可能是爱冒险的、乐观的，并不会为了避免残障风险而付出高额保费。如果是这样的话，筹集到的保险金额会很少，而残障者的生活也就得不到很好的保障。

对运气平等主义的路径可以提出下述两方面的质疑。第一，运气平等主义者关注"残障者"较低的福利水平，并且要求厘清"残障者"应负的个人责任。这种思维方式确如安德森所批评的那样，将适得其反地破坏人们之间的平等关系。在厘清个人责任的过程中，公共政策的执行者不仅可能侵犯到人们的隐私，而且最终可能会贬低残障者的生存状态，引发全社会范围内的公共歧视。因为，人们越是清晰地确定了"个人责任",就越是加深了对那些应该对自己的境况负责的弱势者的鄙视,和对那些不应对自己的不利境况负责的弱势者的可怜,而这恰恰破坏了人们之间的平等关系。第二,运气平等主义路径还存在一个理论上的内在困难,这就是:在自由意志和决定论之间的矛盾尚未得到圆满解决的情况下,"个人责任"实际上是很难确认的。以踩到自己扔的香蕉皮而滑倒致残者为例,这个人生活邋遢,通常应由他自己负责。但是,如果我们追问"他为什么会生活邋遢",可能的答案是"他父母的生活习惯就很邋遢",那他是否要为他父母的不良生活习惯负责呢?而他父母是否又必须为他们自己的不良生活习惯负责呢?生活邋遢是由基因决定的、环境决定的、教育决定的,还是由个人意志决定的呢?事实上,在因果链条并未完全被人类所掌握的万事万物之间,对"个人责任"的确定必然是模糊的。

鉴于上述两种学说各自的问题,笔者认为森、努斯鲍姆和安德森所倡导的能力学说才是最可取的处理残障问题的社会分配理论。能力学说致力于列出人们在社会生活中应该实现的功能集合(能力清单),并向那些无法通过自己的努力而有效实现这些可行能力的人们伸出援助之手。相比于其他分配方案,能力路径有下述三方面的优势:第一,能力路径关注的主要是人们可行能力的平等或者是否达到某一"门槛值",而非任何物质财富的分配。这样的分配理论能够更好地描述残障者真实的生活状态,而不是被收入、财产等数字所蒙蔽。第二,能力学说的理论构想没有借助"保险"机制,因而对残障者的救助不会受到人们付费意愿的影响,能够保证残障者的生活质量。第三,能力学说并不要求在社会分配格局中凸显个人责任的因素,不会对残障者造成二次伤害。当然,在当代政治哲学讨论中,能力学说也受到了诸多批评。一些学者认为,以可行能力的平等或可行能力的"门槛值"来划定社会正义与否的界限是不恰当的。例如:理查德·阿内逊认为,在特殊情况下,可行能力的保证可能是无底洞,无论补助多少资源都无法使一些人达到相应的功能水平。救助残障者的情况可能就是这样。[1]对于这一批评,能力路径可能的回应是,能力路径并不是保障人们在所有方面的能力的平等,而仅仅是

---

[1] Richard Arneson, "Luck Egalitarianism and Prioritarianism", *Ethics*, 2000, 110(2): 339-349.

在那些人们认为最重要的能力方面的平等或达致"门槛值"。

综上所述,当代正义理论中的能力学说提出了新的"分配项"——可行能力,将更多的信息容纳到对于正义问题的社会评价之中,极大地拓展了人们在考虑社会正义问题时的视野。尤其是在解决针对残障者的社会分配问题时,可行能力能够更好地描述残障者的生活状态,在可行能力基础上建构的社会分配学说能够更好地保障残障者的基本生活。规范"残障者"与正常人之间关系的道德价值必定是平等。这种平等并不仅仅体现在资源的分配上,而更多地体现在人们相互交往的关系之中。影响"残障者"与正常人之间建立平等关系的最根本的因素在于其能力的欠缺。因此,通过集体的力量,为"残障者"提供必要的条件以促进他们各方面能力的发展,使他们能够通过自己的努力实现作为一个人、一个经济合作中的劳动者、一个民主国家的公民等各方面的基本功能,这才是善待"残障者"、实现平等社会的正确道路。

## 第六节 最低工资制度的公平性分析

一个实现了共同富裕的社会一定是人们满足了基本需要的社会。如何通过分配制度的设计来满足人们的基本需要?除了社会保险体系外,在针对市场经济的宏观调控政策中"最低工资制度"是保证基本需要得到满足的一项重要制度。自从1894年,新西兰成为世界上第一个就最低工资制度立法的国家以来[1],学者和政治家们围绕这一制度的各种争论一直都没有停止过。这些争论既有理论层面的也有实证层面的。在理论层面,支持最低工资制度的学者们为这一制度的公平性做了许多辩护,例如人的尊严、消除贫困、满足基本需要、补偿不公平的议价地位,等等。相反,反对最低工资制度的学者则大多认为,最低工资制度干扰了人们

---

[1] 1894年,新西兰议会通过《产业协调与仲裁法案》,授权仲裁法庭设定最低工资标准。

之间的自愿交换，对自由市场施加了不必要的限制。一方面，这种限制是不正当的，侵犯了人们的自由；另一方面，这种限制使得帕累托优化无法达成，降低了自由市场的效率。支持放任自由市场的经济学家认为，最低工资制度的施行将直接导致不熟练工人的失业率上升，而这些人——正是最低工资制度试图帮助的人——的境况反而会变差。在实证研究层面，学者们试图通过数据分析证明或证伪理论研究者得出的结论。这些研究考察了最低工资制度与失业率的关系、最低工资制度是否有助于议价公平，最低工资制度是否有助于改善低收入者的生活质量，等等。然而，由于研究者们采用的数据模型不同，研究对象在地域、时段、制度背景等方面存在诸多差别，所以往往得出相互矛盾的结论。例如，在最低工资制度是否有助于消除贫困的问题上，安迪森（Addison）和布莱克本（Blackburn）（1999）[1]的研究，以及诺伊马克（Neumark）和沃斯切尔（Wascher）（2002）[2]的研究得出了肯定的结论，而诺伊马克（2008）[3]和萨比娅（Sabia）（2007）[4]的研究，以及马勒（Muller）和斯坦纳（Steiner）（2009）[5]的研究却得出了否定的结论。

我国在2004年正式实施最低工资制度。十多年来，国内学者对这一制度的讨论大多为实证研究，对这一制度所产生的各种经济效益进行实证分析。例如，在劳动供给效应的问题上，金露等（2019）[6]的研究表明，最低工资制度对于我国西部地区的劳动供给具有促进效应，而对于东部地区的劳动供给则具有抑制效应；最低工资调整幅度

---

[1] J. T. Addison, M. L. Blackburn, "Minimum Wages and Poverty", *Industrial and Labor Relations Review,* 1999, 52(3): 393-409.

[2] D. Neumark, W. Wascher, "Do Minimum Wages Fight Poverty?", *Economic Inquiry,* 2002, 40(3):315-333.

[3] D. Neumark, W. Wascher, *Minimum Wages,* Cambridge, MA: MIT Press, 2008.

[4] J. J. Sabia, *The Effect of Minimum Wage Increases on Single Mothers,* University of Georgia, 2007.

[5] K. Muller, V. Steiner, "Would a Legal Minimum Wage Reduce Poverty? A Micro-simulation Study for Germany", *Journal of Income Distribution,* 2009, 18(3): 131-151.

[6] 金露、曲秉春、李盛基：《最低工资制度的劳动供给效应》，《税务与经济》2019年第2期。

在30%以下时具有促进劳动供给的作用，而调整幅度超过30%时则具有抑制劳动供给的作用。蔡伟贤等（2021）[1]指出最低工资的上调降低了企业的员工配置效率。蒲艳萍和张玉珂（2020）[2]的研究发现，最低工资制度抑制资本密集度高、规模小、国有资本占比低行业的就业，但对劳动密集型、国有资本占比较高行业的就业没有显著冲击；而刘贯春等人（2018）[3]则认为最低工资标准提升有利于工业发展，但不利于农业和服务业的发展，存在着农业抑制效应和工业增长效应；等等。

从国内文献对最低工资制度的讨论来看，学者们大多忽视了对于这一制度的公平性的讨论，而这正是本节的重点内容。对于最低工资制度，不仅需要从经济学角度对其实施效果进行评估，也需要从政治哲学角度对其公平性进行分析。对于最低工资制度的公平性，我们可以从马克思的劳动价值学说中得到许多启示。马克思在《资本论》第一卷第六篇中对工资的本质做了深入的分析。在马克思看来，工资就是劳动力的价格。这种价格随着市场的供需关系而波动。资本能够创造利润的关键则在于劳动力能够创造出大于其自身价格的价值。也就是说，在许多情况下，资本家付给劳动者的工资远远小于劳动者创造的价值。劳动者创造的价值可以分为两个部分：一是，在必要劳动时间中创造的价值，这部分价值用于维持劳动者生命和劳动能力的恢复；二是，在剩余劳动时间创造的价值，这被称为"剩余价值"。劳动者能够创造剩余价值正是资本能够产生利润、资本家能够通过剥削工人而积累财富的关键。而所谓"最低工资"指的就是劳动者在必要劳动时间中创造的价值，是维持劳动者之生存所必需的。这其中包括三部分价值：1. 劳动者维持自身生存所需要的生活资料的价值。2. 劳动者赡养后代所需要的生活资料的价值。3. 对劳动者进行教育和培训的费用。依据马克思的劳动价值论，"最低工资"

---

[1] 蔡伟贤、杜素珍、汪圣国：《最低工资标准上涨影响了企业的员工配置效率吗？》，《经济科学》2021年第1期。
[2] 蒲艳萍、张玉珂：《最低工资制度就业效应的行业异质性研究——来自省际工业行业数据的证据》，《经济经纬》2020年第1期。
[3] 刘贯春、吴辉航、刘媛媛：《最低工资制度如何影响中国的产业结构？》，《数量经济技术经济研究》2018年第6期。

是必需的,是维持劳动者劳动能力的最低限度的价值。由此看来,在马克思的劳动价值学说中,最低工资就是劳动者在必要劳动时间中创造的价值。

## 一、最低工资制度的三种哲学论证

在当代政治哲学研究中,罗尔斯的公平合作理论、德沃金的公平保险理论以及阿马蒂亚·森提出的能力平等理论分别为最低工资制度的公平性提供了三种哲学论证。罗尔斯将自己的正义学说称为"作为公平的正义",其含义是:主导社会分配的正义原则是人们在公平的签约条件下订立的。罗尔斯这种以"公平"规定"正义"的思想贯穿于他整部《正义论》当中。在罗尔斯看来,人类社会是一个合作冒险体系,资源的相对匮乏使得人们不得不通过合作而谋生存。这种合作是普遍的社会合作,是禀赋较好者和禀赋较差者之间的合作。罗尔斯认为,在保证双方的"平等的自由"和"公平机会的平等"的前提下,只有当社会合作中的最小受惠者之期望得到最大化时,这个合作才是公平的。所谓社会合作中的最小受惠者,正是那些由于自然或社会的因素而在社会中无法获取较优的经济地位和社会地位的禀赋较差者。如果以罗尔斯的公平合作理论来解释自由市场中广泛存在的"自愿交换"[①],那么,在自愿进行的交易中也很有可能存在着禀赋较好者和禀赋较差者的力量对比,这可能给自愿交换带入不公平的因素。例如,在企业主雇佣普通工人这一交易中,禀赋较好的一方(企业主)拥有更强的议价能力,而禀赋较弱的一方(普通工人)的议价能力较弱,这种力量对比在自由市场中普遍存在。依据罗尔斯的社会合作理论,对于某些双方议价能力极为悬殊的自愿交易就可以进行人为的定价,而并不是完全依赖于供需关系所决定的市场价格。这其中就包括企业主雇佣不熟练工人这样的自愿交易。正如加拿大学者

---

① 从广义上说,"自愿交换"也是一种分工合作。一个人擅长做家具,他就专门做家具;而另一个人擅长做鞋,他就专门做鞋。当他们都需要对方制造的东西时,自愿交换就发生了。可以说,他们之间的分工合作正是通过"自愿交换"而完成的。

大卫·格林（David Green）所言，在罗尔斯的论证逻辑中，"最低工资制度可以被看作是政府通过立法以增强工人的议价能力"[1]，这将有助于改变工人与企业主之间的议价结构，维护雇佣双方之间的公平。格林引证的相关实验经济学成果表明，在实行了最低工资制度之后，即使撤销了该制度，人们也不愿意再接受低于原先的最低工资标准的工资。这说明，最低工资制度确实有可能改变人们的偏好，修正不公平的议价环境。

当然，支持放任自由市场的学者们大多反对任何"定价"政策。他们认为，一方面，从经济层面来说，"最低工资标准"的设立将降低整个自由市场的效率。由于"最低工资标准"的设立，一些企业主会减少雇佣员工，而一些劳动者也会因此而失去工作。这对于双方的利益都有伤害。因此，"最低工资"政策是与"帕累托优化"相反的过程，是效率降低的过程。另一方面，从政治层面来说，"最低工资标准"的设立有可能阻止人们的自愿交易。这种对"自愿行为"的干涉是对人们自由的侵犯。然而，从罗尔斯的公平合作理论出发，这两方面的反驳都是站不住脚的。首先，罗尔斯认为正义是优先于效率的，不可能为了效率而牺牲正义。其次，自愿交换并不一定能保护人们的权利，在那种议价能力悬殊的交易中，恰当的定价政策恰恰是人们权利的有力保障。由此，在罗尔斯的公平合作理论中，最低工资制度得到了论证。

德沃金的分配正义学说旨在实现人们在"资源"方面的平等。该理论有两个重要特征：第一，突出个人的选择和努力在资源分配中发挥的作用。在德沃金看来，个人应该为自己的行为负责。如果一个人甘愿懒惰、不思进取，那他周围的人并没有义务为他的贫穷买单，国家和政府也不应推行相应的社会制度为自甘堕落的人提供补贴。个人的选择和努力以及由此而带来的人生际遇被德沃金称为"选择运气"，德沃金认为，每个人应该为自己的"选择运气"负责。第二，强调与个人因素无关的其他分配因素的均等化。在突出个人责任的同时，德沃金也极力主张资源的均等化。也就是说，无论是"自然禀赋"还是"社会境况"，这些因

---

[1] David Green, "What Is a Minimum Wage For?", *Canadian Public Policy*, 2014, 12: 293-314.

素都与个人努力和选择无关，不应该由个人负责。这些因素被德沃金称为"原生运气"，是个人无法控制的机遇。因此，国家和政府应推行相应的社会制度，以补足在"原生运气"方面处于劣势地位的社会成员。这些人大多是天生资质较差以及出身贫寒的人。资源平等的目的就是通过社会分配制度的调整让他们能够与其他社会成员站在同样的起点来开启自己的人生。

与自然禀赋的不平等分配有关，德沃金专门讨论了"技能"的例子。在德沃金看来，"技能"的缺失并不是单纯的自然禀赋差造成的，"技能"的形成混杂了个人努力和自然禀赋两方面的因素，因此德沃金并不赞同通过"虚拟保险"消除由于"技能"而带来的人们之间的不平等。德沃金认为，"无知之幕"并没有屏蔽掉人们将要获得什么水平的技能的信息，而是屏蔽掉了人们的技能能带给自己什么水平的收入的信息。因为，人们即使知道自己拥有哪方面的技能，也无法准确地预测自己的技能能为自己带来多大的经济收入。在技能产生的经济效益方面，市场环境发挥着重要作用，个人的收入并不完全取决于个人的选择和努力。因此，应该对"收入"而不是对"技能"应用虚拟保险。对于"收入水平"的虚拟保险，德沃金认为，人们不会为水平较高的收入购买保险。因为，如果要对一种高水平的收入购买保险（例如，如果投保者的收入水平低于年薪100万，就将获得赔付），那么，投保者必将付出高额的保费，这将给投保者带来沉重的经济负担。与此同时，这种"高水平的收入保险"实质上不再是一种保险，而演变成一种"赌博"，而且是一种愚蠢的赌博。在经济学上，"高水平的收入保险"是以很大的成本购买收益很大的较大机会，这种投资将使得参与者为了大概率的赔付而付出过多的代价，甚至让投资者丧失安排自己当下生活的自由。为了支付高额的保费，投保者必须竭尽全力地工作，而无暇顾及自己的兴趣志向。基于上述推理，德沃金认为，人们不会自愿购买一种高水平的收入保险，而是会选择一种低水平的收入保险：以微小的代价购买小概率的严重事件的赔付。这种"低水平的收入保险"将设置某种"最低收入"的标准，当人们的生活水平低于这一标准时，就能获得相应的赔付，而赔付的金额则取决于人们付出的保费。在现实世界中,虚拟保险构想转变为一种累进制的所得税方案,亦即,以征收所得税的方式抹平因自然资质方面的不平等而导致的收入不平等。而虚拟保险中"最低水平的收入保险"则转变为现实社会中的最低收入制度。德沃金主张,以假设的等量保费为税率基础,"通过向挣钱能力达不到这一投保水平的人支付这一水平和他们能挣到的收入之间的差额来进行再分配"[①]。亦即,通过向高收入者收税来补足低收入者的收入与"最低工资标准"之间的差额,而这正是最低工资制度。由此,通过虚拟的公平保险,德沃金为最低工资制度提供了一种哲学论证。

在分配正义的能力学说中,努斯鲍姆和安德森主张社会分配应使人们的可行能力达到一个最低的"门槛值",而在"门槛值"之上的可行能力的不平等则与正义无关。努斯鲍姆和安德森的做法是:首先给出一个"能力清单",并将这个能力清单作为一个最低的"门槛值",要求国家和政府通过再分配等制度手段保证每个公民的这些可行能力得以实现。能力主义分配学说的宗旨是要求社会分配制度为人们的可行能力提供保障。在能力主义者看来,在人类社会这一合作体系中,人们即使由于自己的不审慎而做出错误的选择,也不应落入生活无以为继的境地。这就要求社会为每一个合作者提供一种保障,即对其基本生活需求以及可行能力之运用的物质保障。由此,能力路径的分配学说论证了在由雇佣关系所组成的社会合作中设置最低工资的制度。这一制度正是为每一个社会合作的参与者所设置的"安全网"。无论是从努斯鲍姆的"最低限度的正义",还是从安德森所阐发的"民主的平等"来看,为了保证人们的可行能力的门槛值,要具备必要的物质条件。这决定了处于雇佣关系中的受雇者其工资水平不能太低。如果其工资水平低于某一门槛值,就会导致其可行能力低于某一门槛值:衣不蔽体、食不果腹、没有读写能力、无法体面地参与公共生活……这些可行能力的缺失直接与能力主义的正义理论相违背。正如森所说:"相对意义上的对收入的剥夺可能演变成对可

---

[①] 〔美〕罗纳德·德沃金:《至上的美德》,冯克利译,第98页。

行能力的绝对的剥夺。"①正是基于这些理由,安德森明确支持"最低工资制度"。她论述道:"社会不能这样来确定等同于劳役和奴役的工作角色,如果能够避免的话,也不能付给他们如此少的工资,以致健康的人做全职工作依然缺乏基本的可行能力。"②由此,从保护人们的基本可行能力立场出发,能力主义者为最低工资制度提供了一种哲学论证。

## 二、收入公平与社会正义

综观上述对"最低工资制度"的论证,不同的哲学家从不同的理论出发,共同论证了这一制度。值得注意的是,在人们的社会生活中,那些收入极低的工作往往是更为艰苦的工作,例如清扫垃圾的工作、回收废品的工作、看护病人的工作,等等。这些工作可能不需要知识和技能的前期投入,没有多少技术含量,但其辛苦程度却是较高的。这样的工作处于工作竞争链条的最末端。因此,这些工作经常是由那些出身贫寒、女性或者自然资质较差的社会成员承担。他们没有足够的资源来培养较好工作所要求的知识和技能。然而,正是由于一些社会成员承担了这部分艰苦的工作,社会中的其他人才可能拥有更舒适的生活,以及更好的自我发展的机会。正像安德森认为的那样,人们应该同情地理解低工资者在社会合作中所充当的角色。正是这些低收入者完成了辛苦的、别人不愿意承担的工作,才将其他人从这些劳动中解放出来,并提高整个社会的生产力。事实上,每个社会成员都从低收入者的劳动中获益。因此,从"互惠"的角度说,人们应该给予那些低收入者足够的资源以维持一种体面的社会生活。另一方面,从社会合作的角度来看,如果一个人干一份全职的工作而不能维持其基本生存,那他就没有理由进入人类社会这一合作体系。人们加入社会合作的理由只能是因为它能给予人们很好的生活。全职而无法维持人们基本生活的工作是不道德的。

---

① 〔印度〕阿马蒂亚·森:《以自由看待发展》,任赜、于真译,第89页。
② Elizabeth S. Anderson, "What is the Point of Equality?", Ethics, 1999, 109(2): 287-337.

在具体的论证策略上，罗尔斯、德沃金和安德森三位哲学家的论证路径既有联系又有区别。第一，安德森所代表的能力路径和罗尔斯的公平合作理论都借助了"互惠"的观念，但安德森并不赞同差别原则所主张的给予社会中最不利者以绝对的优先权。在她看来，依据差别原则来确定工资制度，将为了最低收入者微不足道的改善而要求其他阶层的巨大损失。安德森所主张的能力路径要求一种较低限度的互惠形式，亦即，保证并且仅仅保证所有公民具有足够的作为社会平等者行使的功能。第二，德沃金的公平保险理论和罗尔斯的公平合作理论都应用了"无知之幕"这一理论装置，即在推导出正义的分配格局时屏蔽掉一部分个人信息。例如，德沃金在推导出人们愿意以多少资源购买针对"低收入"的保险时，屏蔽掉每个人的收入信息。罗尔斯在推导出"差别原则"时，屏蔽掉每个人在社会境况和自然禀赋方面的信息。二者的不同之处在于：德沃金应用的是较薄的"无知之幕"，即只屏蔽掉少量信息；而罗尔斯则使用了一个非常厚的"无知之幕"，屏蔽掉自然禀赋和社会境况两方面的信息。第三，三种正义学说对于最低工资制度的具体实施有不同的安排。例如，对于最低工资制度的设定应该是相对意义上的还是绝对意义上的，三种学说的结论是不一样的。所谓"相对意义上的"指的是最低工资标准由整个社会收入结构决定的，取决于最低收入人群与其他人群的收入的对比。而"绝对意义上的"，则是指最低工资标准由维持人们的体面生活的必需品的价格确定。学者们对最低工资制度的论证路径不同，这也决定了其对最低工资标准到底是"相对意义上的"还是"绝对意义上的"理解不同。从罗尔斯的公平合作的论证来说，最低工资标准应该是"相对意义上的"，因为其意义在于改变议价双方力量对比，最低工资标准的确定应参照其他人群的收入来确定。但是，对于能力路径的分配理论来说，最低工资制度的意义在于保护人们的基本可行能力，所以应该是"绝对意义上的"，参照可行能力所需的物质条件的价格来确定。德沃金的公平保险论证依赖于人们在"无知之幕"后的动机，而人们购买保险的动机大多是为了防止自己落入某种困窘的境地，而不是为了与收入较高的人群作比较，所以也应该是一种"绝对意义上的"最低工资标准。

总之，罗尔斯的公平合作学说、德沃金的公平保险学说以及能力主义者的能力学说为最低工资制度的公平性给出了三种不同论证。这些哲学论证得到许多人的认同，也推动了最低工资制度在世界大多数国家的实施。继1894年新西兰第一次就最低工资制度立法之后，1896年澳大利亚维多利亚州建立了工资委员会，制定最低工资法律；此后，最低工资制度相继在英国、美国、法国、德国等国家颁布。2003年，我国开始制定与最低工资标准相关的规定。随着经济的不断发展，我国的最低工资标准也逐步增长。在对最低工资制度的研究中，不仅要评价其经济效益，也应时时关注其公平性。最低工资制度的公平性分析不仅为相应的制度设计提供了伦理支持，也为具体的制度安排指明了方向。

# 结论：共同富裕的具体目标和制度选择

党的二十大报告指出，中国式现代化是全体人民共同富裕的现代化，分配制度是促进共同富裕的基础性制度。对于制度建设，一方面要规范收入分配秩序，规范财富积累机制，保护合法收入，调节过高收入，取缔非法收入；另一方面要坚持多劳多得，鼓励勤劳致富，促进机会公平，增加低收入者收入，扩大中等收入群体。二十大报告中关于共同富裕的论述是我们实现共同富裕发展目标的指导思想。

改革开放四十多年来，我国的经济增长取得了举世瞩目的成就。国民生产总值从1978年尚不足4000亿元到2020年首度突破百万亿元，增长了两百多倍。与此同时，贫富差距、教育公平等社会问题也浮出水面。这些问题与社会财富的分配息息相关。建构公平正义的社会分配制度，促进共同富裕，是我们当下经济发展的主要任务。2021年6月10日，《中共中央国务院关于支持浙江高质量发展建设共同富裕示范区的意见》明确将浙江省作为共同富裕的试点，计划到2025年浙江省推动高质量发展建设共同富裕示范区取得明显实质性进展。2021年8月17日，中央财经委员会第十次会议强调：我们正在向第二个百年奋斗目标迈进，促进全体人民共同富裕。会议提到要构建初次分配、再分配、三次分配协调配套的基础性制度安排。这些政策决定标志着共同富裕已经进入实操阶段。学术界、理论界应该对什么是共同富裕，共同富裕的制度基础和具体目标是什么展开充分讨论并达成共识。

笔者认为，实现共同富裕的关键在于提升低收入人群的生活前景。目前，富裕阶层和中产阶层已经达到了一定的富裕程度，所以要实现

"共同"富裕,关键在于"先富带动后富",提升低收入阶层的富裕程度。因此,我们在判断一个社会是否达到了共同富裕时,应该将低收入人群作为目标人群,观测他们的生活状况,保证其基本生活需要得到满足,维护他们及其后代在社会竞争中的机会平等,并通过各种制度手段将贫富差距控制在一定范围内。基于此,我们应当采用当代分配正义研究中提出的四种原则——按需分配、机会平等、差别原则、市场原则——对公共资源进行分配。具体的分配方案是:1. 基本需要按需分配;2. 稀缺资源保证机会平等;3. 充分发挥自由市场的资源配置功能,同时将收入差距控制在一定范围内;4. 遵循差别原则,保证低收入人群的福利水平持续提升。在此制度设计的基础上,我们可以提出实现共同富裕的三个具体目标:第一,覆盖全民的、均质的社会保障体系(基本需要按需分配);第二,跨区域的、优质的公立教育(稀缺资源机会平等);第三,贫富差距被控制在一定范围内(遵循差别原则)。这三个方面是实现共同富裕的具体目标,也是判断一个社会是否达到共同富裕的规范性指标。

## 一、基本需要按需分配

党的十九大报告指出,坚持在发展中保障和改善民生。增进民生福祉是发展的根本目的。必须多谋民生之利、多解民生之忧,在发展中补齐民生短板、促进社会公平正义,在幼有所育、学有所教、劳有所得、病有所医、老有所养、住有所居、弱有所扶上不断取得新进展。所谓"幼有所育、学有所教、劳有所得、病有所医、老有所养、住有所居、弱有所扶"指的就是要建构覆盖全民的社会保障体系,着眼于低收入人群,为他们编织一张社会安全网,使得人们无论多么不幸都不会落入食不果腹、衣不蔽体、没钱看病、没钱上学的境地。这张巨大的安全网应该覆盖人们的衣、食、住、行各方面,使人们无论处于国家中的任何位置(农村还是城市,发达地区还是欠发达地区),无论其天赋如何(是否残疾,天资聪慧还是天生愚笨),无论其运气如何(是否遭遇投资失败,不幸患上疾病,等等)都不至于无法维持一种体面的生活。更重要的是,这个安全网应该是覆盖全民的、均质的。每一位公民，作为政治共同体的成员都享有平等的权利。这些权利包括生命权、健康权、受教育的权利，等等。因此，社会保障体系的建构必须一视同仁，不应该对不同的社会成员区别对待。这张安全网对于低收入人群来说尤为重要。因为，对于富裕阶层来说，社会保障体系并不是必需的。他们可以依靠自己的财富在市场上购买到更好的服务或保险。但是，对于低收入人群来说，社会保障体系往往是他们的救命稻草。从这一点上来说，社会保障体系的主要任务就是保障低收入人群的基本生活。

在分配正义理论中，支持覆盖全民的、均质的社会保障体系的原则是"按需分配"。马克思最先在《哥达纲领批判》中阐释了按需分配原则，他论述道："在共产主义社会高级阶段，在迫使个人奴隶般地服从分工的情形已经消失，从而脑力劳动和体力劳动的对立也随之消失之后；在劳动已经不仅仅是谋生的手段，而且本身成了生活的第一需要之后；在随着个人的全面发展，他们的生产力也增长起来，而集体财富的一切源泉都充分涌流之后——只有在那个时候，才能完全超出资产阶级权利的狭隘眼界，社会才能在自己的旗帜上写上：各尽所能，按需分配！"[①]在这段话中，马克思将按需分配原则当作共产主义社会的分配原则，即当物质财富极大丰富、劳动自身已成为人们的第一需要而不是负担时的社会分配原则。换句话说，马克思所说的"按需分配"指的是对所有物品的按需分配。在社会主义现阶段，我们虽然实现不了对所有物品按需分配，但是却可以对维持人们生存所需的"必需品"进行按需分配。事实上，在社会主义的现阶段，有许多物品已经依据"按需分配"原则进行分配。比如说，干净的饮用水，人们可以以很低的价格随时获取，维持生命所需。这种物品实际上就是"按需分配"的。再比如药品，这种物品对于健康人来说是没有用的，但对于生病的人来说却是必需品。所以，许多国家的医保制度都力图保证药品能够按需分配，而不是通过自由市场进行资源配置。如果完全依赖市场来分配"必需品"，则必然会出现一些人

---

[①]《马克思恩格斯选集》（第二版）第三卷，第305—306页。

的"基本需要"得不到满足，而另一些人以炒作"必需品"获利的情况。这两种情况都是对分配正义的巨大伤害。

在当代分配正义研究中，学者们认为按需分配的内容应包含生物学需要、体面生活需要和自我发展需要三个部分。第一，生物学需要指的是人们的衣、食、住、行、医疗等维持生命活动的基本物质需要。第二，体面生活需要指的是使得人们能够体面地参与公共生活的各种物质需要。这方面最典型的就是中小学的"校服"。"校服"并不是维持人们的生命所必需的物品，但是如果家庭买不起校服的话，孩子在学校就可能会很自卑，很难自信地参与到公共生活之中。所以，维护做人之尊严的物质需要也包含在基本需要的范围之内，而政府则应该通过再分配手段尽力满足人们这方面的需要。第三，自我发展需要主要体现在初期教育，以及博物馆、美术馆、电影、话剧等文化设施和文化产品的供给等方面。三种基本需要的满足存在着一定的优先次序。在公共资源有限的情况下，应首先满足人们的生物学需要，其次再考虑体面生活和自我发展的需要。应依据对于维持生命体之生存和发展的紧迫性来分配和使用有限的公共资源。

基本需要按需分配，这一分配目标在制度和政策层面可以通过两种路径予以实现。一是，全民基本收入政策（Universal Basic Income）；二是，全民基本服务（Universal Basic Service）。如本书第二十一章所述，全民基本收入政策是向所有社会成员无条件发放一笔固定收入，而这笔收入将覆盖人们在衣食住行、医疗、教育等方面的基本需要。与全民基本收入不同，全民基本服务试图通过完备而平等的公共服务体系（例如公费医疗、公立教育、养老保险、保障性住房等）满足人们的基本需要。这一政策主张是伦敦大学学院"全球繁荣研究所"（Institute for Global Prosperity）在2017年最早提出的。基本收入与基本公共服务的根本目标是一致的，都是为了满足所有社会成员的基本需要，其区别在于满足人们基本需要的市场化程度不同。基本收入将这一笔资金直接打入人们的账户，人们可以自主支配这笔钱以满足基本需要，市场化程度很高。而基本服务则通过强制性保险（例如医保、社保、养老保险等）的方式筹集资金，并统一支付，市场化程度较低。由于市场化程度相对较低，基本服务的管理成本以及腐败空间也较大。在欧洲一些国家，管理成本可能达到17%。[1]同时，相关的贪腐案件也时有发生。[2]从个人方面来说，两种方式都包含某些不公平因素。比如，在全民基本收入计划中，那些因厄运而患上重大疾病的人，以基本收入的经费显然不足以满足其基本需要，而患上疾病并非个人的过错，很难要求病人自己负责。相反，在全民基本服务方案中，那些患重大疾病的人可能支取金额巨大的医疗费用，而健康人虽然被强制缴纳了医保，却并不一定有机会支取医疗费用。在一些人看来，这也是不公平的。由此看来，基本收入和基本服务这两条路径各有利弊。目前，国际学术界的主流观点是这两种方案并不矛盾，可以协同进行，更好地满足人们的基本需要。[3]就我国的情况来看，基本收入这一政策还没有得到大部分学者的认同，还处于理论探讨阶段，缺乏具体的政策实践；而基本公共服务体现为医保、社保、养老保险等政策所组成的社会保障体系。因此，如何更好地满足人们的基本需要，一方面可以在局部地区尝试基本收入政策；另一方面要促进基本公共服务的均等化，消除因户籍制度等因素而导致的获取公共服务的区别。

"按需分配"的基本原则为我们建构覆盖全民的、均质的社会保障体系指明了方向，也对社会再分配的程度做出了限定。依据按需分配原则，我们可以在公共讨论的基础上，对哪些物品和服务属于"基本需要"做出限定，并通过税收、医疗保险、养老保险等机制筹集到的资金向人们免费提供这些物品和服务。以医疗资源的分配为例，覆盖全民的医保体系应在充分的公共讨论的基础上划定"基本药品和治疗"的范围，并以筹集到的医保费用向所有需要这些药品和治疗的公民免费提供[4]，而不考

---

[1] 参见Daniel Boffey, "Dutch City Plans to Pay Citizens a 'Basic Income', and Greens Say It could Work in the UK", *The Guardian*, 2018, 458(11): 52-58。

[2] 2022年中央电视台播放的专题片《零容忍》（第二集）中就披露了低保办主任贪走骨癌女孩救命钱的案例。视频链接：https://tv.cctv.com/2022/01/20/VIDE4zauRZWz1UZDTOWnBhft220120.shtml，访问时间：2023年4月23日。

[3] A. Coote, P. Kasliwal and A. Percy, *Universal Basic Services: Theory and Practice – A Literature Review*, London: IGP Working Paper Series, 2019.

[4] 至于哪些社会成员需要什么样的药品和什么样的治疗，则由医生来决定。因此，

虑人们缴纳的医保费用是否相同。因为，药品和治疗是依据"按需分配"原则分配的物品，而不是依据市场原则分配的物品。由此，基于"按需分配"原则，我们一方面可以确定哪些物品和服务应算作"基本需要"；另一方面也能够确定再分配的资金总额，亦即，满足所有社会成员的"基本需要"所需的资金。至于不同阶层的社会成员应如何缴纳医保费用，具体缴纳多少，还应参考各阶层人们的收入和财产状况，以累进的方式进行缴纳。由此，我们可以构想一种缴费端累进制，而服务端均等化的医疗保障体系。

目前，我国的医保制度分为城镇职工和城乡居民两部分。这两部分筹集到的医疗资源总量不同，使得不同人群享受的医疗服务不同。例如，城镇职工收入较高、所缴医保费用较多，其医疗保障就会更好；而对于农村居民和城镇居民来说，由于收入低、不稳定，缴纳的医保费用少，筹集到的医疗费用也较少，而他们能够享受的医疗保障也就较弱。而且，城镇职工的医保费用有很大比例由单位代缴，这存在着逆向再分配的嫌疑，对收入较少的社会成员来说是不公平的。依据基本需要按需分配原则，理想的全民医保制度应该是所有社会成员无论其所处农村还是城市、无论其有无固定的工作、无论其应缴的医保费用是多是少……，当其患病时都能享受到同等的医疗服务。支持这一制度安排的理论基础就是"基本需要按需分配"。因为，只有这样能真正保障每一个公民平等的健康权，而这也是共同富裕的发展目标所要求的。2005年10月，党的十六届五中全会通过的《中共中央关于制定国民经济和社会发展第十一个五年规划的建议》中，首次提出"公共服务均等化原则"。此后，党的十七大、十八届三中全会以及党的十九大都一再强调基本公共服务均等化，并将其作为从2020年到21世纪中叶第一阶段的发展目标和基本任务。由此，如何提高统筹力度，以集体之力满足所有社会成员的基本需要，消除身份鸿沟，这是建构公平正义的社会分配制度的重要一步。

---

（接上页）医生对于医疗资源的分配发挥着至关重要的作用。合格的医生应该将医疗资源准确地分配给真正需要它们的人。

## 二、稀缺资源机会平等

任何社会都存在着一些较优的位置和优质的稀缺资源，例如重点高中、名牌大学、高薪工作、晋升机会，等等。一个共同富裕的社会不是所有人都获得优质稀缺资源的社会，而是所有人都有机会通过公平竞争而获取稀缺资源的社会。所谓公平竞争就是保证机会平等（与结果平等相对）的竞争。那么，如何在全社会范围内建立起对稀缺资源的公平竞争？为了实现公平竞争，相关的制度设计中应该鼓励什么因素？限制什么因素？

通常来说，有三个因素会影响人们在社会竞争中的最终位置：社会境况、自然禀赋、个人努力和选择。在这三个因素中，第一，"社会境况"指的是家庭的经济条件、某人所在地的教育条件、其家庭所属的社会阶层及相应的社会关系，等等。比如说，某人所在地是农村还是城市，是东部繁荣地区还是西部待发展地区；其家庭是贫困还是富裕，是书香门第还是蓬门荜户……这些因素直接决定着每个人从小到大的成长，对人们在最终争夺稀缺资源的竞争中的表现起着关键性的作用。第二，所谓"自然禀赋"指的是人们在各方面的自然才能。一些人生来聪慧，各种技能一学就会。不可否认，智商的高低，天赋的优劣，对人们争夺稀缺资源往往会产生决定性的影响。第三，个人努力和选择也是影响竞争结果的重要因素。常言道"笨鸟先飞"，这句话突出个人努力的重要作用。即使天资聪慧，不努力照样无法在竞争中取胜，这是最简单的道理。另一方面，个人的选择也是人们是否能在竞争中胜出的重要决定因素。一个明智的选择、一次成功的投资，都可能改变个人命运。

分配正义研究的主流观点[1]认为，"公平竞争"应该是屏蔽掉"社会境况"和"自然禀赋"所带来的影响的竞争，是人们仅凭个人努力和选择而进行的竞争。因为"社会境况"和"自然禀赋"这两个因素是与生

---

[1] 例如，约翰·罗尔斯和罗纳德·德沃金都持这一看法，他们支持"反应得"理论，认为"社会境况"和"自然禀赋"与个人努力没有关系，不应该由个人负责。

俱来的，与人们的努力和选择没有关系，其产生的影响也不应该由个人来负责。因此，一个正义的社会分配制度应该矫正人们在自然运气和社会运气两方面的不平等。一些人出身贫穷，一些人天生愚钝，他们在社会竞争中不可避免地处于弱势，这对他们来说是不公平的。真正的"公平竞争"应该补足人们在"社会境况"和"自然禀赋"两方面的弱势，尽最大的努力让人们真正站到同一起跑线上进行竞争。

公平竞争试图保障人们获取稀缺资源的"机会平等"。依据上述对公平竞争的阐释，我们就可以探究"机会平等"的确切含义。第一，机会平等的第一层含义是为稀缺资源的竞争制定出一视同仁的规则并严格执行。这种规则要体现"唯才是举"的基本原则，不能带有任何"歧视"的嫌疑。相关竞争规则应严格依据人们是否具有相应的才能而给予人们机会，不因性别、民族、出身、家庭背景、宗教信仰、生活方式等因素而歧视任何社会成员。例如，对高等教育资源的竞争，以高考成绩为依据分配教育资源，在招聘、晋升中择优录取，等等。第二，为了保障"机会平等"，我们还应通过相应的政策补足那些在社会境况方面处于劣势的社会成员，削弱社会境况对竞争结果的影响。例如，通过增大投入提升贫困地区的教育水平，在考试制度的基础上为贫困地区的考生增加录取名额，等等。第三，"机会平等"还要求社会分配要补足自然禀赋处于劣势的社会成员。例如，为学习能力较差的孩子免费补课[①]，为残疾人提供特殊教育和特殊就业岗位，等等。换言之，在制定出明确的"唯才是举"竞争规则的基础上，还必须通过社会分配制度对社会境况和自然禀赋处于劣势的社会成员进行有效补偿，才能实现真正意义上的"机会平等"，维护全社会的公平竞争。

机会平等的问题集中体现为对公共教育资源的分配。如何构建竞争规则以实现对优质资源的公平分配，这是促进共同富裕必须解决的问题。一个实现了共同富裕的社会不可能是一个存在贫困的代际传递的社会，也不可能是一个阶级固化、缺乏社会流动性的社会。一个实现了共同富

---

[①] 2022年"双减政策"实施之后，北京市教育局免费为有需要的孩子网上一对一辅导。这就是以公共教育资源补足学习能力较弱的学生的案例。参见2022年12月2日，北京市教委、北京市财政局印发的《北京市中学教师开放型在线辅导计划（试行）》。

裕的社会一定是维护了机会平等、为所有人提供了全面发展之可能性的社会。任何人的全面发展都依赖于良好的教育，尤其是初等教育。因此，教育资源的公平分配是维护机会平等的关键所在。基于此笔者认为，促进共同富裕的第二个目标是建立跨区域的、优质的公立教育体系。这里之所以强调公立教育体系的重要性，是因为对于机会平等的维护不可能完全依赖自由市场上的私立教育。私立教育是需要用钱去购买的，而富人和穷人之间的财富差距会造成他们获取教育资源的巨大差异。简单来说，低收入人群没有钱购买优质的私立教育。因此，实现机会平等，维护教育公平，依靠的只能是公立教育而不是市场化的私立教育。对于公共教育资源的分配，初等教育资源（义务教育阶段）和高等教育资源的分配规则是不同的。初等教育是每个人自我发展所需的"必需品"，应依据上节所述的"按需分配"原则进行分配。这就要求在全国范围内建立优质均等的公立教育体系，让所有孩子都能获得质量相当的初期教育。尤其是让贫困地区、贫困家庭的孩子接受良好的初等教育。这是斩断贫困的代际传递、增强社会流动性的关键。相反，高等教育资源不再是自我发展的"必需品"，而是一种稀缺资源。因此，对于高等教育资源的分配应主要依据"唯才是举"原则：以高考制度为基础，同时补足在社会境况和自然禀赋方面处于劣势的考生，实现不同省份考生之间的公平竞争。

如果我们以上述机会平等理论来审视中国目前教育资源的分配状况，就会发现在跨区域的教育公平问题上，我们还有许多事情可以做。尤其是在城乡差异的问题上，近年来，我国的中小学教育力图摆脱应试教育的刻板模式，提倡素质教育，让学生学习更加丰富的科学文化知识。但是，目前的素质教育仅限于在发达城市的中小学中推广，并没有考虑到乡村、乡镇的中小学。农村学校的孩子有没有机会接受包括音乐、美术、体育在内的素质教育，有没有机会接触电影、话剧、音乐会这样的文化产品，这似乎不是人们关心的问题。而这实际上是一个严重的教育不公平现象。在许多欠发达地区公立教育资源匮乏，而私立教育以严苛的应试教育方式进行。农村孩子想要改变命运，只能死读书、读死书，即使费了九牛二虎之力考上心仪的大学，也会在见过世面、多才多艺的城市同学面前感到自卑。一些高校做学生工作的老师就曾反馈这样的现象，通过"贫困专项"而进入顶尖大学的农村学生，会感到很自卑、不适应大学生活，很难与其他同学平等相处。所以，教育公平应该放眼更广阔的区域，不能局限于发达城市讨论教育公平的问题，应该加大乡镇学校的教育投入，提高乡村教师的待遇，从硬件、软件各方面提升农村地区的教育质量，切实将素质教育引入农村。

总之，要保证人们获取稀缺资源的机会平等，就要在全社会范围内建构公平竞争的制度体系。这要求社会竞争要以反歧视的"唯才是举"原则为基础，努力通过再分配政策减弱"社会境况"和"自然禀赋"对竞争结果的影响。由此，促进共同富裕的第二个目标是建立跨区域的、优质的公立教育体系。重点是提升农村地区的教育质量，将素质教育和丰富的文化产品引入农村。同时，加大对残疾人的教育投入，使他们有可能成为自食其力的、平等而体面的社会成员。

## 三、遵循差别原则控制贫富差距

如果在一个社会中人们的"基本需要"都得到了满足，能够体面地参与社会生活，并发展自己的各种能力，而且，所有人都接受了良好的初期教育，并且公平地竞争各种稀缺资源，那么，这个时候我们还应该通过再分配手段进一步缩小人们之间的贫富差距吗？通过再分配手段缩小贫富差距，会影响经济活动的效率吗？在公平与效率之间应该如何取舍？我们应该如何平衡市场活力与贫富差距？在当代分配正义研究中，有两种平等主义观点：目的论平等主义和道义论平等主义。前者主张将平等作为经济发展的终极目的，要求社会成员之间在财富上的绝对平均。相反，道义论平等主义则主张将贫富差距控制在一定范围内，并且认为公平与效率并非总是矛盾的，在维护公平的同时能够提升经济活动的效率。道义论平等主义的主要代表是罗尔斯的正义学说，下面我们依据罗尔斯提出的"差别原则"来讨论贫富差距的问题。

罗尔斯主张将贫富差距控制在一定范围之内，其目的是实现社会分配的正义，而不是人们在收入和财产上的绝对均等。罗尔斯认为，人类社会是一个普遍的社会合作体系。在这个体系中，一些人获利较多而另一些人获利较少，这造成了人们之间的贫富差距。其中，获利最少的人群被称为"最小受惠者"，对应于我们通常所说的低收入人群。罗尔斯认为，社会中的不平等就应该止于最小受惠者的所得开始减少的时刻。因为，如果不平等的程度进一步加剧，那么社会关系就变成一些人的兴旺繁荣以另一些人的牺牲为代价。此时，社会合作就失去了"互惠"的特征，不再是正义的了。因此，依据罗尔斯的观点，社会中的贫富差距应该被控制在一定范围内。具体说来，以社会中的最小受惠者——也就是我们通常所说的低收入人群——为观测点，当他们的生活前景开始恶化的时候，贫富差距就不能再扩大了。值得注意的是，从罗尔斯的观点来看，公平与效率并非总是对立的。从最初的平等分配开始，随着不平等的增加，社会财富的总量也在增加，这是一个效率增大的过程。在这一过程中，所有社会成员都从社会合作中获益，效率与公平并不矛盾。但是，随着社会财富总量的增长，人们之间的不平等进一步扩大，而最小受惠者的生活前景开始变差。在罗尔斯看来，此时的社会分配就变得不正义了，因为合作者之间的"互惠关系"被破坏了。因此，为了维护社会的公平合作，我们不能一味地强调社会财富的增长，当低收入阶层的福利水平开始下降的时候应优先考虑公平的问题，采用再分配手段缩小贫富差距。

对比两种平等主义观点，我们可以总结出促进共同富裕的第三个目标：将贫富差距控制在一定范围内，但不追求收入和财富的平均。至于贫富差距应该被控制在什么范围内，应以社会中低收入人群的收入水平为标准。观测低收入人群的福利水平，如果随着经济总量的增长，低收入人群的福利水平也相应提高，那么就不用担忧贫富差距的问题；相反，当低收入人群的福利水平开始下降的时候，就应该通过财产税、收入所得税等制度手段加大再分配力度，缩减贫富差距。按照国家统计局的数据，我国以居民人均可支配收入基尼系数在1995年为0.389，是相对较低的。但是在2000年之后贫富差距迅速增大，2008年最高时曾达到0.491。

之后，随着再分配力度加大，我国基尼系数有所下降，目前在0.46左右。与世界上几个重要的发达国家相比，我国的基尼系数仅次于美国，比英国、德国、以色列、日本以及东欧、北欧等国家都高。因此，在促进共同富裕的道路上我们应参照国际标准，将基尼系数控制在一定范围内。尤其是要以低收入人群的福利水平为指标，在做大蛋糕的同时分好蛋糕，兼顾自由市场与分配正义。当低收入群体的生活前景受到威胁的时候，优先考虑公平，通过税收等再分配制度缩小贫富差距。

综上所述，共同富裕是社会主义的本质要求，在中国特色社会主义新时代，要促进共同富裕，就必须建构公平正义的社会分配制度。基本需要按需分配，稀缺资源保证机会平等，发挥市场活力，同时保证低收入人群的生活前景持续提升，这应该成为我们设计公平正义的分配制度的基本原则。共同富裕的社会是一个满足了人们的基本需要的社会，是一个公平竞争的社会，是一个没有巨大的贫富差距的社会。这些特征决定了共同富裕的三个目标：第一，覆盖全民的、均质的社会保障体系；第二，跨区域的、高质量的公立教育；第三，在发挥市场活力的同时，将贫富差距控制在一定范围内，保证低收入人群的福利水平持续提升。这三个目标同时也是判断一个社会是否实现共同富裕的指标。共同富裕并不是简单地缩小贫富差距，而应该是在保证所有社会成员的基本需要以及全社会公平竞争的基础上，逐步缩小贫富差距。只有明确了共同富裕的具体目标，我们才可能通过建构公平正义的分配制度促进共同富裕。

# 参考文献

## 一、英文文献

Alan Zaitchik, "On Deserving to Deserve", *Philosophy and Public Affairs*, 1977, 6(4): 370-388.

Amartya Sen and Bernard Williams (eds.), *Utilitarianism and Beyond*, Cambridge: Cambridge University Press, 1982.

Amartya Sen, "Equality of What?", in Amartya Sen, *Choice, Welfare and Measurement*, Cambridge: Cambridge University Press, 1982.

Aristotle, *Nicomachean Ethics*, Roger Crisp (ed.), Cambridge: Cambridge University Press, 2000.

Brian Barry, "Equal Opportunity and Moral Arbitrariness", in *Equal Opportunity*, Norman E. Bowie (ed.), Boulder and London: Westview Press, 1988, pp. 23-44.

Bruce A. Ackerman and Anne Alstott, *The Stakeholder Society*, New Haven: Yale University Press, 1999.

Bruce A. Ackerman, *Social Justice in the Liberal State*, New Haven: Yale University Press, 1980.

Carl Knight and Zofia Stemplowska (eds.), *Responsibility and Distributive Justice*, New York: Oxford University Press, 2011.

Daniels Norman, "Equality of What: Welfare, Resources, or Capabilities?", *Philosophy and Phenomenological Research*, 1990(50): 273-296.

David Braybrook, *Meeting Needs*, Princeton, NJ: Princeton University Press,

1987.

David Miller and Michael Walzer (eds.), *Pluralism, Justice, and Equality*, Oxford: Oxford University Press, 1995.

David Miller, *Principles of Social Justice*, Cambridge, MA: Harvard University Press, 1999.

David Neumark and William L. Wascher, *Minimum Wages*, Cambridge, MA: MIT Press, 2008.

D. Neumark and W. Wascher, "Do Minimum Wages Fight Poverty?", *Economic Inquiry*, 2002, 40(3): 315-333.

David Schmidtz and Robert E. Goodin, *Social Welfare and Individual Responsibility, For and Against*, Cambridge: Cambridge University Press, 1998.

David Schmidtz, *Elements of Justice*, Cambridge: Cambridge University Press, 2006.

Derek Parfit, "Equality and Priority", *Ratio* (new serious) X3, December 1997 0034-006, pp. 202-221.

Duncan Green, *From Poverty to Power: How Active Citizens and Effective States Can Change the World*, Oxford: Oxfam International, 2008.

Elizabeth S. Anderson, "What Is the Point of Equality?", *Ethics*, 1999, 109(2): 287-337.

Eric Mack, "The Self-Ownership Proviso: A New and Improved Lockean Proviso", *Social Philosophy and Policy*, 1995, 12(1): 186-218.

F. A. von Hayek, *The Constitution of Liberty*, London: Routledge and Kegan Paul, 1960.

G. A. Cohen, *Self-Ownership, Freedom, and Equality*, New York: Cambridge University Press, 1995.

G. E. Moore, *Principia Ethica*, Cambridge: Cambridge University Press, 1993.

George Sher, "Real-World Luck Egalitarianism", *Social Philosophy and Policy*, 2010, 27(1): 218-232.

George Sher, *Desert*, Princeton, NJ: Princeton University Press, 1987.

Harry Frank, "Necessity and Desire", in *Necessary Goods: Our Responsibility* to Meet Others' Needs, G. Brock (ed.), Oxford: Rowman and Littlefield, 1998, pp. 19-32.

Heather Milne, "Desert, Effort and Equality", *Journal of Applied Philosophy*, 1986, 3(2): 235-243.

Hill Steiner and Peter Vallentyne, "Libertarian Theories of Intergenerational Justice", in *Justice Between Generations*, Axel Gosseries and Lukas Meyer (eds.), Oxford: Oxford University Press, 2007.

Hill Steiner, *An Essay on Rights*, Cambridge, MA: Blackwell Publishers, 1994.

James Dick, "How to Justify a Distribution of Earnings", *Philosophy and Public Affairs*, 1975, 4(3): 248-272.

James W. Bailey, *Utilitarianism, Institutions, and Justice*, New York: Oxford University Press, 1997.

Jan Narveson, *The Libertarian Idea*, Philadelphia: Temple University Press, 1988.

Jeffrey M. Gaba, "Environmental Ethics and Our Moral Relationship to Future Generations: Future Rights and Present Virtue", *Columbia Journal of Environmental Law*, 1999, 24(2): 249-288.

John Broome, "Equality Versus Priority: A Useful Distinction", *Economics and Philosophy*, 2015, 31(2): 219-228.

John Feinberg, *Justice, and the Bounds of Liberty*, Princeton, NJ: Princeton University Press, 1980.

John H. Bogart, "Lockean Provisos and State of Nature Theories", *Ethics*, 1985, 95(4): 828-836.

John Rawls, *A Theory of Justice*(revised), Cambridge, MA: The Belknap Press of Harvard University Press, 1999.

John Roemer, "A Pragmatic Theory of Responsibility for the Egalitarian Planner", *Philosophy and Public Affairs*, 1993, 22(2): 146-166.

John Stuart Mill, *Principles of Political Economy*, W. J. Ashley (ed.), New York: Kelly, 1965. Reprint of the 1909 edition.

John T. Addison and McKinley L. Blackburn, "Minimum Wages and

Poverty", *Industrial and Labor Relations Review*, 1999, 52(3): 393-409.

Jon Elster and John E. Roemer (eds.), *Interpersonal Comparisons of Well-Being*, Cambridge: Cambridge University Press, 1991.

Jon Elster, *An Introduction to Karl Marx*, Cambridge: Cambridge University Press, 1986.

Jonathan Glover (ed.), *Utilitarianism and Its Critics*, New York: Macmillan, 1990.

Jonathan Riley, "Justice Under Capitalism", in *Markets and Justice*, John W. Chapman (ed.), New York: New York University Press, 1989, pp. 122-162.

Jonathan Wolff, "Fairness, Respect and the Egalitarian Ethos", *Philosophy and Public Affairs*, 1998, 27(2): 97-122.

Jörg Schroth, "Distributive Justice and Welfarism in Utilitarianism", *Inquiry: An Interdisciplinary Journal of Philosophy*, 2008, 51(2): 123-146.

Joseph Carens, *Equality*, Moral Incentives and the Market, Chicago: Chicago University Press, 1981.

Joseph H. Wellbank, *John Rawls and His Critics: An Annotated Bibliography*, New York: Garland, 1982.

Joseph H. Wellbank, *Libertarianism: A Political Philosophy for Tomorrow*, Los Angeles: Nash, 1971.

K. -U. Müller and V. Steiner, "Would a Legal Minimum Wage Reduce Poverty? A Micro-simulation Study for Germany", *Journal of Income Distribution*, 2009, 18(3): 131-151.

Kristin Shrader-Frechette, *Environmental Justice: Creating Equality, Reclaiming Democracy*, Oxford: Oxford University Press, 2002.

Larry S. Temkin, "Equality, Priority, or What?", *Economics and Philosophy*, 2003, 19(1): 61-88.

Lawrence Crocker, "Equality, Solidarity, and Rawls' Maximin", *Philosophy and Public Affairs*, 1977(6): 262-266.

Len Doyal and Roger Harris, *A Theory of Human Need*, New York: Macmillan, 1991.

Loren E. Lomasky, *Persons, Rights, and the Moral Community*, New York:

Oxford University Press, 1987.

Louis P. Pojman and Owen McLeod (eds.), *What Do We Deserve?*, New York: Oxford University Press, 1999.

Marc Fleurbaey, "Egalitarian Opportunities", *Law and Philosophy: An International Journal for Jurisprudence and Legal Philosophy*, 2001, 20(5): 499-530.

Michael Otsuka, *Libertarianism Without Inequality*, Oxford: Clarendon Press, 2003.

Michael Walzer, *Spheres of Justice*, New York: Basic Books, 1984.

Nicholas Rescher, *Distributive Justice: A Constructive Critique of the Utilitarian Theory of Distribution*, Indianapolis: Bobbs-Merrill, 1966.

Paul Mattick, *Economics, Politics and the Age of Inflation*, London: Routledge, 1977.

Peter Vallentyne and Hill Steiner (eds.), *Left Libertarianism and Its Critics: The Contemporary Debate*, New York: Palgrave Publishers Ltd., 2000.

Peter Vallentyne, "Self-Ownership and Equality: Brute Luck, Gifts, Universal Dominance, and Leximin", *Ethics*, 1997, 107(2): 321-343.

Philippe Van Parijs, *Real Freedom for All: What (if anything) Can Justify Capitalism?*, Oxford: Oxford University Press, 1995.

Richard Arneson, "Equality and Equal Opportunity for Welfare", *Philosophical Studies*, 1989, 56(1): 77-93.

Robert E. Goodin, *Utilitarianism as a Public Philosophy*, New York: Cambridge University Press, 1995.

Robert Nozick, *Anarchy, State and Utopia*, New York: Basic Books, 1974.

Roger Crisp, "Equality, Priority and Compassion", *Ethics*, 2003, 113(4): 745-763.

Ronald Dworkin, *Sovereign Virtue*, Cambridge, MA: Harvard University Press, 2000.

Russell Hardin, *Morality Within the Limits of Reason*, Chicago: University of Chicago Press, 1988.

Ruth Sample, *Exploitation: What It Is and Why It's Wrong*, Boulder, CO: Rowman and Littlefield, 2003.

Serena Olsaretti (ed.), *The Oxford Handbook of Distributive Justice*, Oxford:

Oxford University Press, 2017.

Susan L. Hurley, *Justice, Luck, and Knowledge*, Cambridge, MA: Harvard University Press, 2003.

Thomas Nagel, "The Problem of Global Justice", *Philosophy and Public Affairs*, 2005, 33(2):113-147.

Will Kymlicka, *Contemporary Political Philosophy*, Oxford: Clarendon Press, 1990.

## 二、译作

〔比利时〕菲利普·范·帕里斯、〔比利时〕杨尼克·范德波特:《全民基本收入》,成福蕊译,广西师范大学出版社,2021年。

〔德〕卡尔·门格尔:《国民经济学原理》,刘絜敖译,上海人民出版社,2001年。

〔德〕卡尔·马克思、〔德〕弗里德里希·恩格斯:《马克思恩格斯全集》,中共中央编译局译,人民出版社,1974年。

〔德〕卡尔·马克思:《资本论》,中共中央编译局译,人民出版社,2004年。

〔德〕克劳斯·施瓦布:《第四次工业革命》,李菁译,中信出版社,2016年。

〔德〕乌尔里希·贝克:《风险社会:新的现代性之路》,张文杰、何博闻译,译林出版社,2018年。

〔德〕伊曼努尔·康德:《道德形而上学原理》,苗力田译,上海人民出版社,2012年。

〔法〕让-雅克·卢梭:《论人类不平等的起源和基础》,李常山译,商务印书馆,1982年。

〔法〕让-雅克·卢梭:《社会契约论》,何兆武译,商务印书馆,2005年。

〔法〕托马斯·皮凯蒂:《21世纪资本论》,巴曙松等译,中信出版社,2014年。

〔古希腊〕亚里士多德:《尼各马可伦理学》,廖申白译注,商务印书馆，2003年。

〔加拿大〕威尔·金里卡：《当代政治哲学》，刘莘译，上海译文出版社，2011年。

〔加拿大〕希尔·斯坦纳：《源于个人选择的正义》，《国外理论动态》2018年第12期。

〔美〕A.麦金泰尔：《谁之正义？何种合理性？》，万俊人译，当代中国出版社，1996年。

〔美〕阿瑟·奥肯：《平等与效率》，王奔洲等译，华夏出版社，1999年。

〔美〕保罗·维勒里：《慈善的真相》，《中外文摘》2011年第11期。

〔美〕罗伯特·诺奇克：《无政府、国家和乌托邦》，姚大志译，中国社会科学出版社，2008年。

〔美〕罗纳德·德沃金：《至上的美德》，冯克利译，江苏人民出版社，2008年。

〔美〕玛莎·努斯鲍姆：《女性与人类发展——能力进路的研究》，左稀译，中国人民大学出版社，2020年。

〔美〕迈克尔·桑德尔：《自由主义与正义的局限》，万俊人等译，译林出版社，2001年。

〔美〕迈克尔·桑德尔：《公正：该如何做是好？》，朱慧玲译，中信出版社，2012年。

〔美〕迈克尔·沃尔泽：《正义诸领域：为多元主义与平等一辩》，褚松燕译，译林出版社，2009年。

〔美〕约翰·罗尔斯：《正义论》，何怀宏、何包钢、廖申白译，中国社会科学出版社，1988年。

〔美〕约翰·罗尔斯：《正义论（修订版）》，何怀宏、何包钢、廖申白译，中国社会科学出版社，2009年。

〔美〕约翰·罗尔斯：《作为公平的正义：正义新论》，姚大志译，中国社会科学出版社，2011年。

〔美〕约翰·罗尔斯：《政治自由主义》，万俊人译，译林出版社，2011年。

〔美〕约翰·罗尔斯：《罗尔斯论文全集》，陈肖生等译，吉林出版集团有限责任公司，2013年。

〔印度〕阿马蒂亚·森:《论经济不平等:不平等之再考察》,王利文、于占杰译,社会科学文献出版社,2006年。

〔印度〕阿马蒂亚·森:《正义的理念》,王磊、李航译,刘民权校译,中国人民大学出版社,2012年。

〔印度〕阿马蒂亚·森:《以自由看待发展》,任赜、于真译,中国人民大学出版社,2013年。

〔英〕G.E.摩尔:《伦理学原理》,长河译,上海人民出版社,2003年。

〔英〕G.A.柯亨:《马克思与诺奇克之间——G.A.柯亨文选》,吕增奎编,江苏人民出版社,2007年。

〔英〕G.A.柯亨:《自我所有、自由和平等》,李朝晖译,东方出版社,2008年。

〔英〕布莱恩·巴里:《正义诸理论》,孙晓春、曹海军译,吉林人民出版社,2004年。

〔英〕大卫·休谟:《人性论》,关文运译,商务印书馆,2016年。

〔英〕戴维·米勒:《社会正义原则》,应奇译,江苏人民出版社,2001年。

〔英〕德里克·帕菲特:《理与人》,王新生译,上海译文出版社,2005年。

〔英〕弗里德利希·冯·哈耶克:《自由秩序原理》,邓正来译,生活·读书·新知三联书店,1997年。

〔英〕边沁:《道德与立法原理导论》,时殷弘译,商务印书馆,2000年。

〔英〕亚当·斯密:《国民财富的性质和原因的研究》,郭大力、王亚南译,商务印书馆,1974年。

〔英〕约翰·密尔:《功利主义》,刘富胜译,光明日报出版社,2007年。

〔英〕约翰·洛克:《政府论》,叶启芳、瞿菊农译,商务印书馆,1964年。

〔英〕约翰·洛克:《自然法论文集》,刘时工译,上海三联书店,2012年。

葛四友编:《运气均等主义》,江苏人民出版社,2006年。

## 三、中文文献

蔡伟贤、杜素珍、汪圣国:《最低工资标准上涨影响了企业的员工配置效率吗?》,《经济科学》2021年第1期。

陈新等:《广州大学生校园性骚扰发生现况》,《中国学校卫生》2021年第3期。

慈继伟:《正义的两面》,生活·读书·新知三联书店,2001年。

邓安庆:《正义伦理与价值秩序:古典实践哲学的思路》,复旦大学出版社,2013年。

邓澍辉、黄立强:《可穿戴设备对健康保险的机遇与挑战》,《金融科技时代》2021年第5期。

杜治政:《过度医疗、适度医疗与诊疗最优化》,《医学与哲学》2005年第7期。

段忠桥:《为社会主义平等主义辩护——G. A.科恩的政治哲学追求》,中国社会科学出版社,2014年。

高景柱:《在平等与责任之间——罗纳德·德沃金平等理论批判》,人民出版社,2011年。

高原:《"高考移民":流动的教育不公平》,《协商论坛》2019年第6期。

龚群:《罗尔斯政治哲学》,商务印书馆,2006年。

龚群:《追问正义——西方政治伦理思想研究》,北京大学出版社,2017年。

谷彦芳、宋凤轩编著:《税收理论与制度》(第二版),人民邮电出版社,2020年。

管德华、孔小红:《西方价值理论的演进》,中国经济出版社,2013年。

韩君:《英国社会企业的发展现状与认证标准》,《中国第三部门研究》2013年第2期。

韩水法:《正义的视野——政治哲学与中国社会》,商务印书馆,2009年。

何怀宏:《公平的正义》,山东人民出版社,2002年。

华颖:《从医保个人账户兴衰看中国社会保障改革理性回归》,《学术研究》2020年第4期。

金露、曲秉春、李盛基:《最低工资制度的劳动供给效应》,《税务与经济》2019年第2期。

靳凤林:《追求阶层正义——权力、资本、劳动的制度伦理考量》,人民出版社,2016年。

康晓光:《驳"永光谬论"——评徐永光〈公益向右商业向左〉》,《社会与公益》2017年第10期。

康晓光:《义利之辨:基于人性的关于公益与商业关系的理论思考》,《公共管理与政策评论》2018年第3期。

李惠斌、李义天编:《马克思与正义理论》,中国人民大学出版社,2010年。

李强、霍伟岸:《财产权与正义》,北京大学出版社,2020年。

李石:《平等理论的谱系》,中国社会科学出版社,2018年。

李石:《〈正义论〉讲义》,中国社会科学出版社,2021年。

廖藏宜、于洁:《中国基本医疗保险制度的收入再分配效应研究——基于中国家庭金融调查数据的经验分析》,《财经问题研究》2021年第7期。

刘畅:《我国公立医院医生薪酬水平确定方法的总和比较》,《中国卫生政策研究》2018年第12期。

刘贯春、吴辉航、刘媛媛:《最低工资制度如何影响中国的产业结构?》,《数量经济技术经济研究》2018年第6期。

刘莘:《〈正义论〉导读》,四川人民出版社,2019年。

刘颖、梁立波等:《公立医院薪酬激励的国际经验及对我国的启示》,《中国医院管理》2015年第6期。

蒲艳萍、张玉珂:《最低工资制度就业效应的行业异质性研究——来自省际工业行业数据的证据》,《经济经纬》2020年第1期。

秦子忠:《正义的测量——从能力平等到关系平等》,中国社会科学出版社,2019年。

任剑涛:《公共的政治哲学》,商务印书馆,2016年。

谭安奎:《自然权利的遗产:福利权问题与现代政治秩序》,商务印书馆,2018年。

万俊人:《论正义之为社会制度的第一美德》,《哲学研究》2009年第2期。

万俊人:《正义为何如此脆弱》,经济科学出版社,2012年。

汪亦兵:《慈善与公益之辨》,《中国慈善家》2020年第3期。

王广:《正义之后》,江苏人民出版社,2018年。

王立:《正义与应得》,中国社会科学出版社,2019年。

王小虎、潘昆峰、吴秋翔:《高水平大学农村和贫困地区专项计划学生的学业表现研究——以A大学为例》,《国家教育行政学院学报》2017年第5期。

吴晓刚、李忠路:《中国高等教育中的自主招生与人才选拔：来自北大、清华和人大的发现》,《社会》2017年第5期。

习近平:《习近平谈治国理政》,外文出版社,2014年。

徐向东:《权利、正义与责任》,浙江大学出版社,2021年。

徐永光:《公益向右,商业向左》,中信出版社,2017年。

杨道波:《认真对待捐赠人权利：慈善法律制度建设的重要着力点》,《科学咨询(科技·管理)》2015年第6期。

杨鑫宇:《出生人口性别比例失衡,该怎么办？》,《科学大观园》2019年第13期。

姚大志:《何谓正义：当代西方政治哲学研究》,人民出版社,2007年。

于晓燕:《医疗市场化与抗生素在云南村镇的滥用》,载于2011年《中国人类学民族学年会论文集》。

臧微:《新冠疫情期间中国超大城市流动人口失业风险研究》,《城市发展研究》2022年第3期。

张书慧:《税收公平的经济分析及路径选择》,《地方财政研究》2018年第8期。

# 后记：只有不完美值得歌颂

奥地利经济学家哈耶克在《致命的自负》一书中提出了"理性的自负"这一概念，并用这一概念来阐释20世纪纳粹德国对人民的控制和苏联的计划经济。哈耶克认为，人们总是幻想通过理性能获得完美的知识，能制订出完善的社会发展计划，甚至能实现理想的乌托邦社会。而在现实世界中，这种"自负"常常导致大规模的灾难。所有赞同哈耶克观点的读者都可能反对本书的基本立场。因为，本书正是一本致力于通过制度调整，有计划地实现某种分配正义目标的著作。在哈耶克看来，这样的企图是一种"理性的自负"，最终可能导致极其糟糕的后果。而人类的经济活动以及财富和机会的分配则应顺其自然、自由竞争。然而，人类毕竟不是弱肉强食的野兽。任何试图将达尔文的进化论应用于人类社会的"社会达尔文主义者"都忽略了一个基本事实，那就是人类的进化并没有遵循自然界弱肉强食的规律。如果我们将人与动物进行比较就会发现，人类与其他动物的进化过程是不同的，常常是反其道而行之。人类的进化过程一般指从猿到人的过程，其中工具的使用具有里程碑式的意义。因此，人类的进化是改造自然而非简单适应自然。延伸到人类社会的发展，人类改造自然的成果，实现了动物适应自然所不能达到的高度。可以说，正是因为人类采用了"改造自然"而非"适应自然"的进化路径，才使得人类从各类动物中脱颖而出，成为"万物之灵"。

生活在寒冷地区的动物会进化出厚厚的皮毛以抵御严寒，而人类的进化历程却让人类失去了厚重的皮毛、穿上了衣服。为了捕食，一些食肉动物越跑越快，例如猎豹。但是，人类并没有为了捕食而越跑越快，而是发明了跑得更快的汽车、火车。为了适应水中的生活，一些动物进化出在水中呼吸的鳃。人类没有进化出鳃，却发明了船只和潜水艇。为了飞向蓝天，鸟类进化出了翅膀，而人类却发明了飞机和火箭。种种迹象表明，人类社会的进化并没有完全遵循达尔文所揭示的"物竞天择，适者生存"的规律，而是朝着另一个方向：改造自然。这一切都是因为人有理性，有构思"计划"以及实现"计划"的能力。类似的，人类社会的发展也并非听天由命的自发过程，人类社会并不是盲目地在受欲望驱使的人们的你争我夺中踟蹰不前。相反，人类社会是有目的的，这个目的的终极版本就是构建正义的社会。正是在这个目的的指引之下，人们设计出相应的社会制度，在一个计划又一个计划的推进下不断进步。这些计划源自人们美好的乌托邦梦想。当然，虽然"梦想"总是完美的，但并非所有的计划都是完美的。毋宁说没有任何计划是完美的，它们总是有这样那样的缺陷，可能存在这样那样的问题，甚至有些事后证明是极其错误的计划还会导致人类社会的倒退。然而，如果没有梦想、没有对美好未来的规划和设计，那人类社会就将失去前进的目标和方向，人类社会的进化就会与动物被动适应自然无异。

  本书试图在考察当代学者提出的各种分配学说的基础上提出适合中国国情的分配构想。这一构想包含着笔者祝愿祖国繁荣富强、人民幸福安康的美好愿望。然而，任何"计划"都可能招致反对的声音。笔者希望学术同仁以及读者听众能够公开公正地探讨学术问题。学术的宗旨是追寻真理。学术同行之间的争论不是为了打败对方，而是在追寻真理的路上成为同路人。从来没有完美无缺的著作，也从来没有不出错的学者。批评是上升的阶梯，压力是前进的动力。为此，我要特别感谢那些向我提出批评的学术同行，正是你们的激励和鞭策增强了我钻研学术的动力，也让我学会了勇敢和坚强。正像《孤勇者》所唱的："人只有不完美值得歌颂，谁说污泥满身的不算英雄！"欢迎关注本人的所有学术著作，如需探讨，欢迎致信：lishi@ruc.edu.cn，或在公开发表的学术期刊上展开讨论。

李 石

2023年4月于北京从心阁